U0923765

“十二五”国家重点图书出版规划项目
长江黄金水道建设关键技术丛书

内河船型标准化

高惠君　等　著

人民交通出版社股份有限公司
China Communications Press Co.,Ltd.

内 容 提 要

本书为《长江黄金水道建设关键技术丛书》之一，介绍了我国内河水系及国内外主要内河船型，回顾了全国内河船型标准化发展历程，介绍了内河标准船型主尺度制定方法和我国内河主要水系内河标准船型主尺度标准，研究了内河标准船型指标体系和内河示范船认定指标和认定办法，介绍了我国内河船型标准化相关政策法规。

本书可作为内河水运管理、内河水运技术经济研究人员和船舶设计人员的参考书，也可供关注我国内河航运和船型标准化发展的国内外人士阅读了解，并可供相关专业大专院校的师生参考。

Abstract

As one of the *Key Techniques for Construction of the Yangtze Golden Waterway Book Series*, this book introduces domestic inland water system and main inland ship forms at home and abroad, reviews Chinese inland ship standardization history, describes how to formulate standard inland ship's principal dimensions and what is the standard in main Chinese water system, studies index system of standard inland ships and approval index and approach of model inland ships and discusses related policies and regulations of national inland ship standardization.

This book can serve as reference for not only inland waterway transportation managers, inland water transportation technology and economic researchers and ship designers, but also those domestic and overseas researchers who are interested in Chinese inland shipping and ship form standardization, as well as teachers and students in colleges and universities.

图书在版编目 (CIP) 数据

内河船型标准化 / 高惠君等著 .—北京：人民交通出版社股份有限公司，2015.12
(长江黄金水道建设关键技术丛书)
ISBN 978-7-114-12581-2

Ⅰ. ①内… Ⅱ. ①高… Ⅲ. ①内河航运 – 船型 – 标准化 Ⅳ. ①U661-65

中国版本图书馆 CIP 数据核字 (2015) 第 255449 号

长江黄金水道建设关键技术丛书
书　　名： 内河船型标准化
著 作 者： 高惠君　等
责任编辑： 丁润铎　钱　堃
出版发行： 人民交通出版社股份有限公司
地　　址： (100011) 北京市朝阳区安定门外外馆斜街 3 号
网　　址： http://www.ccpress.com.cn
销售电话： (010) 59757973
总 经 销： 人民交通出版社股份有限公司发行部
经　　销： 各地新华书店
印　　刷： 北京盛通印刷股份有限公司
开　　本： 787 × 1092　1/16
印　　张： 18
字　　数： 404 千
版　　次： 2015 年 12 月　第 1 版
印　　次： 2015 年 12 月　第 1 次印刷
书　　号： ISBN 978-7-114-12581-2
定　　价： 55.00 元

《长江黄金水道建设关键技术丛书》审定委员会

《长江黄金水道建设关键技术丛书》主要编写单位

交通运输部长江航务管理局

交通运输部水运科学研究院

南京水利科学研究院

交通运输部长江口航道管理局

交通运输部天津水运工程科学研究院

中交第二航务工程勘察设计院有限公司

武汉理工大学

重庆交通大学

长江航道局

长江三峡通航管理局

长江航运信息中心

上海河口海岸科学研究中心

《长江黄金水道建设关键技术丛书》编写协调组

组　长　杨大鸣（交通运输部长江航务管理局）

成　员　高惠君（交通运输部水运科学研究院）

裴建军（交通运输部长江航务管理局）

丁润铎（人民交通出版社股份有限公司）

序

（为《长江黄金水道建设关键技术丛书》而作）

河流，是人类文明之源；交通，推动了人类不同文明的碰撞与交融，是经济社会发展的重要基础。交通与河流密切联系、相伴而生。在古老广袤的中华大地上，长江作为我国第一大河流，与黄河共同孕育了灿烂的华夏文明。自古以来，长江就是我国主要的运输大动脉，素有“黄金水道”之称。水路运输在五大运输方式中，因成本低、能耗少、污染小而具有明显的优势。发展长江航运及内河运输符合我国建设资源节约型、环境友好型社会以及可持续发展战略的要求。目前，长江干线货运量约20亿t，位居世界内河第一，分别为美国密西西比河和欧洲莱茵河的4倍和10倍。在全面深化改革的关键期，作为国家重大战略，我国提出“依托长江黄金水道，建设长江经济带”，长江黄金水道又将被赋予新的更高使命。长江经济带覆盖11个省（市），面积205.1万km^2，约占国土面积的21.4%。相信长江经济带的建设将为“黄金水道”带来新的发展机遇，进一步推动我国水运事业的快速发展，也将为中国经济的可持续发展提供重要的支撑。

经过60余年的努力奋斗，我国的内河航运不断发展，内河航道通航总里程达到12.63万km，航道治理和基础设施建设不断加强，航道等级不断提高，在我国的经济社会发展中发挥了不可估量的作用。长江口深水航道工程的建成和应用，标志着我国水运科学技术水平跻身国际先进行列。目前正在开展的长江南京以下12.5m深水航道工程的建设，积累了更多的先进技术和经验。因此，建设长江黄金水道具有先进的技术积累和充足的实践经验。

《长江黄金水道建设关键技术丛书》围绕“增强长江运能”这一主题，从前期规划、通航标准、基础研究、航道治理、枢纽通航，到码头建设、船型标准、安全保障与应急监管、信息服务、生态航道等方面，对各项技术进行了系统的总结与著述，既有扎实的理论基础，又有具体工程应用案例，内容十分丰富。这套丛书是行业内集体智慧之力作，直接参与编写的研究人员近200位，所依托课题中的科研人员超过1 000位，参与人员之多，创我国水运行业图书之最。长江黄金水道的建设是世界级工程，丛书涉及的多项技术属世界首创，技术成果总体处于国际先进水平，其中部分成果处于国际领先水平。原创性、知识性和可读性强为本套丛书的突出特点。

该套丛书系统总结了长江黄金水道建设的关键技术和重要经验，相信该丛书的出版，必将促进水运科学领域的学术交流和技术传播，保障我国水路运输事业的快速发展，也可为世界水运工程提供可资借鉴的重要经验。因此，《长江黄金水道建设关键技术丛书》所总结的是我国现代水运工程关键技术中的重大成就，所体现的是世界当代水运工程建设的先进文明。

是为序。

南京水利科学研究院院长
中国工程院院士
英国皇家工程院外籍院士

2015年11月15日

前 言

从改革开放到21世纪初，我国经济已经高速发展了20多年，内河运输量以年均百分之十几的速度递增，但是运输工具依然严重落后。以京杭运河为例，40%以上内河运输船舶是几十吨至几百吨的挂桨机船，运输效率低、噪声和水污染严重、碰撞沉船等安全事故频发，导致京杭运河发生了几次严重拥堵事件，最长拥堵时间长达一月之久，致使京杭运河内河运输瘫痪，企业生产受到影响，沿岸污染严重，影响百姓生活。为此，时任交通部副部长翁孟勇亲自带队，组织水运管理、研究和船舶技术人员进行了深入调研，反复论证研究，交通部决定启动京杭运河船型标准化示范工程。这项示范工程的重大意义在于将以往在技术推荐标准层面的内河船型标准上升为行业法规，通过行政、法规和经济鼓励政策等多种手段大力推进，使得落后太多的内河运输船舶得到快速发展改进，满足运输和社会需要。

2003年启动的京杭运河船型标准化示范工程取得了巨大成功，4万多艘挂桨机船被拆解改造并退出市场，新造船舶吨级和技术水平得到很大提升，京杭运河拥堵状况大大缓解，京杭运河示范工程被沿岸百姓誉为利国利民、造福后代的工程。借助京杭运河示范工程的经验和政策偏差的总结纠正，交通部颁布了《内河船型标准化发展纲要》，提出了我国内河船型标准化发展目标和要求，并相继推进了川江及三峡库区船型标准化、长江干线内河船型标准化、珠江水系内河船型标准化等工作，内河船型标准化的相关政策、法规也在上述工作实践中不断完善。2013年，交通运输部发布了《“十二五”期推进全国内河船型标准化工作实施方案》，标志着全国范围内的内河船型标准化工作正式推开，其核心是提高内河船队的安全、环保、节能与技术经济水平，促进内河运力结构调整，建设现代化内河运输船队。“十二五”期末，内河船型标准化率占内河运输船舶总吨位的50%以上，其中长江干线、西江干线和京杭运河达到70%。实施范围是在《全国内河航道与港口布局规划》确定的“两横一纵两网十八线”范围内全面推进船型标准化工作。为实现上述船型标准化工作目标，财政部、交通运输部和地方人民政府筹集专项资金，制定经济鼓励政策，财政部发布了财建〔2014〕61号文《内河船型标准化补贴资金管理办法》，对内河过闸小吨位船舶退出市场、单壳化学品船和单壳油船改造拆解、船舶生活污水防污染改造、老旧运输船舶提前退出市场以及新建示范船舶给与资金补贴。

本书作者十几年来一直致力于我国内河船型标准化技术和政策研究，亲历了京杭运河船型标准化示范工程、川江及三峡库区船型标准化、长江干线内河船型标准化、珠江水系内河船型标准化以及“十二五”期推进全国内河船型标准化等一系列工作，见证了我国内河运输和内河运输船舶大发展与飞跃的历史。本次，很高兴能够借助于“长江黄金水道建设关键技术丛书”成书的机遇，回顾我国内河船型标准化发展历史，介绍内河船型标准化的技术与政策出台背景、研究论证过程，并将有关法规汇编附后，与行业同仁共享与参考。

本书共分6章，第1章我国内河水系和运输船舶，介绍了我国以长江、珠江、淮河、黑龙江和松辽水系为主体的内河水运体系以及发展布局，分析了我国内河运输船舶现状和发展趋势。第2章内河船型标准化发展历程，简略介绍了美国和欧洲内河船型发展情况，回顾了我国从20世纪70年代开始的内河船型标准化发展历史，划分提出了“起步、发展、重点推进、全面推进”四个发展阶段，重点介绍了京杭运河船型标准化示范工程、川江及三峡库区船型标准化、长江干线内河船型标准化、珠江水系内河船型标准化的发展历史和工作过程。第3章内河标准船型主尺度，研究了内河标准船型主尺度的制定方法，介绍了交通运输部发布的全国各水系内河过闸船舶标准船型主尺度。第4章内河标准船型指标体系研究，提出了面向当前的内河标准船型概念，研究了我国内河标准船型指标体系框架、强制性指标体系和引导性指标体系。第5章内河示范船舶认定准则研究，提出了面向未来的内河示范船概念，并具体研究了有利于提高三峡船闸通过能力的示范船、利用清洁能源的示范船和高能效示范船三种示范船认定标准和认定办法。第6章内河船型标准化政策法规，系统性地梳理了我国内河船型标准化政策法规，对有关政策法规出台背景和主要内容进行了解读。

本书由高惠君、骆义、邓晓云、李清、于巧婵、焦芳芳编写。其中第1章由李清、于巧婵和焦芳芳编写整理；第2章由高惠君、邓晓云、骆义编写；第3章由骆义、焦芳芳编写整理；第4章由高惠君、骆义和于巧婵编写；第5章由高惠君、骆义和李清编写；第6章内由骆义、焦芳芳编写整理。全书由高惠君统稿。

本书编写过程中主要依据了交通运输部西部交通建设科技项目“长江和西

江干线标准船型及设计关键技术研究”研究报告的成果，同时参考了交通运输部软科学项目“全国内河船型标准化经济鼓励政策研究”和“全国内河船型标准化发展纲要研究”研究报告、交通运输部重大科研项目“京杭运河船型标准化示范工程系统研究”研究报告、交通运输部西部交通建设科技项目“川江和三峡库区运输船型研究”和“长江及三峡库区船舶标准化对策研究”研究报告等成果，对上述课题组成员一并表示感谢。

作　者

2015 年 8 月

目　录

1 我国内河水系和运输船舶

1.1 我国内河水系

水是宝贵的自然资源，是人类生存、经济发展和社会进步的生命线。水资源是国土资源的重要组成部分，是实现经济社会可持续发展的重要物质基础。合理开发和有效利用水资源，是人类社会文明的重要标志之一。

1.1.1 全国内河水系总述

我国大江大河横贯东西，主要支流纵穿南北，水网地区河道密布，河流总长约 43 万 km，流域面积在 100km^2 以上的河流 5 万多条，流域面积大于 1 000km^2 的河流 1 500 多条，多年平均水资源量为 28 000 亿 m^3，其中黄河及其以北地区占 19%，淮河及其以南地区占 81%。总体而言，我国水资源表现为总量相对不足、地域分布不均、年内分布不匀、泥沙含量较大等特点，客观上决定了我国内河水运资源在空间上分布不均匀。同时，我国是世界内陆水域最多的国家，其中淡水水域面积达 17.34 万 km^2，占国土总面积的 1.8%，内河航道 12.3 万 km，占河流总长的 28.6%，具备发展内河水运的有利自然条件。

（1）水系分布

淮河和秦岭以南地区是我国内河水运资源最为丰富、开发利用较好的地区，河流湖泊冬季不冻、四季通航，区内长江、珠江、淮河三大流域水资源量约占全国的 55%，内河航道里程占全国的 77%，其中长江干线、西江航运干线、京杭运河、长江三角洲和珠江三角洲是目前我国内河水运最为发达、最具活力和极具发展潜力的地区。

淮河和秦岭以北地区，即华北、西北、东北等三北地区，由于干旱季节水源匮乏，河流冬季封冻等原因，发展内河水运有一定的难度，目前水运资源开发利用的水平也较低。

目前，我国形成了以长江、珠江、淮河、黑龙江和松辽水系为主体的内河水运体系，水系内干支相通、江海相连，并通过京杭运河沟通了长江、淮河、太湖和钱塘江水系[1]。

（2）航道建设

内河航道按技术等级分为等级航道和等级外航道，其中等级航道按可通航内河船舶的吨级划分为 7 级，如表 1-1 所示。按照不同等级航道在水路运输中发挥的作用，等级航道又可划分为两个层次：高等级航道和其他等级航道。高等级航道主要指可通航千吨级船舶的三级及以上航道，个别地区的航道受条件限制为可通航 500 吨级船舶的Ⅳ级航道，是全国内河航道的核心和骨干，是国家综合运输体系的重要组成部分，有条件的还可与其他交通方式共同组成发展为综合运输大通道。

航道等级对应船舶吨级划分表 表 1-1

航道等级	船舶吨级（t）	航道等级	船舶吨级（t）
Ⅰ	3 000	Ⅴ	300
Ⅱ	2 000	Ⅵ	100
Ⅲ	1 000	Ⅶ	50
Ⅳ	500	—	—

解放初期，我国交通运输十分落后，基础设施数量少、质量差、能力低、布局偏。水路运输因其利用天然航道，投资省、见效快而受到党和政府的重视。航道是航运发展的基础，20 世纪 50 年代，国家对航道建设实行恢复与整治并重，航道里程迅速增长，到 1957 年全国内河航道里程达到 14.41 万 km，比 1949 年的 7.36 万 km 增加近 100%。1960 年又进一步发展到 17.39 万 km，达到历史最高水平。同时，航道质量也得到改善，机动船通航里程由 1949 年的 2.42 万 km 增加的 1960 年 4.90 万 km。

进入 20 世纪 60 年代以后，由于航道建设资金投入不足、对水资源综合利用重视不够等多种原因，内河航道在相当长的时间内严重失养，加之碍航闸坝不断增多，致使通航里程逐年减少，至 1970 年缩短到 14.84 万 km，1980 年缩短到 10.85 万 km，1960 ~ 1980 年年均递减 2.3%，与 1949 ~ 1960 年年均递增 8.1% 形成鲜明对比。20 世纪 80 年代航道建设进入恢复性治理阶段，通航里程和航道条件得到改善但变化并不明显。

20 世纪 90 年代至今，内河水运步入了全面建设阶段。交通部❶提出从“八五”开始，用几个五年计划的时间，建设“三主一支持”（公路主骨架、水运主通道、港站主枢纽和交通支持系统）的长远规划设想，其中包括内河水运主通道、港口主枢纽布局规划，规划为指导内河水运建设和发展发挥了重要作用。1995 年召开的全国内河航运工作会议，原交通部建立了内河航运建设基金，充分发挥中央和地方政府两个积极性，以“两横一纵两网”为建设重点，资金投入力度明显加大，实施了一批航道、港口建设项目，内河水运基础设施建设成效显著并取得突破，步入了全面建设的发展阶段[2]。2001 年，全国内河航道通航里程数达 12.15 万 km，其中等级航道 6.37 万 km，占总通航里程的 52%；高等级航道（Ⅲ级及以上）0.82 万 km，占总通航里程的 7%。2014 年末全国内河航道通航里程 12.63 万 km，比 2001 年末增加 0.48 万 km，虽然航道里程增加不多，但航道条件得到了改善。2014 年末，等级航道 6.54 万 km，占总里程 51.8%，与 2001 年相比下降了 0.6 个百分点，但与 2003 年相比提高了 2.7 个百分点，2003 年有等级外航道通航里程数增加了 5 256km，致使等级航道所占比例下降。2014 年末，Ⅲ级及以上航道 10 854km，Ⅴ级及以上航道 2.85 万 km，分别占总里程 8.6% 和 22.5%。

2014 年末，各等级内河航道通航里程分别为：Ⅰ级航道 1 341km，Ⅱ级航道 3 443km，Ⅲ级航道 6 069km，Ⅳ级航道 9 301km，Ⅴ级航道 8 298km，Ⅵ级航道

❶ 现已更名为交通运输部。

18 997km，Ⅶ级航道 17 913km，等外航道 6.09 万 km。2001 ～ 2014 年，全国内河航道通航里程数发展趋势如图 1-1 所示；截至 2014 年末，全国内河航道通航里程技术等级构成如图 1-2 所示。

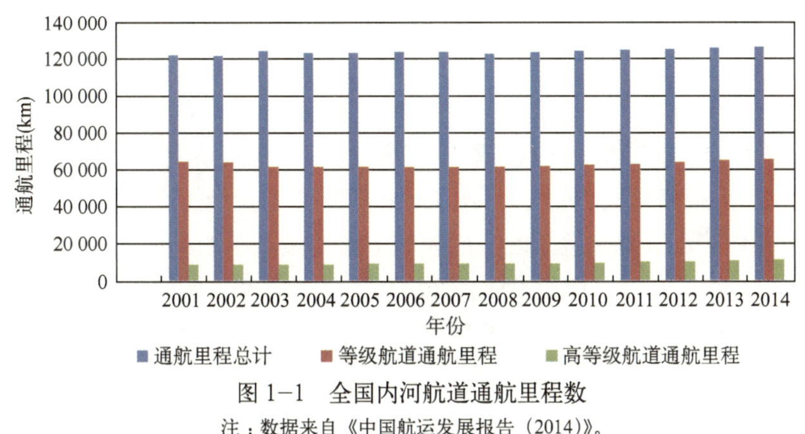

图 1-1　全国内河航道通航里程数

注：数据来自《中国航运发展报告（2014）》。

从水系来看，2014 年末，各水系内河航道通航里程分别为：长江水系 64 374km，珠江水系 16 444km，黄河水系 3 488km，黑龙江水系 8 211km，京杭运河 1 438km，闽江水系 1 973km，淮河水系 17 338km。各水系所占比例如图 1-3 所示。

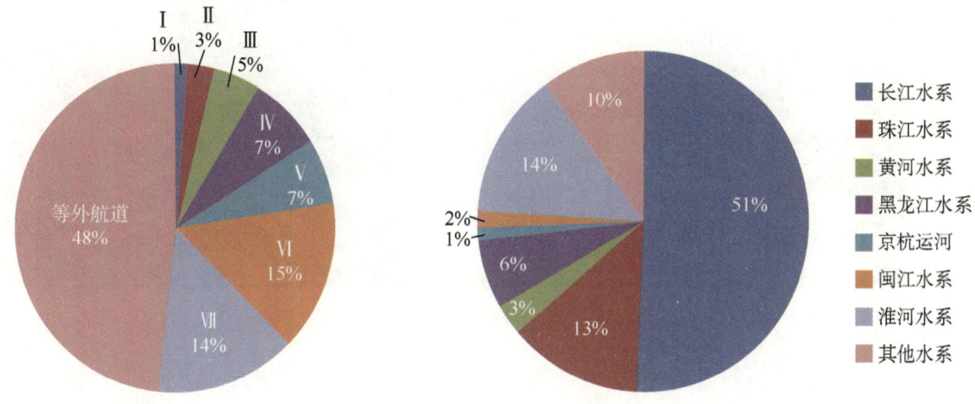

图 1-2　全国内河航道通航里程技术等级构成（截至 2014 年末）

注：数据来自《中国航运发展报告（2014）》。

图 1-3　全国内河航道通航里程数按水系分布（截至 2014 年末）

注：数据来自《中国航运发展报告》。

为贯彻落实科学发展观，体现国家发展内河水运的意志，进一步理清发展思路，更好地指导内河水运健康发展，充分发挥内河水运占地少、运能大、能耗低、污染小的优势，完善综合运输体系，促进水资源综合开发利用，根据有关法律法规，交通运输部制定了《全国内河航道与港口布局规划（2006 ～ 2020 年）》，并于 2007 年 9 月发布实施。依据《全国内河航道与港口布局规划（2006 ～ 2020 年）》，国家高等级航道布局规划方案为：在全国范围内，以通航千吨级船舶的Ⅲ级及以上航道为主体、通航 500 吨级船舶的Ⅳ级航道为补充，由长江干线、西江航运干线、京杭运河、长江三角洲高等级航道网、珠江三角洲高等级航道网和 18 条主要干支流航道构成“两横一纵两网十八线”（简称 2-1-2-18）国家高等级航道体系。规划内河高等级航道约 1.9 万 km（约占全国内河航道里程的 15%），其中Ⅲ级及以上航道 14 300km，Ⅳ级航道 4 800km，分别占 75% 和 25%。

1.1.2 长江水系

（1）水系分布

长江流域（图 1–4）上中下游地区自然条件差异悬殊，经济发展的互补性很大。上游地区拥有丰富的煤炭、金属和非金属矿石以及水电资源，但经济发展和对外开放水平较低。中下游地区经济发达，形成了钢铁、石化、机械等重化工业沿江产业带，能源、原材料需求很大，但能源和矿产资源比较缺乏。内河航道对流域东中西部地区的沟通和通道作用，为腹地资源开发、物资交流、产业发展、经济协作和对外开放做出了贡献。长江干支流航道发挥了其通江达海的优势，充分发挥上下游地区各自的比较优势，加强交流与协作，促进了流域经济协调发展。

图 1–4　长江货运船舶与长江三峡大坝

长江干线起于富水止于长江口，集“黄金水道”及内陆海岸线于一身，区位优势、资源优势和水运优势十分显著。长江水系是长江流域综合运输体系的主骨架，是沿江经济快速发展和沿江产业带形成的重要支撑，是促进我国东中西部地区经济协调发展的重要纽带，是实现经济社会可持续发展的重要战略资源。

岷江起于乐山止于宜宾，水量充沛，腹地内有乐山、宜宾、成都、德阳、绵阳、眉山、自贡等城市，均为四川省较发达地区。岷江乐山至宜宾航道除完成传统的建筑材料等货种的运输外，还承担了我国重大装备工业产品主要是大件物资的运输，促进了我国装备工业的健康发展。

嘉陵江起于广元止于重庆，沟通四川省和重庆市，沿线有广元、南充、重庆等重要城市，煤炭、石油、铁矿石等资源丰富，对腹地资源开发和工业发展具有重要促进作用。

乌江起于乌江渡止于涪陵，纵贯贵州省及重庆市，沿江两岸资源丰富，煤炭、铝土矿储量较大，对改善腹地交通、促进西部大开发战略的实施具有十分重要的意义。

湘江起于松柏止于城陵矶，沿线有衡阳、株洲、湘潭、长沙、岳阳五大工业城市，是湖南省重要的经济走廊。

沅水起于三板溪止于鲇鱼口，是黔东南、湘西地区通往长江的重要出海航道，沿线有怀化、常德等重要城市，矿产资源丰富，煤炭、磷、锰、重晶石等矿产均具有相当储量，对促进贵州和湘西地区资源开发和产业发展具有重要意义。

汉江起于安康止于汉口，沟通湖北、陕西两省，沿江有十堰、襄樊等重要城市，与京广、焦枝、湘渝铁路相连。

赣江起于赣州止于湖口，沿线有南昌、九江、吉安、赣州等重要工商业城市，是江西省重要的经济走廊。

信江起于贵溪止于罐子口，沿线有鹰潭、贵溪等工业城市。

合裕线起于新港止于裕溪口，连接合肥市与长江干线，大部分航段也是规划中江淮运河的重要组成部分。

汉江运河起于龙洲垸止于高石碑，沟通长江和汉江，是南水北调中线工程的补水线路，结合调水工程开发航运，增加长江和汉江的运输交流。

（2）航道建设

长江航道发展大致可分为以下五个阶段[3]。

新中国成立以前，为天然状态，通航条件很差，险滩、浅滩、礁石遍布丛生，助航设施简陋，数量不足，不能夜航，只能通航小吨位船舶。

1950 ~ 1972 年，经过航道整治、航标改革等举措，长江干线航道维护手段和水平比新中国成立前有很大提高，航标全部发光，标志覆盖率成倍增加，部分航段可夜航，通航条件有了重大改善，长江下游可通航 5000 吨级船舶，中上游常年可通航 1000 吨级船舶。

1973 ~ 1994 年，原交通部先后颁布了关于加强长江航道等级化、规范化的文件，沿线各省市相继完成对航道标准的测量与建设规划，同时船型标准化也开始展开，顶推船技术被推广；引航中心成立，大吨位海船可从下游直达上游；葛洲坝三江航道船闸试航成功，使长江中上游航道维护状态明显改善；大吨位船舶和顶推船队通过能力提高。

1995 ~ 2007 年，航道标准化后，为提高长江航道等级，中下游的碍航航段继续得到维护治理，长江下游的维护水深达到 10.5m 以上，中游达到 2.9m 以上。三峡大坝建成蓄水使上游通航条件显著改善，千吨级船舶可直达宜宾。长江干线航道全线达到Ⅲ级以上航道标准。

2008 年以后，“深下游、畅中游、延上游、通支流”航道工程启动，航道建设更加系统明确，航道通航条件进一步完善，航道通过能力有了显著的提高。长江上游宜宾至重庆水深提高到 2.7m，宜昌至城陵矶河段枯水期水深提高到 3.2m，南京以下实现 12.5m 深水航道。

截至 2013 年底，长江水系航道通航里程数为 6.43 万 km，与 2008 年相比增加 0.1 万 km；其中等级航道通航里程数为 2.99 万 km，与 2008 年相比增加 0.1 万 km；高等级航道（Ⅲ级及以上）通航里程数为 0.47 万 km，与 2008 年相比，高等级航道占总通航里程数的比例增加 1.2 个百分比。2005 年以来，长江水系航道通航里程的增加以Ⅲ级航道为主，2013 年长江水系Ⅲ级航道通航里程 2 233km，是 2004 年的 1.25 倍。2004 ~ 2013 年，长江水系航道通航里程变化如图 1-5、图 1-6 所示。截至 2013 年底，长江水系各等级航道通航里程数如表1–2所示。

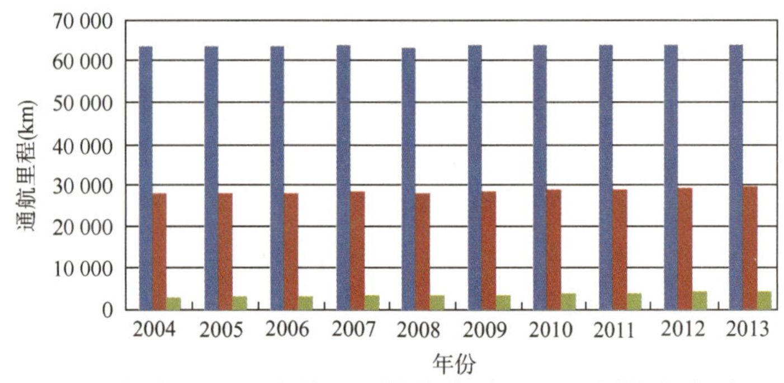

图1–5　长江水系航道通航里程

注：数据来自《全国交通运输统计资料汇编（2013）》。

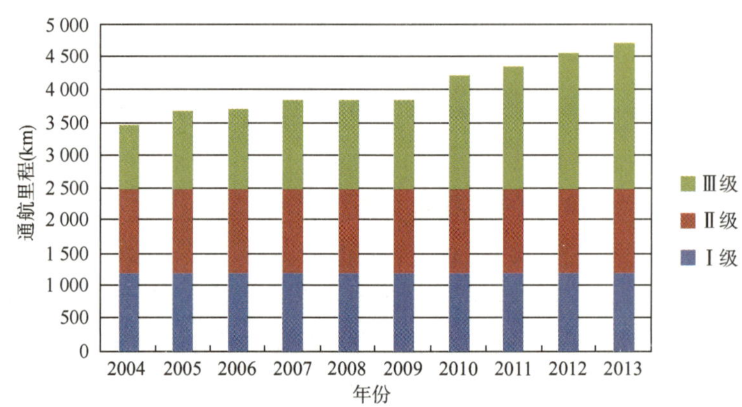

图1–6　长江水系Ⅲ级及以上航道通航里程

注：数据来自《全国交通运输统计资料汇编（2013）》。

长江水系各等级航道通航里程（截至2013年底）（单位：km）　　表1–2

通航里程总计	等级航道通航里程	等级航道							等外航道
		Ⅰ级	Ⅱ级	Ⅲ级	Ⅳ级	Ⅴ级	Ⅵ级	Ⅶ级	
64 254	29 881	1 199	1 284	2 233	2 672	4 064	8 984	9 447	34 372

注：数据来自《全国交通运输统计资料汇编（2013）》。

依据《全国内河航道与港口布局规划（2006～2020年）》，长江水系国家高等级航道布局为“一横一网十线”，见表1–3和表1–4。其中：“一横”为长江干线；“一网”为长江三角洲高等级航道网；“十线”分别为岷江、嘉陵江、乌江、湘江、沅水、汉江、江汉运河、赣江、信江、合裕线。

长江水系“一横”“十线”高等级航道网布局规划方案　　表1–3

航道名称	起讫点	里程（km）	规划等级
长江干线	水富—长江口	2 838	Ⅲ级及以上
岷江	乐山—宜宾	162	Ⅲ级

续上表

航 道 名 称	起 讫 点	里程（km）	规 划 等 级
嘉陵江	广元—合川	603	Ⅳ级
	合川—重庆	95	Ⅲ级
乌江	乌江渡—涪陵	594	Ⅳ级
湘江	松柏—城陵矶	497	Ⅲ级
沅水	三板溪—常德	667	Ⅳ级
	常德—鲇鱼口	192	Ⅲ级
汉江	安康—丹江口	352	Ⅳ级
	丹江口—汉口	617	Ⅲ级
江汉运河	龙洲垸—高石碑	69	Ⅲ级
赣江	赣州—湖口	606	Ⅲ级及以上
信江	贵溪—罐子口	244	Ⅲ级
合裕线	新港—裕溪口	143	Ⅲ级

长江三角洲高等级航道网布局规划方案表 表 1-4

航 道 名 称	起 讫 点	里程（km）	规划等级	备 注
两纵				
一、京杭运河—杭甬运河（含锡澄运河、丹金溧漕河、锡溧漕河、乍嘉苏线）	1. 京杭运河：苏北运河—江南运河	800.2	Ⅱ、Ⅲ级	
	2. 杭甬运河：三堡—甬江口	238.0	Ⅳ级	
	3. 锡澄运河：黄田港—皋桥	37.0	Ⅲ级	
	4. 丹金溧漕河：七里桥—溧阳	66.5	Ⅲ级	
	5. 锡溧漕河：宜城—洛社	55.0	Ⅲ级	
	6. 乍嘉苏线：乍浦—平望	72.2	Ⅳ级	
二、连申线（含杨林塘）	7. 连申线：盐河—灌河—通榆河—射阳河—通榆河—通扬运河—如泰运河—焦港河—申张线—苏申内港线	604.7	Ⅲ级	
	8. 杨林塘：巴城—杨林口	40.8	Ⅲ级	
六横				
一、长江干线	9. 长江干线：南京—长江口	437.0	Ⅰ级	5 万吨级海船
二、淮河出海航道—盐河	10. 淮河出海航道：洪泽湖南线—淮河入海水道—通榆河—灌河	278.5	Ⅲ级	
	11. 盐河：杨庄—武障河闸	95.0	Ⅳ级	
三、通扬线	12. 通扬线：高东线—建口线—通扬运河—通吕运河	299.0	Ⅲ级	
四、芜申线—苏申外港线（含苏申内港线）	13. 芜申线：芜太运河—太湖航线—太浦河	297.0	Ⅲ级	安徽段 42km
	14. 苏申外港线：宝带桥—分水龙王庙	64.7	Ⅲ级	
	15. 苏申内港线：瓜泾口—宝钢支线铁路桥	111.0	Ⅲ级	

续上表

航道名称	起讫点	里程(km)	规划等级	备注
五、长湖申线—黄浦江—大浦线、赵家沟—大芦线（含湖嘉申线）	16. 长湖申线：小浦—西泖河口	143.2	Ⅲ级	
	17. 黄浦江：分水龙王庙—吴淞口	91.7	Ⅰ级	
	18. 大浦线、赵家沟：赵家沟—大治河；随塘河—黄浦江	51.5	Ⅲ级	
	19. 大芦线：内河集装箱港区—黄浦江	46.1	Ⅲ级	
	20. 湖嘉申线：闸西—红旗塘	104.0	Ⅲ级	
六、钱塘江—杭申线（含杭平申线）	21. 钱塘江：梅城—赭山	166.0	Ⅳ级	
	22. 杭申线：塘栖—分水龙王庙	123.0	Ⅲ级	
	23. 杭平申线：新市—竖潦泾	138.0	Ⅳ级	

1.1.3 京杭运河与淮河水系

（1）水系分布

京杭运河，是中国也是世界上最长的古代运河（图 1–7）。京杭运河起于梁山止于杭州，流经天津、河北、山东、江苏和浙江四省两市，沟通海河、黄河、淮河、长江和钱塘江五大水系，全长 1 794km。2014 年 6 月 22 日，在多哈举行的第 38 届世界遗产大会，正式通过中国提交的“大运河”申遗申请，“大运河”作为文化遗产正式列入世界遗产名录。京杭运河纵贯我国东部沿海地区，是我国最重要的南北向航道，腹地资源丰富、经济发达，矿产资源以煤炭、矿建材料为大宗，自北向南形成了山东鲁南、苏北徐州地区以采掘业、原材料工业为重点的重工业地带，苏南及浙江省杭嘉湖地区以加工工业为核心的产业群，内河水运对腹地资源开发尤其是煤炭运输、产业带形成具有十分重要的作用。

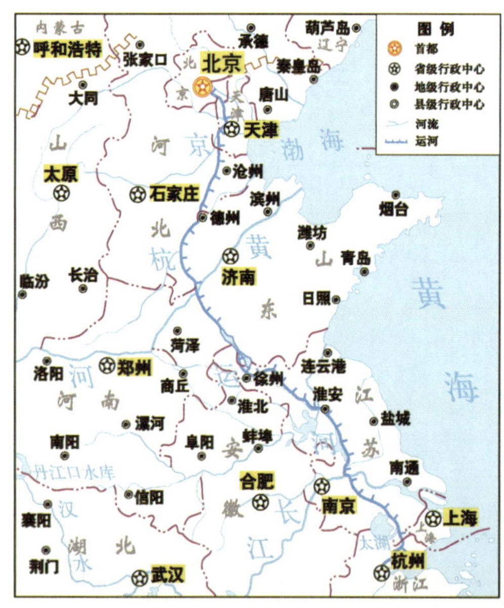

图 1–7　京杭运河水系［审图号：GS（2008）337 号］及货运船舶

淮河流域介于长江、黄河之间，流域内煤炭等矿产资源丰富，除供应本地需求外，大部分运往长江三角洲地区，是我国华东地区重要的能源供应基地。随着我国国民经济的持续快速发展，工业化和城市化进程的加快推进，淮河流域煤炭资源开发和长江三角洲地区的能源需求都将保持持续快速增长的态势。淮河水系航道主要包括淮河干流和沙颍河（图 1–8）。

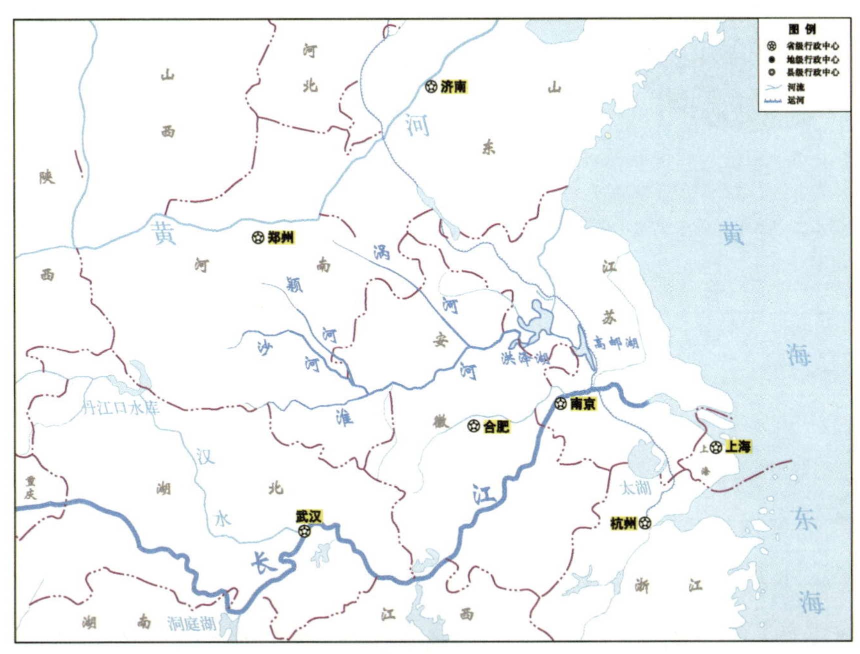

图 1–8 淮河水系 [审图号：GS（2008）337 号]

淮河干流起于淮滨止于淮安，是淮河流域最主要的东西向航道，上中游联系着大量支流航道，下游与京杭运河相通，沿线分布着淮南、蚌埠等重要城市和两淮煤炭基地，在腹地煤炭资源开发和经济发展中发挥着十分重要的作用。

沙颍河起于漯河止于沫河口，流经河南、安徽两省，河南段邻近平顶山矿区，安徽段邻近淮南矿区，下游经淮河、京杭运河沟通长江三角洲水网，在腹地煤炭开发外运和经济发展中发挥着十分重要的作用，预测沙颍河 2020 年货运量为 1000 万 t。沙颍河自漯河以下规划按 9 个梯级进行开发，辅以整治措施，可建成高等级航道。

（2）航道建设

京杭运河航道通航里程数自 2004 年以来变化较小，截至 2013 年底，航道通航里程数为 1 437km，其中等级航道 1 274km、等级外航道 164km，Ⅲ级及以上航道 675km。京杭运河各等级航道所占比例如图 1–9 所示。

截至 2013 年底，淮河水系航道通航里程 1.73 万 km，其中等级航道 8 674km、等级外航道 8 665km，Ⅲ级及以上航道 1 656km。各等级航道通航里程数如图 1–10 所示。

依据《全国内河航道与港口布局规划（2006 ~ 2020 年）》，京杭运河与淮河水系国家高等级航道布局为“一纵二线”（表 1–5），其中：“一纵”为京杭运河；“二线”分别为淮河、沙颍河。

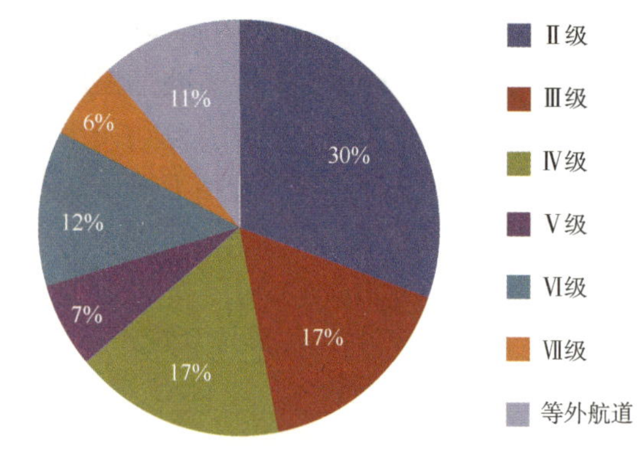

图 1–9　京杭运河各等级航道比例（截至 2013 年底）

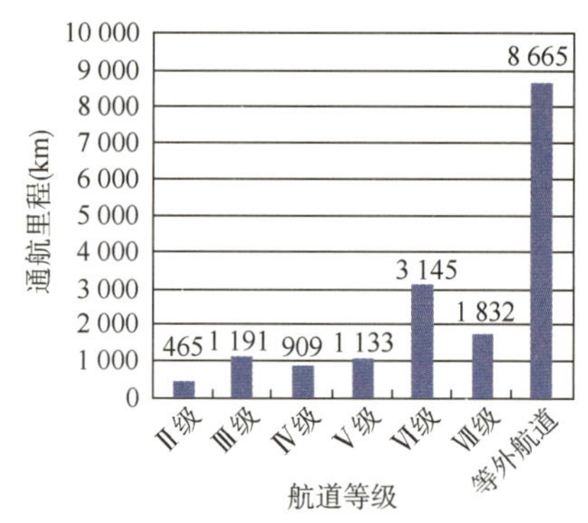

图 1–10　淮河水系各等级航道通航里程数（截至 2013 年底）

注：数据来自《全国交通运输统计资料汇编（2013）》。

京杭运河与淮河水系高等级航道网布局规划方案　　表 1–5

航道名称	起讫点	里程（km）	规划
京杭运河	梁山—杭州	1052	Ⅲ级及以上
淮河	淮滨—正阳关	177	Ⅳ级
	正阳关—淮安	383	Ⅲ级
沙颍河	漯河—沫河口	378	Ⅳ级

1.1.4　珠江水系

（1）水系分布

珠江水系内河航道主要包括西江、北江、东江、珠江三角洲水网和其他支流航道。珠江流域涉及云南、贵州、广西、广东等省（区），流域内矿产资源丰富，其中煤、磷、铝、硫为流域内四大名矿，主要分布在中上游地区。珠江流域也是我国经济发展和对外开放水平比较高的区域之一。珠江流域上游地区矿产资源丰富，但经济发展和对外贸易比较落后；下游珠江三角洲地区经济发达，也是对外贸易的窗口，但资源比较贫乏，能源和原材料短缺，上下游经济互补性很强。这就要求内河航道更好地发挥运能大、成本低的优势，为上游地区矿产资源开发、对外贸易发展和下游地区的能源和原材料供应提供有力保障。珠江水系分布如图 1–11 所示。

西江航运干线起于南宁止于广州，横贯广西、广东两省，沿线有南宁、梧州、肇庆、佛山、广州等重要工业城市，是华南外贸运输的重要航道，在沿线资源和产业开发中具有重要作用。

右江起于剥隘止于南宁，其中剥隘—百色航道里程 80km，规划为Ⅳ级航道；百色—南宁航道里程 355km，规划为Ⅲ级航道。右江连接云南、广西，腹地铝土、煤炭资源丰富，内河水运是腹地资源开发和经济发展的重要依托。

北盘江—红水河，起于百层止于石龙三江口，其中百层—来宾航道里程 678km，规划为Ⅳ级航道；来宾—石龙三江口航道里程 63km，规划为Ⅲ级航道。北盘江—红水河连接贵州、广西，腹地煤炭、水电资源丰富，是我国煤炭、电力工业开发的重点地区之一，内河水运是腹地资源开发和经济发展的重要依托。

柳江—黔江起于柳江止于桂平，航道里程284km，规划为Ⅲ级航道。柳江—黔江是广西重要的工业基地柳州市经西江航运干线出海的航道。

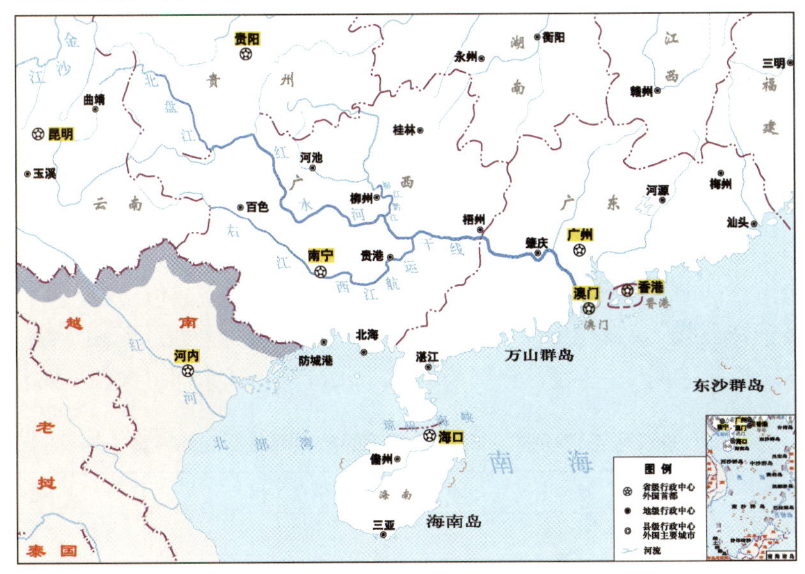

图1–11 珠江水系［审图号：GS（2008）337号］

珠江三角洲位于广东省中南部，是我国经济发展最具活力的地区之一，对外开放程度高，与港澳地区之间的经济联系十分密切，也是泛珠江三角洲区域经济合作的龙头。珠江三角洲是我国内河水运最具活力的地区之一，拥有内河航道5 800多km。随着经济全球化和国际制造业向我国的战略性转移，珠江三角洲面临着率先实现现代化的重要任务，同时也面临着土地资源紧张、环境容量有限等重要问题，迫切要求走出一条经济效益好、资源消耗低、环境污染少的新路子。因此，珠江三角洲地区要充分发挥内河水运优势，建设高等级航道网，为交通运输系统扩大能力、优化结构、降低资源和环境成本做出更大贡献。

（2）航道建设

截至2013年底，珠江水系航道通航里程数为1.61万km，其中，等级航道8 260km、等级外航道7 904km，Ⅲ级及以上航道1 435km。2004年以来，珠江水系航道通航里程数变化不大，仅增加了272km，但是航道等级结构得到了一定改善，2013年与2004年相比，Ⅲ级及以上航道增加了230km。珠江水系各等级航道通航里程见表1–6。

珠江水系航道各等级通航里程统计表（单位：km） 表1–6

年份	总计	等级航道								等外航道
		合计	Ⅰ级	Ⅱ级	Ⅲ级	Ⅳ级	Ⅴ级	Ⅵ级	Ⅶ级	
2004	15 891	7 929	9	—	1 196	816	550	2 512	2 847	7 962
2005	15 891	7 929	9	—	1 286	726	550	2 512	2 847	7 962
2006	15 891	7 929	9	—	1 308	704	626	2 436	2 847	7 962
2007	15 891	7 929	9	—	1 308	845	485	2 436	2 847	7 962
2008	15 891	7 929	9	—	1 308	945	485	2 436	2 847	7 962
2009	—	—	—	—	—	—	—	—	—	—

续上表

年份	总计	等级航道								等外航道
		合计	Ⅰ级	Ⅱ级	Ⅲ级	Ⅳ级	Ⅴ级	Ⅵ级	Ⅶ级	
2010	15 989	8 135	9	296	1 027	1 041	405	2 652	2 705	7 854
2011	15 995	8 141	16	296	1 052	1 195	464	2 424	2 695	7 854
2012	16 091	8 188	16	296	1 123	1 280	494	2 627	2 353	7 904
2013	16 163	8 260	16	296	1 123	1 355	746	2 371	2 353	7 904

注：数据来自《全国交通运输统计资料汇编（2013）》。

依据《全国内河航道与港口布局规划（2006 ~ 2020 年）》，珠江水系国家高等级航道布局为“一横一网三线”见表 1–7、表 1–8。其中：“一横”为西江航运干线；“一网”为珠江三角洲高等级航道网；“三线”分别为右江、北盘江—红水河、柳江—黔江。

珠江水系“一横”“三线”高等级航道网布局规划方案　表 1–7

航道名称	起讫点	里程（km）	规划
西江航运干线	南宁—广州	854	Ⅲ级及以上
右江	剥隘—百色	80	Ⅳ级
	百色—南宁	355	Ⅲ级
北盘江—红水河	百层—来宾	678	Ⅳ级
	来宾—石龙三江口	63	Ⅲ级
柳江—黔江	柳州—桂平	284	Ⅲ级

珠江三角洲高等级航道网以海船进江航道为核心，以Ⅲ级航道为基础，由 16 条航道组成“三纵三横三线”高等级航道网，航道里程 939km，详见表 1–8。

珠江三角洲高等级航道网布局规划方案表　表 1–8

航道名称	起讫点	里程（km）	规划等级	备注
三纵		395		
一、西江下游出海航道	1. 西江下游出海航道：思贤滘—百顷头 磨刀门水道：百顷头—挂定角 磨刀门出海航道：挂定角—横州 挂定角—九澳	89 46 28 25	Ⅰ级	3000 吨级海船
二、白坭水道—陈村水道—洪奇沥水道	2. 白坭水道：渡槽桥—珠江大桥	44	Ⅲ级	
	3. 陈村水道：濠滘口—三山口	22	Ⅲ级	
	4. 洪奇沥水道：板沙尾—洪奇门	41	Ⅲ级	1000 吨级江海船
三、广州港出海航道	5. 广州港出海航道：广州—黄埔的前航道 广州—黄埔的后航道 黄埔—虎门	20 28 52	Ⅰ级	1000 吨级海船 5000 吨级海船 5 万吨级海船
三横		381		
一、东平水道	6. 东平水道：思贤滘—广州	76	Ⅲ级	1000 吨级江海船

续上表

航道名称	起讫点	里程(km)	规划等级	备注
二、潭江—劳龙虎水道—莲沙容水道—东江北干流	7. 潭江：三埠—熊海口	58	Ⅲ级	1000吨级江海船
	8. 劳龙虎水道：虎坑口—狗尾	16	Ⅲ级	1000吨级江海船
	9. 莲沙容水道：南华—莲花山（含均安水道及八塘尾—大沙尾）	108	Ⅰ级	1000吨级江海船
	10. 东江北干流：石龙—东江口	42	Ⅲ级	
三、小榄水道—横门出海航道	11. 小榄水道：莺歌咀—大南尾 大南尾—横门口	30 15	Ⅲ级 Ⅰ级	1000吨级江海船 3000吨级海船
	12. 横门出海航道：横门口—淇澳	36	Ⅰ级	3000吨级海船
三线		163		
一、崖门水道—崖门出海航道	13. 崖门水道：熊海口—崖门口 14. 崖门出海航道：崖门口—荷包岛	25 42	Ⅰ级 Ⅰ级	5000吨级海船 5000吨级海船
二、虎跳门水道	15. 虎跳门水道：百顷头—虎跳门口	46	Ⅰ级	3000吨级海船
三、顺德水道	16. 顺德水道：紫洞口—火烧头	50	Ⅲ级	

三纵：西江下游出海航道；白坭水道—陈村水道—洪奇沥水道；广州港出海航道。

三横：东平水道；潭江—劳龙虎水道—莲沙容水道—东江北干流；小榄水道—横门出海航道。

三线：崖门水道—崖门出海航道；虎跳门水道；顺德水道。

1.1.5 黑龙江和松辽水系

（1）水系分布

黑龙江和松辽水系（图1–12）内河航道主要包括黑龙江、松花江、嫩江、乌苏里江、第二松花江、牡丹江以及规划中的松辽运河等。黑龙江及松辽流域是我国重要的工业基地，已经形成了以重工业为主体的工业体系格局。近年来，国家提出了振兴东北等老工业基地的重大战略，区域经济进入了一个新的发展时期，要求内河水运加快发展，适应区域内重工业发展和对外贸易对大宗原材料、大件设备及中俄边贸运输的要求。

黑龙江起于恩和哈达止于伯力，是我国与俄罗斯的界河，对巩固国防具有重要意义，也是我国东北地区与俄罗斯、朝鲜、日本贸易往来的重要出海航道。

松花江起于大安止于同江，是上游第二松花江、嫩江沟通界河黑龙江、乌苏里江的重要通道，连接黑龙江、吉林、内蒙古。

（2）航道建设

截至2013年底，黑龙江水系航道通航里程数为8 211km，其中等级航道7 761km、等级外航道450km，Ⅲ级及以上航道1 934km。各级航道通航里程如图1–13所示。

依据《全国内河航道与港口布局规划（2006 ~ 2020年）》，黑龙江和松辽水系国家高等级航道布局为“二线”，即黑龙江、松花江（表1–9）。

图 1-12　黑龙江和松辽水系［审图号：GS（2008）337 号］

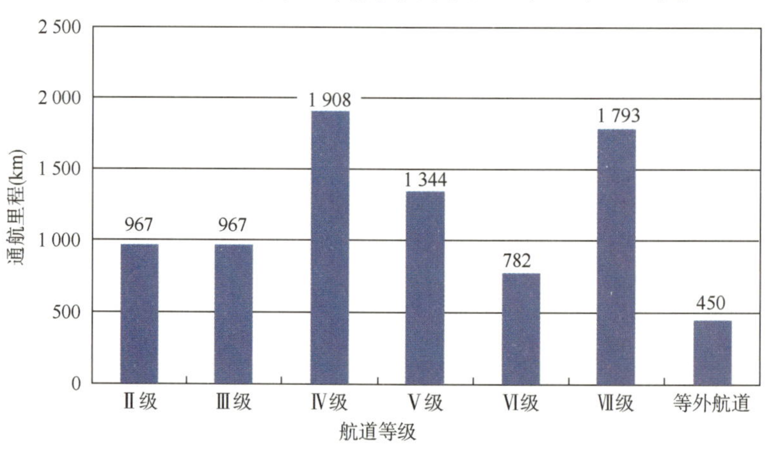

图 1-13　黑龙江水系各等级航道通航里程数（截至 2013 年底）

注：数据来自《全国交通运输统计资料汇编（2013)》。

黑龙江水系高等级航道网布局规划方案　　表 1-9

航 道 名 称	起 讫 点	里程（km）	规　　划
黑龙江	恩和哈达—伯力	1 890	Ⅲ级及以上
松花江	大安—同江	976	Ⅲ级及以上

1.1.6　其他水系

除上述五大水系以外的其他水系，河流较多，但总体上内河水运的开发难度较大。其他水系国家高等级航道布局为“一线”，即闽江。

闽江是福建省最大的河流，全长 577km，水量丰沛，含沙量少，多年平均径流量 583 亿 m^3/s，积极发展闽江内河水运，有助于综合利用水资源，完善区域综合运输体系，为福州港提供内河集疏运，还可提高国防交通保障能力，支持闽西北革命老区经济发展。

截至 2013 年底，闽江航道通航里程为 1 973km，其中等级航道 897km、等级外航道 1 076km，Ⅲ级及以上航道 64km。各级航道通航里程如图 1-14 所示。

依据《全国内河航道与港口布局规划（2006 ~ 2020 年）》，闽江起于南平止于外沙，航道里程 278km，规划为Ⅳ级及以上航道。

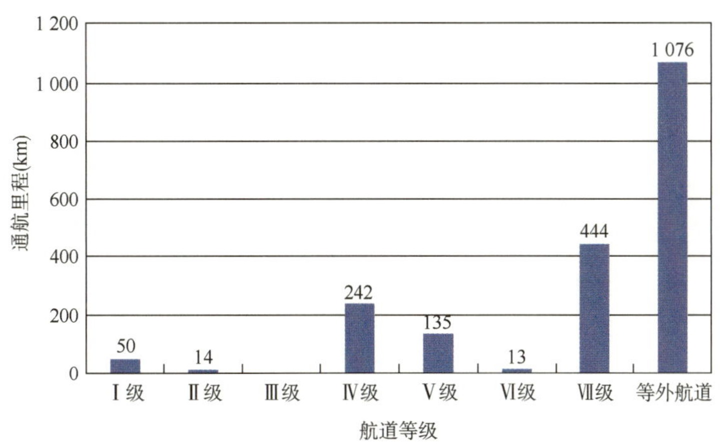

图 1-14 闽江水系各等级航道通航里程数（截至 2013 年底）

注：数据来自《全国交通运输统计资料汇编（2013）》。

1.2 我国内河运输船舶

随着我国内河航道里程、等级的不断提升，港口资源利用的不断完善，内河运输船舶的数量、规模不断扩大，且呈现出一些新特点。本节就我国内河运输船舶的总体数量、吨位、船龄等进行详细阐述，并针对重点水系进行深入分析，总结归纳现阶段我国内河运输船舶发展存在的主要问题。

1.2.1 我国内河运输船舶总体概况

根据《内河运输船舶标准化管理规定》(中华人民共和国交通运输部令 2014 年第 23 号)，“内河运输船舶”是指:在我国境内江河、湖泊、水库及其他内河通航水域从事运输的船舶，但在与外界不通航的封闭性水域内从事运输的船舶除外。

《国内水路运输管理条例》中对“国内水路运输”的定义是指始发港、挂靠港和目的港均在中华人民共和国管辖的通航水域内的经营性旅客运输和货物运输。

(1) 内河运输船舶总体情况

截至 2014 年末，我国内河水系共拥有运输船舶 15.83 万艘、净载重量 11 274.71 万 t，平均净载重量 712t/ 艘。

①船舶艘数分析

从表 1-10 中可以看出，2001 年我国内河运输船舶总量为 20 万艘，之后整体上呈下降趋势，2014 年下降到 15.83 万艘，年均递减率为 1.78%，见图 1-15。

我国内河运输船舶情况分析表 表 1-10

年份	船舶数量（万艘）	净载重吨（万 t）	平均净载重吨（t/艘）	载客量（万客位）	集装箱箱位（万 TEU）	船舶功率（万 kW）
2014	15.83	11 274.71	712	80.77	25.78	3 150.45
2013	15.91	10 215.65	642	81.7	24.47	3 011.4
2012	16.52	9 381.58	568	81.65	18.98	2 995.16
2011	16.58	8 779.99	529	81.89	16.07	2 771.27
2010	16.57	7 435.86	449	82.51	12.8	2 423.56
2009	16.48	5 988.57	363	80.52	10.11	2 085.31
2008	17.21	5 479.54	318.39	84.06	7.14	2 043.6
2007	18.02	5 266.25	292	86.2	6.87	1 803.2
2006	18.29	4 942.32	270.22	90.26	6.35	1 888.82
2005	19.58	4 481.49	228.88	86	5.29	—
2004	19.99	3 814.48	190.82	84.85	3.27	—
2003	19.44	3 034.78	156.11	86.29	2.79	—
2002	19.27	2 411.49	125.14	83.58	1.01	—
2001	20	2 145.7	107.29	93.6	0.88	—

注：数据来自《交通运输行业发展统计公报》。

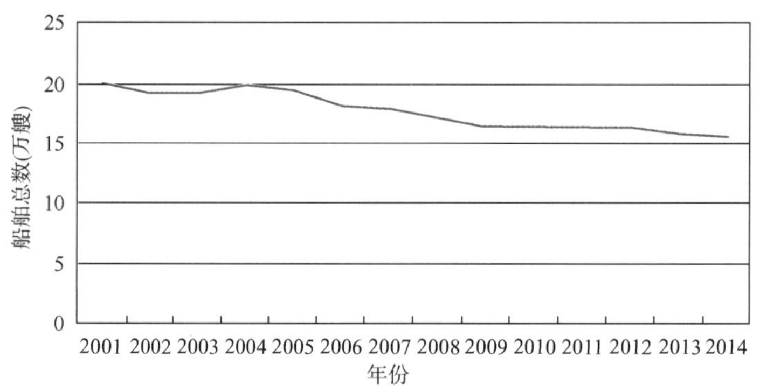

图 1-15 我国内河运输船舶总体数量变化图

船舶数量下降的主要原因有两个，一是随着内河船型标准化工程在全国范围的开展实施，各地淘汰了大量不符合标准的挂桨机船、单壳油船、小吨位船舶；二是国家为鼓励老旧运输船舶拆解，进一步规范内河运输船舶市场，优化船舶结构，出台了《老旧运输船舶管理规定》和《老旧运输船舶和单壳油轮报废更新中央财政补助专项资金管理办法》，以国家资金补贴的方式促进了大批老旧运输船舶退出市场。

②平均吨位分析

从表 1-10 中可以看出，2001 年我国内河运输船舶的平均净载重吨为 107.29t/ 艘，之后逐年上升，2014 年达到 712t/ 艘，年均增长率为 15.67%，见图 1-16。

船舶平均吨位增加的主要原因有以下几方面：一是，随着我国经济发展，内河水路运输日益繁忙，船东或航运企业在新造船上纷纷选择大吨位船舶，以降低船舶单耗、提高船舶效益；二是，从 2001 ~ 2014 年，虽然内河运输船舶的数量不断减少，但从表 1-10 中可以看出，内河船舶的净载重吨呈逐年上升趋势，从2001年的2 145.7万t增长到2014年的11 274.71万t，年均增长率达13.61%，船舶数量的下降和船舶载重吨的上升，使得内河船舶的平均吨位快速增加；三是，内河船型标准化工程实施过程中，小吨位船舶不断淘汰，使船舶平均吨位得到进一步提高。

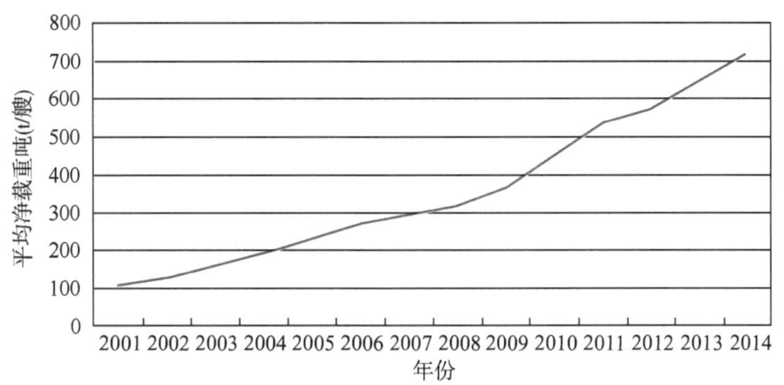

图1-16　我国内河运输船舶平均净载重吨变化图

③集装箱箱位数分析

从表1-10中可以看出，2001年我国内河运输船舶中的集装箱箱位数为0.88万TEU，之后快速上升，2014年达到25.78万TEU，年均增长率为29.67，见图1-17。集装箱箱位的增长意味着我国内河运输船舶的专业化趋势发展。

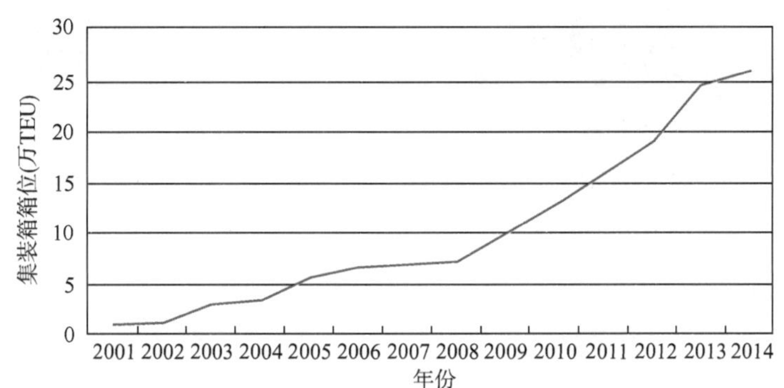

图1-17　我国内河运输船舶集装箱箱位变化图

④船舶地区分布

我国内河水系流经18个省份，分别为：江苏、安徽、江西、河南、上海、湖北、湖南、云南、四川、重庆、浙江、黑龙江、吉林、辽宁、山东、贵州、广西和广东。根据国家统计局发布的《中国统计年鉴2014》，2013年全国各省份船舶拥有量如表1-11所示，其构成见图1-18。

从图1-18可以看出，在我国各省份运输船舶拥有量中，江苏船舶数量规模最大，共47 774艘，占全国船舶总艘数的29%，其次是安徽，船舶数量共28 721艘，占比17.4%。船舶数量规模最小的是辽宁省，共534艘，占比0.3%。

从图1-19可以看出，在我国运输船舶中，机动船舶数量共计148 029艘，占比89.7%；驳船数量共计16 934艘，占比10.3%。

全国各省份 2013 年内河运输船舶拥有量（艘）　　表 1–11

省份	江苏	安徽	江西	河南	上海	湖北	湖南	云南	四川
总计	47 774	28 721	3 942	5 196	1 764	4 794	8067	952	7 614
机动船	39 378	27 193	3 926	5 088	1 693	4 562	8015	951	6 582
驳船	8 396	1 528	16	108	71	232	52	1	1 032
省份	重庆	浙江	黑龙江	吉林	辽宁	山东	贵州	广西	广东
总计	3 700	18 208	1 602	897	534	12 024	2 018	8 662	8 494
机动船	3 620	17 732	1 251	866	524	7 524	1 992	8 658	8 474
驳船	80	476	351	31	10	4500	26	4	20

注：数据来自《中国统计年鉴（2014）》。

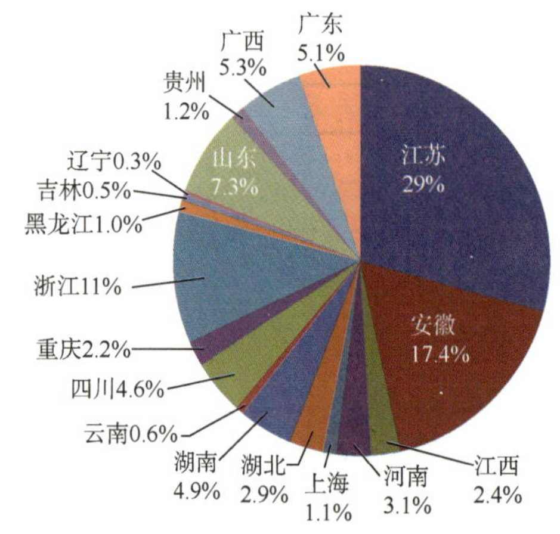

图 1–18　全国各省份 2013 年内河运输船舶构成图

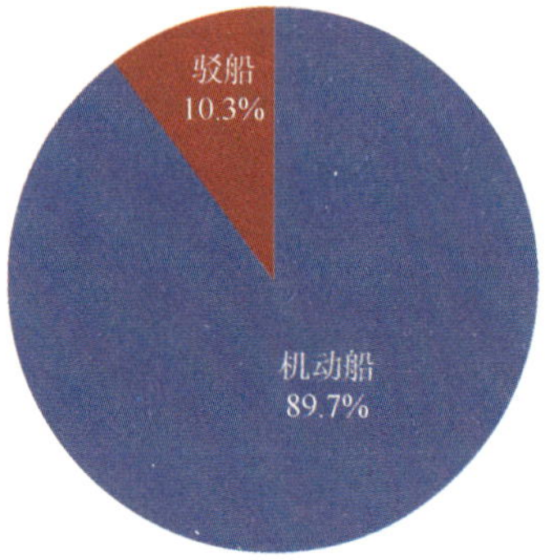

图 1–19　全国内河运输船舶分类构成图

（2）内河运输船舶货运量概况

①货运量分析

根据《交通运输行业发展统计公报（2014）》和《中国航运发展报告（2014）》，截至 2014 年底，全国内河货物运输量共计 33.43 亿 t，见表 1–12。

我国内河运输船舶货运量统计表（单位：亿 t）　　表 1–12

年　份	全　国	长 江 水 系	京 杭 运 河	珠 江 水 系	黑龙江水系
2014	33.43	—	—	—	—
2013	32.39	—	—	—	—
2012	23.02	10.43	3.53	4.37	0.15
2011	21.03	10.16	3.51	3.67	0.14
2010	18.86	8.92	3.04	3.19	0.13
2009	15.68	6.53	1.88	2.72	0.13
2008	13.47	5.44	2.12	2.38	—
2007	12.99	5.34	2.83	2.09	0.13

续上表

年 份	全 国	长 江 水 系	京 杭 运 河	珠 江 水 系	黑龙江水系
2006	11.61	4.6	2.15	1.8	0.14
2005	10.57	4.21	2.19	1.47	0.13
2004	9.16	3.57	2.11	1.4	0.11
2003	8.15	3.2	1.66	1.19	0.1
2002	7.6	3	1.5	0.9	0.07
2001	7.14	3.1	1.4	1.1	0.07

注：数据来自《交通运输行业发展统计公报（2014)》《中国航运发展报告（2014)》。

从 2001 ~ 2014 年，我国内河船舶货运量总体呈上升趋势，全国货运量年均增长率 12.61%，其中珠江水系货运量年均增长率最高，达到 13.36%，见图 1–20。

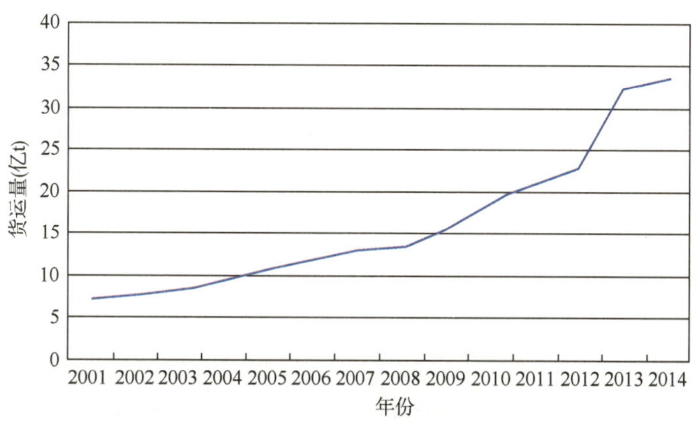

图 1–20　全国内河运输船舶 2001 ~ 2014 年货运量变化趋势图

2012 年，长江水系货运量 10.43 亿 t，占全国内河总货运量的 45.31%，位居各水系第一。黑龙江水系因冬季封冻，货运量较小，仅占全国内河总货运量的 0.65%，见图 1–21。2012 年各水系货运量百分比图见图 1–22。

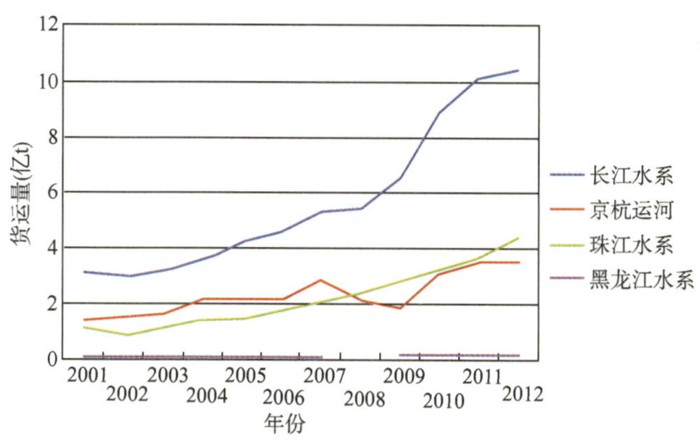

图 1–21　各水系内河运输船舶 2001 ~ 2012 年货运量变化趋势图

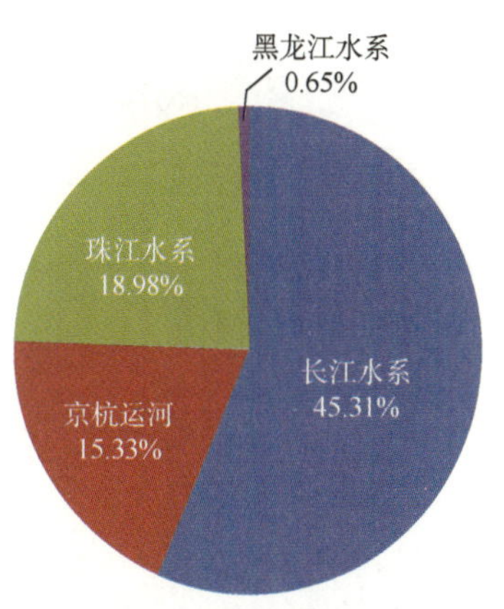

图 1–22　2012 年各水系货运量百分比图

②货运周转量分析

根据《交通运输行业发展统计公报（2014）》《中国航运发展报告（2014）》，截至2014年底，全国内河货物运输周转量共计12 784.9亿t · km，见表1−13。

内河运输船舶货物运输量统计表（单位：亿t · km）　　表1−13

年份	全国	长江水系	京杭运河	珠江水系	黑龙江水系
2014	12 784.9	—	—	—	—
2013	11 514.14	—	—	—	—
2012	7 638.42	4 754	679	1 055	8.66
2011	6 564.88	4 342	656	828	8.66
2010	5 535.74	3 588.43	548.49	657.14	8.31
2009	4 632.73	2 897.36	338.42	514.33	7.95
2008	4 139.69	2 198.46	636.79	458.06	—
2007	3 553.12	2 022.15	715.9	334.92	7.55
2006	3 025.32	1 675.87	561.01	285.54	14.3
2005	2 626	1 484.54	502.29	243.55	10.18
2004	2 184	1 200.43	455.25	224.81	9.68
2003	1 708.8	922.2	331.5	193.5	7.2
2002	1 508.7	795.3	279.7	150.5	8.6
2001	1 538.34	847.3	296.5	154.1	9.9

注：数据来自《交通运输行业发展统计公报（2014）》《中国航运发展报告（2014）》。

从2001～2014年，我国内河船舶货运周转量总体呈上升趋势，全国货运周转量年均增长率17.69%，其中珠江水系货运量年均增长率最高，达到19.11%，见图1−23和图1−24。

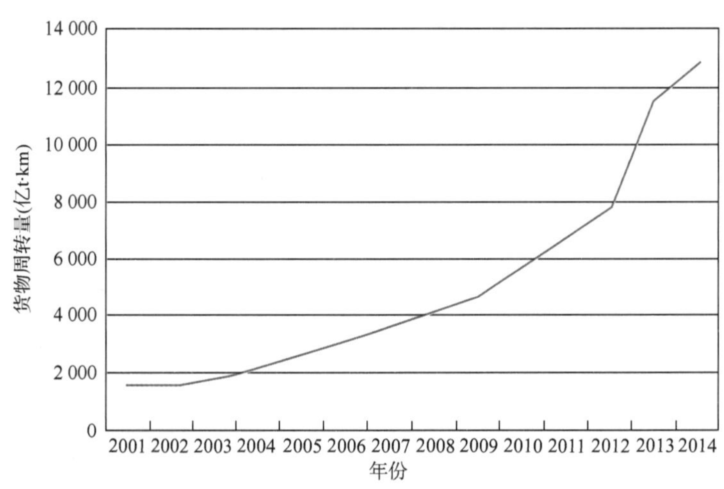

图1−23　全国内河运输船舶2001～2014年货物周转量变化趋势图

2012年，长江水系货物周转量4 754亿t · km，占全国内河总货运量的62.24%，位居各水系第一，见图1−25。

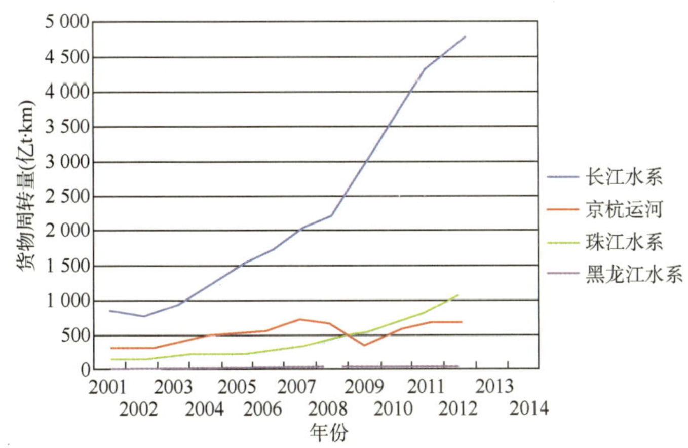

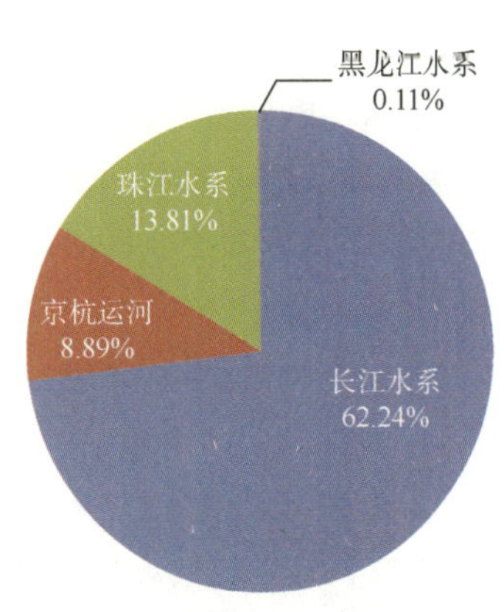

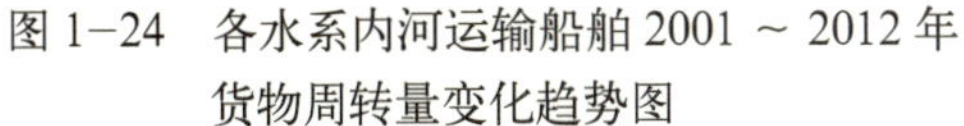
图 1–24　各水系内河运输船舶 2001 ～ 2012 年货物周转量变化趋势图

图 1–25　2012 年各水系货物周转量百分比图

③平均运距分析

根据《交通运输行业发展统计公报（2014)》《中国航运发展报告（2014)》，截至 2014 年底，全国内河货物运输平均运距 382.44km，见表 1–14。

内河运输船舶平均运距统计表（单位：km）　　表 1–14

年　份	全　国	长 江 水 系	京 杭 运 河	珠 江 水 系	黑龙江水系
2014	382.44	—	—	—	—
2013	355.48	—	—	—	—
2012	331.82	455.80	192.35	241.42	57.73
2011	312.17	427.36	186.89	225.61	61.86
2010	293.52	402.29	180.42	206.00	63.92
2009	295.45	443.70	180.01	189.09	61.15
2008	307.33	404.13	300.37	192.46	—
2007	273.53	378.68	252.97	160.25	58.08
2006	260.58	364.32	260.93	158.63	102.14
2005	248.44	352.62	229.36	165.68	78.31
2004	238.43	336.25	215.76	160.58	88.00
2003	209.67	288.19	199.70	162.61	72.00
2002	198.51	265.10	186.47	167.22	122.86
2001	215.45	273.32	211.79	140.09	141.43

注：数据来自《交通运输行业发展统计公报（2014)》《中国航运发展报告（2014)》。

从 2001 ～ 2014 年，我国内河船舶货运周转量总体呈上升趋势，全国平均运距年均增长率 4.51%，其中长江水系平均运距年均增长率最高，达到 4.76%，见图 1–26 ～图 1–28。

（3）内河运输船舶发展特点

①船舶吨位总体较小，但大型化趋势明显

根据上述研究分析可以看出，2014 年我国内河船舶平均净载重量为 712t。根据交通运输部编制的《全国交通运输统计资料汇编（2013)》数据统计，我国内河运输船舶中，小于 100 总吨的船舶艘数最多，占 37% 以上，共有超过 70% 的船舶，船舶吨级小于 300 总吨。这与欧美发达国家的发展水平相差较大，德国莱茵河内河船舶的平均吨位是 1 395t [莱茵河航运中心委员会（CCNR）统计]，美国密西西比河内河船舶的平均吨位是 1 350t [美国陆军工程兵团（U.S.ARMY CORPS OF ENGINEERS）研究报告统计]。

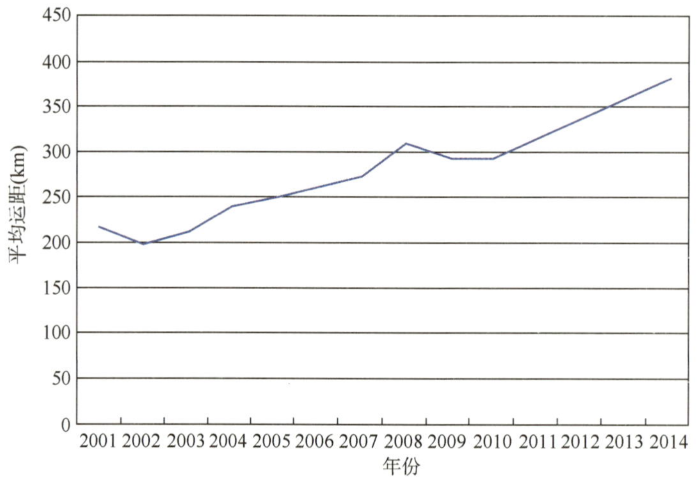

图 1–26　全国内河运输船舶 2001 ～ 2014 年平均运距变化趋势图

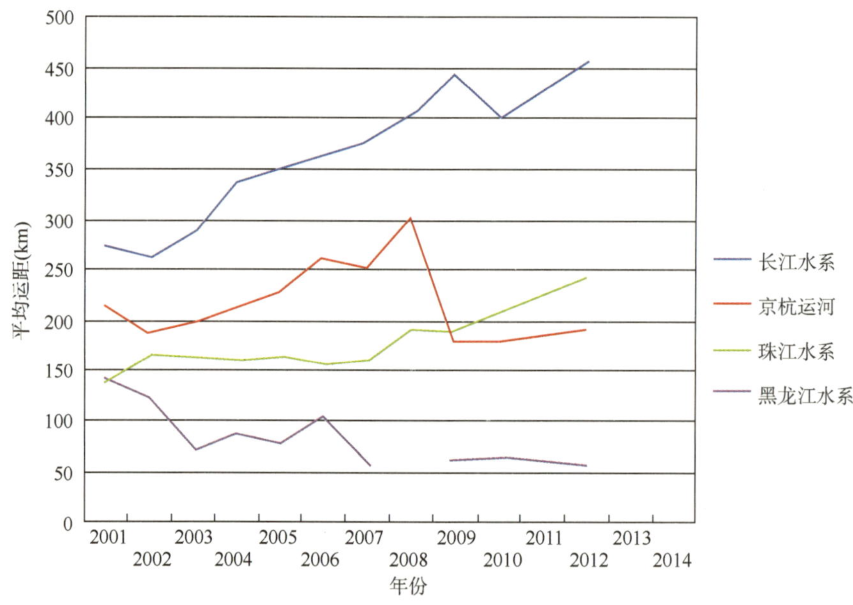

图 1–27　各水系内河运输船舶 2001 ～ 2012 年平均运距变化趋势图

根据图 1–16 分析可以看出，从 2001 ～ 2014 年，我国内河运输船舶的平均吨位呈现稳步上升趋势，船舶大型化趋势明显，其中 2014 年全国内河船舶平均净载重吨达 712t，相比于 2001 年的 107.29t 上涨 563.62%。据统计，目前长江中下游货运船舶最大已达万吨级，长江上游也已到了 8000 吨级，川江及三峡库区航行的主力船型均在 3000 吨级以上；珠江水系西江干线最大船舶达 3000 吨级，主力船型在 1000 吨级以上；京杭运河船队运输最大为 3000 吨级，单船 2000 吨级。

②船舶船龄结构总体水平较好

根据交通运输部编制的《全国交通运输统计资料汇编（2013）》数据统计，我国内河水系船龄小于 7 年的船舶占船舶总艘数的 35%，船龄处于 8 ～ 15 年之间的船舶艘数最多，占 45%。这些数据表明我国内河船舶总体船龄较小，主要原因有两个 ：

一是国家对水运行业发展越来越重视，出台《国务院关于加快长江等内河水运发展的意见》《国务院关于依托黄金水道推动长江经济带发展的指导意见》等一系列促进水运发展的政策标准和相关措施，使内河水运发展成为国家战略。航运企业和船东受此影响，建造了一大批新船。

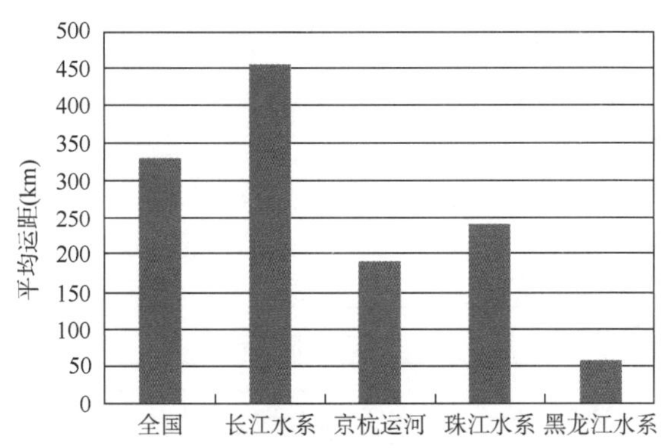

图 1–28　2012 年全国内河船舶平均运距柱形图

二是与我国近几年开展的鼓励老旧运输船舶拆解有关。原交通部于 1993 年发布了第一版《老旧运输船舶管理规定》，并分别于 2001 年、2009 年和 2014 年进行了三次修订，对老旧运输船舶的界定、购置、光租、改建管理、营运管理、报废、监督和处罚进行了越来越详细和科学的规定。为鼓励老旧运输船舶提前退出市场，提高航运企业船舶技术水平，优化船队结构，2014 年，财政部、交通运输部、国家发展改革委、工业和信息化部联合印发了《老旧运输船舶和单壳油轮报废更新中央财政补助专项资金管理办法》，以规范老旧运输船舶和单壳油轮报废更新中央财政补助专项资金的管理。大批老旧运输船舶退出市场，也进一步拉低了船龄总体水平。

③船舶专业化发展明显

随着内河水运业的不断发展，内河货运量不断增加，货物种类不断增加，使得内河运输船舶趋向专业化发展，专业船舶的比例不断提高。根据《全国交通运输统计资料汇编》统计分析，从 2001 ～ 2013 年，我国内河运输船舶中，油船、集装箱船、客船等专业化船舶的所占比例总体上呈上升趋势，反映了内河运输船舶的专业化发展，见图 1–29。

从图 1–29 可以看出，客船所占比例从 2001 年的 8.28% 上升到 2013 年的 13.36%，年均增长率为 4.07% ；集装箱船所占比例从 2001 年的 0.06% 上升到 2013 年的 0.42%，年均增长率为 18.13% ；油船所占比例从 2001 年的 1.13% 上升到 2013 年的 1.72%，年均增长率为 3.53%。

④船舶技术性能有较大提高

1999 年，交通运输部海事局出台第一部《内河船舶法定检验技术规则》，对内河船舶的稳性、消防、航行设备等做出了规范要求，随着10余年来的不断修订与完善，对于内河船舶技术要求越来越高，覆盖范围越来越全面，在《内河船舶法定检验技术规则—2015年修改通报》中，已对内河船舶的消防、救生设备，通信设备，船舶防污染，航行、通信、无线电设备等多方面进行了技术规范，内河船舶的技术性能总体有较大提高。长江、京杭运河等内河水面上充斥单壳油轮、挂桨机船、简陋设备船的景象已不复存在，取而代之的是高性能船舶比例的提升。

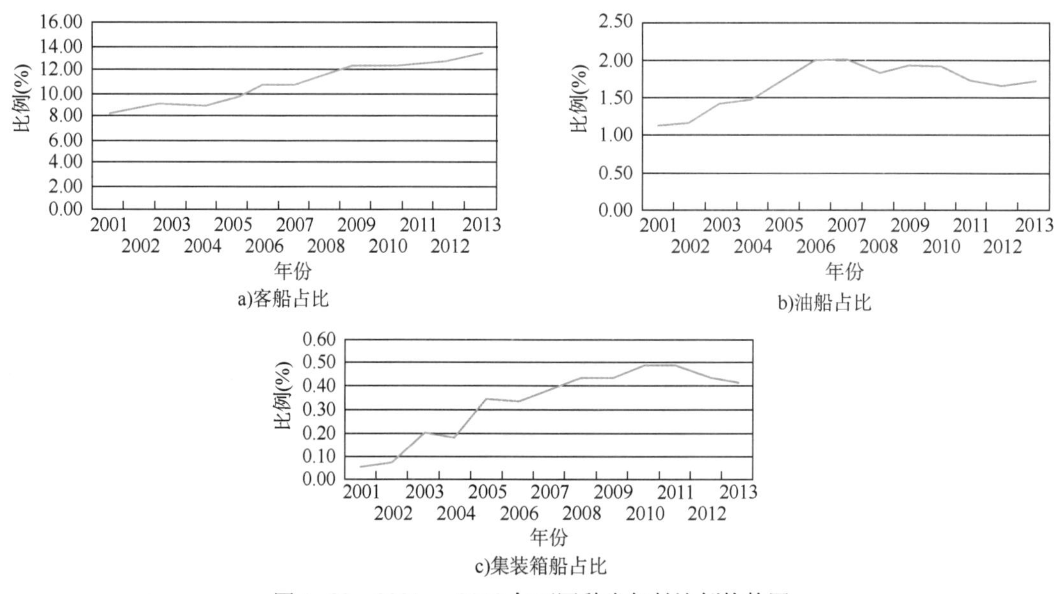

图1–29 2001 ~ 2013年不同种类船舶比例趋势图

2015年，交通运输部发布《内河运输船舶标准化管理规定》，明确要求要提高内河运输船舶技术水平，支持和鼓励采用先进适用的水路运输船舶和技术。这将使我国内河船舶的技术性能得到进一步提升。总体来讲，目前我国内河船舶在以下方面具有技术先进性。

A. 船型发展

a. 减少上层建筑风阻设计技术；

b. 弓形船身设计技术；

c. 空气润滑技术；

d. 浅吃水宽体船型设计技术；

e. 少/无压载水设计技术。

B. 提高柴油机主机性能

a. 废热回收系统；

b. 废气洗涤装置；

c. 废气再循环系统。

C. 新型动力系统

LNG燃料动力系统。

D. 推进系统

低转速、大直径螺旋桨。

E. 配套系统

a. 智能通信、导航系统；

b. 耐腐蚀钢。

通过实际操作运营，船舶的新技术取得良好效果，如船舶采用双艉船型、球鼻艏，优化了船舶线形，有效降低了船舶航行阻力；使用低转速、大直径螺旋桨，有效提高了船舶推进效率；新建油船、化学品船采用双底、双舷结构形式，减少了船舶因搁浅、触礁、碰撞等造成液货及燃油泄漏事故导致水体污染的风险。

⑤船型标准化形势良好

早在 20 世纪 70 年代，交通部就开始组织开展船舶机型的简型和选型工作，颁布了包括内河船舶在内的船舶修制造标准，作为组织批量生产、研制新船型和标准化等工作的基础。20 世纪 90 年代，我国在船型简统选优工作的基础上，相继制定和颁布了一些行业标准，如《黑龙江水系客船尺度系列》《珠江水系自航驳顶推船队尺度系列》等。2001 年，交通部提出了在长江、珠江三角洲及其干流全面推进船舶标准化、系列化的战略目标，颁布了《内河运输船舶标准化管理规定》，标志着船型标准化工作进入全面推进阶段。2003 年以来，交通运输部加大了内河船舶标准化的工作力度，先后发布了《全国内河船型标准化发展纲要》《京杭运河运输船舶标准船型主尺度系列》《川江及三峡库区运输船舶标准船型主尺度系列》，2012 以来，又发布了《内河运输船舶标准船型指标体系》《内河船型标准化补贴资金管理办法》《内河示范船技术评估和认定办法》等。

这些政策、措施的制定和实施，使我国内河运力结构调整的步伐明显加快，在较短时间内淘汰了大量老旧落后船舶以及小吨位船舶，内河船舶大型化、标准化趋势明显，在提升船闸通航效率、促进节能减排、降低运输成本等方面取得了显著的成效。

⑥船舶节能减排工作逐步开展并已初见效果

A. 政府出台相关政策措施积极推动

2012 年，国务院发布《节能减排“十二五”规划》，要求建立健全有效的激励和约束机制，大幅度提高能源利用效率，显著减少污染物排放，确保到 2015 年实现单位国内生产总值能耗比 2010 年下降 16%，化学需氧量、二氧化硫排放总量减少 8%，氨氮、氮氧化物排放总量减少 10% 的约束性目标。

为响应国家号召，提高水运航业节能减排，交通运输部先后出台了《交通运输“十二五”发展规划》《“十二五”水运节能减排总体推进实施方案》《公路水路交通运输节能减排“十二五”规划》《建设低碳交通运输体系指导意见》等多项政策法规，对内河船舶节能减排指标做出了明确规定（表 1–15）。

内河船舶节能减排指标 表 1–15

减 排 指 标	内河船舶（较之 2005 年下降率）	
	2015 年	2020 年
能源强度指标	14%	20%
CO_2 排放强度指标	15%	23%

为使船舶的节能减排指标落到实处，2012 年交通运输部发布了《营运船舶燃料消耗限值及验证方法》，规定了拟投入营运市场的船舶的推荐性燃料消耗限值、指数及验证方法。《营运船舶 CO_2 排放限值及验证方法》，规定了船舶 CO_2 排放限值、排放指数计算和验证方法。这两部法规的出台使内河船舶的节能减排验证工作有法可依。

为加强全国内河船型标准化工作，促进全国水运发展，中央和有关地方财政设立了内河船型标准化补贴资金，并于 2014 年 4 月发布了《内河船型标准化补贴资金管理办法》，明确对新建高能效示范船给予经济补贴。

B. 船舶节能减排水平显著提升

随着高能耗老旧运输船舶的拆解和退出，节能船型和节能技术的应用以及船舶大型化发展，船舶平均燃油单耗水平逐步降低，减少了 CO_2 排放。据抽样调查，2012 年长江水系船舶千吨公里油耗平均为 6.18kg，较 2007 年下降 44%。当年节省燃油消耗 2 369 万 t，减少 CO_2 排放 7 481 万 t。

根据交通运输部发布的《“十二五”期推进全国内河船型标准化工作实施方案》要求，从 2016 年 1 月 1 日起，禁止生活污水排放达不到现行规范要求的内河运输船舶进入“两横一纵两网十八线”水域航行。各省市按照规定，均全面开展内河船舶生活污水达标工作，公布生活污水设备生产厂家、改造船厂、政府补贴标准，为内河船舶加装生活污水处理装置，减少污水排放。

1.2.2 长江干线内河运输船舶情况

2012年，长江干线共有内河运输船舶5.5万艘，2 471万总吨，3 402万载重吨(数据来源：交通运输部科技项目——“长江和西江干线标准船型及设计关键技术研究”报告)。

（1）船舶艘数分析

2012 年长江干线各类船舶艘数见表 1–16。

长江干线 2012 年船舶数量表　　表 1–16

船　型	干散货船	油船	化学品船	集装箱船	滚装船	客船	驳船	其他
船舶数量（艘）	40 299	2 948	2 426	567	215	1 172	5 610	1 766

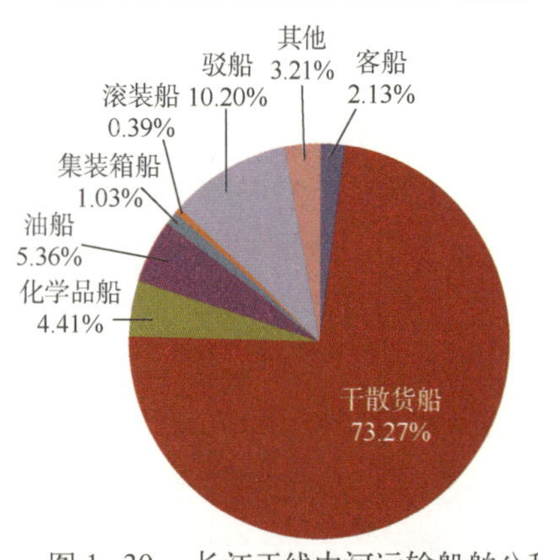

图 1–30　长江干线内河运输船舶分种类数量统计

在长江水系的 8 类船舶中，干散货船舶数量为 40 299 艘，占有比重 73.28%，是长江水系中的第一大种类船型。驳船占有 10.2% 的比重，是长江干线的第二大种类船型。滚装船占有的比重小于 1%，是船舶占有量中较小的船舶（图 1–30）。

客船、油船、化学品船、集装箱船和其他船舶，五种船舶数量接近 9 000 艘次，加在一起的总量超过长江船舶总艘次的 16%。

（2）船舶运力分析

2012 年长江干线各类船舶总体运力如表 1–17 所示。

长江干线 2012 年船舶运力表　　表 1-17

船型	干散货船	油船	化学品船	集装箱船	滚装船	客船	驳船	其他
总吨（万 t）	1 813.47	76.6	63.5	107.98	68.45	63.5	238.7	38.79

在船舶运力方面，干散货船占比重最多，总吨占 73.39%；驳船位列其次，总吨占 9.66%；集装箱船总吨占 4.37%；油船、滚装船、客船和化学品船，四类船舶总吨占比在 3% 左右，四类船舶中油船占比最多，为 3.10%，客船和化学品船占比最少，为 2.57%（图 1-31）。

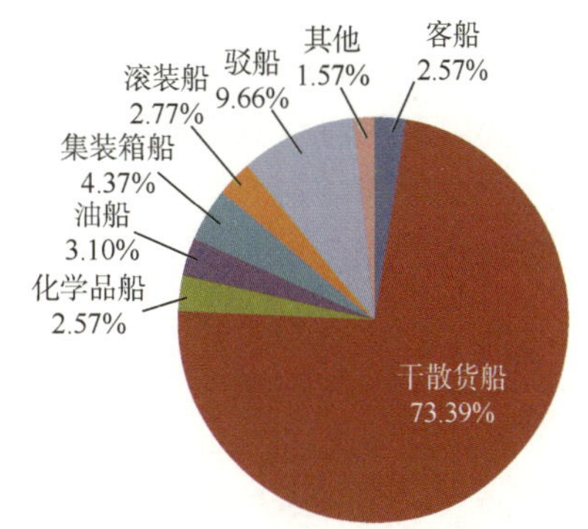

图 1-31　长江干线内河运输船舶分种类运力统计

(3) 船舶平均吨位和平均船龄分析

由船舶总吨和船舶艘数，计算出长江干线各类船舶平均吨位如表 1-18 所示。

从表 1-18 可以看出，滚装船平均吨位最高，达到了 3 183.72t。集装箱船列第二位，达到了 1 904.41t，其他船舶的平均吨位最低为 219.65t。其中油船、化学品船、驳船、其他船，四种船型的平均吨位低于所有船舶统计得到的 449.27t 的平均吨位。

长江干线 2012 年船舶平均吨位表　　表 1-18

船型	干散货船	油船	化学品船	集装箱船	滚装船	客船	驳船	其他
平均吨位（t）	450.00	259.84	261.75	1 904.41	3 183.72	541.81	425.49	219.65

从船龄情况看，长江干线现有船舶平均船龄 12.8 年，各类船舶平均年龄差别不大，其中客船和驳船平均船龄较大。驳船的船龄最大，为 18.7 年，客船的平均船龄仅小于驳船，为 15 年。干散货船、化学品船、集装箱船和滚装船，四类船舶平均船龄较小，均小于 12 年。集装箱船的平均船龄最小，为 11.3 年（图 1-32）。

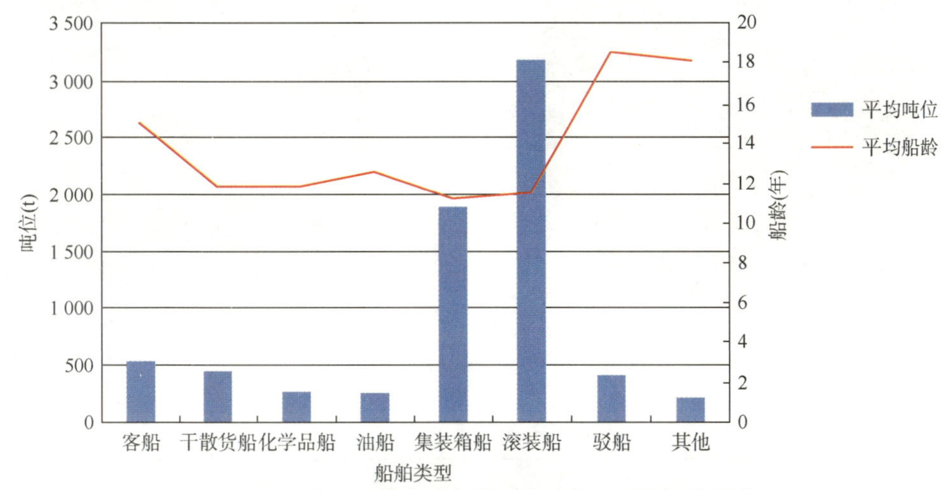

图 1-32　长江干线各类船舶平均吨位和平均船龄统计

1.2.3 西江干线内河运输船舶情况

2012 年，西江干线共有内河运输船舶共 1.7 万艘，1 126 万总吨，1 211 万载重吨（数据来源:交通运输部科技项目——“长江和西江干线标准船型及设计关键技术研究”报告）。

（1）船舶艘数分析

2012 年西江干线各类船舶数量如表 1–19 所示。

长江干线 2012 年船舶数量表　　表 1–19

船型	干散货船	液货船	集装箱船	滚装船	客船	驳船	其他
船舶数量（艘）	13 175	573	921	799	1 394	9	129

在西江水系的 7 类船舶中，干散货船舶数量为 13 175 艘，占比为 77.5%，是长江水系中的第一大种类船型。客船占比为 8.2%，是长江干线的第二大种类船型。驳船占比小于 0.1%，是船舶占有量中最小的船舶（图 1–33）。

液货船、滚装船、集装箱船和其他船舶等 4 种船舶数量约 2 500 艘，超过长江船舶总艘次的 14%。

（2）船舶运力分析

2012 年西江干线各类船舶总体运力如表 1–20 所示。

在船舶运力方面，干散货船占比最大，总吨占 82.24%；集装箱船位列其次，总吨占 9.77%；液货船总吨占 5.21%；客船占 1.75%；驳船占比最小，仅为 0.09%（图 1–34）。

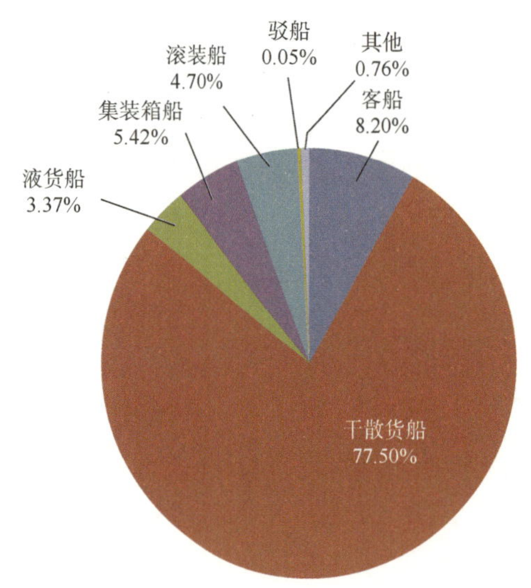

图 1–33　西江干线内河运输船舶分种类数量统计

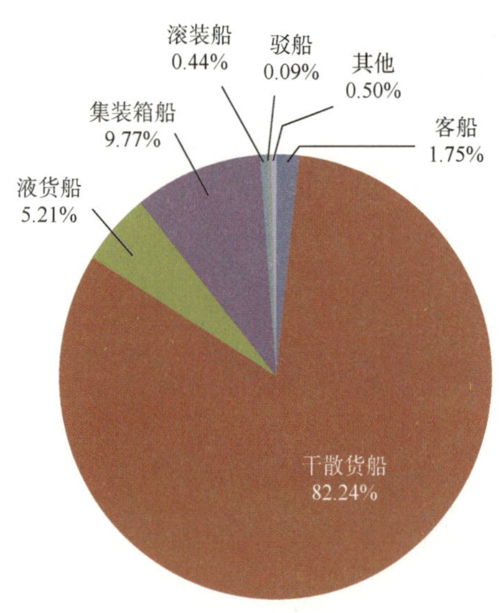

图 1–34　西江干线内河运输船舶分种类运力统计

长江干线 2012 年船舶运力表　　表 1–20

船型	干散货船	液货船	集装箱船	滚装船	客船	驳船	其他
总吨（万 t）	926.02	58.66	110.01	4.95	19.71	1.01	5.63

（3）船舶平均吨位和平均船龄分析

由船舶总吨和船舶艘数，计算出西江干线各类船舶平均吨位如表 1–21 所示。

从表 1–21 可以看出，驳船平均吨位最高，达到了 1 122.22t；集装箱船列第二位，达到了 1 194.46t；滚装船的平均吨位最低，为 61.95t。干散货船和液货船船的平均吨位大于西江干线现有船舶 663 总吨的平均吨位，其中液货船船 1 026 总吨，干散货船为 703 总吨。客船和滚装船的平均吨位小于 200 总吨。

在船龄方面，西江干线现有船舶平均船龄 11.9 年，各类船舶平均年龄差别相对较大，其中客船、滚装船平均船龄比较大，滚装船平均船龄最大为 21.8 年，集装箱船平均船龄较小，仅有 8.1 年。客船和驳船的平均船龄在 15 年左右。干散货船的平均船龄仅大于集装箱船，为 11.6 年。液货船的平均船龄比西江干线现有船舶平均船龄大 1 年，为 12.9 年（图 1–35）。

西江干线 2012 年船舶平均吨位表 表 1–21

船　型	干散货船	液货船	集装箱船	滚装船	客船	驳船	其他
平均吨位（t）	702.86	1 023.73	1 194.46	61.95	141.39	1 122.22	436.43

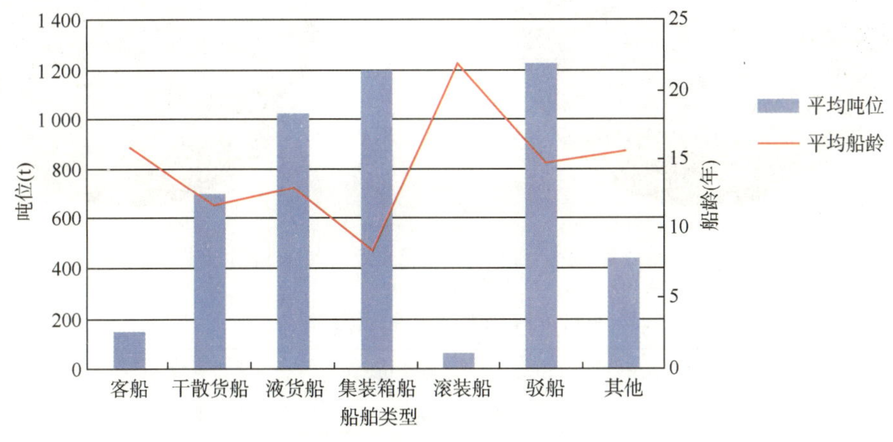

图 1–35　西江干线各类船舶平均吨位和平均船龄统计

1.2.4　京杭运河运输船舶情况

2014 年京杭运河共拥有运输船舶 4.6 万艘，1 460.2 万总吨，船舶平均吨位 315t（数据来源：交通运输部水运行业应用液化天然气首批试点示范项目——京杭运河江苏段水运应用 LNG 综合示范区建设实施方案）。

（1）船舶艘数分析

2013 年京杭运河各类船舶数量如表 1–22 所示。

京杭运河 2013 年船舶数量表 表 1–22

船舶种类	驳船	干散货船	滚装船	化学品船	集装箱船	客船	其他	推拖船	油船
艘数（艘）	8 786	32 384	5	782	138	2 070	46	966	828

在京杭运河的 9 类船舶中，干散货船舶数量为 32 384 艘，占比为 70.4%，是京杭运河的第一大种类船型；驳船占比为 19.1%，是京杭运河的第二大种类船型；滚装船占比最小，为 0.01%（图 1–36）。

化学品船、集装箱船、客船、推拖船、油船和其他船舶等 6 种船舶数量共计 4 830 艘，超过京杭运河船舶总艘次的 10%。

（2）船舶运力分析

2013 年京杭运河各类船舶总体运力如表 1–23 所示。在船舶运力方面，干散货船占比最大，总吨占 77.9% ；驳船位列其次，总吨占 16.6% ；油船总吨占 1.7%；其他船舶占比最小，仅为 0.01%（图 1–37）。

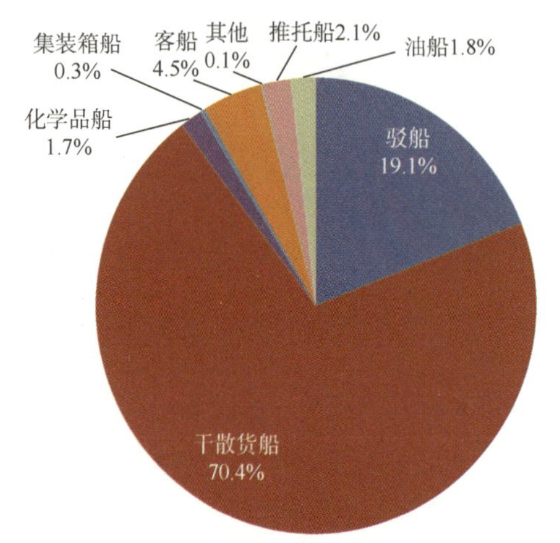

图 1–36 京杭运河内河运输船舶分种类数量统计

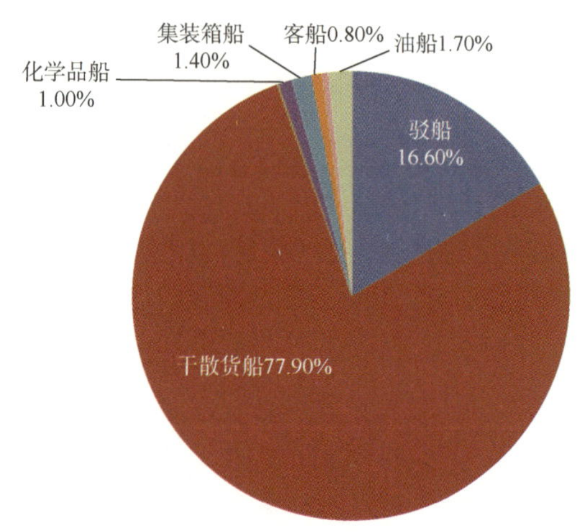

图 1–37 京杭运河内河运输船舶分种类运力统计

京杭运河 2013 年船舶运力表 表 1–23

船舶种类	驳船	干散货船	滚装船	化学品船	集装箱船	客船	其他	推拖船	油船
总吨（万 t）	242.39	1 137.5	1.46	14.6	20.44	11.68	0.2	7.3	24.82

（3）船舶平均吨位和平均船龄分析

由船舶总吨和船舶艘数，计算出京杭运河各类船舶平均吨位如表 1–24 所示。

京杭运河 2013 年船舶平均吨位表 表 1–24

船舶种类	驳船	干散货船	滚装船	化学品船	集装箱船	客船	其他	推拖船	油船
平均吨位(t)	275.9	351.3	2 920.0	186.7	1 481.2	56.4	43.5	75.6	299.8

从表 1–24 可以看出，滚装船平均吨位最高，达到了 2 920.0t；集装箱船列第 2 位，达到了 1 481.2t；其他船舶的平均吨位最低，为 43.5t。干散货船平均吨位低于长江干线和西江干线船舶的平均吨位，为 351.3t。

京杭运河水域船舶平均船龄 9.3 年。各种船舶类型中，推拖船平均船龄最高，为 15.5 年；集装箱船的平均船龄最低，仅为 6.1 年。干散货船、集装箱船、客船 3 种类型船平均龄低于总体平均船龄。油船、化学品船、滚装船、驳船 4 种类型船平均龄在 10 年附近（图 1–38）。

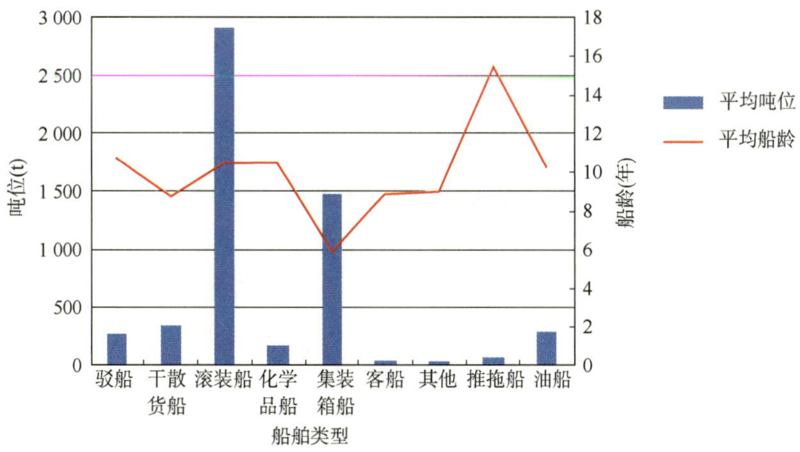

图 1-38　京杭运河各类船舶平均吨位和平均船龄统计

2 内河船型标准化发展历程

2.1 船型标准化发展概述

2.1.1 国外内河船型标准化发展

（1）美国

密西西比河是美国最大的河流，也是世界大河之一。密西西比河水系主要包括干流、上密西西比河、东部支流俄亥俄（Ohio）河、西部支流密苏里（Missouri）河、阿肯色（Arkansas）河、怀特（White）河和雷德（Red）河。密西西比河干支流与江湖河海相连，形成四通八达的航道网，是该水系航运事业持续发展的重要原因。而水系内的航道、船闸以及船舶等，均采用统一的标准，使各航道彼此沟通。航运不受限制，则是航运事业持续发展的另一个原因。密西西比河水系航道的最小水深为 2.74m，仅干流下游（凯罗至巴吞鲁日）为 3.65m，河口航道为 9 ~ 12m。航道最小宽度 91.4m。主要船闸尺寸有两种标准，即 33.5m×183m 和 33.5m×366m，槛上水深为 3.96 ~ 4.66m。船舶也已实行标准化，例如开敞驳的长度有 53.34m、59.44m 和 88.39m 三种；宽度分别为 7.92m、10.67m 和 15.24m；容量分别为 1 000t、1 500t 和 3 000t；吃水深均为 2.74m。密西西比河干支流上航行的主要船队是由 8 艘宽 10.6m、长 59.4m 驳船组成的，其宽度为 32m，总长 178m，吃水 2.59m，载重量 11 152t，由 15 艘同样驳船组成的船队，尺寸为 32m×343m，载重量 20 910t。上述两种船队均可通过闸室有效长度为 183m 和 366m 的船闸，但长船队通过 183m 的船闸时要解体，分两次通过。

（2）欧洲

欧洲莱茵河在 20 世纪初就进行了船型的标准化建设，根据时代的发展要求，船型标准化经历了以下几个阶段：

①1906 ~ 1938 年，莱茵河的船舶均采用 33m 长的标准化船舶。

②20 世纪 60 年代开始，莱茵河采用 55m 长的标准化船舶。

③20 世纪 90 年代，随着欧盟的成立及欧洲水运的发展，目前欧洲的标准船型为 85m（长）×9.5m（宽）×2.5m（吃水深），额定载重吨位 1 330t。

④近年来，推出 110m（长）×11.45m（宽）×2.8m（吃水深）额定载重吨位 2 100t 标准船型以适应集装箱运输需要。

⑤在莱茵河等干线航道上，目前推出135m（长）×15m（宽）×4m（吃水深）的新型船舶，但因大部分内河航道上，受船闸尺度限制不能通过，目前未能进行大规模的推广。但莱茵河流域相关国家已计划在今后的几年中，对干线航道进行大规模的改（扩）建，其船闸设计标准就是要能满足新型船舶的通过。

2.1.2 我国内河标准船型定义沿革

对内河船型标准化工作的认识和理解是一个逐步深化、提高、发展的过程。内河标准船型的定义也在随着认识的提高、形势的发展发生变化。内河标准船型的定义主要经过了以下演变过程。

（1）简统选优船型

简统选优船型是20世纪70～80年代的产物，是基于当时的船舶技术发展水平，在实际营运船舶中通过比选得到的优秀船型，并通过图册的形式向社会发布并推广。简统选优船型并不是严格意义上的标准船型，当时还没有标准船型的概念。应该说，简统选优船型是标准船型的雏形。通过十几年的船型简统选优工作，交通运输部在这些成果的基础上制订了一系列的船型系列标准，包括长江水系、珠江水系和黑龙江水系的船型系列，作为推荐性的行业标准向社会推广。随着内河运输生产力的发展，船舶技术的不断进步，这些简统选优船型以及在此基础上制订的船型标准逐渐失去了生命力和实际应用价值。

（2）标准船型送审图纸

“标准船型送审图纸”是将研究开发的标准船型全套图纸，经审验合格后，提交给船东的图纸文本形式。它的最大特点是，船东获得送审图纸后，可直接找厂家造船。其缺点是，研究开发投入资金大，开发时间周期长，难以满足船东对船型标准化的个性化要求。“标准船型送审图纸”是在京杭运河船型标准化示范工程中首次提出的概念，实践证明，以送审图纸定义的标准船型存在一些问题，如对船型、设备配备的规定过于具体，缺乏灵活性，无法满足船东的个性化需求，缺乏市场竞争力，导致标准船型送审图纸在京杭运河没有得到推广。

（3）船型主尺度与技术方案相结合

在总结京杭运河标准船型推广经验的基础上，在川江及三峡库区船型标准化工作中提出了船型主尺度与技术方案相结合的标准船型形式，即标准船型首先要满足交通运输部制订的主尺度系列标准，其次要满足交通运输部公布的标准船型技术方案中强制性指标的要求。而“标准船型技术方案”是在“主尺度系列标准”的基础上开发的初步设计方案，包括了对船舶的线型、基本结构、主要设备配置等方面的要求。该形式较好地结合了个性化和共性化需求，能够引导市场发展技术先进、经济实用、符合船检规范的船舶，同时对船型主尺度的强制性要求有利于提高通航设施的利用率。这一方式适合在建有船闸、升船机等通航建筑物的限制性航道中实行，而对于长江中下游等开放性水域，如果再对船型主尺度做出限制就显得不合情理。如果采取技术方案的形式在开放性水域推进船型标准化，同样也面临标准船型开发周期长、认定程序烦琐、市场接受程度低等问题。政府组织研发的标准船型很难及时、全面地覆盖市场需求，而且维护起来要投入大量的人力、物力；而以企业为主来研发，又面临着成果共享渠道不顺畅的问题。

（4）船型主尺度与指标体系相结合

总结分析了以往各种内河标准船型的形式，通过对比各种推进形式的利弊，交通运输部重新定义了新时期的内河标准船型，提出了新的内河标准船型概念，即通过船型主尺度和指标体系来定义标准船型。根据内河船型发展面临的形势和要求，构建内河标准船型指标体系，体现国家建设“畅通、高效、平安、绿色”的现代化内河水运体系对内河船舶的新要求，构成内河标准船型的基石。首先，内河标准船型要满足指标体系的要求，这是基本的前提。其次，对于过闸船舶，还必须同时满足船型主尺度的要求，以提高内河船型与港口、航道、船闸等基础设施的适应性。船型主尺度与指标体系二者共同构成了新时期内河标准船型的基本属性。

2.1.3 我国内河船型标准化发展过程

回顾我国内河船型标准化工作的推进历程。从 20 世纪 70 年代以来，我国内河船型标准化的发展大致经历了四个过程。

（1）起步阶段（1975 ~ 1980 年）

这一时期船型标准化的工作重点主要是简型和选型。从 70 年代中期，我国船舶标准化工作开始起步，并成立了船舶标准化委员会，随后交通部组织力量，重点对船型、机型的简统选优和生产等问题进行了较为全面系统的研究，取得了积极成果，颁布了海运船舶、内河船舶、港作船舶和工程船舶等船舶修制造标准，作为组织批量生产、研制新船型和标准化等工作的基础，为推进我国船舶标准化工作进程，发挥了积极作用。

（2）发展阶段（1980 ~ 2001 年）

这一时期船型标准化工作的特点是船型简统选优和制订船型标准同步进行。为促进内河运输船舶技术进步，交通部先后组织进行了三次内河船舶简统选优工作，从 2 000 多种内河运输船舶中，通过技术经济分析和专家审定，选定了 200 多艘不同地区的优良代表船型，作为简统选优船型，向全国及各不同地区进行推荐。船型简统选优对推进全国内河船舶技术进步和标准化进程起到了积极的促进作用，推动了船型标准化工作向规范化方向发展。

70 年代末 80 年代初，我国较大规模地开展了分节驳顶推船队运输方式的系统研究、研制和推广工作，并取得了显著的经济效益，使我国内河运输上了一个新台阶，形成了规模运输能力和良好的社会经济效益。“长江水系分节驳船型尺度系列”国家标准的制定和实施，是我国船型标准化工作步入成熟阶段的重要标志。另外，还相继制定和颁布了一些行业标准，如“长江水系机动驳船系列”“长江中下游推船船型系列”“长江下游水网货驳船型系列”“珠江水系自航驳顶推船队尺度系列”“江海直达货船船型系列”等。

2000 年，交通部组织了“内河运输船舶船型主尺度系列”标准研究，按七种航道等级要求研究制定的不同船型主尺度系列标准。“内河通航标准”已进行相应研究并已修订。上述研究覆盖面广，对于内河运输船舶标准化工作的进一步开展、充分发挥航道通过能力、优化运力结构、提高我国内河运输现代化水平具有重要意义，为进一步开展内河船型标准化研究和标准船型开发工作奠定了基础。

（3）重点推进阶段（2001 ~ 2013 年）

2001 年交通部印发了公路水路交通三阶段目标，要求在长江、珠江三角洲及其干流全面推进船舶标准化、系列化，之后又颁布了《内河运输船舶标准化管理规定》（交通部 2001 年第 8 号令），要求“任何组织和个人不得新建、改建水泥质船舶、总长 5m 以上的木质船舶从事内河运输。任何组织和个人不得新建、改建总长 20m 以上的挂桨机船舶从事内河运输，不得新建、改建挂桨机船舶在长江干线、珠江干线、黑龙江干线、京杭运河及太湖水域从事内河运输。新建、改建内河运输船舶，其总长、总宽和吃水应当符合交通部制定的内河货运船舶船型主尺度系列标准。”该文件的出台，标志着内河船型标准化工作进入实质性的重点推进阶段。此后，交通部先后在京杭运河和川江及三峡库区实施了两个具有划时代意义的示范性工程，发布了《全国内河船型标准化发展纲要》。2009 年 9 月，交通运输部、财政部和长江七省二市联合发布了《推进长江干线船型标准化实施方案》，实施期间从 2009 年 10 月 1 日至 2013 年 12 月 31 日。通过 4 年多的工作，三峡船闸 600 总吨以下过闸船、三峡库区单壳油船和单壳化学品船和长江干线大量老旧运输船舶提前退出市场，绝大多数的三峡库区客船完成了生活污水处理装置改造。

（4）全面推进阶段（2013 年至今）

2013 年 8 月 11 日，交通运输部、财政部和 18 省（直辖市、自治区）人民政府联合出台《“十二五”期间推进全国内河船型标准化工作实施方案》，标志着内河船型标准化工作进入全面推进阶段，实施范围由原来的内河重点水域扩大至《全国内河航道与港口布局规划》确定的“两横一纵两网十八线”全国高等级航道网。实施内容在原来拆旧船的基础上，增加了新建示范船的补贴政策，标志着内河船型标准化工作提升到一个全新的高度。

2.2 京杭运河船型标准化示范工程

2.2.1 示范工程背景材料

自 1982 年以来，国家投入巨大资金整治航道，建设船闸，使古老的京杭运河焕发青春，成为我国航道等级最高、渠化程度最好、船闸设施最为完善的人工航道。然而与运河条件不相匹配，京杭运河船舶吨位普遍较小、船型杂乱，且大量充斥着水泥船、挂桨机船等落后船舶，严重影响了航道的通航能力与通航设施的利用效率。为此，原交通部将京杭运河船型标准化作为 2003 年的四项示范工程之一，由副部长牵头，组成领导小组和工作组，组织江苏、浙江、安徽、山东、河南和上海市等“五省一市”，对淘汰水泥船和挂桨机船等落后船型制定明确的时间表，通过法律、经济和行政手段，推进京杭运河船舶技术的更新与提高。

（1）京杭运河主要船闸

京杭运河航道的一大特点为船闸较多，全线共有梯级 17 个，通航船闸 35 座，2003 年京杭运河主要航段构成和船闸见表 2–1、表 2–2。

京杭运河航段构成 表 2–1

航　　段	长度（km）	通　航　状　况
北京—天津	180	称通惠河，不通航
天津—四女寺	320	基本断航
四女寺—临清	94	称卫河，基本不通航
临清—位山	104	称临运河，不通航
国那里—梁山	20	称东平湖湖西航道，不通航
梁山—济宁	61	称梁济运河，季节性通航
济宁—大王庙	184	可通航，大部分为Ⅱ级航道 建有微山、韩庄、万年闸、台儿庄等 4 处船闸
蔺家坝—六圩	404	可通航 1000 吨级船舶 建有蔺家坝、解台、刘山、皂河、宿迁、刘老涧、泗阳、淮阴、淮安、邵伯、施桥等 11 处船闸，除蔺家坝、解台外，均为复线，宿迁、淮阴、淮安建有三线船闸
谏壁—鸭子坝	208	称苏南运河，为国家样板航道，通航标准Ⅳ级 建有谏壁船闸
鸭子坝—三堡船闸	100	京杭运河浙江段，其中 85.5km 为Ⅳ级通航标准 建有三堡船闸

京杭运河船闸（济宁至杭州段） 表 2–2

船闸名称		过船吨级	尺度（m × m × m）	船闸名称		过船吨级	尺度（m × m × m）
微山	一线	2000	230 × 20 × 5.0	刘老涧	二线	2000	230 × 23 × 5.0
	二线	2000	230 × 23 × 5.0	泗阳	一线	2000	230 × 20 × 5.0
韩庄		2000	230 × 23 × 5.0		二线	2000	230 × 20 × 5.0
万年闸		2000	230 × 23 × 5.0	淮阴	一线	2000	230 × 20 × 5.0
台儿庄	一线	100	120 × 12 × 2.2		二线	2000	230 × 23 × 5.0
	二线	2000	230 × 23 × 5.0		三线	2000	260 × 23 × 5.0
蔺家坝		2000	230 × 20 × 5.0	淮安	一线	2000	230 × 20 × 5.0
解台	一线	2000	230 × 20 × 5.0		二线	2000	230 × 23 × 5.0
	二线	2000	230 × 23 × 5.0		三线	2000	260 × 23 × 5.0
刘山	一线	2000	230 × 20 × 5.0	邵伯	一线	2000	230 × 20 × 5.0
	二线	2000	230 × 23 × 5.0		二线	2000	230 × 23 × 5.0
皂河	一线	2000	230 × 20 × 4.0	施桥	一线	2000	230 × 20 × 5.0
	二线	2000	230 × 23 × 5.0		二线	2000	230 × 23 × 5.0
	三线	2000	260 × 23 × 5.0	谏壁	一线	2000	230 × 20 × 4.0
宿迁	一线	2000	210 × 15 × 3.2		二线	2000	230 × 23 × 4.0
	二线	2000	230 × 23 × 5.0	三堡	一线	300	160 × 12 × 2.5
	三线	2000	260 × 23 × 5.0		二线	300	160 × 12 × 2.5
刘老涧	一线	2000	230 × 20 × 4.0				

（2）京杭运河船舶状况

依据江苏、浙江、安徽、山东、河南和上海市等“五省一市”交通运输主管部门上报的船舶数据，经过统计分析显示，2002 年京杭运河“五省一市”船舶拥有量总计 113 812 艘，1 461 万 t，其中江苏省船舶占京杭运河船舶总艘数的 46%，总吨位的 50%；浙江省分别占总艘数的 27%，总吨数的 15%；安徽省、山东省、河南省及上海市船舶合计共占京杭运河“五省一市”船舶总艘数的 27%，总吨数的 35%（表 2–3）。

“五省一市”船舶拥有量比较 表 2–3

省 份	江苏省	浙江省	安徽省	山东省	河南省	上海市	合 计
船舶数量（艘）	52 006	30 684	14 252	12 564	2 959	1 820	113 812
载重吨（t）	7 341 946	2 259 160	2 461 281	1 572 775	683 455	334 956	14 615 818

京杭运河“五省一市”船型结构以挂桨机船为主，共计 4.4 万艘、近 500 万载重吨，约占运输船舶总艘数的 40%、载重吨的 33%；水泥船约 9 000 艘、40 万载重吨，分别占 8% 与 3%；驳船与其余机动货船合计占总艘数的 32%、载重吨的 37%（图 2–1）。

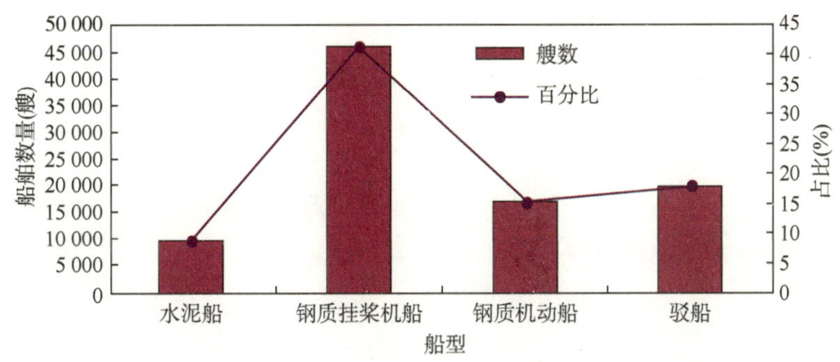

图 2–1 京杭运河运输船舶船型结构图

京杭运河船舶大部分在 300 吨级以下，占总艘数的 91.8%、载重吨的 73.6%；其中 100t 以下船舶数量尤为庞大，约 6 万艘、350 万载重吨，分别占总艘数与载重吨的 52.7% 与 24%（图 2–2）。

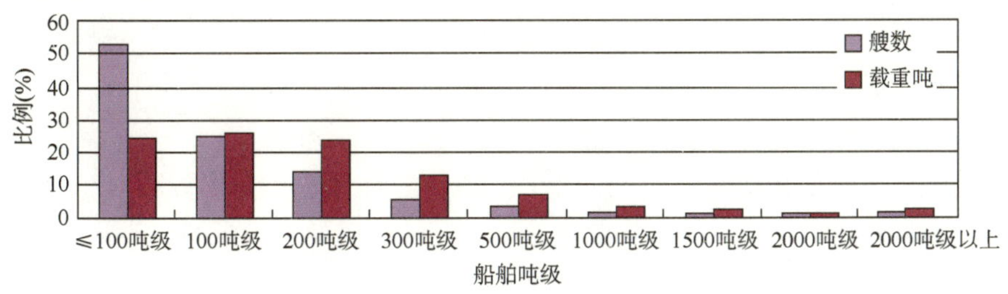

图 2–2 京杭运河运输船舶吨级结构图

京杭运河“五省一市”船舶大部分船龄在 10 年以内，占艘数的 60%、载重吨的 74%；10 ~ 20 年船分别占 34% 与 22%；而 30 年以上船仅占艘数与载重吨的 1%（图 2–3）。

（3）示范工程必要性

京杭运河是我国南北走向的水运大动脉，承担北煤南运和大宗物资的运输任务。2001年运河货运量达1.43亿t，占全国内河的货运量的20%，促进了运河地区工农业的发展，对腹地经济发展的发展也起到至关重要的作用。京杭运河山东、苏北、苏南大部分已建成Ⅱ、Ⅲ级航道，船闸等配套设施齐全。但目前运河中航行的船舶吨位小、船型杂乱，与建成的航道、船闸等级不相匹配；尤其是水泥船和挂桨机船等落后船舶数量庞大，不仅影响了运河的通过能力和设施利用率，更存在安全隐患，噪声、油污染等问题突出。采取适当的经济鼓励政策，有助于进一步加快京杭运河船型标准化进程，对促进区域经济发展、加强环境保护、实现经济可持续发展等具有重要意义。

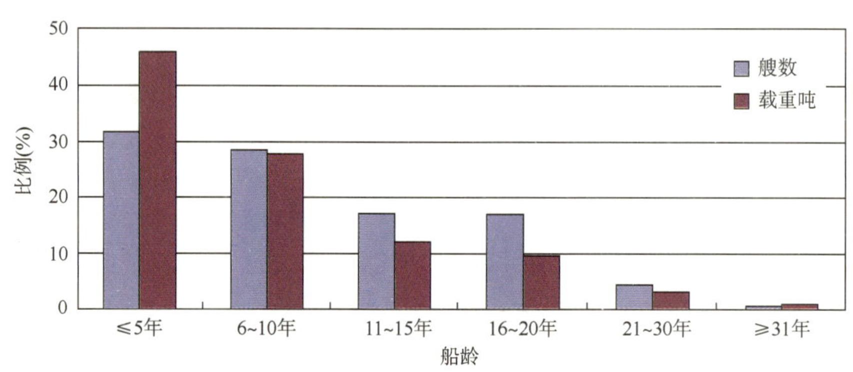

图2-3　京杭运河运输船舶船龄结构

①提高航道与船闸的通过能力

20世纪90年代以来，国家投入几十亿资金改造京杭运河航道，使山东、苏北段达到了Ⅱ级航道标准，苏南段部分达到了Ⅲ级航道标准，浙江段部分达到了Ⅳ级航道标准；进一步实现梯级渠化，完善了配套船闸的建设与扩容。特别是苏南段，国家与地方政府共投资27亿对航道进行拓宽、疏浚、桥梁改造、扩建船闸等大规模航道整治工程，加固护岸，对沿岸进行了绿化和美化。然而，京杭运河船型中300吨级及以下船舶占到了艘数的91.8%、载重吨的73.6%；而其中挂桨机船与水泥船加起来占到了艘数的48%、载重吨的36%。由于船舶吨级较小，船型杂乱，使得航道及船闸的通过能力受到较大影响，堵航现象较为普遍。因此，实施京杭运河船舶标准化示范工程，淘汰落后船型，提高船舶吨级与技术等级，从而提高运河航道与船闸的通过能力与效率。

②提高运输船舶的环保与安全性能

京杭运河主力船型为挂桨机船，吨级小、船型杂乱、技术状况差，不仅影响了运河的通过能力和设施利用率，更存在安全隐患，噪声、油污染等突出问题。挂桨机船的影响主要表现在以下几个方面。

一是油污染。挂桨机船的油污染主要来源于主机本身燃润油的渗漏、挂桨机润滑油的渗漏和维修作业引起的油污染。挂桨机船的油污染主要来源于主机本身燃润油的渗漏、挂桨机润滑油的渗漏和维修作业引起的油污染。挂桨机船舶的发动机主要为S195型农用柴油机，密封性能差；航行中由于机身振动，造成主机燃润油渗漏到甲板，然后直接流入河道造成油污染。另外，挂桨机船的建造追求简易、廉价，工艺要求低，导致齿轮箱与套管接合处密封性差，造成润滑油渗漏。

二是噪声污染。挂桨机船单机的噪声大都在 100 ~ 110dB。按照国家标准，交通干线两侧居民执行四类标准，昼间噪声应小于 70dB，夜间应小于 55dB；而挂桨机船无论在白天还是黑夜，都很难在 200m 范围内达到要求，严重影响船员的健康和沿岸居民的工作和生活。随着人们环保意识的不断增强，对噪声的投诉日益增多。

三是安全隐患。挂桨机船舶操作不方便，尤其是多机船，操纵性能较差，舵反应能力不足，倒车性能更差，难以实现船舶操纵的灵活运动要求。而且，由于挂桨机船吨级普遍较小，多为夫妻船，船员、管理人员的素质差参不齐，事故隐患较多。以浙江省的钱江水系为例，1996 年度共发生事故 58 起，其中挂桨机船应负主要责任的有 30 起，占事故总数的 52%；这些事故多以碰撞为主，反映出挂桨机船舶操纵性能差的弊病。

③实现航运的可持续发展

京杭运河途经我国济宁、徐州、扬州、镇江、常州、无锡、苏州和杭州等物产富饶、经济发达城市；而经济、文化繁荣地带的苏南运河，不仅成为货物运输的重要通道，更是城市旅游观光的风景线；与此同时，京杭运河的申遗工作也正在准备之中。

挂桨机船是我国改革开放后航运市场高速发展的产物。挂桨机船以其造价低廉、维修方便、操作简便等特点，很快成为农民脱贫致富的有效工具，同时也繁荣了航运市场，使得京杭运河运力、运量大幅增加；在减轻沿江城市道路运输的同时，促进了沿江经济的进一步发展。苏北运河的运量已接近 9 000 万 t，近 10 年来每年以 11.44% 左右的速度增长。然而，经济发展到一定阶段，挂桨机船的安全、环保隐患以及运输效率低等已经不能适应京杭运河发展的需求。内河航运占地小、运量大、能耗低的优势，是其他运输方式无法比较的，对沿江经济发展的贡献也是巨大的。实施京杭运河船舶标准化示范工程，提高船舶技术等级，使古老的运河焕发出新的活力，实现运河航运的可持续发展。

④保护船民利益，维护社会稳定

由于挂桨机船数量众多，且是广大船民赖以生存的工具，挂桨机船的存在和发展具有一定的社会基础。挂桨机船的拥有者与经营者大都为经济实力有限的个体经营者，大部分为夫妻船，一家人以船为生，所有的家产均在这条船上；少数为三五人合伙的小型运输船队。由于挂桨机船大部分船龄在 10 年以内，船龄在 30 年以上接近报废的船舶仅占 1%，如果仅靠行政手段强制数量众多的挂桨机船退出运输市场，将使船民蒙受巨大的经济损失，势必造成船民的抵触情绪以及大量闲散劳动力流入社会，不利于社会稳定。因此，实施京杭运河船型标准化示范工程，在强制挂桨机船退出运输市场的同时，给挂桨机船拥有者一定的经济补偿，一方面可以减少船民船舶改造的经济压力，另一方面为部分船民另谋出路、再就业等创造条件，减少京杭运河船型标准化工作的阻力，兼顾国家利益与广大船民的根本利益。实施京杭运河船型标准化示范工程，通过法律、经济和行政的手段，推进京杭运河船舶技术的更新改造。

2.2.2 示范工程实施方案

（1）行动方案

在交通部水运司（现为交通运输部水运局，以下简称“部水运司”）的带领下，交通部水运科学研究所与江苏、浙江、安徽、山东、河南和上海市等“五省一市”交通运输管理部门联合对京杭运河沿岸运输船舶经营情况、船民生存状况等航运基本情况进行了实地调研，走访了运输管理部门、航运运输企业、船舶拥有者与经营者以及大型货主企业等，了解沿岸重要航道、港口、船闸等基础设施运行情况，广泛听取各方意见与建议，并就挂桨机船退出运输市场对船民的影响等进行了问卷调查。在此基础上，由部水运司组织江苏、浙江省交通运输管理部门及项目组共同起草了《京杭运河船型标准化示范工程行动方案》（以下简称《行动方案》），并由交通部及山东、江苏、浙江、河南、安徽、上海市人民政府于 2003 年 12 月 5 日联合发布[5]。《行动方案》在阐述京杭运河船型标准化示范工程实施的背景、必要性的情况下，提出了示范工程的总体目标以及实施范围，特别提出水泥船、挂桨机船退出运输市场的时间表，以及挂桨机船退出航运市场的补贴措施、示范工程实施的相关配套措施等。

①总体目标

京杭运河船型标准化示范工程的总体目标有四类：一是禁航，自 2004 年 7 月 1 日起全面禁止水泥质船进入京杭运河航道，自 2007 年 1 月 1 日起全面禁止挂桨机船进入京杭运河航道；二是船舶标准化，到 2010 年京杭运河标准船型船舶达到 80% 以上；三是船舶状况，水污染和噪声污染状况得到根本好转，安全技术性能明显提高；四是通航设施利用，航道和船闸通过能力提高 30%，船舶平均吨位提高 50% 等。

②指导原则与工作方针

《行动方案》在制定过程中，以广大船民根本利益为出发点，以促进船舶技术进步和航运结构调整为主线，以推广使用标准船型为主要环节，以禁止挂桨机船进入京杭运河航道为重点，以法律、经济和行政措施为基本手段，坚持安全、环保、经济、美观相统一，先进性与经济性相结合等原则。

《行动方案》的实施本着目标明确、统一政策、分层负责、全线联动、分步实施的工作方针。在广泛深入调研的基础上，结合地区生产力水平，考虑船民的可接受程度，明确实施目标，确保政策和措施在实施范围内的统一性和有效性；实施过程实行责任制，交通部负责示范工程的总体组织和协调、重大政策的拟定，各有关省（市）交通主管部门负责组织实施；“五省一市”各有关船舶检验、海事管理、航运管理和航道管理部门，要全线联动，依照各自的职责，严格执行示范工程的各项政策和规定；把解决船舶航行安全和运河水环境保护问题作为工作重点，区别轻重缓急，分步实施。

③实施范围和实施期间

《行动方案》实施范围为整个京杭运河航道，其中包括以下航段：京杭运河山东段航道，山东省济宁市至台儿庄共 171km；京杭运河苏北段航道，山东省台儿庄至江苏省施桥船闸共 404km；京杭运河苏南段航道，江苏省谏壁船闸至浙江省鸭子坝共 208km；京杭运河浙江段航道，浙江省鸭子坝至杭州市三堡船闸共 100km；长湖申线航道，浙江省长兴县小浦镇至上海市分水龙王庙共 157km；苏申外港线航道，江苏省苏州市宝带桥至上海市分水龙王庙共 65km；苏申内港线航道，江苏省苏州市瓜泾口至上海市黄浦江共 111km；杭申线航道，浙江省杭州市三堡船闸至上海市分水龙王庙共 160km；上海市内河主干航道等。

④分阶段行动计划

禁止水泥质船进入分三个阶段：2001 年 10 月 1 日起已禁止水泥质船进入京杭运河浙江段；2002 年 1 月 1 日起禁止水泥质船进入京杭运河苏南段；2004 年 7 月 1 日起全面禁止水泥质船进入示范工程实施范围内的京杭运河航道。

禁止挂桨机船进入分四个阶段：2005 年 1 月 1 日起，禁止挂桨机船进入上海市内河主干航道；2005 年 7 月 1 日起，禁止挂桨机船进入京杭运河浙江段、杭申线和长湖申线航道；2006 年 1 月 1 日起，禁止挂桨机船进入京杭运河苏南段、苏申外港线航道和苏申内港线航道；2007 年 1 月 1 日起，禁止挂桨机船进入京杭运河苏北段和山东段航道；全面禁止挂桨机船进入京杭运河流域内的浙江省水域。

推广使用标准船型：2004 年 1 月 1 日起，进入京杭运河的新开工货船、集装箱船和拖驳船队等应按照交通部公布的标准船型建造；首批公布的标准船型包括 100 吨级、200 吨级、300 吨级、500 吨级和 1000 吨级货船，30 箱位、60 箱位和 100 箱位集装箱船，1000 吨级、1500 吨级和 2000 吨级船队等；交通部和有关省（市）交通主管部门将根据市场需要，适时组织开发其余的新标准船型。

差别对待现有船舶：对现有船舶按照“优化推荐型”“自然过渡型”和“限制淘汰型”三种类型进行认定和分类，区别不同情况，实行差别政策。“优化推荐型”船舶：允许继续使用，并经局部优化改善后公布为标准船型推广使用；“自然过渡型”船舶：禁止新造，但允许使用至船舶强制报废船龄，同时鼓励航运业者或船民对该类船舶提前报废，退出京杭运河航运市场；“限制淘汰型”船舶：自 2015 年 12 月 31 日起，禁止其进入京杭运河航运市场。

⑤鼓励挂桨机船退出京杭运河航运市场的补贴措施

2004 年 1 月 1 日至 2007 年 12 月 31 日，挂桨机船船东选择拆解报废、落舱改造和拆除挂机改驳船三种方式退出京杭运河航运市场的，可申请政府补贴。拆解报废：按照规定的程序，在省（市）交通主管部门认可的修造船厂将挂桨机船拆解。落舱改造：按照《挂桨机船落舱改造技术方案》的规定，在省（市）交通主管部门认可的修造船厂实施落舱改造，将挂桨机船改造为落舱机驳；改造后船舶最长可使用至 2015 年。拆除挂机改造为驳船：在省（市）交通主管部门的监督下，拆除动力装置后，改为驳船使用。

本行动方案规定的政府补贴资金，由中央和地方按照各 50% 的比例承担。

⑥相关配套措施

挂桨机船与标准船型过闸实行差别收费：对通过京杭运河船闸的挂桨机船和标准船型实行差别收取过闸费，具体收费标准的调整，由有关部门按现行职责分工及规定的程序安排落实。

系列标准船型开发：建立系列标准船型开发的启动机制，由交通部和有关省（市）交通主管部门统筹规划列明的标准船型外的新标准船型开发；船东可向县或县级以上交通主管部门提出新船型申请，经过评估程序后，由交通部和有关省（市）交通主管部门组织研究开发。

船舶废弃物回收设施：山东省、江苏省、浙江省和上海市等政府部门统筹规划船舶油污水、生活污水和垃圾的岸上接收处理设施建设，并建立有效的管理和监督机制；船民不得往水中排放船舶油污水、生活污水和生活垃圾等废弃物。

（2）挂桨机船技术改造方案

经反复调研，根据挂桨机船的船龄、船舶吨级以及船舶技术状况等，明确钢制挂桨机船（以下内容主要针对钢制挂桨机船舶进行）的淘汰分为直接拆解，改造为机动船，改造为驳船等。

在改造为机动船的方案中，又可依据船舶吨级、挂桨机台数等分为沿用原主机、落舱为机动船，更换原主机、落舱为机动船，以及更换原主机，采用 U 型机械传动落舱为机动船等。前两种与后一种在机械传动方式上有所不同。挂桨机船改造方案的设计分别由浙江省湖州龙腾船技术服务有限公司、江苏省船舶设计研究所等单位承担，研究开发的京杭运河挂桨机船舶落舱技术改造系列设计方案及图纸，由交通部（公告第 8 号，《关于公布京杭运河挂桨机船落舱改造技术方案》）于 2004 年 4 月 29 日予以公布。

①浙江改造方案[6]

采用的技术方案主要为：主机落舱、噪声封闭在舱内，最大限度降低对环境的影响；设置油污水储存装置，由接收点或接收船接收做到在水域中零排放；采用船舶最常见的机—齿—轴—桨动力传动方式，因为技术成熟、部件配套、成本较低，广大船户普遍能够接受；针对不同的主尺度采用不同机型的主机落舱，保证船舶有一定的经济性，能较快收回成本，同时覆盖全省所有的挂桨机船。

对实船改造效果检测表明：挂桨机船可以通过机器“落舱”改造，使油污染得到彻底控制，噪声达到《京杭运河标准化船舶技术规范》的相关要求；挂桨机落舱后，通过齿轮转动及合理设计螺旋桨可使推进效率得到较大提高；船舶操纵性也得到了提高，同时船员的居住环境也得到了改善。

②江苏改造方案[7]

对现有挂桨机船改造前的测试显示，每只挂桨消耗和渗漏机油 3kg/200h，柴油机下设的接油盘由于下雨或回收不及时随意流入河水中，生活污水、固定垃圾随意处理；距船尾 25m 处的噪声辐射更是达到了 83dB（A）。

主要技术方案为：对于 100 吨级以下挂桨机船，尽量使用原有船舶配套设备，进行落舱改造；对于最大量的 100 ~ 300 吨级挂桨机船，考虑船舶推进效率，落舱改造采用机械传动推进系统。挂桨机船“落舱”轴系采用 U 型机械传动，主要包括主机的选型、齿轮箱和万向节的选择、轴系振动及噪声的控制等。机舱内设置污油水箱，以收集机舱油污水和污油，污油水箱内污油水可由手摇泵泵至主甲板上出口处；在机舱中还设有生活污水储存箱，以收集船上的生活污水；同时还设置有固定垃圾收集箱，以实现机舱油污水和生活污水等的零排放。

实船改造效果：经对改造后实船测试，航速大大提高，船舶的操纵性能得以改善；船舶噪声得到有效控制，特别是船舶的辐射噪声降至 70dB（A）以下；船舶达到了零排放。

（3）京杭运河船舶检验补充规定

为了进一步优化京杭运河船型结构与船舶建造标准，由中国船级社组织完成了“京杭运河标准型船舶规范研究”和法规修改通报“京杭运河标准型船舶的补充规定”[8]，针对京杭运河特定的航道、水流情况，在原《内河船舶法定检验技术规则》的基础上，进一步提出京杭运河标准型船舶的补充规定，为京杭运河标准船型的开发奠定了技术基础。

①航区划分特点

从调研的情况来看，京杭运河水域 C 级航段波浪很小，波高远达不到 0.5m，水域相对平静，依据现有航区而定的船舶衡准要求偏高，从而适当降低了对京杭运河 C 级航段船舶干舷及稳性的技术要求。

京杭运河南起浙江杭州，北至山东济宁，中途横穿长江，分为南、北两段。按现行规范航区划分，京杭运河除南四湖划分为 B 级航区外，其余均为 C 级航区。

②京杭运河船舶的干舷及稳性确定

经过实地考察和调研，航行于京杭运河南段船舶的干舷一般为 0 ~ 200mm，穿越长江航行的船舶干舷多为 400mm 左右。而经长湖申线、苏申外港线、苏申内港线及杭申线至黄浦江 B 级航区运行的船舶很难满足现行内河规范对航行于 B 级航区船舶复原力臂曲线的衡准要求。为此，经对数百艘京杭运河 B 级航区货船的稳性统计、计算分析，对该航区船舶干舷和稳性技术标准核准，明确现行规范的技术标准基本上是合理的；京杭运河现有船舶达不到标准要求的，应在船型开发中采取优化尺度比、合理确定船舶干舷、提高进水角位置等措施，以确保船舶的航行安全。

③京杭运河船舶的结构及其他特殊要求

在规范编制过程中，参照了美国、俄罗斯、德国、法国、英国、日本等国的相关内河规范，欧盟内河船舶技术要求，IMO 及船级社协会的相关指导性文件以及 CCS 的指导性文件并针对京杭运河船舶的特点，进行了专项研究并提出了以下技术要求：针对京杭运河船舶密度大，船舶间挤压、擦碰频率等问题，在规范中以船底板最小厚度为基准，限制了舭列板、舷侧外板、舷侧顶列板的最小厚度，保证了航行于京杭运河船舶的安全与美观；针对京杭运河通航区域建筑（桥、闸）较多，限制了船舶高度等问题，规范中增加了“驾驶室可视范围”和“可升降式驾驶室”的技术要求；针对京杭运河大量存在的推（拖）船队运输，为了确保船队整体的稳定性和机动性、船队连接的可靠性，规范中增加了“推/拖船队”的整体技术要求；针对运河流域人民生活水平提高，对船舶噪声污染、排放等的要求，规范制定了船舶对外辐射噪声的限制技术条件，即船舶对船舷两侧 25m 处的噪声不得超过 70dB（A），同时增加了“防止噪声污染”“燃油舱防碰渗漏”等相关技术要求。

针对运河航区级别的调整，对下列设施的技术要求也做出相应调整。对锚设备的设置，提出按照现行标准双锚总质量一半的标准设置单锚的方案；货舱舱盖，对湿货主要考虑雨水溅入舱内，设置简易舱口盖防溅，把敞口船的技术要求调整为非敞口船。此外，对船舶机电设备提出了载重吨小于或等于 350t 的船舶可允许机舱设置一个出入口，载重吨小于或等于 350t 的货船（或 220kW 的船舶），可仅设一套机舱通信设备；新增了塑料管在船上的使用、安装、质量控制技术要求等细则。同时提出主照明系统布置与临时应急照明系统布置相对独立的要求，增加了预防电气火灾的技术措施，以及增加了对小型船舶主推进装置驾驶室遥控的技术要求等。

（4）标准船型开发方案

按照“安全、环保、经济、美观”的设计原则，分别由浙江省船舶运输设计研究所研发出京杭运河 100/200/300 吨级货船，江苏省船舶设计研究所研发出京杭运河 500/1000 吨级货船，长江船舶设计院研发出 1000/1500/2000 吨级顶推船队，以及上海船舶运输科学研究所研发出 27/32/58/100TEU 集装箱船等标准船型，并提交上述标准船型的送审图纸及全部技术档案资料，经交通部组织有关专家评审后予以公布。

①100/200/300 吨级标准货船 [9]

100/200/300 吨级标准船型主要航行在京杭运河的南段，其主干线全部为Ⅳ级航道，支线则为Ⅴ、Ⅵ级航道，航道水深一般在 2.5m 以下。该航段的特点是船舶密度很大，航道弯道和桥梁较多，因而对运输船舶的主要尺度及高度都有一定的限制，对船舶的操纵性也有较高的要求。由于京杭运河南段的货物主要是砂石料及煤炭等低值大宗物资，要求新开发的运输船舶应具有较低的造价和良好的营运经济性。为此，100/200/300 吨级标准化船型考虑采用肥大型尖（方形纵流）首、尾部加装简易折角尾鳍，船体结构采用横骨架式、单底、单甲板、设长大舱口，机舱设在尾部，采用单机（或双机）形式。船舶主尺度如表 2–4 所示。

100/200/300 吨级标准货船船型主要参数（单位：m）　　表 2–4

船舶吨级（t）	总　长	水线长	垂线长	型　宽	型　深	吃　水
100	25.4	24.7	24.0	4.6	1.70	1.53
200	30.2	29.8	29.0	5.8	2.10	1.90
300	36.6	36.1	35.0	6.8	2.25	2.0

②500/1000 吨级标准货船 [10]

500/1000 吨级标准货船根据京杭运河Ⅱ、Ⅲ、Ⅳ级航道条件，经技术论证分析，确定其主要参数如表 2–5 所示。船舶总体布置采取的是艏驾驶室、艉船员舱室布置形式，艉船员舱为单层甲板室。这种布置形式一方面可以控制上层建筑物高度，另一方面可以减小驾驶盲区。500/1000 吨级标准货船航区定为 B 级航区，考虑 500/1000 吨级标准货船其吨位较大，为扩大这两个档次船舶的航行范围，设计中同时兼顾了航行于长江 A 级航区的情况，对航行于 A 级航区时的干舷、稳性、设备配备以及结构强度进行计算和校核。

由于京杭运河是限制性、浅水、狭窄航道，且航道内船舶拥挤繁忙，提高和改善船舶的操纵性显得尤为重要。为此，500/1000 吨级标准货船均采用双机、双桨、双舵的形式，利用左、右机的正、倒车可使船舶在原处回转掉头，大大提高了船舶的操纵性能。

③1000/1500/2000 吨级标准货船船队 [11]

在收集京杭运河航道状况（包括尺度和水流条件等）以及航道等级方面的资料，京杭运河航道船闸、过河建筑物通航尺度资料，内河水系已有的船型标准或船型尺度系列标准的基础上，了解目前各水系常用运输船舶船型尺度和编队方式以及京杭运河规划的标准船型或代表船型的主尺度，国外水运发达国家标准船型、代表船型及发展趋势等。编制相应程序，从最大限度提高航道、船闸等通航建筑物通过能力，最大限度促进船舶大型化，提高船舶技术经济效益等方面出发，合理确定技术、经济衡准指标，多方案进行优化论证，最终确定京杭运河各等级货船的标准船型。

500/1000 吨级标准货船船型主要参数 表 2–5

船型 / 参数名称	500 吨级（Ⅰ）	500 吨级（Ⅱ）	1000 吨级（Ⅲ）
总长（m）	44	44.6	55
型宽（m）	8.2	8.6	9.8
型深（m）	3.0	2.6	3.5
吃水（m）（B 级）	2.5	2.1	2.85
载重量（t）	570	500	1 000
空载上层建筑物高度（m）	0.0 ～ 5.3	0.0 ～ 4.9	0.0 ～ 6.5
航区	A 级	A 级	A 级

180kW、328kW 推船船型：采用了推船中较为先进、应用成熟的大径深比技术，由双导管桨配双正车襟翼舵、四部倒车舵组成推进、操纵系统；180kW 推船、328kW 推船为双机、双导流管螺旋桨、双襟翼舵和四倒车舵的全电焊钢质推船，艏部为大圆弧雪橇型，艉部为闭式隧道式。推船船舶主尺度如表 2–6 所示。

180kW/328kW 推船船舶主尺度 表 2–6

序 号	项 目		180kW 推船	328kW 推船
1	总长（m）		23.40	24.50
2	船宽（m）		8.00	10.60
3	型深（m）		2.60	2.90
4	设计吃水（m）		2.00	2.10
5	设计排水量（t）		170	240
6	方形系数 C_b		0.466	0.459
7	船员人数		22	22
8	主机	型号	6160A$_{-2}$	6160A$_{-14}$
9		台数	2	2
10		功率（kW）	90	164
11		额定转速（r/min）	750	1 000

1000/1500/2000 吨级驳船船型：为了降低施工难度，减少建造成本，在不对船队总

体性能造成大的影响的前提下，驳船的艉部线型采用了折角线简易线型。艏部线形为圆弧雪橇型，艉部为平直型的分节驳，货舱区采用双底双舷结构，无舵，无护舷（表 2–7）。

1000/1500/2000 吨级驳船船舶主尺度　　表 2–7

序　号	项　　目	1000 吨级驳	1500 吨级驳	2000 吨级驳
1	总长（m）	64.5	64.5	67.6
2	船宽（m）	10.8	13.4	15.8
3	型深（m）	3.0	3.3	3.6
4	设计吃水（m）	2.0	2.4	2.7
5	结构吃水（m）	2.2	2.6	2.9
6	满载排水量（t）	1 352	1 994	2 706
7	方形系数 C_b	0.969	0.957	0.953
8	舯剖面系数 C_M	0.997	0.996	0.997
9	水线面系数 C_W	0.998	0.997	0.999
10	货舱舱容（m^3）	1 296	1 831	2 425
11	载重量（t）	1 029	1 566	2 150

④27/32/58/100TEU 标准集装箱船[12]

通过大量的调研、分析、经济论证等前期工作，确定了 27/32/58/100TEU 等标准集装箱船尺度如表 2–8 所示。

27/32/58/100TEU 标准集装箱船主要尺度　　表 2–8

尺度 \ 船型	27TEU	32TEU	58TEU	100TEU
总长（m）	45.0	48.5	62.0	69.3
两柱间长（m）	43.5	47.0	59.7	65.7
型宽（m）	9.6	9.8	10.6	14.2
型深（m）	3.0	3.0	3.4	4.8
设计吃水（m）	2.2	2.2	2.2/2.5	3.4
设计航速（km/h）	14（深水） 12 （浅水）	14（深水） 12（浅水）	15（深水） 13（浅水）	19
载箱量（TEU）	27	32	39/60	106
主机功率（kW）	2 台 ×110	2 台 ×110	2 台 ×126	2 台 ×330
定员（人）	4	4	6	12

27/32TEU 标准集装箱船采用改进的节能双艉线型，双机、双桨、双鱼艉组合舵船型，提高了船舶的操纵性能。结构采用双底、双壳形式，增强了大开口条件下的强度、抗扭转能力和抗撞击能力。船员舱及驾驶室布置在船首，机舱布置在船尾，视野开阔。配备后视装置，提高艉部后视能力。60TEU 标准集装箱船，经过“尖型艏”“勺型艏”二个艏型及“双艉鳍船型”“导流鳍支架艉船型”二个艉型，多方案组合试验的情况下，确定了“尖型艏 + 双艉鳍船型”为优选船型；同时采用双底、双壳结构形式，增强大开口条件下的强度和抗

扭转能力，在通航密度大的江南水网，增强抗撞击能力。100TEU 标准集装箱船，采用球艏配不对称双艉鳍节能船型，提高航速，降低能耗；双机、双桨、双流线型平衡舵，选用适当舵间距、舵面积，保证有较好的船舶操纵性；双底、双壳结构形式，确保结构安全；设置防污染设备，配备油污水分离器和生活污水收集装置，满足最新规范对环保方面的要求等。

（5）现有优秀船型比选方案

为了进一步优化京杭运河现有船型，实现对现有船舶的差别政策，由长江船舶设计院完成了“京杭运河现有优秀船型比选论证”[13]，并交于京杭运河“五省一市”的交通运输管理部门以指导现有船舶的优化工作。

广泛收集京杭运河现有船型资料，在此基础上从最大限度提高航道、船闸等通航建筑物通过能力，最大限度促进船舶大型化、系列化和标准化，提高船舶技术经济效益等方面出发，合理确定技术、经济衡准指标，编制计算程序，对现有船型进行比选论证，最终确定现有各类优选船型。各省市公布优秀船型如下。

江苏省优选船型：500 吨级驳船、1000 吨级驳船、1500 吨级驳船、2000 吨级驳船、136kW 拖船、184kW 拖船、272kW 拖船、367kW 拖船、367kW 推船、440kW 推船、200 吨级货船、300 吨级货船。

浙江省选优船型：150 吨级货船、200 吨级货船、250 吨级货船、300 吨级货船、350 吨级货船、400 吨级货船、450 吨级货船、500 吨级货船、绍兴 200 吨级货船、绍兴 250 吨级货船、绍兴 300 吨级货船。

山东省优选船型：200 吨级驳船、300 吨级驳船、500 吨级驳船、600 吨级驳船、220kW 拖船、330kW 拖船、440kW 拖船、300 吨级货船、500 吨级货船。

安徽省优选船型：136kW 拖轮、100 吨级半甲板驳船。

①技术性能指标

以完整稳性指标、干舷值及结构强度与刚度的合理性为评价依据。此三项指标均应满足现行规范和法规的有关要求，不满足者即取消其船型的比选资格；结合各船型的具体使用特点，在综合考虑其他因素（质量、浮力、布置及其他性能）的条件下，分析船型主尺度和船型系数，采用海军常数进行比较。

②经济性能指标

计算船舶的面积利用系数、载重量利用系数、容积利用系数、钢材消耗系数、推（拖）船拖力指标、单船功率拖带量指标、千吨公里油耗指标等，根据以上技术和经济指标对京杭运河现有船型进行量化计算和分析对比，选取技术与经济的性能指标优者为简统选优的初选对象。

③综合定性分析

在对技术经济指标量化分析的基础上，对初选船型再进行综合分析评价，包括船型综合技术成果水平、设计难度、直接经济效益和社会效益以及成果推广因素等，以反映各类船型在先进技术的采用、经济效益和社会效益等方面的综合水平。

（6）船舶补贴标准与方案

挂桨机船淘汰方式主要为拆解，改造为机动船、驳船等。

①挂桨机船改为机动船补贴标准

根据上海船舶运输科学研究所、浙江省船舶检验局及江苏省船舶设计研究所等单位研究确定挂桨机船改造方案大致有以下几种，对应相应的资金成本：

A. 原主机落舱，油马达代替原油箱，配以液压装置等。改造后操纵性相同，噪声下降 30dB（A），油污基本控制。此种改装费用 2.2 万元左右，改造工期 15 ~ 20 天。此方案不足之处为航速有所下降，油马达水上降温困难；此种改造方法仅限于小吨级船舶。

B. 更换原有主机，落舱，采用油马达，液压传动，改造后航速提高。此种改装一台主机需 3.5 万元，两台主机需 5 万元左右。此种改动方法简单，船体改动不大，主机占用空间小、不受位置限制。不足之处是传动效率低。

C. 换主机，改装为机动船。依据船舶吨级以及主机马力的不同，改造费为 6 万左右、8 万左右以及 10 万左右。

为避免船舶吨级划分带来的补贴差别，交通部水运科学研究所[1]用下列公式计算挂桨机船改建为落舱机船的补贴标准。

挂桨机船改建为机动船补贴标准 = 补贴基数 + 船舶载货吨 × 吨位补贴

式中，补贴基数为 1.2 万元 / 艘；吨位补贴为 60 元 /t。

利用上述公式计算的不同吨级挂桨机船落舱机船的单船补贴费用见表 2–9。

挂桨机船落舱载重吨补贴标准　　表 2–9

载重吨（t）	补贴费用（元 / 艘）	载重吨（t）	补贴费用（元 / 艘）
50	15 000	300	30 000
100	18 000	500	42 000
200	24 000		

同样若考虑政策的可操作性，将补贴标准换算成总吨，则挂桨机船改造的实际补贴标准为：

挂桨机船补贴标准 =1.2（万元 / 艘）+ 船舶总吨 ×90（元 / 总吨）

对应船舶总吨的单船补贴费用见表 2–10。

挂桨机船落舱总吨补贴标准　　表 2–10

船舶总吨（t）	补贴费用（元 / 艘）	船舶总吨（t）	补贴费用（元 / 艘）
50	16 500	200	30 000
100	21 000	300	39 000

②挂桨机船改为驳船补贴标准

考虑挂桨机船改建为驳船只需拆除主机，此外考虑 300 吨级以上的船舶较适于驳船队运输，因此挂桨机船改建为驳船的单船补贴为改造的 1/3，计算公式如下：

挂桨机船改建为驳船补贴标准 = 补贴基数 + 船舶载货吨 × 吨位补贴

式中，补贴基数为 0.3 万元 / 艘；吨位补贴为 30 元 /t。

[1] 现已更名为交通运输水运科学研究院。

由此计算的不同吨级挂桨机船改为驳船的单船补贴费用见表 2–11。

挂桨机船改为驳船载重吨补贴标准　　表 2–11

载重吨位（t）	补贴费用（元／艘）	载重吨位（t）	补贴费用（元／艘）
50	4 500	300	12 000
100	6 000	500	18 000
200	9 000		

同样将补贴标准换算成总吨，则挂桨机船拆解的实际补贴标准为：

挂桨机船补贴标准 =3 000 元／艘 + 船舶总吨 ×40 元／总吨

对应船舶总吨的单船补贴费用见表 2–12。

挂桨机船改为驳船总吨补贴标准　　表 2–12

船舶总吨（t）	补贴费用（元／艘）	船舶总吨（t）	补贴费用（元／艘）
50	5 000	200	11 000
100	7 000	300	15 000

③挂桨机船拆解补贴标准

挂桨机船拆解是指船舶所有人持有效证件到运输管理部门申请，得到准许后将所有船舶交于管理部门指定的船厂进行拆解，船舶拆解后可得到政府的补贴。挂桨机船拆解补贴标准综合考虑船舶改造的技术条件、经济性以及被拆解船舶的现值而确定。

不同的船型、不同的船舶吨级其现值不同，在这里则依据船舶拆解的范围，测算被拆解船舶的现值。船舶拆解范围考虑如下：

一般说来，对于 100 吨级以下的挂桨机船，无论是从船舶改造的技术条件还是从经济性来说，拆解优于改造，但考虑所需的补贴资金总额不宜过大以及船民的承受能力和 100 吨级以下船舶仍有一定的适航性等因素，可考虑部分拆解；另从船民调查情况来看，100 吨级以下船舶的船民有一半以上愿意拆解；再从这部分船舶的船龄分布来看，10 年以内的船舶占到了 50%，这些船还有一定的使用价值；综合几方面考虑，确定 100 及 100 吨级以下船舶拆解范围为 10 年以上的挂桨机船，这部分被拆解的挂桨机船的船舶现值在 4 万元左右，不同吨级、不同船龄的船舶现值见表 2–13。

100 及 100 吨级以上船舶大部分（约 70%）为 10 年以内的船舶，船舶的技术状况良好，同时又具备改造条件，因此对这部分船舶改造是较为经济的，对于船龄大于 15 年以上的船舶，船舶的现值较小，则适于拆解，15 年船舶的现值在 5 ～ 6 万元。

由上述分析确定了拆解挂桨机船的补贴标准，为了在政策实施过程中便于操作，避免船舶吨级相差不大，而享受的补贴却人为扩大的弊端，挂桨机船的拆解补贴标准用下面公式计算：

挂桨机船补贴标准 = 补贴基数 + 船舶载货吨 × 吨位补贴

式中，补贴基数为 3 万元／艘；吨位补贴为 100 元 /t。

江苏省挂桨机船造价和船舶现值计算表 表 2–13

吨级范围（t）	船龄范围（年）	平均造价（万元）	平均现值（万元）
100 以下	≤ 5	5.58	4.77
	6 ~ 10	6.49	3.97
	11 ~ 15	5.16	1.91
	16 ~ 20	4.81	0.61
	21 ~ 30	5.53	0.17
101 ~ 300	≤ 5	31.41	26.84
	6 ~ 10	28.63	16.38
	11 ~ 15	27.58	10.19
	16 ~ 20	27.59	3.51
	21 ~ 30	27.59	0.83
300 以上	≤ 5	—	—
	6 ~ 10	—	—
	11 ~ 15	—	—
	16 ~ 20	—	—
	21 ~ 30	—	—

利用上述公式计算的不同吨级挂桨机船拆解的单船补贴费用如表 2–14 所示。

挂桨机船拆解载重吨补贴标准 表 2–14

载重吨（t）	补贴费用（元／艘）	载重吨（t）	补贴费用（元／艘）
50	35 000	300	60 000
100	40 000	500	80 000
200	50 000		

考虑在船舶检验证书中，船舶总吨为法定检验单位，而船舶载重吨为参考单位，为了政策的可操作性，在政策执行时补贴标准按总吨发放，总吨与载重吨的换算为：

船舶总吨 = 船舶载重吨 ×0.65

则挂桨机船拆解的实际补贴标准为：

挂桨机船补贴标准 =3（万元／艘）+ 船舶总吨 ×155（元／总吨）

对应船舶总吨的单船补贴费用见表 2–15。

挂桨机船拆解总吨补贴标准 表 2–15

船舶总吨（t）	补贴费用（元／艘）	船舶总吨（t）	补贴费用（元／艘）
50	53 800	200	76 900
100	61 500	300	92 300

④新建标准船舶补贴标准

拆解挂桨机船后建造标准船舶的补贴标准，主要依据标准船舶的造价估算而定，各研究单位上报的标准船舶造价如表 2–16 所示，考虑补贴的标准为造价的 5% 左右，则新建标准船舶补贴如表 2–17 所示。

新建船舶单船造价　　表 2–16

吨级范围（t）	选用造价	
	钢质货船（万元／艘）	驳船（万元／艘）
<100	—	—
100	36.4	25
200	53	36
300	70	45
500	112	85
1 000	190	160
1 500	280	215
2 000	460	275

新建标准船舶补贴标准　　表 2–17

吨级范围（t）	选用造价	
	钢质货船（万元／艘）	驳船（万元／艘）
<100	—	—
100	1.2	1
200	2	1.5
300	3	2
500	5	3
1 000	7	5
1 500	—	7
2 000	—	9

⑤补贴资金方案

A. 挂桨机船拆解、改造比例

由于挂桨机船拆解与改造比例的不同，所需的补贴资金总额是不同的；为此，对不同吨级挂桨机船拆解、改造的比例进行了分析。参照挂桨机船拆解补贴标准，100 吨级以下船舶 50% 的船舶现值低于拆解补贴标准，这部分船舶拆解的可能性较大；对于 101 ~ 300 吨级船舶，船舶现值低于拆解补贴标准的比例在 20%。300 吨级以上则确定为 90% 为船舶改造，仅拆解 10%。挂桨机船改造、拆解的比例如表 2–18 所示。

挂桨机船拆解、改造比例设定　　表 2–18

船舶吨级（t）	改造比例	拆解比例
100 以下	50%	50%
101 ~ 300	80%	20%
300 以上	90%	10%

B. 新建标准船舶比例

对于建造标准船舶的补贴，考虑新造船舶补贴标准为新船造价的 5%，拆解挂桨机船后的船舶运力全部用于建造新船。

新造标准船测算依据的补充说明：对于新造标准船舶的船型、吨级的分布情况，在现有船舶船型、吨级分布的基础上进行了调整，考虑船舶大型化的发展趋势，新建机动船、驳船及船舶吨级的比例如表 2–19 和表 2–20 所示。

新造船船型结构分布　　表 2–19

船　型	货　船	驳　船
现有运力船型比例	77.4%	22.0%
新造船比例推测	70.0%	30.0%

新造船舶吨级结构分布　　表 2–20

吨 级（t）	货　船	驳　船
100	37%	28%
200	27%	33%
300	14%	22%
500	13%	4%
1 000	9%	5%
1 500	—	5%
2 000	—	3%

C. 总体资金方案

考虑挂桨机船舶不同的补贴标准、拆解范围以及新建标准船型等的各种情况，总体资金的测算设计了四个方案：方案一，按上述补贴标准测算的挂桨机船舶拆解、改造补贴所需的总费用；方案二，考虑将挂桨机船拆解的补贴基数增加到 3.8 万元／艘，测算挂桨机船舶拆解、改造补贴所需的总费用；方案三，考虑部分挂桨机船拆解后新建标准船型，则在方案二的基础上加上新造标准船的补贴费用；方案四，补贴标准与方案二相同，补贴范围有所增大的总费用。

a. 方案一

依据制定的挂桨机船拆解、改造的补贴标准，按上述的改造、拆解比例，测算出所需的补贴费用。如表 2–21 所示，改造挂桨机船 2.7 万艘、351 万载重吨，改造补贴费用 5.4 亿元；拆解 1.6 万艘、137 万载重吨，拆解补贴费用 6.4 亿元；共需补贴资金为 11.8 亿元。若中央、地方各负担 50%，则中央需支付约 5.9 个亿补贴费用；地方需配套 5.9 个亿的资金费用。

b. 方案二

适当增加挂桨机船拆解的补贴基数，从原来的每艘 3 万元增加到 3.8 万元一艘，这时对应的船舶补贴标准为：

挂桨机船补贴标准 =3.8（万元／艘）+ 船舶载重吨 ×100（元／载重吨）

或：

挂桨机船补贴标准 =3.8（万元／艘）+ 船舶总吨 ×155（元／总吨）

这样对应的单船补贴标准见表 2–22。

则测算的拆解费用将增加 1.3 亿，中央与地方的负担也将各增加 6 700 万元，总费用为 13.1 亿元，见表 2–23。

c. 方案三

在方案二的基础上，考虑挂桨机船解后建造标准船舶予以补贴，补贴标准为造价的 5%，这样将增加新造船费用 1.3 亿元，则总补贴费用为 14.5 亿元，中央、地方各约 7.3 亿元，见表 2–24。

d. 方案四

与方案二挂桨机船拆解补贴的标准相同，即拆解一艘船的补贴基数为 3.8 万元，考虑由于补贴标准的提高，愿意拆解的船舶范围将会扩大，假定钢质挂桨机船改造、拆解的比例如表 2–25 所示。

由此测算出改造挂桨机船仍为补贴费用 5.4 亿元；拆解补贴费用增加到 13.9 亿元；共需补贴资金为 17 亿元。若中央、地方各负担 50%，则中央需支付约 8.5 个亿；地方需配套 8.5 个亿，如表 2–26 所示。

⑥船舶补贴政策

为规范政府补贴资金的管理，交通部、财政部联合制订了《京杭运河船型标准化示范工程挂桨机船拆解改造政府补贴资金管理办法》（以下简称《政府补贴资金管理办法》），于 2003 年 12 月 8 日颁布实施（交水发〔2003〕552 号）[14]。

《政府补贴资金管理办法》就京杭运河挂桨机船拆解改造等的补贴条件与补贴标准、补贴资金下达与拨付的方式、政府补贴的申请与发放程序以及补贴资金的监督管理等进行了规定。其中总则中明确：

第二条　政府补贴资金由中央补贴资金和地方补贴资金组成，中央和地方各承担 50%。

补贴标准第七条中明确了船舶补贴基数的上线以及补贴基数按船龄递减的内容，具体如下：（略）。

第七条　挂桨机船退出京杭运河航运市场的政府补贴，按以下方式计算：

补贴数额 = 补贴基数 + 船舶总吨 × 单位吨位补贴额

（一）拆解补贴：补贴基数按船舶船龄递减。

1994 年 1 月 1 日至 2001 年 12 月 1 日期间建成的船舶，补贴基数最高为每艘船舶 2.8 万元人民币；1984 年 1 月 1 日至 1993 年 12 月 31 日期间建成的船舶，补贴基数最高为每艘船舶 2.4 万元人民币；1972 年 1 月 1 日至 1983 年 12 月 31 日期间建成的船舶，补贴基数最高为每艘船舶 2 万元人民币。

单位吨位补贴额最高为 155 元人民币 / 总吨。

（二）改造落舱机船补贴：补贴基数最高为每艘船舶 1.0 万元人民币；单位吨位补贴额最高为 90 元人民币 / 总吨。

（三）改建驳船补贴：补贴基数最高为每艘船舶 0.3 万元人民币；单位吨位补贴额最高为 40 元人民币 / 总吨。

方 案 一

表 2-21

分类	"五省一市"合计			江苏			浙江			安徽			山东			河南			上海		
	数量（艘）	载重吨（t）	补贴（元）	数量（艘）	载重吨（t）	补贴（元）	数量（艘）	载重吨（t）	补贴（元）	数量（艘）	载重吨（t）	补贴（元）	数量（艘）	载重吨（t）	补贴（元）	数量（艘）	载重吨（t）	补贴（元）	数量（艘）	载重吨（t）	补贴（元）
改造	27 350	3 514 516	53 906	16 495	2 637 503	35 619	7 234	388 920	11 014	2 616	364 136	5 324	292	39 724	589	492	69 840	1 010	220	14 394	351
拆解	16 761	1 373 814	64 020	8 009	837 221	32 399	7 035	361 799	24 723	1 195	127 506	4 861	124	12 596	498	199	22 789	824	199	11 902	715
合计	44 110	4 888 330	117 926	24 504	3 474 724	68 018	14 269	750 719	35 737	3 811	491 642	10 185	416	52 320	1087	691	92 629	1 834	419	26 296	1 066

挂桨机船拆解补贴新标准

表 2-22

船舶载重吨级（t）	对应船舶总吨（t）	拆解补贴（元）
50	32.5	43 000
100	65	48 000
200	130	58 000
300	195	68 000
500	325	88 000

方 案 二

表 2-23

分类	"五省一市"合计			江苏			浙江			安徽			山东			河南			上海		
	数量（艘）	载重吨（t）	补贴（元）	数量（艘）	载重吨（t）	补贴（元）	数量（艘）	载重吨（t）	补贴（元）	数量（艘）	载重吨（t）	补贴（元）	数量（艘）	载重吨（t）	补贴（元）	数量（艘）	载重吨（t）	补贴（元）	数量（艘）	载重吨（t）	补贴（元）
改造	27 350	3 514 516	53 906	16 495	2 637 503	35 619	7 234	388 920	11 014	2 616	364 136	5 324	292	39 724	589	492	69 840	1 010	220	14 394	351
拆解	16 761	1 373 814	77 428	8 009	837 221	38 806	7 035	361 799	3 0351	1 195	127 506	5 817	124	12 596	597	199	22 789	983	199	11 902	874
合计	44 110	4 888 330	131 335	24 504	3 474 724	74 425	14 269	750 719	41 365	3 811	491 642	11 141	416	52 320	1186	691	92 629	1993	419	26 296	1 225

方　案　三

表 2–24

分类	“五省一市”合计			江　苏			浙　江			安　徽			山　东			河　南			上　海		
	数量（艘）	载重吨（t）	补贴（元）	数量（艘）	载重吨（t）	补贴（元）	数量（艘）	载重吨（t）	补贴（元）	数量（艘）	载重吨（t）	补贴（元）	数量（艘）	载重吨（t）	补贴（元）	数量（艘）	载重吨（t）	补贴（元）	数量（艘）	载重吨（t）	补贴（元）
改造	27 350	3 514 516	53 906	16 495	2 637 503	35 619	7 234	388 920	11 014	2 616	364 136	5 324	292	39 724	589	492	69 840	1 010	220	14 394	351
拆解	16 761	1 373 814	77 428	8 009	837 221	38 806	7 035	361 799	30 351	1 195	127 506	5 817	124	12 596	597	199	22 789	983	199	11 902	874
更新	—	1 373 814	13 201	—	837 221	8 045	—	361 799	3 477	—	127 506	1 225	—	12 596	121	—	22 789	219	—	11 902	114
合计	—	—	144 536	—	—	82 470	—	—	44 842	—	—	12 366	—	—	1307	—	—	2 212	—	—	1 339

挂桨机船拆解改造新方案

表 2–25

船舶吨级（t）	改　造　比　例	拆　解　比　例
100 以下	20%	80%
101 ～ 300	50%	50%
300 以上	80%	20%

方　案　四

表 2–26

分类	“五省一市”合计			江　苏			浙　江			安　徽			山　东			河　南			上　海		
	数量（艘）	载重吨（t）	补贴（元）	数量（艘）	载重吨（t）	补贴（元）	数量（艘）	载重吨（t）	补贴（元）	数量（艘）	载重吨（t）	补贴（元）	数量（艘）	载重吨（t）	补贴（元）	数量（艘）	载重吨（t）	补贴（元）	数量（艘）	载重吨（t）	补贴（元）
改造	14 621	2 232 055	30 937	9 636	1 771 552	22 192	2 953	163 704	4 526	1 482	223 072	3 116	168	24 236	347	288	42 985	603	95	6 505	153
拆解	29 489	2 656 275	138 622	14 869	1 703 172	73 533	11 316	587 015	48 869	2 329	268 570	11 537	248	28 084	1 224	403	49 644	2 028	324	19 791	1 431
更新	—	2 656 275	25 524	—	1 703 172	16 366	—	587 015	5 641	—	268 570	2 581	—	28 084	270	—	49 644	477	—	19 791	190
合计	—	—	195 083	—	—	112 090	—	—	59 036	—	—	17 234	—	—	1 841	—	—	3 109	—	—	1 773

2.2.3 示范工程成果与经验

(1) 取得的成绩

京杭运河船舶标准化示范工程的实施，改善了京杭运河船队结构，提高了船舶技术指标、运行效率、服务质量与航行安全率，提高了京杭运河航道、船闸等基础设施的利用率与通过能力，减少了京杭运河的水质、两岸噪声等环境污染，提升了内河航运在人们心目中的形象及内河航运在国民经济、区域经济发展中的地位与作用，实现了京杭运河航运与区域经济的可持续发展，取得了巨大的社会经济效益。

①社会经济效益

京杭运河船舶标准化示范工程的实施取得的社会经济效益主要体现在以下几方面。

A. 大量水泥船、挂桨机船被淘汰，新建船舶大型化趋势显著，船舶结构得到明显优化。

中央财政下拨的 2004 年度补贴全部到位，连同各地方政府的配套资金全部发放到船民手中。截至 2004 年底，京杭运河“五省一市”已拆解、改造挂桨机船 8 588 艘，37 万总吨，船舶平均吨位为 44 总吨。与此同时，大量新建船舶涌现，船舶大型化趋势明显。以江苏省为例，2004 年，江苏省共拆解报废的挂桨机船 7 033 艘，共 25 万总吨，平均每艘为 35 总吨；而新建内河运输船舶 5 960 艘，共 121 万总吨，平均每艘 203 总吨；新建船舶艘数比拆解船舶艘数下降 15 个百分点，吨位净增 3.8 倍，平均每艘新建船舶吨位较每艘拆解船舶吨位增加 4.8 倍。

B. 船舶技术状况得到明显改善，技术、营运指标有了很大提高，对环境的污染明显减少。

京杭运河被拆解的水泥船、挂桨机船，大部分为 100 吨级以下、航速 7 ~ 8km/h、油耗高、噪声大的船舶；而改造与新建船舶吨位大都在 100 吨级以上，航速为 13 ~ 14km/h，船舶噪声、排污均满足船舶规范要求，示范工程的实施使京杭运河船队结构得到显著改善，船舶技术标准有很大的提高。江苏、浙江省挂桨机船改造检测报告显示，150 载重吨左右的船舶，改造后在船舶主机功率、航速增加 1 倍的前提下，噪声下降 12%，油污排放达到零排放（表 2–27）。

挂桨机船改造前后技术指标对比　　表 2–27

项目	数据	25 ~ 28m	备　注
主机功率（kW）	改造前	44	
	改造后	88.3	
速度（km/h）	改造前	6	
	改造后	13	
25m 处噪声（dB）（标准 70dB）	改造前	77	不符合环保要求
	改造后	67.8	达到环保要求
油污	改造前	泄漏直接排入水中	50kg/ 年
	改造后	油污水储存柜由加油站和污油船回收	达到零排放

C．京杭运河挂桨机船的改造，大大提高了船舶的操纵性与适航性，减少了船舶的事故率。

挂桨机船改造后总体布置合理，主要机电设备的选择注重先进性和经济实用性相结合，总体方案体现了“安全、环保、经济、美观”的原则，有利于船舶的推广应用和维护管理。同时油污水和生活污水汇集于机舱专门的箱柜内，由岸上接收，有效控制了船舶油污水、生活污水及垃圾对内河水质的污染。

安全是交通运输中的重要内容，挂桨机船舶操作不方便，尤其是多机船，操纵性能较差，舵反应能力不够，倒车性能差，难以操纵船舶灵活运动，事故隐患较多。改造后的船舶，船舶操纵性有了明显提高，减少了事故隐患。自 2004 年 7 月 1 日起苏北运河禁止水泥船航行，加上挂桨机船数量的减少，苏北运河沉船明显减少，水上交通事故与同期相比下降了 40%。

D．京杭运河船舶标准化示范工程的实施，提高了航道、船闸的通过能力。

京杭运河船舶标准化示范工程实施以来，船舶总艘数有所减少，船舶平均载重吨明显增加，加上改造后船舶航速的提高，使京杭运河航道、船闸通过能力有了较大的提高。据江苏省统计，2004 年 7 ～ 9 月份京杭运河苏北段的船闸通过量净增 20% 左右，待闸船舶数净降 70% 左右，船舶航速净增 20% 左右，航次周转率净增 30% 左右。

②效益测算

A．挂桨机船改造后燃料、油耗的节省效益

挂桨机船燃料、油耗的节省主要考虑两部分内容，一是挂桨机船本身燃油消耗的节省；二是由于挂桨机船机油泄漏的消除，节省的机油损失。以江苏省改造的挂桨机船测试为例，100 吨级左右的三挂机船改为落舱机，主机单位油耗可节省 2g/（t · km）；若以每艘船一年往返 12 次，每航次平均运距为 200km 计算，则一艘船一年可节省 12km 燃料油。

另一方面，挂桨机船船东往往是将柴油机换下的废机油作为挂机的润滑油，按照每只挂桨消耗和渗漏机油 1.5kg/ 月计，京杭运河拆解、改造的挂桨机平均吨位为 44 总吨、平均挂 2 个桨，则每艘船滑油渗漏为 3kg/ 月，一年渗漏为 36kg。

2004 年，京杭运河共拆解、改造挂桨机船 8 588 艘，则可节省燃油 100t，减少渗漏机油 309t，若燃油、机油的价格以每吨 4 000 元与 1 万元计算，则可节省燃润料消耗 340 万元；2005 年预计拆解、改造挂桨机船 2.7 万艘，则又可节省燃润料消耗 1 070 万元；剩余的 8 000 艘挂桨机船将在 2007 年前被拆解、改造，又节省燃润料消耗 320 万元；则 2004、2005、2006 年及以后各年燃润料消耗节省依次为 340、1 417、1 730 万元。

B．挂桨机船改造后减少污染治理成本

挂桨机船改造前，挂桨机渗漏的机油将直接进入河水中，对京杭运河造成严重水质污染。随着京杭运河南水北调工程的实施，对水质要求的提高，京杭运河水治理的成本将增加。以世界银行分析为例，每 100t · km 内河运输付出的环境治理成本折合成人民币为 1.5 元。2003 年京杭运河货运量为 1.66 亿 t，货物周转量 331.5 亿 t · km，则需付出的污染治理成本为 5 亿元；挂桨机船占京杭运河所有船舶运力的 33%，按照挂桨机船的污染治理成本超过机动船舶污染治理成本 20%，则挂桨机船运输将增加治理成本 3 277 万元。京杭运河船舶标准化示范工程的实施将节省治污费用2004年为655万元、2005年为2 687万元、2006年为3 277万元。

C. 挂桨机船改造后减少安全事故损失

以江苏省为例（表2–28），2001年江苏省共发生水上交通事故127次，损失325万元，平均每次为2.5万元；京杭运河船舶标准化示范工程实施后，水上交通事故与同期相比下降了40%，若考虑其中50%是挂桨机船拆解、改造产生的效益，则将减少经济损失65万元；随着示范工程的进一步实施，交通事故将进一步减少，减少的经济损失逐年增加52万元、42万元。

江苏省水上交通事故统计调查 表2–28

年　度	事故次数	死亡人数	沉没艘数	总　吨	总功率	直接经济损失（万元）
2001	127	20	64	—	—	325

D. 挂桨机船改造后降低营运成本，增加船舶收益

京杭运河船舶标准化示范工程的实施，大量挂桨机船淘汰，新增船舶平均吨位明显增加，加上船舶航速、营运效率的提高等，船舶单位运输成本将降低。拆解、改造挂桨机船的平均吨级为44t，新建船舶平均吨级为203t；挂桨机船年航次数平均约18次，新建船舶年航次数平均约20次；两种船型均考虑经营20年，比较两种船每吨货物的资金成本情况如表2–29所示，标准船型比挂桨机船每吨货物节省营运成本1.23元。

挂桨机船改造前后营运成本对比 表2–29

船　型	船舶造价（万元）	吨级（t）	经营期（年）	年货运量（万t）	船舶残值（万元）	资本成本（元/t）
挂桨机船	10	50	20	0.09	0.3	5.39
标准船型	35	200	20	0.4	1.75	4.16

2003年京杭运河货运量为1.66亿t，挂桨机船占京杭运河所有船舶运力的33%，示范工程实施后可节省资金成本6 738万元。2004年拆解8 588艘、2005年2.7万艘、2006年8 000艘，则可节省资本成本每年分别为1 348万元、5 525万元、6 738万元。

E. 提高航道、船闸利用率的收益

根据当时堵航损失统计，仅苏北运河年堵航次数为35次共33天，平均每天通过量24.5万t，造成堵航损失为3 425万元。据江苏省统计，京杭运河船型标准化示范工程实施后，2003年7～9月份苏北段的船闸通过量净增20%左右，则减少经济损失685万元；随着示范工程的进一步实施，堵航事故率以年均20%的速度递减，则2005年将减少的经济损失1 233万元、2006年增加1 671万元。

通过测算，项目用于船舶改造、拆解以及建造标准船舶增加的财政资金为13亿元，而这些船舶对于环境污染的减少、事故损失的减少、燃油消耗的减少、航道利用率的提高以及堵航损失的减少、运输成本的节约等创造的经济效益20年将达到35亿元，经济内部收益率EIRR=16%，经济净现值ENPV（i=12%）=2.32亿元，项目的投资回收年限为N=8.1年。由此可见，国家的投入是值得的，产生的经济效果是巨大的（表2–30）。

表 2-30

经济效益现金流量表（单位：万元）

年　　份	1	2	3	4	5	6	7	8	9	10	11	12	13
一、现金流入	4 076	14 970	18 441	18 441	18 441	18 441	18 441	18 441	18 441	18 441	18 441	18 441	18 441
1. 减少燃油消耗	340	1 410	1 730	1 730	1 730	1 730	1 730	1 730	1 730	1 730	1 730	1 730	1 730
2. 减少环境污染	1 638	6 717	8 192	8 192	8 192	8 192	8 192	8 192	8 192	8 192	8 192	8 192	8 192
3. 减少事故损失	65	85	110	110	110	110	110	110	110	110	110	110	110
4. 运输成本节约	1 348	5 525	6 738	6 738	6 738	6 738	6 738	6 738	6 738	6 738	6 738	6 738	6 738
5. 提高航道利用率，减少堵航收益	685	1 233	1 671	1 671	1 671	1 671	1 671	1 671	1 671	1 671	1 671	1 671	1 671
二、现金流出	20 000	62 000	48 000	—	—	—	—	—	—	—	—	—	—
1. 改造船舶	20 000	62 000	48 000	—	—	—	—	—	—	—	—	—	—
三、净流量	−15 924	−47 031	−29 559	18 441	18 441	18 441	18 441	18 441	18 441	18 441	18 441	18 441	18 441
四、累计净流量	−15 924	−62 955	−92 513	−74 072	−55 631	−37 190	−18 748	−307	18 134	36 576	55 017	73 458	91 899
五、累计折现净流量	−15 924	−57 916	−81 480	−68 353	−56 634	−46 170	−36 827	−28 485	−21 037	−14 387	−8 449	−3 148	1 586

ENPV(i=12%)=2.32（亿元）

EIRR=16%

N=8.1 年

年　　份	14	15	16	17	18	19	20
一、现金流入	18 441	18 441	18 441	18 441	18 441	18 441	18 441
1. 减少燃油消耗	1 730	1 730	1 730	1 730	1 730	1 730	1 730
2. 减少环境污染	8 192	8 192	8 192	8 192	8 192	8 192	8 192
3. 减少事故损失	110	110	110	110	110	110	110
4. 运输成本节约	6 738	6 738	6 738	6 738	6 738	6 738	6 738
5. 提高航道利用率，减少堵航收益	1 671	1 671	1 671	1 671	1 671	1 671	1 671
二、现金流出	—	—	—	—	—	—	—
1. 改造船舶	—	—	—	—	—	—	—
三、净流量	18 441	18 441	18 441	18 441	18 441	18 441	18 441
四、累计净流量	110 341	128 782	147 223	165 664	184 106	202 547	220 988
五、累计折现净流量	5 812	9 585	12 955	15 963	18 649	21 047	23 188

（2）经验借鉴

“京杭运河船型标准化示范工程”（以下简称“示范工程”）并非单一的技术工程项目，而是一项复杂的社会系统工程。“示范工程”所涉及的面广、层次较多，政策性强、历经时间长、社会影响大，其中涉及“五省一市”广大的船民、交通运输管理部门以及科研机构等，涉及沿线的港口、船闸、船厂以及工业企业、货主单位等；层次分为部级、省级以及地市级等；而“示范工程”实施内容涉及社会、经济、政策，技术、规范等方方面面。因此，在京杭运河船型标准化示范工程的实施过程中，除运用系统工程学的理论与方法对“示范工程”进行科学指导，明确示范工程的实施范围、目标外，并制订了详尽的行动方案、补偿政策以及配套措施等；同时也在组织、技术、资金以及管理等各个方面提供了强有力的支撑，为示范工程的顺利实施、并取得预期的效果奠定了坚实的基础。

①组织保障

交通部党组在 2003 年 1 月召开的全国交通厅局长会议上，提出在京杭运河实施船型标准化示范工程，即得到江苏省、山东省、浙江省、河南省、安徽省、上海市人民政府的积极响应和国家发改委、财政部、国家环保总局、国务院南水北调办的大力支持。为此，交通部将京杭运河船型标准化作为 2003 年的四项示范工程之一，组成了由交通部副部长牵头，江苏省、山东省、浙江省、河南省、安徽省、上海市等“五省一市”副省长、副市长参加的领导小组；同时由交通部水运司牵头，“五省一市”交通主管部门以及交通部水运科学研究所、中国船级社、长江船舶设计院、上海船舶运输科学研究所、浙江省船舶运输设计研究所、江苏省船舶设计研究所有限公司、湖州龙腾船舶技术服务有限公司等组成的工作小组。

A．领导小组

第一次领导小组会议于 2003 年 3 月 17 日在交通部召开，会上工作领导小组组长翁孟勇在讲话中指出：京杭运河船型标准化推进工作是一项长期的、系统的、复杂的工程，必须明确目标、统一政策、全线联动、分步实施，确保按期完成；从促进地方经济、航运结构调整、环境保护和实现经济可持续性发展的高度来说，做好此项工作，功在当代，利在千秋。会上明确：在 2003 年要组织江苏、浙江、安徽、山东等省，对淘汰水泥船和挂桨机船制定明确的时间表，用法律、经济和行政的手段，在京杭运河推广船型标准化；用经济的手段，可以以江苏为试点，发挥中央、省、地市的积极性，研究引进最适宜的船型，依靠地方做扎实细致的工作，争取启动这项工作，取得经验。

第二次会议，在总结前一段工作的基础上明确：一要加强领导、落实责任制。“五省一市”交通主管部门、有关项目的研发单位要按照各自的分工，按时保质完成各项前期准备工作，确保 2004 年 1 月 1 日的实质性启动。二要切实落实“堵后路、开前门”的有关工作，要整顿和规范市场，严格执法，按照时间表禁止挂桨机船运营；同时加快标准船型的开发、设计，为推进船型标准化提供一个良好的外部环境。三要关于淘汰水泥船、挂桨机船的时间表问题，应加快进度，尽快实施。四是对现有船型的比选工作，应通过科学的比选认证分为三类：推荐优化型、自然过渡型、限制型等。五要抓紧做好船型标准化相关的各项研发工作，包括经济政策研究、船型开发、规范制定等[15]。

第三次会议，在对前期准备工作总结与基本评价的基础上，明确下一步工作：认真负责地抓好实施前的各项准备工作。要进一步做好标准船型设计开发、挂桨机船“落舱”改造技术研究和现有船型的比选工作，认真做好贯彻落实《京杭运河船型标准化示范工程行动方案》(以下简称《行动方案》)的各项准备工作，“五省一市”要抓紧对《行动方案》的会签工作，要求“五省一市”在11月底前将行动范围内的挂桨机船进行逐条登记在册。精心组织实施工作。要充分认识示范工程实施的复杂性和艰巨性；要围绕《行动方案》开展工作；要严格执行各项政策措施；切实做好宣传发动工作；各级交通主管部门和有关职能部门要各司其职，各负其责，全线联动。要加强信息沟通，及时解决实施过程中出现的新矛盾和新问题[16]。

第四次会议，对“示范工程”进行了全面、系统的总结与评价：水泥质船全线禁航的目标已按期完成，挂桨机船拆解改造进入扫尾阶段，分阶段禁航指标如期完成，推广使用标准船型已经起步，实施示范工程的综合效果显著，京杭运河船型标准化工作为全国内河船型标准化工作的开展起到了很好的示范作用。总结成功的经验为以下几点：统一认识是前提，责任制是保障，创造性工作是关键，加强宣传是重点，打造群众满意工程是目的。下一步工作重点：确保2007年1月1日示范工程全线禁航挂桨机船，2007年12月31日保证挂桨机船拆解改造工作的目标顺利实现；采取多渠道宣传示范工程已经取得的成果；采取有效措施，加快标准船型推广，促进内河航运更大的发展[17]。

B. 工作小组

明确了工作小组成员的各自职责。

交通部水运司:负责全面工作,指导“五省一市”“示范工程”工作的开展;同时参与《行动方案》与《京杭运河船型标准化示范工程经济鼓励政策》的编写工作，与财政部共同起草《京杭运河船型标准化示范工程挂桨机船拆解改造政府补贴资金管理办法》等。

“五省一市”交通主管部门：负责本地区船型标准化工作的开展，同时协助完成“行动方案”的编写工作。

交通部水运科学研究所:主要负责《行动方案》和《经济鼓励政策》的研究工作等;同时，协助水运司开展全面工作，协助“五省一市”开展地区的标准化工作。

中国船级社：主要负责“京杭运河标准型船舶规范”的研究、编制工作。

长江船舶设计院：主要负责“京杭运河1000/1500/2000吨级货船船队标准船型”研发和“京杭运河现有船型比选论证”。

上海船舶运输科学研究所：主要负责“京杭运河及长江三角洲58TEU/100TEU集装箱标准船型”研发工作。

江苏省船舶设计研究所：主要负责京杭运河500/1000吨级标准货船研发工作。

浙江省船舶运输设计研究所:主要负责京杭运河100/200/300吨级标准货船研发工作。

湖州龙腾船舶技术服务有限公司、江苏省船舶设计研究所：主要负责挂桨机船技术改造方案研究工作；上海船舶运输科学研究所负责挂桨机船技术改造方案的比选与指南编写等。

“示范工程”的会议情况如表2–31所示。

京杭运河船型标准化工作会议目录 表 2–31

序号	主办单位	会 议 名 称	时 间	地 点
领导小组会议				
1	交通部水运司	京杭运河船型标准化推进工作领导小组第一次会议	2003.3.17	北京交通部水运司
2	交通部水运司	京杭运河船型标准化推进工作领导小组第二次会议	2003.7.17 ~ 2003.7.18	江苏苏州市会议中心
3	交通部水运司	京杭运河船型标准化推进工作领导小组第三次会议	2003.10.16 ~ 2003.10.17	山东济宁市
4	交通部水运司	京杭运河船型标准化推进工作领导小组第四次会议	2006.11.20	江苏南京市
工作小组会议				
5	交通部水运司	京杭运河船型标准化推进工作第一次工作组会议	2003.3.26 ~ 2003.3.28	浙江杭州
6	交通部水运司	京杭运河船型标准化推进工作第二次工作组会议	2003.8.14	北京市会议中心
7	交通部水运司	京杭运河船型标准化推进工作第三次工作组会议	2003.12.24 ~ 2003.12.25	北京北邮科技大厦
8	交通部水运司	京杭运河船型标准化推进工作第四次工作组会议	2004.3.29 ~ 2004.3.30	江苏南京市
项目评审会议（不含单项评审）				
9	中国船级社	京杭运河标准船型开发项目中间方案评审会	2003.8.29 ~ 2003.9.1	安徽合肥市
10	中国船级社	京杭运河标准船型开发项目最终评审会	2003.11.4 ~ 2003.11.6	上海
11	交通部水运司	“京杭运河标准型船舶主尺度系列”项目评审会	2005.1.13 ~ 2005.1.14	江苏南京市
其他工作会议				
12	交通部水运司	京杭运河船型标准化示范工程工作汇报	2003.8.19	交通部四楼会议室
13	交通部水运司	京杭运河船型标准化示范工程现场会暨启动仪式	2003.12.12	江苏省扬州市
14	交通部海事局	京杭运河船型标准化示范工程行动方案宣贯会	2004.2.10	浙江省杭州市
15	交通部水运司	解决京杭运河堵航问题座谈会	2004.11.26	交通部四楼会议室

②技术支撑

如前所述，挂桨机船改造方案的设立为挂桨机船的淘汰提供了技术支持；京杭运河船舶检验补充规定，京杭运河100/200/300吨级货船、500/1000吨级货船、1000/1500/2000吨级顶推船队以及27/32/58/100TEU集装箱船等标准船型的开发，为京杭运河新建船舶的标准化发展提供了技术支撑。

此外，在标准船型开发过程中，采用了一些先进、实用技术，为提高船舶的技术性能与节能环保等指标，为内河船舶的技术更新与推广奠定了基础，所采用技术如下。

A. 根据京杭运河船舶和水域特点，有针对性地制订了船舶技术规范。增加了船体最小板厚、驾驶室可视范围、可升降式驾驶室等安全方面的技术要求，提出了污染物的零排放、防止船舶噪声污染及燃油舱柜防撞等环保方面的技术要求。

B. 在京杭运河推船设计中，首次采用了使导管中心线与螺旋桨中心线之间向前保持 $-2°$ 夹角的导管前倾技术，改变了螺旋桨的伴流场，提高推进效率2% ~ 5%；将襟翼舵的传动齿轮封闭起来形成盒套齿轮襟翼舵，减少磨损，延长了齿轮使用寿命。

C. 通过理论分析和分别采用U型尖艏、微勺型艏、非对称双艉鳍艉、导流鳍艉的线型组合，进行船舶模型快速性对比试验，优化出适应京杭运河浅水、狭窄航道要求的低阻、高效船体线型，使集装箱船船舶快速性能提高10%以上。

D. 通过对于非对称双艉鳍艉、导流鳍艉两种艉型进行操纵性能比较试验，以及舵布置方式、舵形式、舵面积大小等进行最小曲率半径航道模拟操纵试验，优选出操纵性能适合于京杭运河的集装箱船型。

E. 全面推广使用适应京杭运河要求的环保技术：机舱双层底设计，机舱舱底水油水分离器、生化法生活污水处理装置、污染物接收装置，主甲板两舷挡油板。

F. 开发了适用于散货船的新颖、低廉、实用型钢质货舱舱口盖，其特点为横向以刚性轻型骨架为主体、纵向为钢索卷车牵引钢丝绳、上方覆盖轻型防雨布。

G. 挂桨机船“落舱”改造在保持原船主尺度不变、货舱基本结构不变、船舶基本特性不变的前提下，开发了轴系 U 型机械传动方式，提高了传动效率，减少了改造工作量。

③群众基础

A. 船民意愿调查

在京杭运河船型标准化被列为交通部示范工程之一起，交通部水运司即率领交通部水运科学研究所与“五省一市”交通运输管理部门联合对京杭运河沿岸运输船舶经营情况、船民生存状况等航运基本情况进行了实地调研，走访了运输管理部门、航运运输企业、船舶拥有者与经营者以及大型货主企业等，了解了沿江重要的航道、港口、船闸等基础设施运行情况，广泛的听取了各方意见与建议。针对此次工程的实施重点“挂桨机船退出运输市场”，项目组更是制订了“京杭运河船民调查表”(以下简称“调查表”)，发放到船民手中，请船民填写，了解船民对京杭运河经济鼓励政策的意愿。项目组还亲自到船闸、码头蹲点，与船民交谈，宣传京杭运河船型标准化的实施方案，解答“调查表”的有关内容。

“调查表”包括三大部分内容：第一部分为挂桨机船的基本情况，包括船舶的尺度、载重吨，建造年限、造价以及船舶的年运量、年收入、年修理费等；第二部分为挂桨机船船民对挂桨机船拆解、改造的态度，及可接受的补贴标准等；第三部分为挂桨机船船民对新造标准船舶的意愿及补贴标准等。项目组对数据较为齐全的 198 份“调查表”进行了统计分析。在船舶基本情况方面：100 吨级以下 76 艘，占 76%；100 ~ 500 吨级 24 艘，占 21.51%；10 年以下 66 艘，占 66%；10 年以上 30 艘，占 30%，船龄不详 4 艘，占 4%；船舶的平均船龄如表 2-32 所示。在标准化政策方面：京杭运河船型标准化示范工程得到了广大船民的理解和认可，调查中，支持实行船型标准化的船民比例高达 76%；对于挂桨机船拆解的补贴标准，100 吨级及以下船民大部分能接受设定的补贴标准，与项目组设定的鼓励小船拆解的预期相一致；对于挂桨机船改造的补贴标准，大船与小船形成较大差异。在新建标准船方面：100 吨级以下船民 53% 选择拆解后造新船，100 吨级以上船民 58% 选择改造；新建标准船吨级，100 吨级以下船民集中在 200 ~ 300 吨级，100 吨级以上船民集中在 300 ~ 500 吨级；新建船舶补贴标准，100 吨以上船民期望明显高于 100 吨级以下船民（表 2-33 ~表 2-38）。

通过设定调查表的形式，对船民意愿的调查既实现了定性分析，也得到了一些定量的数据支持，这为项目组在制定经济鼓励政策时提供了很好的测算依据；同时也为“示范工程”的顺利实施，特别是挂桨机船能按照预定方案退出运输市场奠定了重要基础。

船舶基本情况调查　　表 2-32

调查内容	平均吨位(t)	平均船龄(年)	平均造价(万元)	平均年收入(万元)	平均年修理费(万元)
100 吨级以下船	63	9	9.4	3.26	0.634
100 吨级以上船	142	5.35	20	5.47	1.07

船舶标准化政策调查　　表 2-33

调查内容	赞成	不赞成	空白
2005 年禁水泥船	82%	6%	12%
2007 年禁挂桨机船	57%	27%	16%
政府无偿提供造船图纸	68%	10%	22%
实施船舶标准化	76%	17%	7%
新造标准船补贴方式	赞成一次性补贴 55%	赞成贷款贴息补贴 41%	4%

挂桨机船拆解的补贴标准调查　　表 2-34

每艘船补贴值	2 000 元	4 000 元	自行选择	空白	自行选择（元）		
					平均值	最大值	最小值
100 吨级以下船民意愿	8%	46%	39%	7%	12 948	40 000	6 000
100 吨级以上船民意愿	8%	29%	59%	4%	22 000	50 000	10 000

挂桨机船改造的补贴标准调查　　表 2-35

补贴标准	接受 1 万元	接受 2 万元	接受 3 万元	自行选择	空白	自行选择（元）		
						平均值	最大值	最小值
100 吨级以下船民意愿	16%	28%	26%	17%	13%	42 307	60 000	5 000
100 吨级以上船民意愿	21%	21%	46%	4%	8%	50 000	50 000	50 000

新建标准船意愿调查　　表 2-36

新建意愿	拆解后不再造船	拆解后建新船	改造	空白
100 吨级以下船民意愿	14%	53%	33%	0%
100 吨级以上船民意愿	8%	29%	58%	4%

新建标准船舶吨级调查　　表 2-37

船舶吨级（t）	100	200	300	500	自行选择	空白
100 吨级以下船民认为	12%	45%	33%	4%	3%	3%
100 吨级以上船民认为	—	—	42%	42%	11%	5%

新建标准船舶补贴标准调查　　表 2-38

新建补贴	选择 5 000 元	选择 10 000 元	自行选择	空白	自行选择（元）		
					平均值	最大值	最小值
100 吨级以下船民意愿	13%	57%	26%	4%	25 526	50 000	15 000
100 吨级以上船民意愿	13%	46%	21%	21%	40 000	100 000	20 000

B. 宣传措施到位

由于“示范工程”社会性强、涉及面广，且最终要落实到船民中去，因此，目标设定与方案设计成功与否是一方面，而工程顺利实施并达到预期效果是更为重要的。动员广大船民积极参与船型标准化示范工程，是平稳推进船型标准化示范工程的基础。为此，在工程启动时由交通部水运司组织召开了“启动仪式暨现场会”，加大宣传力度。在工程实施过程中，“五省一市”交通管理部门更是采取各种措施，积极对船民进行宣传，以确保示范工程的顺利实施。

为让全社会特别是广大船民全面了解和掌握船型标准化的目的意义、总体目标、实施步骤和经济政策措施等，以赢得全社会和广大船民的理解、支持、配合，江苏省始终把宣传发动作为重要环节来抓，先后在全省范围内开展了三次大规模的宣传月、宣传周活动。省厅统一部署，通过设立咨询窗口，发放宣传手册，张贴宣传标语，悬挂横幅，制作专题广播、电视、报刊等宣传栏目等，不断扩大宣传的深度与广度，使船型标准化工程成为社会关注的热点之一。盐城、泰州等市的交通主管部门组织市、县的运管、海事人员，奔赴船民较多的乡村、船舶经营地等驻地宣传，耐心细致地宣传工程意义，讲解有关政策，解答疑问等；使船型标准化工程政策逐步深入人心，打消船民的疑惑。

通过分享宣传、媒体宣传、布点宣传、流动宣传等多种形式，使船型标准化工作、挂桨机船拆解等工作在社会产生较大反响，增加了广大船民对政策的了解与认同感，船民的积极性高涨。江苏省在“示范工程”实施第一年就超额完成了挂桨机船改造、拆解任务，由于中央资金为先拆后补，资金没能及时到位，而一时出现资金紧张局面[18]。

因此，深入、细致地船民意愿调查，广泛、深入地政策宣传引导是促使示范工程顺利、有效实施的重要条件。

④资金支持

经测算，示范工程挂桨机船拆解、改造供需补贴资金 11 亿～ 13 亿元，对于地方财政来说也是一笔不小的数字。正是中央财政给予 50% 的资金支持，才使示范工程得以顺利实施。因此，资金补贴政策是推进示范工程实施的一项重要措施。

截至 2005 年 10 月底，京杭运河共拆解、改造挂桨机船 3.5 万艘，发放补贴资金近 10 亿元，到年底拆解、改造数量达到 3.7 万艘。地方政府在补贴资金的发放方面也给予了巨大的支持。在中央财政资金不能及时到位的情况下，各地方财政给予部分资金垫付，避免了资金的缺口；施政于民，保护了船民的积极性，确保了工程的顺利实施。

⑤地方监管

京杭运河船型标准化示范工程的顺利实施离不开“五省一市”交通管理部门的监督管理与辛勤工作。“五省一市”交通管理部门除参与了前期《行动方案》等的研究工作外，在“示范工程”实施过程中更是发挥了主导作用：出台相应配套措施，组织专人负责船舶登记、分类，确认改造、拆解的船厂，监督船舶改造、拆解，以及补贴资金登记、发放等。

A. 出台相应配套措施

在交通部颁布《行动方案》，交通部、财政部联合颁布《政府补贴资金管理办法》后，“五省一市”也相继出台相应的实施细则与配套措施，确保“示范工程”有实质性的进展。

江苏省出台的相关规定如表 2−39 所示。

江苏省配套措施 表 2−39

时间节点	管理办法
2003 年 12 月 9 日	江苏省京杭运河船型标准化行动方案
2003 年 12 月 19 日	江苏省京杭运河船型标准化工程拆解改造政府补贴资金管理办法
2004 年 1 月 9 日	江苏省船型标准化工程工作指南

特别是在《江苏省船型标准化工程工作指南》（以下简称《指南》）中，除将部级《行动方案》《政府补贴资金管理办法》等内容编于其中，便于船民全面了解相关内容外，更是对挂桨机船从改造、拆解到资金发放相关环节的执行程序进行了详细规定；主要内容包括：挂桨机船拆解、改造和改驳政府补贴资金申请书、合同书的申办程序，挂桨机船实施拆解、改造或改驳的工作程序，《江苏省钢质挂桨机船拆解、改造、改驳完工报告书》的制作程序，挂桨机船舶改造检验与证书发放程序以及政府补贴资金发放程序，政府补贴资金的申报核拨程序等[19]。《指南》使管理部门执政程序公开、透明，也使船民掌握了挂桨机船改造、拆解的全部手续、过程，为“示范工程”的顺利实施奠定了良好的基础。

B. 成立专门办事机构

为确保《行动方案》的实施，“五省一市”的交通管理部门成立专门机构，负责监督管理整个实施过程。如江苏省成立江苏省交通厅船型标准化工程领导小组，由厅政治处、财务处、综计处、航道处、运管处、省地方海事局、江苏省船舶研究所等各派一名同志参加办公室工作，以协调各部门的关系，促进各市及相关部门的整体联动，指导全省工作[18]。同时《指南》规定：各市交通局成立领导小组，交通局领导任组长，运（航）管、海事（船检）、航道、宣传等机构主要领导为成员，并在运管部门设立领导小组办公室，研究制定本地区船型标准化工程政策措施，负责相关机构的组织、协调、监督、管理，确保步调一致，制定落实本地区工作计划，确保工作质量等。《指南》中对各市的运管机构、海事机构、航道管理机构以及宣传部门在实施过程中的职责均进行了明确的规定，责任落实到位[19]。正是这些专门机构的成立与分工明确的责任划分为工程的圆满完成提供了组织保障。

⑥小结

正如徐祖远副部长在“京杭运河船型标准化推进工作领导小组第四次会议上的总结讲话”里所指出的：京杭运河船型标准化工作为全国内河船型标准化工作的开展起到了很好的示范作用。我国的内河船型标准化工作，虽然早就提出，并开展了一些相关工作，但进入实质性全面推进阶段还是从 2003 年部里提出在京杭运河实施船型标准化示范工程开始。我们推进京杭运河船型标准化的过程，同时也是对内河船型标准化不断认识的过程。随着推进工作的不断深入，我们对内河船型标准化内涵的认识也进一步深化，对在我国推广船型标准化的思路也不断清晰，京杭运河船型标准化工程的经验为我们后续开展其他水域的船型标准化工作提供了很好的借鉴，真正起到了示范工程的作用[17]。应该说，京杭运河船型标准化示范工程通过法律、经济和行政的手段，推进京杭运河船舶技术进步，开创了我国船型标准化发展的新思路、新模式，成为我国船型标准化的里程碑；“京杭运河船型标准化示范工程系统研究”也荣获了2005年中国航海学会科技二等奖。

当然，“示范工程”也存在不足之处，特别是开发的新标准船型未能完全得到市场的认可，未能像预期的那样被普遍采用。分析原因有以下几点：船舶设计过于保守、舒适，船舶自重增加；船用设备多选用船舶专用设备，船舶造价增加；船舶设计多针对单一航段，船舶适应性差；加之新船型推广资金的缺失等等。总之，仅凭几条标准船型就想涵盖京杭运河十来万条船舶，难度是可想而知的。也许正如财政部在批复《政府补贴资金管理办法》时所提到的：市场能解决的问题，就交给市场去解决吧！这也就是后期，我国在推行船型标准化进程中所采用的，将新型标准船型图纸转变为船舶主尺度系列；用统一的尺度标准来代替单一的船型标准，从而实现既简化船型，提高航道、船闸的通过能力，又能满足船舶个性化发展的需求。

2.3　川江及三峡库区实施船型标准化

2.3.1　川江及三峡库区船型标准化工作背景

长江横贯东西、联结南北、沟通江海、干支直达，是物资流通的水运大动脉，长江航运在整个长江流域综合运输体系中具有不可替代的重要地位。川江及三峡库区属于长江上游航段，是重庆市及西南云、贵、川等省份通往长江中下游的重要通道，川江及三峡库区航运的发展对促进西南各省的资源开发，发展外向型经济、扩大对外物资交流发挥着重要的作用。

2003年6月16日，三峡大坝永久船闸顺利完成试通航。随着库区的形成，三峡库区航道条件和通航环境大为改善，这给三峡库区水路运输带来新的发展机遇，也提出了新的挑战，给库区水运行业管理、安全监督提出了新的、更高的要求，迫切需要推进川江及三峡库区船型标准化。2003年7月25日，交通部在重庆组织召开了川江及三峡库区船型标准化工作会议，决定启动“川江及三峡库区航运结构调整与船型标准化工程”，并成立了川江及三峡库区船型标准化工作领导小组，明确了“关后门、开前门、调存量”的工作思路。

（1）川江及三峡库区船闸和升船机

“川江及三峡库区”在《内河船舶法定检验技术规则》中界定为长江干流自重庆九龙坡港区至葛洲坝之间的水域，其中三峡库区是指长江干流丰都长石尾至葛洲坝之间的水域。三峡水库蓄水前，川江属于山区性河流，流路曲折，江面狭窄，流态险恶，多浅滩暗礁，船舶航行艰难。蓄水前，川江航道维护尺度为2.9m×60m×750m（水深×航宽×弯曲半径），设有72座信号台、8座绞滩站、46处单向通行控制河段，另有54处由于流急、水浅等原因造成航行特别困难的河段。在2003年三峡库区蓄水至135m后，航道维护尺度为3.5m×100m×1 000m（水深×航宽×弯曲半径），保证率达到98%。8处绞滩站全部取消，撤销了46座信号台和34处单向控制河段，42处由于流急、水浅航行特别困难的河段船闸和升船机得到彻底改善，即保留通行控制河段12处，信号台26座，尚有

13 处航行特别困难河段。蓄水至 175m 正常运行后，将再撤销通行控制河段 4 处、信号台 6 座，彻底改善 4 处航行特别困难河段，即保留控制河段 8 处，信号台 20 个，9 处航行特别困难河段。三峡成库后，三峡五级船闸和葛洲坝船闸成为影响船舶航行和水运发展的重要制约因素。

三峡船闸总长 6 442m，每线船闸主体由 6 个闸首和 5 个闸室组成，通过能力按年单向运量 5 000 万 t 设计。单级闸室有效尺寸为 280m × 34m × 18m × 5m（长 × 宽 × 净空高度 × 槛上水深），最大调度尺度为 266m × 32.4m × 18m（净空高度）。三峡升船机是三峡工程用于快速过坝的永久通航建筑物，最大提升高度 113m，最大提升重量 11 800t。升船机承船厢的有效尺寸为 120m × 18m × 18m × 3.5m（长 × 宽 × 净空高度 × 槛上水深），最大调度尺度为 118m × 17.2m × 18m（净空高度）。葛洲坝船闸为单级三线船闸，其中 1 号船闸有效尺寸为 280m × 34m × 17m × 5.5m（长 × 宽 × 净空高度 × 槛上水深），2 号船闸有效尺寸为 280m × 34m × 17m × 5m（长 × 宽 × 净空高度 × 槛上水深），最大调度使用尺度为 266m × 32.8m × 17m（净空高度）；3 号船闸可通过 3000 吨级的大型客货轮，闸室有效尺寸为 120m × 18m × 17m × 4.0m（长 × 宽 × 净空高度 × 槛上水深），最大调度尺度为 118m × 17.2m × 17m（净空高度）。

（2）川江及三峡库区船舶状况

在船型标准化工作开展前，川江及三峡库区船舶保有量为 6 386 艘，2 384 511 总吨。其中涉外旅游船 49 艘，164 284 总吨；普通客船 1 166 艘，270 949 总吨；普通货船 2 563 艘，766 431 总吨；集装箱船 81 艘，121 655 总吨；化学品船 57 艘，30 378 总吨；油船 86 艘，53 054 总吨；汽车滚装船 105 艘，224 020 总吨；推、拖船 222 艘，131 802kW；货、油驳船共 1 326 艘，574 207 总吨。

从船龄分布来看，船龄 10 年、15 年以下的分别占船舶总吨位的 57.27%、66.71%，占船舶总艘数的 56.92% 和 69.67%，说明川江和三峡库区运输船舶中，船龄 15 年以下的占总量的 2/3 左右（表 2-40）。

川江及三峡库区运输船舶船龄结构统计表 表 2-40

船龄范围 \ 数量与比例	吨位情况		艘数情况	
	总吨位（万 t）	比例（%）	艘数	比例（%）
0 ~ 5 年	75.9	31.85	1 245	19.5
6 ~ 10 年	60.6	25.42	2 390	37.42
11 ~ 15 年	22.5	9.44	814	12.75
16 ~ 20 年	45.9	19.2	1 144	17.91
21 ~ 30 年	29.0	12.15	701	10.98
31 年以上	4.6	1.93	92	1.44
合计	238.5	100	6 386	100

从地区分布来看，重庆市、湖北省和长航集团公司分别占船舶艘数的 66.24%、17.04%、8.82%；从船舶所具有的总吨量分析，重庆市、湖北省和长航集团公司分别占

49.96%、16.85%、27.05%。从这些统计数据不难看出，重庆市运输船舶种类多、数量大、总吨量大；一方面，几种主力运输船型，如大吨位的普通货船、油船、化学品船、集装箱船和汽车滚装船大多集中在重庆市；另一方面，不适于在川江和三峡库区继续营运航行的小吨位普通客船、驳船、功率较小的拖轮数量也多，同时，还有463艘必须淘汰的挂桨机船；因此，调整川江和三峡库区船舶运力结构的重点在重庆市，其次是长航集团公司和湖北省（表2–41）。

川江及三峡库区运输船舶分布统计 表2–41

分　布	总吨位（万t）	比例（%）	船舶数量（艘）	比例（%）
重庆市	119.1	49.96	4 230	66.24
湖北省	40.2	16.85	1 088	17.04
四川省	12.7	5.34	379	5.93
贵州、云南	1.9	0.8	126	1.97
长航集团	64.5	27.05	563	8.82
合计	238.5	100	6 386	100

（3）三峡库区航运存在的主要问题

①环保问题

当时，航行于川江和三峡库区的普通客船1 166艘，其中只有15艘客船安装了生活污水处理装置，其他大多数客船的生活污水都自接排放到长江里。在国家花大力气在川江和三峡库区广建污水处理厂、治理城市污水的同时，船舶污水对川江和三峡库区水环境的污染更显突出。据估算，长江三峡川江和三峡库区，每年各类运输船舶产生垃圾4.2万t，生活污水1 500万t，油污水100万t。监测表明，直接排放的船舶污水大肠菌群浓度、生化需氧量浓度均严重超标。虽然川江和三峡库区水质的化学、毒物学指标均达到国家饮用水标准，但作为衡量水质污染的一个指标，川江和三峡库区水质的总大肠菌群超标严重。而坝区水体的清洁与否，将直接关系到长江中下游广大地区人民群众的生计问题。三峡成库后，水流变缓，水质自净能力减弱，船舶污染问题将会进一步加重。

航行于川江和三峡库区有280艘油船和化学品船，其中大多数为单层底壳，一旦发生海损，后果不堪设想。此外，航行于川江和三峡库区的挂桨机船有471艘，这些船舶噪声大，油污染严重。

②航行安全问题

三峡库区蓄水后，水面明显变宽，航道变深，水流速度减缓，控制性航段少，航道通航能力显著增加，支流的通航里程也大幅增加，千古以来川江“水急险多”的状况得到了根本性改变。

然而，当时的船舶基本上仍是按照急流航段的特征进行设计建造的，船舶的安全性能，不适应川江和三峡库区通航条件的变化。

航行于川江和三峡库区的船舶技术状况参差不齐，特别是散化船建造检验规范在1995年才正式颁布实施，客观上造成1995年前建造的油船和散化船存在一定的安全隐患。

川江和三峡库区船舶平均船龄 11.4 年，其中 5 年以上船龄船舶艘数占总量的 80.5%，10 年以上船龄占 43.08%，15 年以上船龄占 30.33%，20 年以上船龄占 12.42%，总体来看，船舶船龄较长，技术状况较差，安全隐患较多。

船舶平均吨位小，仅为 373t/ 艘，除运输成本高，经济效益差，不能适应市场环境的变化之外，更重要的是这些小吨位的船舶安全状况堪忧。据统计，2001 年，川江和三峡库区发生海事事故 36 起，死亡 111 人，造成直接经济损失 988 万元。这些事故中占 96% 的肇事船舶为中小吨位船舶。

而成库后船舶遇险施救的难度也比以前大大增加，对航行库区船舶的安全性能提出了更高的要求，因此，应尽快对此类存在安全隐患的船舶予以改造或拆解。

③船闸利用率问题

三峡永久船闸的年设计通过能力是 5 000 万 t，设计依据是按照通过的标准船型测算的。然而，从三峡永久船闸的运行状况来看，2003 年 6 月 19 日至 12 月 31 日，通过船舶 34 800 艘次，3032 万定额载重吨，其中上行 1447 万定额载重吨，下行 1585 万定额载重吨。由此推算，1 年的单向最大通过量 3 170 万 t，仅占设计通过能力的 63.4%。其主要原因如下。

川江和三峡库区船舶未实现标准化，船型十分杂乱。当时船型约为 300 多种，不少船舶与主尺度系列标准差异很大，使船闸管理人员安排船舶过闸时很难有效地利用闸室的有效面积，这大大降低了船闸的通过能力。

过闸的船舶平均吨位较低，降低了船舶过闸的效率。据统计，2002 年葛洲坝过闸总艘次为 70 732 艘次。其中：100t 以下占 16.7%，300t 以下占 38.41%，500t 以下占 58.95%，800t 以下占 72.39%，1 000t 以下占 85.57%，1 000t 以上占 14.43%。比较集中的船舶吨位在 100 ~ 500 吨位，两者合计占总艘次量的 42.25%，小吨位船舶占据主导地位（图 2-4）。

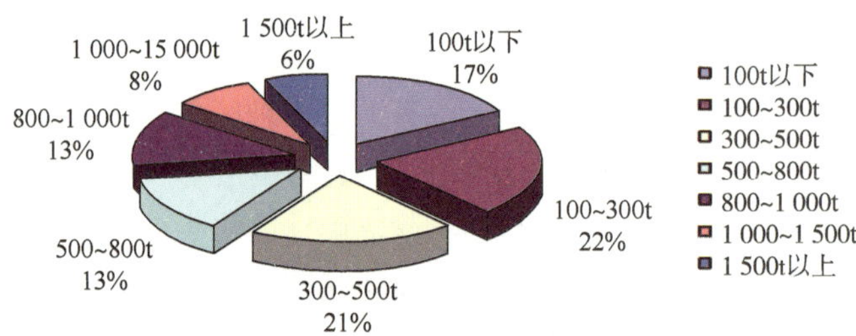

图 2-4　2002 年葛洲坝过闸船舶吨位比例图

三峡永久船闸是长江黄金水道的咽喉，为充分发挥三峡五级船闸的通过能力，避免三峡船闸成为制约长江航运发展的“瓶颈”，限制和淘汰非标准和小型船舶通过三峡船闸显得十分迫切。

④运力结构问题

随着我国全面建设小康社会和西部大开发进程的加快，川江及三峡库区沿岸及周边地区货物运输需求，特别是专业集装箱船运输需求可望以较快的速度增长，一些新的、先进的运输方式将被不断引进。此外，随着三峡库区的形成，三峡风光更具特色，三峡水上旅游客运市场可望得到较大的发展。

三峡川江和三峡库区船舶运力结构不合理，普通货船和普通客船运力相对过剩，集装箱等特种船舶运力相对不足，需要与三峡成库后川江和三峡库区运输需求相适应。需引导运力结构向合理的方向发展，以淘汰一批与市场需求不相适应、船型技术落后的老旧船舶、小吨位船舶；控制发展普通客船；适度发展新型载货汽车滚装船、商品汽车运输船舶、旅游船、高速客船；鼓励发展集装箱船等特种船舶，并构筑起客运旅游化、快速化，货运专业化、大型化，安全与环境最优化的水运体系。

（4）川江及三峡库区船型标准化的必要性

针对三峡库区船舶航行条件和外界环境的变化情况，交通部及时地启动川江及三峡库区船型标准化工程，对保护库区水资源环境，保证船舶航行安全，提高船闸通过能力的客观要求，具有重要的现实意义。

①推行船型标准化是提高船闸通过能力的客观要求。三峡永久船闸的通过能力是以万吨级标准船队为典型代表船队为依据设计的，但是，船队运输只是长江航运的运输方式之一，独立单元的货船运输正在逐步取代三峡建设规划阶段确定的代表船队——万吨级船队，成为目前长江航运的主要运输方式。由于现有船舶标准化程度较低，很难有效利用船闸的闸室面积，且 2003 年 100 ～ 500 吨位的小吨位船舶占过闸总艘次量的 42.25%，降低了船舶过闸的效率。

②推行船型标准化是保障水上交通安全的需要。三峡成库以后，川江“水急滩险”的状况在一些航段得到了根本性改变，库区航道水流和航区的气候气象条件也发生重大变化，但是，现有船舶均是按照山区急流航道条件设计建造的，船舶的安全技术性能已不能完全适应库区航道条件；同时，三峡库区成为深水航道后，也对船舶的安全性能提出了新的要求。

③推行船型标准化是提高船舶防污染标准的有效途径。三峡成库后，川江水流变缓，水质自净能力减弱，如果防护措施不当，船舶生活污水对水体造成的污染可能进一步加重；化工品船和油船对库区水环境的潜在威胁也不容忽视。

④推行船型标准化有助于规范新造船舶。国家西部大开发战略的实施，带动了长江航运需求；三峡成库后，通航条件改善，使船舶单位运输成本降低，为船舶大型化创造了条件，新的运输需求和新的运输方式相继出现，新造船舶进入又一个高峰期，迫切需要根据三峡成库后的航行条件对新造船舶进行规范。

2.3.2 川江及三峡库区船型标准化主要工作内容

（1）制定完善川江及三峡库区船型标准化政策法规

为了推进船型标准化工作，交通部出台了《关于川江及三峡库区船舶运输准入管理的公告》（2003 年第 14 号），提出了川江和三峡库区船舶运输准入管理的若干政策规定。

①自 2003 年 10 月 1 日起，禁止挂桨机船、水泥质船和木质船进入川江和三峡库区航行。

②自 2003 年 10 月 1 日起，禁止新开工建造或者改建非标准客船、油船、化工品船进入川江和三峡库区航运市场。由交通主管部门组织开发的客船、油船和化工品船标准船型将于 2004 年 6 月底前公布。

③自 2003 年 10 月 1 日起，禁止新开工建造或改建非标准载货汽车滚装船进入川江和三峡库区航运市场。由交通主管部门组织开发的载货汽车滚装船标准船型将于 2003 年 12 月底前公布。

④自 2003 年 10 月 1 日起，禁止开发商自行建造非标准游览观光船在库区营运。建造游览观光船在三峡库区营运，应事先报经企业所在地省（市）人民政府交通主管部门或其设立的航运管理机构，由有关省（市）交通主管部门或其设立的航运管理机构与开发商共同组织游览观光船标准船型开发，并经有关省（市）交通主管部门或其设立的航运管理机构批准认可后方可建造船舶。

⑤自 2003 年 10 月 1 日起，禁止新开工建造或者改建非标准集装箱船、非标准干散货船进入川江和三峡库区航运市场。由交通主管部门组织开发的集装箱标准船型和干散货船标准船型将分别于 2003 年 12 月底前和 2004 年 6 月底前公布。

⑥自 2004 年 1 月 1 日起，禁止 100 总吨以下商船（载运鲜活货物的除外，下同）通过三峡船闸。自 2005 年 1 月 1 日起，禁止 200 总吨以下商船通过三峡船闸。

⑦自 2007 年 7 月 1 日起，禁止非标准载货汽车滚装船进入川江和三峡库区航运市场。

同时，为了形成标准船型研发机制，交通部出台了《关于发布研究开发内河标准船型指导意见的通知》（交水发〔2004〕7 号）和《关于发布川江及三峡库区运输船舶标准船型主尺度系列及有关规定的公告》（2004 年第 30 号）等政策文件。

（2）研究制定川江及三峡库区船舶技术规范

三峡库区航行条件和通航环境的变化，为库区船舶的大型化和船型标准化提供了客观条件。与此同时，三峡成库后也出现了一些影响航运的新问题、新情况，如风浪加大、雾情加重、航线交叉点增多、通航密度增加、船舶锚泊作业困难、遇险应急施救难度增大、水质自身净化能力降低、船舶造成的污染问题加重等，这些新问题、新情况对航行库区船舶的安全性能以及防止船舶对水域造成污染提出了更高、更新的要求。

针对三峡成库后航行条件的变化，交通部组织海事局、船级社研究制订了《内河船舶法定检验技术规则》《川江及三峡库区航行船舶法定检验补充规定》（2004）《钢质内河船舶入级与建造规范》（2004 年修改通报）《川江及三峡库区标准载货汽车滚装船建造规范》（2004）《内河船舶法定检验技术规则》（2007 年修改通报）和（2008 年修改通报），以及《钢质内河船舶建造规范》（2009）等。

①重新划定三峡库区航区等级

对库区的水文进行观测、分析和类比，在总结航行经验的基础上，重新划定了蓄水后的川江及三峡库区干流和支流航区等级。

A．宜昌葛洲坝至丰都长石尾为 B 级航区。

B．丰都长石尾以上为 C 级航区，其中丰都长石尾至宜宾为 J_2 级航段。

C．库区长江支流库段：

香溪——自香溪镇至四湘溪为 C 级航区。

神农溪——自大矶头（神农溪大桥）至罗坪为 C 级航区。

大宁河——自巫山龙门大桥至大昌为 C 级航区，大昌以上为 C 级航区并为 J_1 级航段。

梅溪河——自店子包至推磨子为 C 级航区。

磨刀溪——自新津口至龙角大桥为 C 级航区。

汤溪河——自汤溪河口至日水滩为 C 级航区。

小江——自人头山至青树为 C 级航区。

②制订川江及三峡库区船舶技术规范

A. 船体结构强度评估，主要对航行于川江及三峡库区的干散货船（半舱船和双壳船）、集装箱船、油船和化学品船的总纵强度和局部强度进行全面评估，并提出了相应的修改意见及公式。

B. 基于船舶布置对残存能力影响的评估，对船长大于 40m 航行 J 级航段的自航船提出了如下结构布置要求：应设置双层底，双层底内应设置间距不大于 0.3L（L 指船舶垂线间长，即船舶艏垂线和船尾垂线之间的水平距离）的水密实肋板。若设置双层底确有困难，可在舭部设置防撞边舱，防撞边舱内应设置间距不大于 0.15L 的水密横舱壁。设有双层底或防撞边舱的船舶，在任一个双层底舱或防撞边舱破损时应满足相关的残存要求。机舱外的舱室确有困难不能设置满足有关要求的双层底和防撞边舱时，则应满足破舱稳性的有关要求。对客船的特殊要求：船长大于 20m 但小于或等于 40m 航行 J 级航段的客船和船长大于 20m 仅航行三峡库区的客船应在舭部设置防撞边舱。若确有困难不能设置满足有关要求的防撞边舱时，则应满足破舱稳性的有关要求。对油船的特殊要求：油船货油舱区域应采用双壳结构形式。油船应满足破舱稳性的有关要求。自航油船的机舱应设置双层底，若设置双层底确有困难，可在舱部设置防撞边舱。

结合川江及三峡库区的航道特点，对船舶的假定破损范围及残存能力进行了研究，并提出了客船、油船、散装化学品船的破舱稳性相应技术要求。

C. 基于对船舶的防火结构、灭火、探火及失火报警系统进行了综合评估，提出了相应的技术要求。

a. 客船：

50m 及以上的客船起居处所与走廊舱壁的分隔应为不燃材料组成。

50m 及以上的客船起居处所的甲板下设有天花板时，其天花板为不燃材料组成。

对公共处所的梯道无环围时，该梯道所处的处所应属环围的公共处所，应满足甲板贯穿公共处所的分隔要求。其走廊舱壁的门应与该舱壁的分隔等级一致。

此外，对通风管（面积大于 0.02m^2 或 0.075m^2）穿越钢质甲板、A 级舱壁做出了规定。

50m 及以上的客船起居处所、服务处所和控制站应设固定式探火和失火报警系统。

均要求至少 1 台消防水泵在机舱外能遥控起动，以保证消防水泵及时供水。

消防水枪应为水雾 / 水柱两用型。

b. 油船：

2 000t 及以上船舶（小于 5 000t 油船）机器处所与相邻处所舱壁和甲板应为 A-0 级分隔；起居处所内的天花板应以不燃材料结构组成，起居处所与内走廊的舱壁应以不燃材料结构组成。

1 000t 及以上油船面向货油区域的全部限界面及该限界面之后 3m 以内，应隔热至

A–30 级。

均要求至少 1 台消防水泵在机舱外能遥控起动，以保证消防水泵及时供水。

消防水枪应为水雾 / 水柱两用型。

c. 货船：

2 000t 及以上船舶，机器处所与相邻处所舱壁和甲板应为 A–0 级分隔。

均要求至少 1 台消防水泵在机舱外能遥控起动，以保证消防水泵及时供水。

消防水枪应为水雾 / 水柱两用型。

d. 川江载货汽车滚装船（Ⅱ型客滚船）：

机器处所与相邻处所舱壁和甲板应为 A–0 级分隔。

起居处所的天花板应以不燃材料结构组成，与内走廊舱壁应以不燃材料结构组成。

载车处所与其相邻的机器处所、失火危险服务处所、起居处所、控制站的舱壁和甲板均应为 A–15 级分隔。

机器处所的通风机、燃油泵等应在处所外予以关停。

应设手动报警装置。

半开敞载车处所、起居处所、控制站、服务处所等设置固定式探火和失火报警系统。

半开敞处所手动报警按钮应分别设置在半开敞处所两舷的两端。

开敞处所应设置消防水枪，其射程应覆盖所保护的开敞处所，且每一台消防炮的出水量至少为 1 000L/min。

半开敞处所应设置压力水雾灭火系统。

D. 针对库区蓄水后水域的变化，对船舶救生设备的适应性及即刻可用性进行了评估，针对不同船型分别提出了相应的要求。

E. 根据川江及三峡库区的特点及长江沿线 VHF 微波网络现状，对无线电通信设备进行了合理的调整。

F. 根据川江及三峡库区特点，对航行设备、信号设备及其配备和安装、驾驶室可视范围等均做出了相关规定。

G. 在防止船舶造成污染结构和设备方面，对艉轴水润滑技术在内河船舶中的研究和应用进行了系统的跟踪和分析，并提出了相应的技术要求；对防止船舶造成油类污染提出了明确的补充要求；对防止生活污水污染也做出了相应的技术要求。

（3）川江及三峡库区标准船型技术方案研发

交通部组织开发了川江及三峡库区载货汽车滚装船、集装箱船、区间运输客船、客渡船、油船、化学品船、干散货船及长江江海联运集装箱船等 8 个系列共 42 种标准船型的技术方案，并陆续向社会公布（表 2–42）。交通部组织研发的标准船型技术方案在以下方面取得了创新。

①首次对川江及三峡库区船型标准化工作进行了系统研究，提出了川江及三峡库区船型标准化的总体目标和分阶段目标、指导思想、实施范围、标准化形式、分阶段行动计划以及配套政策措施，为交通部制定相关政策提供了科学依据，具有前瞻性和现实指导意义。

②采用多指标综合评价法建立了量化的现有运输船舶技术经济评价体系，通过对现有

船型进行比选，提出的“推荐优秀、自然过渡、限制淘汰”，符合实际。

③针对三峡成库后水文、气象条件的变化，采用理论与经验相结合，重新划分了三峡库区的航区等级；首次提出了从船舶构造、设备等方面防止船舶造成水域污染的相关技术要求；补充与修订了船舶结构布置、形式、稳性及设备配置等方面的安全要求。

④首次对川江及三峡库区运输船型采用船体型线生成交互设计、船舶工程 CFD 综合技术及船模试验三位一体船型优化系统工程模式，研究浅吃水、宽吃水比、大方形系数肥大型船型的艏艉形状、波浪流态、前后体排水体积的分配、兼顾阻力和推进因子的浮心位置选取、不对称双艉与对称双艉的性能特性，在提高船舶经济性和操纵性方面具有实用价值。

⑤首次将模块化设计理念应用于内河区间运输客船舱室的设计，兼顾旅游观光及普通旅客运输的需要。

⑥在内河载货汽车滚装船上层建筑通过两道过渡侧壁横跨于两舷的设计方法，有效改善了船舶的载荷分布，提高了船舶总强度，减少了船舶驾驶盲区，提高了船舶航行安全性。

⑦在川江及三峡库区集装箱船型总体布置上采用艏驾驶室布置，解决了驾驶盲区问题，提高了船舶航行安全性。

⑧在内河运输船舶上综合采用油水分离器、尾轴水润滑、设置固体垃圾接收装置、生化法污水处理装置、液货船采用双底双舷结构形式等技术，防止船舶对库区水体的污染。

川江及三峡库区标准船型技术方案 表 2–42

序号	船 型 系 列	标 准 编 号	政 府 公 告	发布日期
1	40 车位载货汽车滚装船	CJB（2004）G40	交通部 2003 年第 19 号	2003.12.31
2	50 车位载货汽车滚装船	CJB（2004）G50	交通部 2003 年第 19 号	2003.12.31
3	60 车位载货汽车滚装船	CJB（2004）G60	交通部 2003 年第 19 号	2003.12.31
4	60 车位载货汽车滚装船Ⅱ型	CJB（2005）G60–Ⅱ	交通部 2005 年第 6 号	2005.5.18
5	60 车位载货汽车滚装船Ⅲ型	CJB（2005）G60–Ⅲ	交通部 2005 年第 6 号	2005.5.18
6	80 车位滚装客船Ⅰ型	CJB（2008）KG80–Ⅰ	交通运输部 2008 年第 30 号	2008.10.09
7	80TEU 集装箱船Ⅰ型（集散两用）	CJB（2005）J80–Ⅰ	交通部 2005 年第 6 号	2005.5.18
8	150TEU 集装箱船	CJB（2004）J150	交通部 2003 年第 19 号	2003.12.31
9	200TEU 集装箱船	CJB（2004）J200	交通部 2003 年第 19 号	2003.12.31
10	300TEU 集装箱船Ⅰ型	CJB（2005）J300–Ⅰ	交通部 2005 年第 8 号	2005.6.28
11	300TEU 集装箱船Ⅱ型	CJB（2009）J300–Ⅱ	交通运输部 2009 年第 19 号	2009.4.13
12	330 客位短途运输客船Ⅰ型	CJB（2004）QK330–Ⅰ	交通部 2004 年第 21 号	2004.7.26
13	200/240 客位客船Ⅰ型	CJB（2004）QK200–Ⅰ	交通部 2004 年第 21 号	2004.7.26
14	350/460 客位客船Ⅰ型	CJB（2004）QK350–Ⅰ	交通部 2004 年第 21 号	2004.7.26
15	500/570 客位客船Ⅰ型	CJB（2004）QK500–Ⅰ	交通部 2004 年第 21 号	2004.7.26
16	50 客位客渡船Ⅰ型（鄂）	CJB（2004）KD50–Ⅰ（鄂）	交通部 2004 年第 21 号	2004.7.26
17	80 客位客渡船Ⅰ型（鄂）	CJB（2004）KD80–Ⅰ（鄂）	交通部 2004 年第 21 号	2004.7.26
18	120 客位客渡船Ⅰ型（鄂）	CJB（2004）KD120–Ⅰ（鄂）	交通部 2004 年第 21 号	2004.7.26
19	30 客位客渡船Ⅰ型（渝）	CJB（2004）KD30–Ⅰ（渝）	交通部 2004 年第 21 号	2004.7.26

续上表

序号	船 型 系 列	标 准 编 号	政 府 公 告	发布日期
20	50 客位客渡船Ⅰ型（渝）	CJB（2004）KD50－Ⅰ（渝）	交通部 2004 年第 21 号	2004.7.26
21	80 客位客渡船Ⅰ型（渝）	CJB（2004）KD80－Ⅰ（渝）	交通部 2004 年第 21 号	2004.7.26
22	120 客位客渡船Ⅰ型（渝）	CJB（2004）KD120－Ⅰ（渝）	交通部 2004 年第 21 号	2004.7.26
23	120 客位客渡船Ⅱ型（渝）	CJB（2004）KD120－Ⅱ（渝）	交通部 2004 年第 21 号	2004.7.26
24	500 吨级干散货船Ⅰ型	CJB（2004）H500－Ⅰ	交通部 2004 年第 21 号	2004.7.26
25	1000 吨级干散货船Ⅰ型	CJB（2004）H1000－Ⅰ	交通部 2004 年第 21 号	2004.7.26
26	1500 吨级干散货船Ⅰ型	CJB（2005）H1500－Ⅰ	交通部 2005 年第 2 号	2005.1.25
27	1500 吨级干散货船Ⅱ型	CJB（2005）H1500－Ⅱ	交通部 2005 年第 6 号	2005.5.18
28	2000 吨级干散货船Ⅰ 型	CJB（2004）H2000－Ⅰ	交通部 2004 年第 21 号	2004.7.26
29	2000 吨级干散货船Ⅱ型	CJB（2004）H500－Ⅱ	交通部 2004 年第 21 号	2004.7.26
30	3000 吨级干散货船Ⅰ型	CJB（2004）H3000－Ⅰ	交通部 2004 年第 21 号	2004.7.26
31	3500 吨级干散货船Ⅰ型	CJB（2005）H3500－Ⅰ	交通部 2005 年第 2 号	2005.1.25
32	5000 吨级干散货船Ⅰ型	CJB（2005）H5000－Ⅰ	交通部 2005 年第 8 号	2005.6.28
33	1000 吨级油船Ⅰ型	CJB（2004）Y1000－Ⅰ	交通部 2004 年第 21 号	2004.7.26
34	2000 吨级油船Ⅰ型	CJB（2004）Y2000－Ⅰ	交通部 2004 年第 21 号	2004.7.26
35	2500 吨级油船Ⅰ型	CJB（2004）Y2500－Ⅰ	交通部 2004 年第 21 号	2004.7.26
36	500 吨级散装化学品船Ⅰ型	CJB（2005）SH500－Ⅰ	交通部 2005 年第 6 号	2005.5.18
37	1000 吨级散装化学品船Ⅰ型	CJB（2004）SH1000－Ⅰ	交通部 2004 年第 21 号	2004.7.26
38	2000 吨级散装化学品船Ⅰ型	CJB（2004）SH2000－Ⅰ	交通部 2004 年第 21 号	2004.7.26
39	3500 吨级化学品船Ⅰ型	CJB（2006）SH3500－Ⅰ	交通部 2006 年第 34 号	2006.8.24
40	3500 吨级化学品船Ⅱ型	CJB（2006）SH3500－Ⅱ	交通部 2006 年第 34 号	2006.8.24
41	300TEU 江海直达集装箱船	长江中下游推荐船型	交通部 2005 年第 8 号	2005.6.28
42	400TEU 江海直达敞口型集装箱船	长江中下游推荐船型	交通运输部 2009 年第 36 号	2009.9.03

2.3.3 川江及三峡库区船型标准化的成效

截至 2009 年 6 月，根据船检部门和企业提供的不完全数据，船东根据标准船型图纸设计或主尺度系列设计和建造的船舶共 1 320 艘。其中集装箱船 97 艘，滚装船 44 艘，干散货船 604 艘，化学品船 45 艘，油船 62 艘，客渡船 433 艘，驳船 35 艘。重庆市在推广标准船型方面成绩显著，全市标准化船舶艘数占运输船舶总艘数的 35%，标准化船舶运力占总运力的比重为 45%，客渡船标准化率达到了 80%。川江及三峡库区船型标准化实施效果良好，主要体现在如下几方面。

（1）提高了船舶安全性能，在三峡航道形成库区条件下，减少了水上安全事故。

对川江及三峡库区的航区级别重新划分，有针对性地补充并修订了船舶结构布置、形式、稳性及设备配置等方面的安全要求。在此基础上研发的标准船型，其安全性能较现有船型更能适合三峡成库以后的航道条件。2002 年前重庆地区水上死亡人数占全国水上死亡人数的比重为 20%，现在比重仅占 5%，到目前为止，已连续 70 个月未发生一次 10 人以上的水上伤亡事故。水上交通安全事故发生率，受航道条件、通航环境、船员素质、安全监管、船舶性能等诸多因素影响，其中船型标准化工程的实施对三峡库区水上安全形势的改善发挥了重要作用。

（2）有效降低了船舶能耗，减少了污染物排放。

据统计，长江水系货运船舶平均燃油单耗由 2003 年的 16.12kg/(1 000t · km) 下降到 2008 年的 15.97kg/(1 000t·km),其中重庆市货运船舶平均燃油单耗由 7.6kg/(1 000t·km) 下降到 3.1kg/(1 000t · km)，降幅达 59%，节能降耗效果非常明显。相比 2002 年燃油单耗水平，2008 年重庆市货运船舶共节约燃油近 40 万 t。以每吨燃油 5 230 元计，节油效益达 21 亿元。同时减少 NO_x 排放 1 700 余吨、SO_x 排放 3 500 余吨、烟尘排放 800 余吨，处理船舶生活污水 50 万 t、船舶油污水 60 万 t，固体垃圾集中处理 8 000t。这些效果的取得，一方面得益于航道条件的改善、管理水平提高，另一方面，标准船型的推广，对促进水运行业节能减排起到积极的促进作用。

（3）内河运力结构明显优化，水运对经济社会发展的贡献度大幅提高。

从 2002 年到 2008 年，仅重庆市总运力就由 91 万载重吨增长到 356 万载重吨，货运船舶平均吨位由 400 载重吨增长到 1 230 载重吨，集装箱船、滚装船、油船及化学品船等专用船舶运力比重超过 28%。2008 年全市完成水路货运周转量 883.27 亿 t · km，水路货运周转量占全社会运输周转量的比重由 2002 年的 36% 上升到 68.24%。

（4）提高了三峡船闸的通过能力，缩短了船舶过闸时间。

船型标准化对提高三峡船闸的通过能力、缩短船舶过闸移泊时间作用明显。据三峡通航局统计，自工程实施以来，三峡船闸平均每闸次货物通过量从 2003 年的 3 140t 提高到 2008 年的 6 200t，提高了近 100%。

2.4　长江干线实施内河船型标准化

2.4.1　长江干线船型标准化工作背景

2003 年,交通部开始在川江及三峡库区推进船型标准化工作,提出了“关后门,开前门，调存量”的工作方针。2003 年 8 月，交通部公布了 14 号公告，对川江和三峡库区船舶运输进行准入管理，禁止建造非标准船舶。自 2003 年底以来，先后公布了川江载货汽车滚装船、集装箱船、区间客船、客渡船、油船、化学品船和干散货船等标准船型，还发布了“川江及三峡库区运输船舶标准船型主尺度系列”。通过“关后门”和“开前门”的工作，川江及三峡库区船型标准化取得了一定成效。然而，如何调整现有船舶“存量”，加快非标准船舶的更新改造，成为后续亟待解决的问题。而长江中下游船舶，也面临着平均吨位小、专业化水平低，船舶技术状况落后等问题，迫切需要政府采取必要措施，推动长江船型向标准化方向发展。

为加快推进长江船型标准化,2006 年,在交通部和沿江七省二市联合发布的《“十一五”期长江黄金水道建设总体推进方案》中，明确提出“十一五”期间交通部和沿江有关省市将加快推进长江干线的船型标准化工作。交通部立项开展专题研究，在广泛调研的基础上，吸取京杭运河船型标准化示范工程的成功经验，并针对长江干线船型标准化存在的具体问题，提出了“十一五”期推进长江干线船型标准化实施意见。

（1）长江干线及主要支流

根据交通部最新编制的《全国内河航道与港口布局规划》，全国内河航道在规划布局上划分为三个层次，包括国家高等级航道、地区重要航道和其他航道。其中，国家高等级航道是全国内河航道的核心和骨干，规划标准为可通航千吨级船舶的Ⅲ级及以上航道，少数航道受某些因素限制可按照通航500吨级船舶的四级航道标准规划建设。长江水系国家高等级航道布局为“一横一网十线”，其中：“一横”为长江干线；“一网”为长江三角洲高等级航道网；“十线”分别为岷江、嘉陵江、乌江、湘江、沅水、汉江、江汉运河、赣江、信江、合裕线。

①“一横”

根据《长江干线航道发展规划》，2020年前将完成长江干线航道全面、系统的治理，进一步提高航道通过能力和抵御自然灾害的能力。航道生产设施和管理手段充分应用先进技术，实现航道设施智能化、管理数字化、维护手段现代化，并始终保持与社会和科技进步同步发展，将长江干线建成完全畅通、环境优美的现代化水运通道。长江干线航道规划建设标准为：水富至宜宾河段，将由目前的1.8m水深提升到2.7m，全年可通航由1000吨级驳船组成的船队；城陵矶至武汉河段，提升到3.7m，可通航由3500吨级油驳组成的万吨级船队，可利用航道自然水深通航3000吨级海船；武汉至铜陵河段，通航由2000～5000吨级驳船组成的2万～4万吨级船队，可利用航道自然水深通航5000吨级海船；铜陵至南京河段，提升到6m，可通航5000吨级海轮；南京至浏河口河段，可通航5万吨级以上海轮。浏河口至长江口河段，可通航第五代以上超大型集装箱船及10万吨级以上大型散货船。

②“十线”

A．岷江

岷江是我国西部重大装备工业产品（主要是重大件）的重要运输通道，为促进我国装备工业健康发展发挥了重要作用。岷江为山区河流，航道等级现状为Ⅵ～Ⅳ级，将来可通过梯级渠化并辅以航道整治，建成高等级航道。到2020年，岷江乐山至宜宾段162km规划为Ⅲ级航道。

B．嘉陵江

嘉陵江干流梯级开发以发电、航运为主，兼顾灌溉及其他。规划建设水东坝、亭子口、仓溪、金银台、利泽、合川井口等17个梯级，其中利泽、合川、井口三个枢纽在重庆市境内。待全线梯级渠化后，对促进流域资源开发和经济发展将发挥非常重要的作用。航道规划总里程为743km，至2020年，广元至利泽枢纽606km将达到Ⅳ级航道标准，利泽枢纽至重庆朝天门137km将达到Ⅲ级标准。

C．乌江

乌江纵贯贵州省及重庆市，沿江两岸资源丰富，煤炭、铝土矿储量较大，对改善腹地交通、促进西部大开发战略的实施具有十分重要的意义。乌江为山区河流，现状为Ⅶ～Ⅴ级航道。根据规划，至2020年，自乌江渡至涪陵594km将按梯级进行综合开发，通过渠化手段达到Ⅳ级航道标准。

D．湘江

湘江作为湖南省水运通江达海的主通道，在湖南省水运发展中有着重要的作用。据相关规划，湘江至2020年，斗牛岭至苹岛将建成Ⅵ级航道，苹岛至衡阳为Ⅳ级航道，衡阳至株洲为Ⅲ级航道，株洲至城陵矶为Ⅱ级航道，总规划里程为773km。

E．沅水

沅水是黔东南、湘西地区通往长江的重要出海航道，目前为山区河流。三板溪至常德667km现为Ⅵ级航道，2020年规划为Ⅳ级航道；常德至鲇鱼口192km现为Ⅳ级航道，2020年规划为Ⅲ级航道。

F．汉江

汉江是长江中游最大的支流，是湖北省境内第二大水运动脉，国家水运主通道。湖北省水运发展规划之一就是以长江、汉江为骨干，形成江汉平原地区的水运航道网，规划至2020年，安康至丹江口段将建成Ⅳ级航道，丹江口至汉口河段达到Ⅲ级航道标准。

G．江汉运河

江汉运河沟通长江和汉江，是南水北调中线工程的补水线路，全长69km，目前不通航。结合调水工程开发航运，可建成Ⅲ级航道。

H．赣江

赣江是江西第一大川，长江第二大支流。赣江航道的规划要结合赣江的梯级开发，辅以航道整治措施，使吴城至赣州航道2020年达到通航1000吨级船型标准，航道等级达到Ⅲ级航道标准，规划里程为526.4km，赣州至于都段达到Ⅴ级航道标准，于都至会昌达到Ⅵ级航道标准。

I．信江

信江为赣江主要支流，沿线有鹰潭、贵溪等工业城市，对赣东北经济发展具有重要意义。信江自贵溪以下规划按四个梯级开发，辅以整治措施，建成Ⅲ级及以上航道。

J．合裕线

合裕线连接合肥市与长江干线，对促进沿线经济发展具有重要意义。合裕线为平原地区航道，现已达到Ⅳ级航道标准，可通过整治手段建成Ⅲ级航道。

（2）长江干线船舶状况

根据交通部长江航务管理局提供的统计数据，截至2006年，长江水系13省市（云南、贵州、四川、重庆、陕西、湖南、湖北、河南、江西、安徽、江苏、浙江省和上海市）拥有内河运输船舶118 834艘，净载重量3 965.5万t，其中集装箱船470艘，45 006TEU；油船3 105艘，169.0万载重吨；化学品船2 186艘，74.8万载重吨；客船14 291艘，65.9万客位。

根据长江沿线省市上报的数据，2007年长江干线（含干支直达）共有内河运输船舶52 721艘，净载重量1 925.4万t，分别占水系总量的38.2%和52.0%。其中集装箱船284艘，

31 650TEU，分别占水系总量的 61.9% 和 78.0%；油船 2 307 艘，95.4 万载重吨，分别占水系总量的 84.0% 和 62.1%；化学品船 1 532 艘，分别占水系总量的 91.6% 和 88.6%；客船 1 037 艘，11.7 万客位，分别占水系总量的 7.5% 和 19.0%，详见表 2–43。

长江干线 8 省 2 市的运输船舶中，从事干线及干支直达运输船舶艘数占各省市内河船舶总艘数的比重为 47.1%。其中重庆市比重最高，其次为湖北省，约 65.6%，江西省 60.5%。四川、云南比重最低，仅 6% 左右，其他省市的干线船舶占本省内河船舶总量的 50% 左右。

长江水系和干线船舶拥有量统计 表 2–43

船舶类型	长 江 水 系		长江干线及干支直达			
	数量（艘）	载运量	数量（艘）	占水系（%）	载运量	占水系（%）
拥有量合计	118 834	3 965.5 万 t	55 954	47.1	2 449.9 万 t	61.8
其中：客船	14 291	65.9 万客位	2 080	14.6	15.9 万客位	24.1
集装箱船	470	4.5 万 TEU	315	67.0	3.7 万 TEU	82.2
油船	3 105	169.0 万 t	2 476	79.7	115.0 万 t	68.0
化学品船	2 186	74.8 万 t	1 785	81.7	62.5 万 t	83.6

注：数据来自《长江及三峡库区船舶标准化对策研究研究报告》，交通运输部水运科学研究所。

①船舶种类分析

在现有运输船舶中，七成以上的船舶为干散货船，而集装箱船、化学品船、油船和载货汽车滚装船等专业化船舶合计仅占总艘数的 8.4%。各类船舶拥有量详见表 2–44。

长江干线运输船舶按船舶种类统计 表 2–44

船 舶 类 型	船舶数量（艘）	载重吨（t）	载客量（客位）	集装箱（TEU）	车位（个）
客船	2 080	—	158 816	—	—
干散货船	39 373	19 685 933	—	—	—
化学品船	1 785	625 139	—	—	—
油船	2 476	1 149 530	—	—	—
集装箱船	315	—	—	37 246	—
载货汽车滚装船	107	—	—	—	4 306
驳船	7 811	2 839 196	—	—	—
其他	2 007	199 058	—	—	—
合计	55 954	24 498 856	158 816	37 246	4 306

注：数据来自《长江及三峡库区船舶标准化对策研究研究报告》，交通运输部水运科学研究所。

②地区分布情况

从船舶所在省市分布情况来看，江苏船舶占总数的 41.9%，安徽占 25.2%，重庆 10.1%，湖北 5.9%，江西 5.6%，湖南 4.0%，河南 4.1%，上海和四川各占 1% 左右。川江及三峡库区船舶主要以四川、湖北和重庆两省一市为主，共 7767 艘 /473.5 万载重吨，分别占总量的 9.9% 和 21.0%。由此可见，库区以重庆和湖北为重点，长江中下游以江苏、安徽为重点。长江船舶各省市分布情况详见表 2–45。

长江水系和干线运输船舶分地区统计情况　　表 2–45

省市	全省拥有量（艘）	全省净载重量（t）	干线拥有量					其中：库区	
			数量（艘）	载重吨（t）	载客量（客位）	集装箱（TEU）	车位（个）	数量（艘）	载重吨（t）
重庆	5 676	3 295 457	5 676	3 295 457	112 068	15 254	3 313	5 676	3 295 457
四川	10 332	573 249	664	359 228	—	2 132	—	664	359 228
云南	1 198	66 969	81	48 574	201	—	—	81	48 574
湖北	5 036	2 801 762	3 305	2 233 305	23 814	2 693	158	1 346	1 032 086
湖南	8 904	1 059 773	2 257	779 193	1 440	2 490	—	—	—
安徽	27 245	13 844 694	14 123	8 695 718	13 766	5 386	34	—	—
江西	5 211	1 230 108	3 152	1 229 163	7 025	415	—	—	—
江苏	48 033	12 887 309	23 461	7 102 094	—	7 284	801	—	—
上海	1 991	438 178	928	147 560	502	282	—	—	—
河南	5 150	2 578 902	2 307	608 564	—	1 310	—	—	—
合计	117 314	38 639 443	55 954	24 498 856	158 816	37 246	4 306	7 767	4 735 345

注：数据来自《长江及三峡库区船舶标准化对策研究研究报告》，交通运输部水运科学研究所。

③吨级结构分析

长江干线船舶除集装箱船、载货汽车滚装船等新船型外，总体平均吨位偏小，各类船舶平均载重吨（箱位、车位、客位）如下：干散货船 500t；化学品船 350t；油船 464t；驳船 363t；集装箱船平均载箱量 118TEU；载货汽车滚装船平均 40 车位；客船平均 76 客位。长江干线运输船舶吨级结构见表 2–46。

长江干线运输船舶吨级结构表　　表 2–46

吨级范围（t）	数量（艘）	载重吨（t）	载客量（客位）	集装箱箱位（TEU）	车位（个）
500 以下	44 206	9 513 917	53 740	809	207
501 ~ 1 000	6 287	3 665 121	26 207	2 868	816
1 001 ~ 2 000	3 103	5 007 689	24 393	12 902	1 454
2 001 ~ 3 000	1 525	3 294 070	25 289	13 269	649
3 001 ~ 4 000	484	1 357 085	29 187	3 785	1 180
4 001 ~ 5 000	220	905 284	—	3 028	—
5 000 以上	129	755 691	—	585	—
合计	55 954	24 498 856	158 816	37 246	4 306

注：数据来自《长江及三峡库区船舶标准化对策研究研究报告》，交通运输部水运科学研究所。

长江干线及干支直达船舶总体平均吨位 450 载重吨 / 艘，各省市情况差别较大，重庆、湖北和安徽的船舶平均吨位较大，分别为 801t、771t 和 626t；上海船平均吨位最小，为 171t，详见表 2–47。

④船龄结构分析

长江干线船舶总体平均船龄 10.7 年，船龄在 5 年以内的船舶艘数占总数的 40%。其中集装箱船、载货汽车滚装船船龄相对较小；干散货、化学品船和油船次之；客船、驳船和推拖船队平均船龄最大，接近13年。由于近年大量新船建造并投入使用，极大改善了长江船舶的船龄结构（表2–48）。

长江干线各省市运输船舶吨级结构汇总表（单位：艘） 表2–47

吨级范围（t）	合计	重庆	四川	云南	湖北	湖南	安徽	江西	江苏	上海	河南
500以下	44 206	3 708	394	45	1 782	1 659	9 785	2 475	21 946	928	1 484
501 ~ 1 000	6 287	578	178	21	734	480	2 473	441	911	—	471
1 001 ~ 2 000	3 103	782	45	12	550	114	964	168	250	—	218
2 001 ~ 3 000	1 525	379	39	2	174	3	611	22	228	—	67
3 001 ~ 4 000	484	162	8	1	49	1	133	12	82	—	36
4 001 ~ 5 000	220	47	—	—	12	—	83	19	28	—	31
5000以上	129	20	—	—	4	—	74	15	16	—	—
合计	55 954	5 676	664	81	3 305	2 257	14 123	3 152	23 461	928	2 307
平均吨位	450	801	560	623	771	350	626	407	304	171	265

注：数据来自《长江及三峡库区船舶标准化对策研究研究报告》，交通运输部水运科学研究所。

长江干线运输船舶船龄结构表（单位：艘） 表2–48

船龄范围（年）	合计	客船	干散货船	化学品船	油船	集装箱船	载货汽车滚装船	驳船	其他
≤ 5	23 077	675	17 333	761	1 002	165	61	2 668	412
6 ~ 10	16 675	452	11 873	546	759	91	21	1 914	1 019
11 ~ 15	9 739	606	6 727	286	438	32	9	1 404	237
16 ~ 20	2 491	232	1 185	131	151	6	9	653	124
21 ~ 30	3 714	106	2 174	57	116	20	6	1 063	172
≥ 31	258	9	81	4	10	1	1	109	43
合计	55 954	2 080	39 373	1 785	2 476	315	107	7 811	2 007
平均船龄	10.7	12.1	10.1	10.1	10.5	9.4	9.8	13.1	12.4

注：数据来自《长江及三峡库区船舶标准化对策研究研究报告》，交通运输部水运科学研究所。

从各省市干线船舶船龄情况看，平均船龄最小的前三个省份依次为河南8.3年、江苏9.4年和安徽9.5年；平均船龄最大的三个省份依次为江西16.6年、湖北16.6年和湖南14.2年，详见表2–49。

长江干线各省市运输船舶船龄汇总表（单位：年） 表2–49

船龄	合计	客船	干散货船	化学品船	油船	集装箱船	载货汽车滚装船	驳船	其他
重庆	12.7	11.4	11.0	7.5	13.6	7.4	6.2	25.3	12.1
四川	12.0	—	9.4	19.5	—	5.4	—	24.1	30.0
云南	9.8	8.3	9.8	—	—	—	—	—	—
湖北	16.6	12.7	14.2	13.8	19.2	11.8	19.2	26.2	—

续上表

船龄	合计	客船	干散货船	化学品船	油船	集装箱船	载货汽车滚装船	驳船	其他
湖南	14.2	13.6	14.2	13.2	13.5	5.6	—	16.9	14.0
安徽	9.5	13.2	9.2	11.4	12.5	10.6	16.0	10.7	19.6
江西	16.6	17.2	16.5	11.2	15.9	21.9	—	24.0	—
江苏	9.4	—	9.1	9.1	9.4	10.3	12.5	10.3	13.4
河南	8.3	—	8.1	—	—	5.0	—	10.8	14.1
平均船龄	10.7	12.1	10.1	10.1	10.5	9.4	9.8	13.1	12.4

注：数据来自《长江及三峡库区船舶标准化对策研究研究报告》，交通运输部水运科学研究所。

（3）长江干线船型存在的问题

A. 船型杂乱，影响航道船闸等基础设施利用率。

现有内河船舶船型杂乱，机型复杂，不利于提高航道、船闸等基础设施的利用率，从而影响内河航道效益的发挥，成为内河航运竞争力提高的瓶颈之一。

B. 部分船舶技术状况老旧，存在安全隐患。

内河船舶总体技术水平不高，部分地区还存在水泥质船、木质船和普通运输货船等老旧拆解船舶，船龄大，操作性能差，航运安全存在隐患。内河船舶平均吨位较小，能耗高，营运效率低。

C. 老旧船舶对环境存在污染。

随着国家对水资源环境保护的重视，社会各界对船舶的环保要求也越来越高，尤其是在库区、湖泊等特殊水域。而现存的某些老旧拆解船舶，对油污水和生活污水没有专门的回收或储存装置，肆意排放，严重污染水质。另外一些船舶，如普通运输货船，噪声污染严重，极大影响沿岸居民和船民自身的日常生活和人身健康。

D. 航运结构性矛盾突出。

在客运中，普通客船运力过剩，而市场需求较大的中高档旅游船运力不足；在货运中，船舶吨位小，专业化、大型运输船不足，新型的集装箱船、汽车滚装船运力有待发展。

（4）长江干线实施船型标准化的目的和作用

在长江干线实施船型标准化，从根本上讲，就是要力图解决目前船舶存在的船型杂乱、安全性差、污染严重、运力结构不合理等问题，缓解沿江经济快速增长与船舶发展相对滞后的矛盾，充分发挥长江黄金水道的作用，使长江航运更好地为沿江经济发展服务。

长江水系航道条件复杂，光是长江干线就有急流航段、库区和自然航道之分。不同航段对船舶的要求不一样，存在的主要矛盾也有所区别。这就要求我们在制定政策时不能搞一刀切，需要具体问题具体分析。

①川江及三峡库区

对于长江上游的三峡库区，加快船舶更新改造，主要是出于船舶安全、环保和过闸效率方面的考虑。

A. 安全方面。三峡蓄水成库以后，航行条件发生了很大变化，水面明显变宽，风浪大，雾情加重，对船舶的稳性、抗沉性和救生设备配备方面提出了更高的要求。原有一部分船舶在安全性能上已不能完全适应外界环境的变化。同时，成库后航道变深，船舶遇险施救的难度也比以前大大增加。因此，对安全性能不满足库区航行要求的船舶，强制进行更新改造，有利于减少水上交通事故的发生，减少人命财产损失。这也是坚持“以人为本”“构建和谐社会”执政理念的体现。

B. 环保方面。三峡成库后，水流变缓，水体自净能力减弱，对船舶防污染提出了更高的要求。在中华人民共和国海事局公布的《内河船舶法定检验技术规则——川江及三峡库区标准型船舶补充规定》中明确提出，对船舶产生的生活污水必须进行处理，达到排放标准后方可排放，或者采取打包收集的方式交岸上处理。另外，新的法规对船舶燃油舱柜的布置也提出了新的要求，防止因船舶碰撞引起的溢油。总之，新法规对库区船舶的防污染提出了很高的要求，而原有的大部分船舶基本上不满足要求。因此，有必要尽快对这部分船舶进行更新改造，以减少船舶航行对三峡库区的水污染，同时也是避免造成重大油污染事故的客观要求。

C. 过闸效率方面。尽管三峡库区船型标准化工程实施后，对规范过闸船舶尺度起到了很好的作用，但是短期内标准型船舶建造量毕竟有限，在库区船舶总量中所占的比重还不高，船型杂乱情况依然严重。在现有的非标准船中，有相当一部分船舶船龄还比较小。如果这些船舶按有关规定自然淘汰，这将是一个漫长的过程。同时，这些船舶对提高三峡船闸通航能力的负面影响也将长期存在。因此，为充分发挥三峡五级船闸的通过能力，必须未雨绸缪，尽快推进非标准船舶的更新改造法出台，避免三峡船闸成为制约长江航运发展的“瓶颈”。

②长江中下游

对于长江中下游船舶的船型标准化工作，主要从促进船舶技术进步、提高营运效率、调整运力结构、改善供求关系等方面来考虑。

长江中下游属于开放水域，航道条件较好，不存在船舶过闸问题，对于船舶环保在法规上没有强制要求。但中下游船舶存在平均吨位小、运输效率不高、运力结构不合理、专业化程度低等突出问题。2007 年，长江中下游内河货运船舶平均吨位仅 400 载重吨左右，500 载重吨以下的运输船舶约占总艘数的 80%。小吨位船舶在技术状况、运输效率、经济效益、安全性等方面，明显比大吨位船舶要差。另外，大吨位船舶对先进技术的应用情况也比小吨位船要好。因此，鼓励和引导小吨位船舶拆解，提前退出市场，有利于促进船舶技术进步，加快船舶大型化，提升长江内河航运的整体竞争力。

另一方面，长江船舶运力已出现结构性失衡迹象，主要表现在干散货船运力过剩，集装箱船、载货汽车滚装船和液货船等专业化船舶运力不足。2003 ~ 2007 年，长江煤炭、矿建、金属矿石、水泥和粮食等大宗干散货水运量和周转量分别年均增长 6.2% 和 13.5%，而同期干散货船运力却年均增长 28.1%，远远高于货运量和周转量的增长速度。2003 年，长江干散货船单位载重吨完成的货运周转量为 5 872t · km/t。到 2007 年，这一指标下降到 4 750t · km/t，并呈逐年下降趋势。这说明船舶营运率和负载率在降低，从一个侧面反映了船舶运力过剩的状况。通过采取经济鼓励政策，引导过剩运力提前退出市场，有助于改善供求关系，提高船舶专业化水平，促进内河航运市场健康发展。

总之，推进长江干线船型标准化，将对提高三峡船闸通过能力，促进中下游运力结构调整，实现长江运输船舶向标准化、大型化、系列化和现代化方向发展，发挥长江黄金水道运输能力，更好地为经济发展服务起到重要作用。

2.4.2 推进长江干线船型标准化实施方案

2009 年 7 月，交通运输部、财政部和上海市、江苏省、安徽省、江西省、湖北省、湖南省、重庆市、四川省、云南省、河南省人民政府联合发布了《推进长江干线船型标准化实施方案》，主要包括以下内容。

（1）指导思想

推进长江干线船型标准化的指导思想是：贯彻落实科学发展观，按照《全国内河船型标准化发展纲要》的总体部署和"立足现状、突出重点、政府引导、市场推动"的工作思路，以构建资源节约型、环境友好型交通为目标，以促进航运结构调整和船舶技术进步为主线，以提高三峡船闸通过能力和船舶安全、环保性能为重点，综合采取技术、经济、法律、行政等手段，稳步推进长江干线船型标准化工作，促进长江航运的可持续发展。

（2）工作目标

利用五年左右时间，通过推进长江干线船型标准化，使川江及三峡库区船型标准化率达到 75% 以上，三峡船闸的通过能力提高 10% 以上，长江干线货运船舶的平均吨位达到 1 000 载重吨以上，船舶安全技术性能明显提高。

（3）实施方案

①实施范围和实施时间。

实施范围：长江干线运输船舶和长江主要支流干支直达运输船舶。

实施时间：2009 年 10 月 1 日～2013 年 12 月 31 日。

②针对长江不同区域的特点，采用不同的政策推进长江干线船型标准化工作。

A. 对于川江及三峡库区，以提高三峡船闸的通过能力和库区船舶安全、环保性能为主要目标和切入点，严格禁止新建非标准船进入三峡库区，采用主尺度加技术方案的形式推广标准船型。对现有的非标准船，特别是安全、环保方面达不到新规范要求的船舶加快更新改造。禁止小吨位船舶通过三峡船闸，鼓励其提前退出航运市场。

a. 从 2013 年 1 月 1 日起，禁止 600 总吨以下商船通过三峡船闸。但 2003 年 10 月 1 日以后新建的符合《川江及三峡库区运输船舶标准船型主尺度系列》及标准船型强制性指标的船舶和重大件船、运输鲜活货的船舶除外。

b. 从 2013 年 1 月 1 日起，禁止生活污水排放达不到规范要求的客船（含载货汽车滚装船）以及单壳油船、单壳化学品船进入三峡库区航运市场。

B. 对于长江中下游非限制航段，采用引导的方式推广标准船型，依托骨干航运企业开发主流船型的技术方案，通过示范作用，引导市场船型逐步向标准化方向发展；研究提高中下游船舶的技术要求，通过技术手段促进船舶环保、安全性能的提升。

C. 在采取上述措施限制新建非标准船、推广标准船型的同时，积极采取有效措施，加快长江干线船舶运力结构调整，鼓励现有老旧船舶提前退出航运市场。

（4）经济鼓励政策

为实现长江干线船型标准化的目标，财政部、交通运输部和地方人民政府筹集专项资金，制定经济鼓励政策，用于现有船舶的更新改造和淘汰。政府引导资金用于以下四个方面。

①鼓励过闸小吨位船舶提前退出航运市场的补贴。

为实现 2013 年 1 月 1 日起全面禁止 600 总吨以下运输船舶通过三峡船闸的目标，鼓励现有小吨位船舶提前退出航运市场，自 2009 年 10 月 1 日至 2013 年 12 月 31 日，符合下列条件的船舶，船东可申请政府补助。

A. 船舶种类为运输船舶；

B. 船舶总吨位在 600 总吨（含）以下；

C. 船龄在 30 年（含）以下；

D. 从 2005 年 1 月 1 日至本方案发布之日，至少有一次通过三峡船闸的过闸记录（以三峡通航管理局的数据为准）；

E. 船舶相关证书（所有权证书、国籍证书、船检证书和船舶营业运输证）齐全、有效；

F. 按照规定的程序，在有关省（市）交通运输主管部门认可的修造船厂将船舶拆解。

②鼓励长江干线老旧船舶提前退出市场的补贴。

为加快长江干线船舶运力更新，鼓励现有老旧船舶提前退出航运市场，自 2009 年 10 月 1 日至 2013 年 12 月 31 日，符合下列条件的船舶，船东可申请政府补助。

A. 船舶种类为运输船舶；

B. 货运船舶船龄在 15 年以上 30 年（含）以下，客运船舶船龄在 10 年以上 25 年（含）以下；

C. 船舶经营范围为长江干线或长江主要支流干支直达（以船舶营业运输证核定为准）；

D. 船舶相关证书（所有权证书、国籍证书、船检证书和船舶营业运输证）齐全、有效；

E. 按照规定的程序，在有关省（市）交通运输主管部门认可的修造船厂将船舶拆解。

③三峡库区现有客船、液货危险品船改造或拆解的补贴。

为加快三峡库区生活污水排放达不到新规范要求的客船（含载货汽车滚装船）加装生活污水处理装置改造以及单壳油船、单壳化学品船的改造和拆解，自 2009 年 10 月 1 日至 2012 年 12 月 31 日期间，符合下列条件的船舶，船东可申请政府补助。

A. 经营范围涵盖三峡库区（以船舶营业运输证核定为准）的客船（含载货汽车滚装船）、600 总吨以上的单壳油船和单壳化学品船；

B. 船舶相关证书（所有权证书、国籍证书、船检证书和船舶营业运输证）齐全、有效；

C. 按照规定的程序和方式在有关省（市）交通运输主管部门认可的修造船厂将船舶改造或拆解。

④标准船型科研及推广经费。

继续采用政府发起和市场发起两种方式开展标准船型研发。开展长江干线船型标准化的相关政策、技术研究和国际、国内交流，并对推进船型标准化的实施效果进行跟踪。

上述政府引导资金，除标准船型科研及推广经费外，由中央和地方按照各50%的比例承担。中央补贴资金由财政部、交通运输部落实，地方承担的补贴资金由省级人民政府负责落实。申请政府补贴的具体标准、程序和资金的管理办法等由财政部会同交通运输部另行制定。

（5）保障措施

①加强组织领导。有关省（市）人民政府交通运输主管部门是本方案的实施主体，交通运输部及其长江航务管理局负责做好统筹协调工作。按照统一政策、全线联动的工作方针，交通运输部牵头成立领导协调机构，有关省（市）交通运输主管部门成立相应的领导机构和工作机构，负责本方案的实施，确保本方案各项措施和规定的贯彻落实。

②切实履行职责。各有关航运管理、海事管理、船闸管理和船舶检验部门，应依照各自的职责，制订和完善相关规定，保证本方案的实施，对禁止通过三峡船闸或进入三峡库区的船舶，不予签证放行，不予安排通过船闸，同时为标准船型和优选船型的选用提供便利。

③做好宣传发动工作。各地应结合本地实际，利用报纸、杂志、广播、电视、网络等媒体，采取座谈会、宣讲会、挂图等形式，切实做好长江干线船型标准化的宣传工作，使其得到广大船东的配合与支持。

④各地可根据本地区的实际情况，在本方案明确的经济鼓励政策外，制定其他的经济政策，加快长江干线船型标准化工作的开展。

2.4.3　船舶补贴标准与方案

（1）三峡库区过闸小吨位船舶拆解补贴标准

①补贴标准制定的依据

补贴标准以船舶现值为参考依据，即二手船市场交易价格。如无二手船参考价格，按新船造价考虑折旧因素后计算。根据市场调查，长江干线当时新造船和二手船市场平均价格如表2–50和表2–51所示。

长江干线新造船市场平均价格（单位：万元）　　表2–50

总吨（t）	干散货船	油　船	化学品船	滚装船	集装箱船	普通客船
200	65	110	140	—	100	85
400	110	165	200	—	165	145
600	165	220	300	—	230	220
800	220	300	500	—	260	450
1 000	330	520	650	—	480	700
1 500	400	650	800	—	630	1 000
2 000	510	800	1 000	800	800	1 250
2 500	750	1 100	1 300	1 350	1 050	1 450
3 000	960	1 400	1 650	1 600	1 300	1 600
平均单位总吨造价	0.291 3	0.440 5	0.564 3	0.491 1	0.419 4	0.535 7

长江干线二手干散货船平均成交价格（单位：万元） 表 2–51

总吨（t）	1 ~ 5 年	5 ~ 10 年	10 ~ 15 年	15 年以上
100	27	21	17	13
200	47	36	27	22
400	76	59	47	40
600	113	89	70	57
800	178	139	117	104
1 000	245	203	161	133
1 500	330	263	203	173
单位总吨成交价格	0.223 8	0.177 1	0.139 0	0.116 1

②补贴范围

600 总吨以下（含），30 年船龄以内，各类证书齐全的过闸运输船舶，提前拆解退出市场。

③补贴标准

单船补贴金额 = 补贴基数 × 船龄系数 × 船舶类型系数 × 船舶总吨

其中，补贴基数 =1 万元 / 总吨。

船龄系数根据船龄增加而递减，各主要年限船舶的船龄系数如表 2–52 和表 2–53 所示。

船龄系数表 表 2–52

船龄（年）	船龄系数	船龄（年）	船龄系数
1	0.270 8	16	0.078 9
2	0.209 4	17	0.077 0
3	0.179 8	18	0.075 3
4	0.161 2	19	0.073 6
5	0.148 0	20	0.072 1
6	0.130 7	21	0.070 7
7	0.123 1	22	0.069 4
8	0.116 9	23	0.068 1
9	0.111 6	24	0.066 9
10	0.107 1	25	0.065 8
11	0.097 4	26	0.064 7
12	0.094 1	27	0.063 7
13	0.091 2	28	0.062 8
14	0.088 5	29	0.061 9
15	0.086 1	30	0.061 0

船舶类型系数表 表 2–53

船舶类型	所含船舶种类	船舶类型系数
第一类	散货船、矿砂船、杂货船、多用途船、拖轮、推轮、散装水泥船、客渡船、油驳	1

续上表

船舶类型	所含船舶种类	船舶类型系数
第二类	液货船、集装箱船、高速客船、普通客船、旅游船、滚装船、液化气船、客货船	1.5
第三类	除油驳以外各类普通货驳	0.6

（2）长江干线老旧船舶拆解补贴标准

①补贴范围

船龄在 15 年以上 30 年（含）以下的货船，船龄在 10 年以上 25 年（含）以下的客船，经营范围为长江干线或长江主要支流干支直达，各类证书齐全，提前拆解退出市场。

②补贴标准

单船补贴金额 = 补贴基数 × 船龄系数 × 船舶类型系数 × 船舶总吨

其中，补贴基数 =1 万元／总吨。

各船龄范围的船龄系数见表 2–54。

船舶类型系数同 600 总吨以下过闸船舶拆解补贴船舶类型系数表。

（3）三峡库区现有客船改造补贴标准

①补贴标准制定依据

补贴标准取决于改造费用。采用安装生化处理技术的生活污水处理装置。改造费用由两部分组成：一是设备购置费；二是改造安装费。设备购置费通过询价按市场平均价格确定，改造安装费参考已改造完成的船舶实际发生的改造费用估算（表 2–55）。

船龄系数表 表 2–54

船龄范围	船龄系数	船龄范围	船龄系数
15 ＜货船≤ 18 或 10 ＜客船≤ 13	0.072	24 ＜货船≤ 27 或 19 ＜客船≤ 22	0.045
18 ＜货船≤ 21 或 13 ＜客船≤ 16	0.063	27 ＜货船≤ 30 或 22 ＜客船≤ 25	0.036
21 ＜货船≤ 24 或 16 ＜客船≤ 19	0.054	—	—

客船安装生活污水处理装置费用估算表 表 2–55

船舶类型		单船改造费用（万元）		
		设备	改造	合计
客船	100 人以下	6	13	19
	100 ~ 200 人	13	20	33
	200 ~ 400 人	20	33	53
	400 ~ 600 人	31	38	69
	600 人以上	45	45	90
滚装船	100 人以下	6	13	19
	100 ~ 200 人	13	20	33

②补贴范围

三峡库区现有未安装生活污水处理装置的船舶，包括旅游客船、区间运输客船和载货汽车滚装船，加装生活污水处理装置，可以申请政府补贴。

③补贴标准

单船补贴金额 =9（万元）+0.11（万元 / 客位）× 船舶额定客位

（4）三峡库区单壳液货船拆解改造补贴标准

①补贴范围

600 总吨以上 20 年以下的单壳油船和单壳化学品船，改造为双壳船，可申请改造补贴。对于单壳改双壳在技术上难以实施的船舶，提前拆解退出市场，可申请拆解补贴。

②补贴标准

单船改造补贴金额（万元）=0.06（万元 / 总吨）× 船舶总吨

若单壳油轮不改造而选择拆解，则参照 600 总吨以下过闸船舶拆解补贴标准给予补贴。

（5）补贴资金方案

①三峡库区过闸小吨位船拆解补贴

经初步统计（按三峡局提供的 2005 ~ 2008 四年的过闸记录），拆解补贴范围内共有船舶 1 446 艘，58.3 万总吨。船籍港所在地主要分布于河南、湖北、重庆和四川四个省市，船舶艘数分别占 29.2%、25.2%、22.2% 和 14.5%。经测算，拆解补贴共需资金约 8.78 亿元。

②长江干线老旧船拆解补贴

据统计，长江干线各类老旧船舶 6 770 艘，其中普通货船 3 359 艘，液货船 455 艘，客船 944 艘，驳船 1 716 艘，其他类船舶 296 艘。需要拆解补贴资金 6.41 亿元。

③三峡库区现有客船改造补贴

据统计，满足改造条件的船舶共 600 艘，其中重庆 451 艘，湖北 149 艘，按照中央和地方各承担 50% 的原则，中央和地方共需改造补贴资金 2.37 亿元。

④三峡库区单壳液货船拆解改造补贴

三峡库区满足改造条件的单壳油轮共 38 艘，各吨级船舶分布及改造补贴测算结果见表 2–56。共需改造补贴资金 5 549 万元。若船东选择拆解，则需拆解补贴资金 1.51 亿元。

上述经费共计约 19.1 亿元，其中中央和地方各承担 9.55 亿元。

政府补贴资金分类汇总表 表 2–56

项　　目	工程量（艘）	补贴总额（万元）	其　　中	
			中央补贴 50%	地方补贴 50%
拆解补贴	8 216	151 876	75 938	75 938
其中：600 总吨以下过闸船舶	1 446	87 822	43 911	43 911
老旧船	6 770	64 054	32 027	32 027
改造补贴	638	38 750	19 375	19 375
其中：防污染改造	600	23 656	11 828	11 828
液货船改造	38	15 094	7 547	7 547
合计	—	190 626	95 313	95 313

2.4.4 长江干线船型标准化的成效

2009 ~ 2013 年，交通运输部会同财政部与沿江各省通过采取经济鼓励政策共同推进长江干线船型标准化，引导船舶运力结构调整，共使用政府补贴资金 16 亿元，其中中央资金 9.3 亿元，拆解改造船舶 7 700 艘，取得了显著的经济社会效益。

(1) 船闸通航效率大幅提高

长期以来，内河船舶船型杂乱、平均吨位小，导致航道和船闸等通航设施的利用率与通过能力不能得到有效发挥，成为制约内河航运发展的重要因素。长江干线船型标准化工作实施后，通过政府引导，在较短时间内淘汰了大量老旧落后船舶以及小吨位船舶。内河船舶大型化、标准化趋势明显，显著提升了航道、船闸通过能力。

2013 年，三峡船闸通过货物达到 10 558 万 t，平均每闸次通过船舶实载货运量达到 9 547t，过闸船舶平均吨位达 3 759t，分别是 2004 年的 3.08 倍、2.43 倍和 3.58 倍。平均每闸次运行时间为 92.9min，较 2004 年缩短 7min。2000 吨级以上过闸船舶占过闸船舶艘数百分比达到了 75.75%，较 2004 年提高 66.85 个百分点。

(2) 内河船舶运力结构明显改善

长江干线船型标准化加快了内河运力结构调整步伐，促进了内河水运的科学发展。内河船舶逐步向大型化、标准化、专业化方向发展。

截至 2013 年，长江沿江七省二市内河运力规模达到 7736.4 万载重吨，货船平均吨位达到 809t，较 2010 年的 536t 提高了 50.9%。其中长江干线货船平均吨位达到 1 200t，较 2010 年的 880t 提高了 36.4%。近年来，川江及三峡库区共新建符合川江及三峡库区标准船型主尺度系列标准的船舶 2 705 艘。川江及三峡库区新建船舶符合川江及三峡库区标准船型主尺度系列的比率达到了 98.5%。此外，通过船型标准化工作，还提高了船舶专业化水平，集装箱船、油船、化学品船、滚装船和商品汽车运输船等专业化船舶得到了较快发展。

(3) 船舶节能减排水平显著提升

随着高能耗老旧运输船舶的退出，以及节能船型和节能技术在新船上的应用和船舶大型化发展，内河船舶逐步降低了船舶平均燃油单耗水平，同时减少了 CO_2 的排放。据统计，2010 年长江水系货运船舶千吨公里油耗平均为 7.56kg。根据抽样调查，2012 年长江水系船舶千吨公里油耗平均为 6.18kg，较 2010 年下降了 18.3%。2012 年长江水系完成货物周转量 4 754 亿 t·km，据此推算当年节省燃油消耗 658 万 t，减少 CO_2 排放 2 078 万 t。此外，三峡库区完成了单壳油船、单壳化学品船的拆解改造，极大降低了船舶泄漏造成库区水体污染的风险和隐患。

(4) 船舶安全技术状况得到改善

船型标准化工作淘汰了大量安全技术状况差的老旧运输船舶，明显降低了船舶密度，极大改善了船舶航行秩序，减少了水上交通事故的发生。长江海事局统计数据显示，2013 年长江海事局辖区全年发生一般等级以上交通事故 14 件，死亡失踪 37 人，沉船 12 艘，直接经济损失 1 150 万元，四项指标比 2009 年分别下降 67.1%、14.0%、57.1% 和 69.6%。水上交通安全形势的改善是管理部门加强安全监管、航道条件改善、企业增加安全投入等多种因素共同作用的结果，其中船舶本身安全技术水平的提高也起到了至关重要的作用。

(5) 单位运输成本有所降低

单位运输成本降低主要体现在两个方面：一是由于船舶大型化所带来的规模经济效益；

二是船舶技术进步带来的运输成本降低。

2010 ~ 2013 年长江干线船舶平均吨位从 880t 提高到 1 200t，西江干线船舶平均吨位从 777t 提高到 1 150t。以干散货船为例，按目前长江和西江干线平均运距 400km 计算，不同吨位船舶的必要运费率如图 2–5 所示。由图 2–5 可知，当船舶吨位从 800 吨级提高到 1200 吨级时，必要运费率从 0.087 5 元 /(t · km) 下降到 0.075 9 元 /(t · km)，即单位运输成本下降了 13.3%。按 2012 年长江和珠江水系完成货物周转量 8 757(亿 t · km) 计，因船舶大型化当年节约运输成本 101.6 亿元。

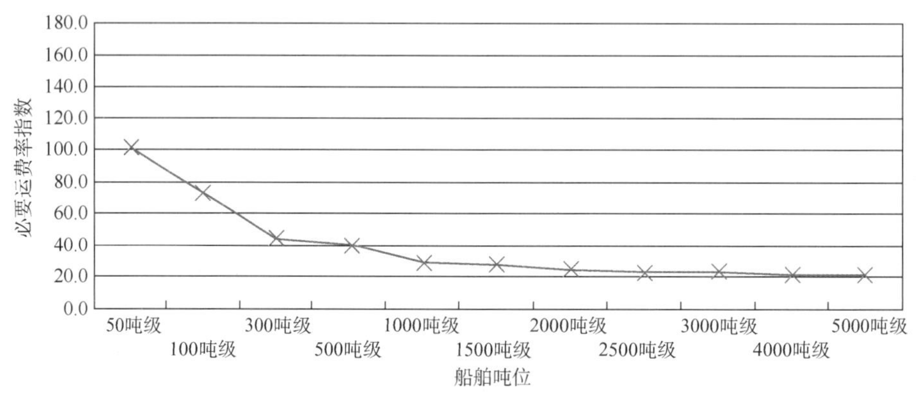

图 2–5　不同吨级船舶必要运费率变化趋势

2.5　珠江水系实施内河船型标准化

2.5.1　珠江水系船型标准化工作背景

珠江是我国仅次于长江的水运大动脉，货运量约占全国内河运输总量的 20%，集装箱运量居全国内河运输第一位。西江航运干线是国务院批准的《全国内河航道与港口布局规划》“两横一纵两网十八线”的“一横”，是珠江水系的重要组成部分，上接大西南，下联珠三角，不仅是云南、贵州和广西等省（自治区）与珠三角地区相互间资源优势和经济优势沟通联系的天然经济交往大动脉，而且也是沟通我国大陆与东盟、港澳的天然经济纽带，对促进地区间物资流通和流域经济发展发挥了不可替代的作用。

西江航运干线航道条件的改善和港口规模的扩大，为西江水运发展提供了良好的外部环境。然而，作为内河运输系统重要环节的运输船舶，仍存在船型主尺度比较杂乱，部分船舶技术落后，安全性能差，运输效率低，降低了航道、船闸的通航效率等问题，影响了西江水运优势的发挥。

2006 年，交通部发布了《全国内河船型标准化发展纲要》（交水发〔2006〕56 号）（以下简称《纲要》），提出 2020 年珠江干线实现内河船舶标准化、系列化的总体目标。2007 年，全国水运工作会议将内河船型标准化列为“十一五”水运发展的重点工作和保障措施之一，提出了加快推进西江内河船型标准化的工作任务。

（1）西江干线主要船闸

西江航运干线西起南宁，经贵港、梧州、云浮、肇庆、佛山等，东达广州，由郁江、浔江、西江、东平水道等组成，全长854km。其中南宁至梧州558.3km，梧州至广州295.7km。

2007年，贵港至梧州段Ⅱ级航道工程开工建设；2008年梧州至肇庆段Ⅱ级航道工程开工建设；肇庆至思贤滘段为西江下游出海航道的组成部分，3000吨级海轮航道工程已基本完成。

西江航运干线航道现状具体数据见表2–57。

西江航运干线航道现状表 表2–57

通航起讫点	里程（km）	航道等级	航道尺度（m）			备　注
			水　深	航　宽	弯曲半径	
南宁—贵港枢纽	272.9	Ⅲ	2.3	50	500	
贵港枢纽—桂平枢纽	109.5	Ⅲ	2.3	50	500	Ⅱ级航道已开工建设
桂平枢纽—梧州	175.9	Ⅲ	1.8 ~ 2.3	50	500	
梧州—界首	11.7	Ⅲ	2.5	50	500	
界首—都城	37.0	Ⅲ	2.5	80	500	
都城—肇庆大桥	134.0	Ⅲ	2.5	80	500	
肇庆大桥—思贤滘	34.0	Ⅲ	2.5	50	360	3000吨级海轮航道工程已基本完成
思贤滘—广州	76.0	Ⅲ	2.5	60	400	

西江航运干线共建有西津、贵港、桂平和长洲四座水电、水利或航运枢纽。其中西津水电站建有千吨级二级船闸，船闸有效尺度上闸为190m×15m×4.5m，下闸为198m×15m×4.5m；贵港航运枢纽建有千吨级船闸，船闸有效尺度为190m×23m×3.5m；桂平航运枢纽建有千吨级船闸一座，船闸有效尺度为190m×23m×3.5m，桂平3000吨级线航闸已于2007年8月开工建设，船闸有效尺度为280m×34m×5.6m；长洲水利枢纽建有2000吨级和1000吨级双线船闸，有效尺度分别为200m×34m×4.5m和190m×23m×3.5m。此外，长洲三、四线船闸现已开工建设。西江航运干线船闸现状具体数据见表2–58。

西江航运干线船闸现状表 表2–58

建筑物名称	正常蓄水位（m）	下游最低通航水位（m）	闸室或承船厢有效尺度（m）			通过能力（万t）	通航时间	备　注
			长度	宽度	门槛水深			
西津船闸	61.6	42.6	190	15	4.5	700	1966年7月	二级
贵港船闸	43.1	28.6	190	23	3.5	1 000	1999年12月	—
桂平一线船闸	30.5	19.8	190	23	3.5	1 100	1989年2月	—
桂平二线船闸	30.5	19.8	280	34	5.6	2 700	—	在建
长洲一线船闸	18.6	5.6	200	34	4.5	2 091	2007年5月	—
长洲二线船闸	18.6	5.6	190	23	3.5	1 060	2007年3月	—
长洲三、四线船闸	18.6	5.6	340	34	5.8	3 920	—	在建

西江航运干线建有 49 座跨河桥梁，其中通航净高最大的金马大桥 23.3m，40 座桥梁通航净高在 10m 以上。其中南宁至贵港段桥梁 19 座，通航净高小于 10m 的 4 座；贵港至思贤滘段桥梁 17 座，通航净高小于 10m 的 2 座；思贤滘至广州段桥梁 13 座，通航净高小于 10m 的 2 座。基本满足当前 1000 ~ 2000 吨级内河船舶通航要求。

（2）珠江水系船舶状况

据统计，截至 2009 年 7 月，珠江水系货运船舶共 13 623 艘，696.4 万载重吨，513.4 万总吨，主机功率 254.3 万 kW。其中：西江航运干线 5 734 艘，291.4 万净载重吨，186.2 万总吨，主机功率 76.4 万 kW；珠三角 7 889 艘，405.0 万载重吨，327.2 万总吨，主机功率 177.9 万 kW。

①船舶种类构成

珠江水系船舶种类构成中干货船数量最多，比重达 69.66%，其次为自卸砂船，比重占 15.02%，液货船数量最少，比重占 4.76%（图 2–6）。按船舶运力分析，干货船 329.25 万载重吨，占 47.28%；自卸砂船 168.78 万载重吨，占 24.24%；集装箱船 159.73 万载重吨，占 22.94%；液货船 38.58 万载重吨，比重 5.54%。

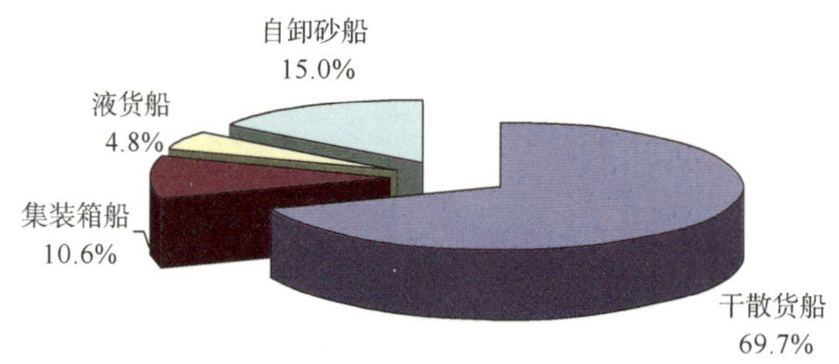

图 2–6　珠江水系船舶种类构成图

②船舶吨级结构

珠江水系船舶平均载重吨 512t，其中：集装箱船 1 111t，自卸砂船 826t，液货船 594t，干货船 348t。各类船舶吨级分布情况详见图 2–7。

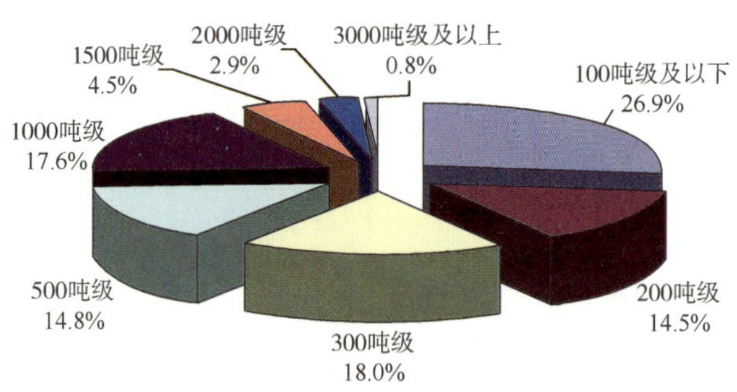

图 2–7　珠江水系船舶各吨级艘数比例

③船舶船龄结构

珠江水系船舶平均船龄 13.4 年，其中西江航运干线船舶平均船龄 12.3 年，珠三角船舶平均船龄 14.3 年；广东籍船舶平均船龄 14.5 年，广西籍船舶平均船龄 11 年。不同类型船舶的平均船龄中集装箱船船龄最小，平均 8.4 年，液货船船龄最大，平均 15.1 年（图 2–8）。

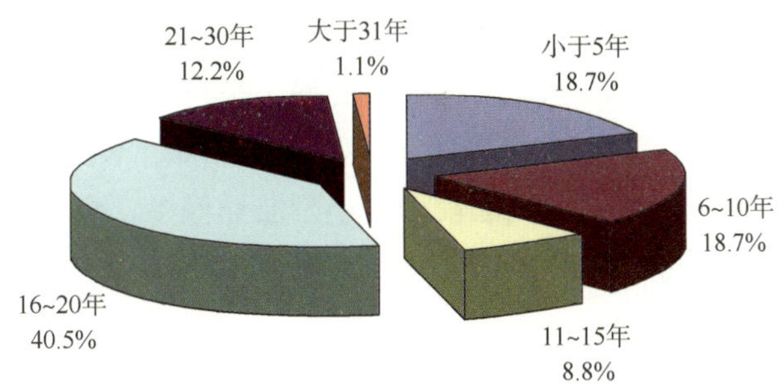

图 2–8 珠江水系船舶船龄构成图

④水泥船状况

西江航运干线共有水泥船 476 艘，5.9 万载重吨。平均吨位 124t，平均船龄 17 年，大部分为 15 年以上的老旧船舶。珠江三角洲地区共有水泥船 2 010 艘，29 万载重吨，其中自卸砂船 698 艘，15 万载重吨，干货船 1 312 艘，14 万载重吨。珠三角水泥船平均吨位 147t，平均船龄 17 年。

⑤西江航运干线过闸船舶现状

据统计，西江航运干线现有过闸运输船舶 5 734 艘，291.4 万载重吨，186.2 万总吨。其中，干货船 4 914 艘 /210.6 万载重吨，集装箱船 551 艘 /68.2 万载重吨，液货船 128 艘 /5.9 万载重吨，自卸砂船 141 艘 /6.6 万载重吨。过闸船舶平均吨位 508 载重吨，325 总吨。其中 300 总吨以下船舶 3 415 艘 /54.2 万总吨，分别占过闸船舶总量的 59.6% 和 29.1%。

（3）珠江水系船舶存在的主要问题

①船型发展缺乏有力的规范和引导

西江航运干线船舶已逐步向专业化、大型化方向发展，但船舶运力发展主要是以船主自己选择船型为主，船主往往是根据以往经营的船舶运营中存在的缺陷，提出新造船的设计要求，由船厂进行设计和建造。粤港航线集装箱船由于受香港内河码头的特殊规定，船型变化不大；砂船向大型化发展，有普通砂船和自卸砂船，但尺度五花八门；油船也是船主根据市场需要及营运经验建造船舶，缺乏对船型发展的指导。

2004 年交通部颁布了《珠江干线货运船舶船型主尺度系列》（JT/T 559—2004），但由于标准宣贯力度不大，地方港航管理部门、航运企业、船东、船厂了解不够，标准推广的效果不明显，未能有效发挥对船型标准化的引导作用。

②部分船舶技术状况严重落后

按照交通部 2001 年 4 月 9 日发布的《老旧运输船舶管理规定》，据统计，珠江干线部分船舶老龄化程度严重。船龄 16 年以上的老旧液货船有 261 艘，占液货船总数的 40.2%；自卸砂船中，老旧船舶 234 艘，占自卸砂船总数的 11.4%；而老旧干货船的比重也相当高，达到了 19.9%。这部分船舶技术状况差，同时事故安全隐患大。尤其是老旧液货船，一旦发生泄漏或事故，将对内河水域产生重大污染。

③运输船舶平均吨位较小

珠江干线船舶平均吨位为512载重吨，300吨级以下的船舶占总艘数的59.4%，占总载重吨的21.5%。近几年政府投资建设航道力度增大，航道等级不断提高，西江航运干线达到Ⅲ级航道标准，1000吨级航道可通达广西梧州，2000吨级船舶可通达广东肇庆。西江航运干线贵港、桂平船闸可通过500吨级、1000吨级船舶，长洲枢纽可通过1000吨级、2000吨级船舶。而目前的船舶平均吨位较小，小型船舶偏多，船型发展与航道和通航设施建设不匹配，没有充分发挥高等级航道和通航设施的作用，且运输经济效益差，难以适应市场发展和运输需求。

④船舶设计技术力量不足

船舶设计力量相对薄弱，船舶设计以船厂设计室为主。在目前市场需求旺盛的环境下，船东大量建造船舶。就广西而言，目前船舶建造基本上是船东根据自身经营的船舶或是参照航运市场上的船型，向船厂提出设计要求，由船厂设计室进行船舶设计，或从其他船厂买来图纸建造。对人力资源缺乏、技术力量薄弱、设计力量短缺的广西区而言，非常有必要推行示范船型图纸，有利于提高船舶设计和建造水平。

（4）珠江水系实施船型标准化的必要性

①推进船型标准化是提高珠江水系航道通过能力，提高船闸、升船机等通航设施利用率的客观要求。

当前政府交通主管部门对航道规划和建设的重视程度达到前所未有的高度，交通运输部出台了《全国水运主通道总体布局规划》，将建成和完善以西江水运主通道和珠江三角洲“三纵三横”为骨干航道的珠江三角洲现代化航道网，并以该网为核心，形成北江、东江等航道干支相通、江海直达、布局合理，港、航、船协调发展的珠江水系内河航运体系。西江干线目前拥有西津、贵港、桂平和长洲枢纽四座船闸；北江干流已建船闸3座，在建船闸1座；红水河已建岩滩升船机、恶滩船闸、大化船闸、龙滩枢纽；柳黔江建有红花船闸；右江建有那吉、金鸡枢纽。要充分利用闸室有效面积和升船机船箱面积，提高所有这些通航设施的利用率，必须根据通航设施的限制性条件，合理设计船舶的尺度，推行标准化船型。

②推进船型标准化对提高船舶技术水平，优化内河船运输船舶结构具有重要意义。

标准化船型通过对现有运营中的船型进行调查，在现有技术性和经济性比较优秀船型的基础上，通过研发、设计优选出来的优秀船型，有送审图纸、方案设计、主尺度系列等形式。针对目前珠江水系总体船舶平均吨位小，专业化程度不高，部分船型技术状况落后的现状，通过淘汰技术性能落后的船型，推荐建造标准船型，可以提高内河船舶的技术性能指标，引导内河船舶向专业化、系列化、大型化、现代化方向发展，从而优化内河运输船舶结构，适应航运市场的需求，提高内河航运的竞争能力，提高内河航运的总体经济效益。

③推进船型标准化是减少船舶污染，保障水上交通安全，实现内河运输可持续发展的需要。

船舶对水环境的污染包括船舶排放的污油水，产生的生活垃圾，船舶洗舱污水，以及部分老旧和技术性能差的船舶在航行过程的滴、漏油等。推进内河船型标准化，可以通过修改相应的船舶建造规范，要求在新建船舶上配备相应的污油水、生活垃圾收集装置，船舶靠岸时集中排放，同时港口港区设置相应的油污水、煤污水、集装箱污水等处理站，配置油污水接收处理船，港口统一处理污油水和生活垃圾，从而达到减少船舶对水环境的污染。

珠江水系现有船舶中，部分船舶因技术方面的问题引发的水上安全事故仍有发生，部分船舶存在安全隐患，通过推荐建造使用标准船型，提高船舶的总体技术水平，从而减少了船舶的安全隐患，保障水上交通安全，对实现内河运输可持续发展具有重要意义。

2.5.2 珠江水系船型标准化主要工作内容

（1）制订船舶主尺度系列标准

2003 年，交通部珠航局组织相关科研单位和地方交通运输主管部门、海事部门编制了《珠江干线货运船舶船型主尺度系列》（JT/T 559—2004），并以行业标准的形式发布，适用于西江干线和珠江水系主要航道，涵盖了干货船、液货船、多用途集装箱船、成品箱船、自卸砂船等五类船舶 60 种船型。该推荐性标准颁布后，由于缺乏必要的配套措施，应用情况并不理想。

2011 年，交通运输部珠航局组织科研单位在总结《珠江干线货运船舶船型主尺度系列》和广泛调研的基础上，根据船型与航道等级、船闸等通航建筑物相匹配，简化尺度系列档次，船型优选及实用性，以及与相关国家标准和交通运输行业标准相协调等原则，并经多种方案技术经济优化论证，制定了《西江航运干线过闸船舶标准船型主尺度系列》，于 2012 年 4 月 1 日起施行。该标准适用于西江干线过闸运输船舶，规定了干货船、集装箱船、液货船和自卸砂船五类船舶的主尺度。2012 年，交通运输部又公布了《珠江水系“三线”过闸船舶标准船型主尺度系列》，自 2013 年 4 月 1 日起施行，适用于右江、北盘江—红水河和柳江—黔江的过闸运输船舶。

（2）研发标准船型技术方案

早在“十五”期间，珠航局和地方交通运输主管部门就着手开展标准船型研发工作。2005 年前后，部珠航局组织研发了珠江三角洲 100TEU 和 200TEU 多用途集装箱标准船型。广东省交通厅还组织开展了珠江水系（广东）运输货运船船型系列研究，西江水运主通道运输组织方式及运力结构优化研究等；广西区交通厅、港航局在标准船型研发方面的工作力度较大，2003 年 6 月，广西区交通厅立项开展“广西 1 000 吨以下船型标准化系列设计研究”，并于 2004 年先行推出了 18 型乡镇客渡船标准船型设计图纸，后又进行了数次修改和完善，扩充为 22 型乡镇客渡船标准船型设计图纸，并出台了新造乡镇标准客渡船政府补贴的经济鼓励政策。2006 年，广西又推出了 100 吨级、200 吨级、300 吨级、500 吨级普通干货船和 500 吨级、1000 吨级多用途集装箱船的标准船型设计方案，向社会公布。2007 年 7 月，为配合西江航运干线扩能所带来的船舶大型化、专业化趋势的要求，广西区交通厅立项开展“西江航运干线 2 000t 和 3 000t 多用途集装箱货船船型系列研究”，科研成果推出了西江航运干线 2 000t 和 3 000t 多用途集装箱船的尺度系列和船型设计方案，并于 2009 年 3 月通过交通厅验收，同年 10 月向社会公布研究成果（表 2–59）。

广西组织研发的标准船型 表 2–59

序号	船　　型	总长 (m)	船长 (m)	型宽 (m)	型深 (m)	吃水 (m)	排水量 (t)	功率 (kW)	载货量 (t)	载箱量 (TEU)
1	100 吨级干货船	25.00	23.00	4.80	1.60	1.00	99	59	72	—
2	200 吨级干货船	35.06	33.00	7.30	1.90	1.30	267	90	206	—
3	300 吨级干货船	38.20	35.00	7.80	2.40	1.80	425	125	332	—
4	500 吨级干货船	42.20	39.00	9.00	2.80	2.20	669	140	532	—
5	500 吨级多用途集装箱船 I 型	49.80	46.50	9.80	3.30	2.70	1 083	140（110）×2	872	30
6	500 吨级多用途集装箱船 II 型	49.80	46.50	9.80	3.30	2.70	1 083	140（110）×2	872	30
7	1000 吨级多用途集装箱船 I 型	49.98	49.05	12.80	3.70	3.00	1 671	176×2	1 330	52
8	1000 吨级多用途集装箱船 II 型	49.98	49.45	12.80	3.70	3.00	1 671	176×2	1 330	52
9	2000 吨级多用途船	64.19	62	15.80	4.80	3.40	—	258×2	2 285	166
10	3000 吨级多用途船	89.99	86	16.20	5.00	3.60	—	300×2	3 856	236

为进一步加快珠江干线船型标准化工作，2009 年交通运输部立项开展《西江航运干线运输船型标准研究》，由珠江航务管理局牵头，联合交通运输部水运科学研究院、长江船舶设计院、广东省航运科学研究所等单位完成。该项目完成了珠江干线现有船型认定方法研究，制订了西江航运干线货运船舶船型主尺度系列标准，研究提出了西江航运干线货运船舶船型标准化实施纲要，完成了 3 艘 2000 ～ 3000 吨级新标准集装箱示范船型研发。

（3）制定经济鼓励政策

根据《“十二五”期推进全国内河船型标准化工作实施方案》，珠江水系的四类船舶拆解改造可享受政府补贴：一是西江干线 300 总吨以下的过闸船舶；二是单壳化学品船和单壳油船；三是现有船舶生活污水防污染改造；四是老旧运输船。此外，珠江水系符合条件的新建示范船也可申请国家补贴，政策具体细节详见第 6 章。交通运输部并没有单独发布珠江水系的船型标准化经济鼓励政策，而是纳入“十二五”全国的方案统一实施。

（4）开展现有船舶认定

2015 年，交通运输部印发《关于贯彻实施〈内河运输船舶标准化管理规定〉有关工作的通知》（交水发〔2015〕12 号），要求珠航局组织开展珠江水系和闽江水系现有内河运输船舶标准化认定工作。接到任务以后，珠航局会同广东、广西、云南、贵州和福建五省区交通运输主管部门制定了《珠江和闽江水系现有内河运输船舶标准化认定工作实施方案》，计划在 2015 年底前完成现有船舶的标准化认定工作。目前，该项工作正在有序推进当中。

3 内河标准船型主尺度

3.1 内河标准船型主尺度制定方法研究

3.1.1 内河船型主尺度系列制定原则

研究制定内河标准船型主尺度系列要根据内河航运生产实际，以提高船舶与船闸、升船机等通航建筑物的适应性，提高通航效率，同时有利于优化船型设计，提高船舶经济性为目标。主尺度论证一般遵循以下原则。

（1）符合性原则

①船型主尺度要与航道等级、船闸等通航建筑物相匹配。各国为充分发挥内河水运的经济效益和社会效益，一般都制定国家级（甚至是多国的）的内河航道标准，以建成一个水系、一个国家、甚至一个大陆的四通八达的内河水运网。我国也制定有《内河通航标准》（GB 50139—2014），规定了相应的过河建筑物和船闸的尺度标准。航行于不同内河水域的船舶，其主尺度将受到航道、船闸等通航建筑物尺度的限制，船舶最大尺度应符合《内河通航标准》所规定的该等级航道和船闸对通航船舶的要求。

②船型主尺度要符合国家有关船舶建造法规、规范、标准的要求。船舶主尺度比值（L/D、B/D 等）应符合内河船舶法规、规范的有关要求，确保船舶结构强度的可靠性。

（2）满足需要的最少档次原则

内河船舶种类繁多，技术水平参差不齐，即使是同样吨位的船舶，其平面尺度也相差很大，这大大增加了行业管理难度，制约了船闸、航道通过能力的发挥。推广内河船型主尺度系列的主要目的就是要以标准化、大型化带动内河船舶的系列化和专业化。进行船型主尺度研究，在满足需要的前提下，应尽可能减少各吨级下船舶主尺度系列和吨位档次，促进船舶标准化水平的提高。对于同一吨级的船舶，其主尺度系列在充分考虑航道特点、货流等前提下，尽量减少档次；当不同吨级、不同船型的船长或船宽相差不大，且对船舶技术经济性能影响不大时，将其统一，以减少尺度档次。

（3）适应性原则

船型的主尺度要与内河运输需求相适应，服务区域经济社会发展；与沿线船闸闸室的尺度相适应，以提高船闸的利用率和通过能力；与航道通航条件和港口码头设施相适应，保证船舶的航行安全、装卸作业；与本区域船型技术特点相适应，提高船舶的经济性。

（4）统一性原则

同一水系中的内河水域是相通的，船型主尺度研究应充分考虑相邻等级航道的互通互达，在适应本水域通航条件与特点的基础上，充分考虑与相邻、相通水域主尺度标准的协调与衔接。

（5）实用性原则

为使船型主尺度系列具有较强的可操作性，在确定船舶尺度系列时，除考虑航道、船闸的制约因素外，应尽可能提高船舶技术经济性能，为船型的进一步优化设计预留空间，以提高主尺度系列标准的实用性。通常对船宽标准采取固定值，船舶总长给出幅度区间，设计吃水为推荐值。

（6）前瞻性原则

主尺度系列的制定要注重远近结合，既要考虑当前运输发展的需要，又要考虑未来航道建设规划对船型的需求。在船舶吨位划分上应适度超前，为航道条件改善后船型大型化发展提供空间。

3.1.2 内河标准船型主尺度制定技术路线

内河标准船型主尺度制定的整体思路是首先根据航道、船闸限制条件和运输市场需求情况划分船型吨级系列，然后根据现有船型主尺度特征，同时考虑未来航道条件变化的因素确定每个吨级船型主尺度的选择范围，采用网格法形成多个主尺度方案。再建立技术经济模型和评价指标体系，对每个主尺度方案进行技术经济论证，根据评价指标体系比选出较优的方案作为主尺度系列标准的推荐方案。内河标准船型主尺度制定的技术路线如图 3-1 所示。

3.1.3 船型主尺度论证方法

（1）船型技术经济论证流程

船型主尺度的技术经济论证流程如图 3-2 所示。

（2）技术经济数学模型

①垂线间长 L_{bp} 的确定

垂线间长 L_{bp} 根据现有船型船舶总长与垂线间长的统计关系确定。

②型深 D 的确定

统计现有船舶型深吃水比 D/d 来确定。此外，型深还必须满足法规、规范对船舶最小干舷和主尺度比值的要求。根据《钢质内河船舶建造规范》（2009），A 级航区的普通货船主尺度比值应满足：$L/D \leqslant 25.0$；$B/D \leqslant 4.0$；B、C 级航区的普通货船主尺度比值应满足：$L/D \leqslant 30.0$；$B/D \leqslant 4.5$；A 级航区的液货船主尺度比值应满足：$L/D \leqslant 25.0$；$B/D \leqslant 4.5$；B、C 级航区的液货船主尺度比值应满足：$L/D \leqslant 30.0$；$B/D \leqslant 5.0$。

③空船质量 L_W

一般将垂线间长 L_{bp}、船宽 B、型深 D 的乘积称为立方模数 M，空船质量与立方模数具有线性关系。经过对现有船型资料的统计，得出空船质量与立方模数之间的关系。

④初稳性高度

船舶水线面系数 C_W 与方形系数 C_b 之间的关系为：

$$C_W=0.5583+0.477C_b \tag{3-1}$$

船舶浮心高度 KB 与吃水 d、水线面系数 C_W、方形系数 C_b 之间的关系为：

$$\mathrm{KB}=\frac{C_W\cdot d}{1.024C_W+C_b} \tag{3-2}$$

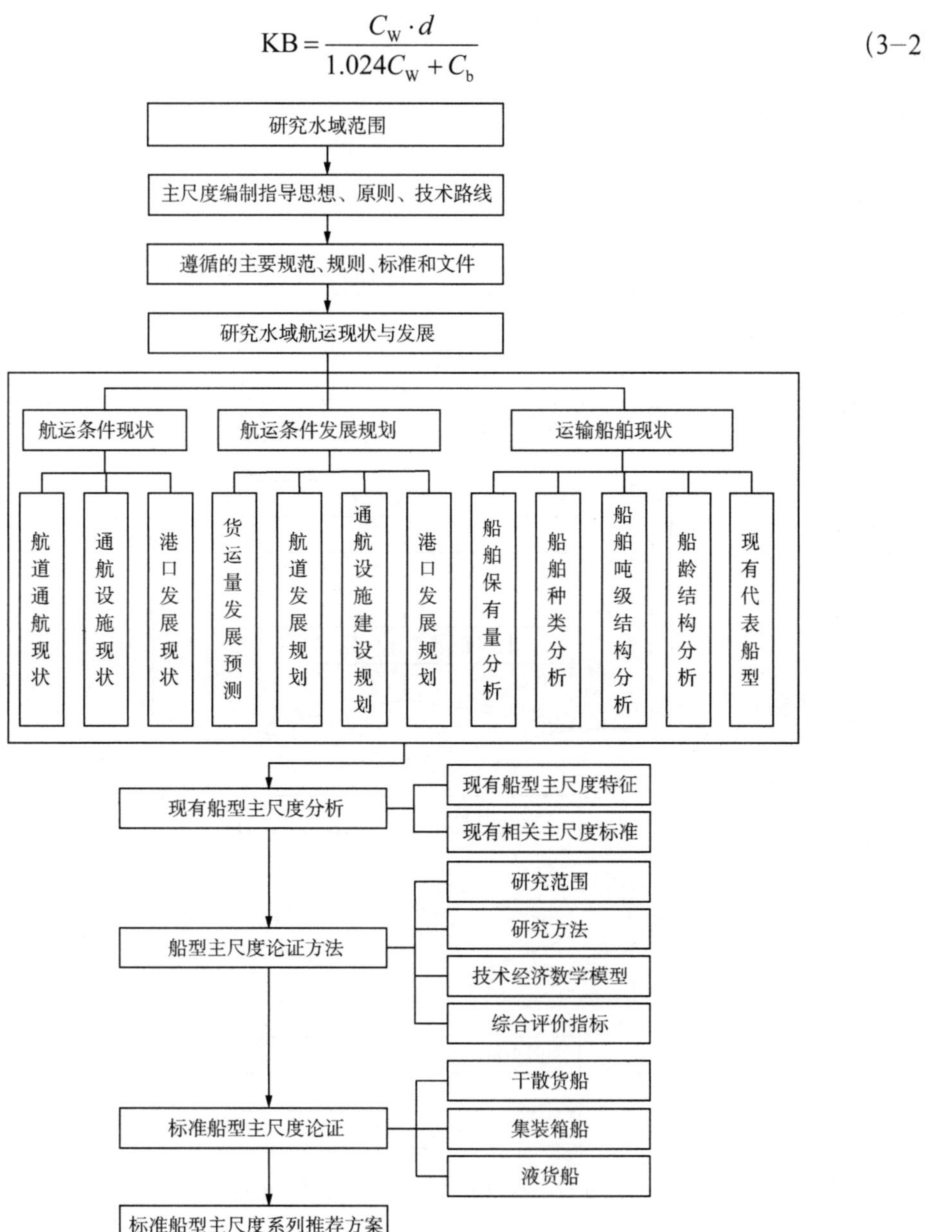

图 3-1　内河标准船型主尺度制定技术路线图

船舶横稳性半径 BM 与型宽 B、吃水 d、水线面系数 C_W、方形系数 C_b 之间的关系为：

$$\mathrm{BM}=\frac{(0.377C_W-0.25)B^2}{d\times C_b} \tag{3-3}$$

船舶稳心高度 KM 为：

$$KM=KB+BM \tag{3-4}$$

船舶空船重心高度为：

$$KG_{LW}=0.9D \tag{3-5}$$

干散货、液货船载质量重心高度：

$$KG_{DW}=d_b+0.52(D+h_c-d_b) \tag{3-6}$$

集装箱船载质量重心高度：

$$KG_{dw}=d_b+0.52h_cN_c \tag{3-7}$$

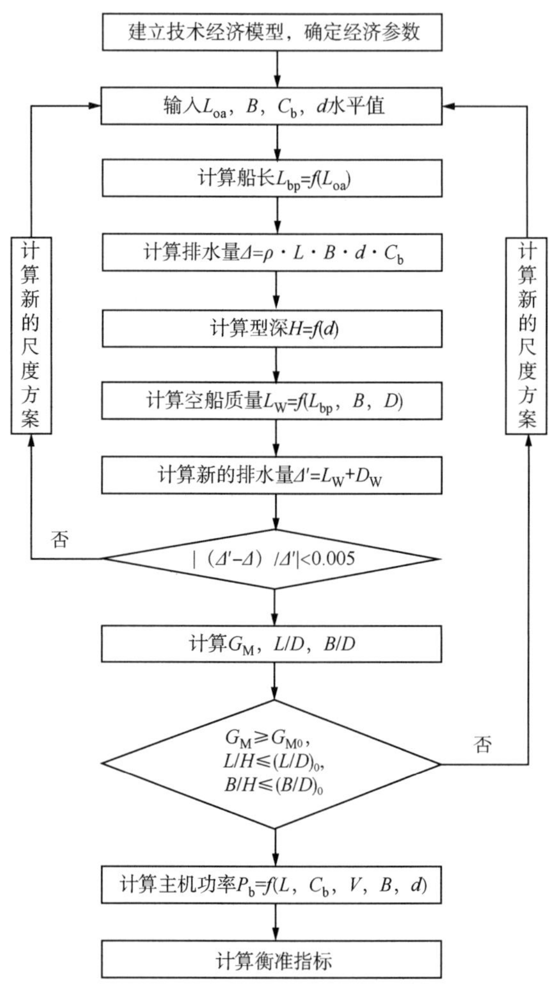

图 3-2　船型主尺度的技术经济论证流程图

船舶重心高度为：

$$KG=\frac{L_W \cdot KG_{LW}+D_W \cdot KG_{DW}}{D_{isp}} \tag{3-8}$$

式中：d_b——双层底高度；

h_c——舱口围板高度；

N_c——集装箱层数；

L_W——空船质量；

D_W——载重量；

D_{isp}——排水量。

船舶初稳性高度 GM 为：

$$GM=KM-KG \tag{3-9}$$

⑤主机功率 P_b 的估算

在给定船舶主尺度、方形系数和航速的条件下，估算所需主机功率，可通过估算船舶有效功率和推进系数后得出。在航速一定的情况下，船舶有效功率与船舶阻力成正比。因此，计算有效功率首先要估算船舶阻力。估算船舶阻力的方法有很多，其中适用于内河船型论证常用方法有荷兰水池法、爱尔法、兹万科夫法等。其中兹万科夫法公式如下：

$$R=0.17\Omega v^{1.83}+\xi\cdot C_b\cdot A_\Phi v^{1.7+4F_r} \tag{3-10}$$

式中：R——船舶阻力，kN；

Ω——浸水面积，m^2；

v——航速，m/s；

A_Φ——浸水部分的舯剖面面积，m^2；

F_r——弗氏数，$F_r=\dfrac{v}{\sqrt{gL}}$；

ξ——剩余阻力系数，$\xi=\dfrac{17.7C_b^{2.5}}{\left(\dfrac{L}{6B}\right)^3+2}$。

有效功率：

$$P_e=\frac{Rv}{75} \tag{3-11}$$

主机功率：

$$P_b=\frac{P_c}{P\cdot C}\quad (P\cdot C\text{：螺旋桨推进系数}) \tag{3-12}$$

⑥船舶造价

船舶造价主要由船体、轮机、电气、甲板机械、舾装等价格构成，对同一吨级船舶，采用的是同一型主机，因此轮机、电气、甲板机械、舾装等价格基本相同，但因尺度的不同，船体价格有所变化。船舶造价估算公式如下：

全船造价 P= 除钢料外其他价格 P_1+ 船体价格 P_2

船体价格 P_2= 钢材单价 × 船舶钢料质量

船舶钢料质量 $=K\cdot L_{bp}\cdot B\cdot D$

⑦运输成本构成（表 3-1）

(3) 主尺度论证综合评价指标

船舶主尺度论证综合评价指标应包括技术指标、经济指标。技术指标主要是通过对船舶主尺度、发动机功率、航速、初稳性高等论证，来获得在规定航速内，满足航道吃水的要求下，阻力小、载货量大、稳性好的绿色船舶。经济指标主要从船舶经营的投资收益来考虑，包括船舶建造成本，单位运输成本、单位盈利能力、净现值指数、内部收益率、必要运费率、投资回收年限、单位载货能力等。在论证计算中，首先对符合要求的船舶主尺度方案进行筛选，然后计算符合条件的主尺度方案的各项技术经济指标，最后通过无纲量法将各项指标组成一个综合评价体系，并从中选出符合要求的优秀船型。选取的评价指标包括：

①运输效率 YSXL [t · km/(kW · h)]

$$\mathrm{YSXL}=C_{\mathrm{W}}\times\frac{v}{P_{\mathrm{b}}} \tag{3-13}$$

式中：C_{W}——载货量，t；

v——航速，km/h；

P_{b}——主机总功率，kW。

运输成本构成　　表 3-1

序号	计算参数	说明	序号	计算参数	说明
1	燃油价格	—	8	保险费	可取 1% 船价
2	润料费	可取燃油费的 3%	9	船员人数	按最低安全配员规则配备
3	船舶港务费	—	10	船员工资	—
4	船舶代理费	—	11	税金	营业税及附加
5	事故损失	—	12	企业管理费	可取以上费用之和的 6%
6	折旧费	—	13	运输总成本	以上费用之和
7	修理费、物料费	可取 5% 船价			

运输效率指标表示船舶每千瓦小时运载的吨公里，是船舶载货量和营运航速的乘积与所消耗的主机总功率的比值，可以确切地反映船舶营运经济性。

②载重量系数 η

$$\eta=\frac{D_{\mathrm{W}}}{\Delta} \tag{3-14}$$

载重量系数 η 是船舶载重量 D_{W}（集装箱船按折算载重量）和满载排水量 Δ 的比值，它反映了运输船舶载重量的大小。其数值大小与船舶类型、尺度、结构形式、航速、续航力及主机类型有关，数值越大，表明结构设计和总体布置合理，钢料质量系数较小，空船重量较轻，船长利用系数和容积利用系数较大，装载能力就越大。选用这一指标，可将钢料重量系数、船长利用系数和容积利用系数等彼此相关的指标予以剔除，而且，就目前所拥有的技术资料，也无法计算这些系数。

③必要运费率 RFR

$$\mathrm{PFR}=\frac{P\times(A/P,i,N)+Y}{Q\times D_{\mathrm{A}}}\quad[\text{元}/(\mathrm{t}\cdot\mathrm{km})] \tag{3-15}$$

式中：A——年收益，万元；

Y——年营运费用，万元；

P——船价，万元；

Q——年运量，t；

D_A——运距，km；

i——贷款利率，%；

N——还款年限，年。

必要运费率是反映船舶经济性的一个主要指标，除此之外还有年利润、投资回收期等。在运价一定的前提下，这些指标存在较强的相关性，这里仅选择必要运费率作为反映船舶经济性的评价指标。

④单位载重量造价 P/D_W（船舶造价／船舶载重量）

单位载重量造价反映船舶初始投资的高低。该指标越低，说明船舶初始投资越少，是航运企业比较关心的一个指标。

⑤船闸闸室利用率、每闸次最大通过量

船闸闸室利用率是指过闸船舶的水平面积之和与闸室面积的比值，数值越大，闸室利用率就越高；每闸次最大通过量是指过闸船舶的载重量之和，数值越大，船闸的通过能力就越高。

(4) 综合评价方法

船型主尺度方案的优劣是根据船型的技术性能、经济性能等方面的多个指标经过综合分析、比较后决定的。这正是多指标决策分析方法解决的问题。所以，常用的多指标决策分析方法，例如模糊综合评判方法、层次分析（AHP）方法和人工神经网络模型与方法等均可用于船型方案的优选与排序决策。

3.1.4 内河标准船型主尺度论证实例

下面以《赣江过闸运输船舶标准船型主尺度系列》中干散货船船型主尺度论证为例说明内河标准船型主尺度系列研究的论证方法。赣江位于长江中下游右岸，为江西省第一大河流，是鄱阳湖水系的第一大河流、长江第二大支流，自南向北纵贯江西南北[20]。

(1) 船型系列划分

根据赣江已建（拟建）船闸尺度，船闸宽度有 14m、23m 和 34m 三种。34m 船闸尚未正式立项，本研究暂不考虑。如果确定要建，将来的船型尺度可直接采用长江干线的标准。按照船型主尺度与船闸相适应的原则，扣除船闸富余宽度，船宽宜取 1、1/2 或 1/3 倍船闸宽度。因此，对应的船宽系列有 6.4m、7.8m、8.6m、10.8m、12.8m、13.6m。同理，船闸长度主要有 180m，对应的船舶总长系列有 45m、56m 和 85m，考虑部分船长之间跨度较大，增加 60m、65m 和 70m 几档。

综合考虑航道弯曲半径、水深以及船舶规范的要求，对船舶总长和船型进行组合，得到船型系列划分如下。

船型 1：总长不大于 45m，船宽不大于 7.8m。

船型 2：总长不大于 56m，船宽不大于 8.6m。

船型 3：总长不大于 60m，船宽不大于 10.8m。

船型 4：总长不大于 65m，船宽不大于 10.8m。

船型 5：总长不大于 70m，船宽不大于 12.8m。

船型 6：总长不大于 85m，船宽不大于 13.6m。

（2）主尺度论证范围

根据赣江现有船型的统计资料及各吨级船舶的排水量要求，综合考虑航道条件，确定各吨级船舶总长 L_{oa}、船宽 B 和吃水 d 的变化范围，其中船长的变化步长为 1m，船宽和吃水的变化步长为 0.1m，具体组合情况如表 3-2 所示。

赣江干散货船主尺度取值范围　　表 3-2

船　型	总长 L_{oa}（m）	船宽 B（m）	吃水 d（m）	参考吨级（t）
赣散Ⅰ型	38 ~ 45	6.7 ~ 7.8	1.3 ~ 1.7	300
赣散Ⅱ型	43 ~ 56	8.0 ~ 8.6	1.6 ~ 2.2	500
赣散Ⅲ型	50 ~ 60	9.6 ~ 10.8	1.8 ~ 2.4	800
赣散Ⅳ型	55 ~ 65	10 ~ 10.8	2.0 ~ 2.6	1 000
赣散Ⅴ型	59 ~ 70	12 ~ 12.8	2.5 ~ 3.5	1 500
赣散Ⅵ型	70 ~ 85	12.6 ~ 13.6	2.6 ~ 3.6	2 500

（3）方形系数

干散货船为排水量型船舶，过小的方形系数导致装载量减少，过大的方形系数导致船舶阻力性能较差，一般方形系数在 0.8 ~ 0.9 可以较好地兼顾排水量和阻力性能的要求，现有船舶 90% 在这个区间。因此取为各吨位船舶方形系数的限制条件。

（4）各吨位船舶组合方案

以总长、船宽、吃水在变化范围组合形成各吨位船舶的组合方案，其中满足方形系数要求的作为有效方案，各吨位船舶的组合方案和有效方案数量如表 3-3 所示。

赣江干散货船主尺度论证方案数量统计表　　表 3-3

序　号	吨级（t）	组合方案数量	有效方案数量
1	300	560	66
2	500	1 617	477
3	800	1 155	172
4	1 000	1 617	94
5	1 500	1 452	354
6	2 500	1 815	242
合计			1 405

（5）经济论证参数

①航线及里程。

300 ~ 500 吨级：赣州至南昌，450km。

800 ~ 1000 吨级：赣州至九江，660km。

1500 ~ 2500 吨级：南昌至上海，1 006km。

②船舶营运率：90%。

③航次时间。

航行时间：平均营运航速按 9km/h 计算。

过闸时间：每次单向过闸时间按 1h 计算。

在港时间：装卸效率江西内河码头平均 150t/h，上海港 1 000t/h，非生产性停泊时间平均每航次按 10h 计。

④货种：下水黄砂，上水煤炭。

⑤船舶装载率：下水 100%，上水 70%。

⑥运价：0.024 元 /(t · km)。

（6）论证结果

在本项比选论证中，我们采用的评价指标以运输效率、载重量系数、必要运费率和单位载重吨造价等四大指标构成：

$$C \times \alpha_i \times C_{\mathrm{YSXL}} + \alpha_2 \times C_\eta + \alpha_3 \times C_{\mathrm{RFR}} + \alpha_4 \times C_{\mathrm{P/D_W}} \tag{3-16}$$

式中：α_i——权重；

其他参数为对应指标无量纲化后的相对值。

$$C_{\mathrm{YSXL}} = \frac{\mathrm{YSXL} - \mathrm{YSXL}_{\min}}{\mathrm{YSXL}_{\max} - \mathrm{YSXL}_{\min}} \tag{3-17}$$

$$C_{\mathrm{QWZL}} = \frac{\eta - \eta_{\min}}{\eta_{\max} - \eta_{\min}} \tag{3-18}$$

$$C_{\mathrm{RFR}} = \frac{\mathrm{RFR}_{\max} - \mathrm{RFR}}{\mathrm{RFR}_{\max} - \mathrm{RFR}_{\min}} \tag{3-19}$$

$$C_{\mathrm{P/D_W}} = \frac{\dfrac{P}{D_{\mathrm{Wmax}}} - \dfrac{P}{D_{\mathrm{W}}}}{\dfrac{P}{D_{\mathrm{Wmax}}} - \dfrac{P}{D_{\mathrm{Wmin}}}} \tag{3-20}$$

船闸闸室利用率和每闸次最大通过量仅供在完成船舶比选后的分析参考。

经过筛选，赣江干散货船从 300 吨级至 3000 吨级共形成 1 405 个有针对性、有效的主尺度方案组合，按照船型技术经济综合评价方法，分别对各方案进行了初步的技术经济论证，并得到各方案总分，在此基础上对各方案进行排序，可得出相对较优的主尺度系列。在各个方案具有较好的技术、经济性基础上，同时考虑与船闸尺度的匹配，与水系相关主尺度标准的衔接，以及现有地方标准的延续性等因素。各吨级主尺度推荐方案如表 3–4 所示。

各方案技术经济性能分析如下。

①300 吨级船舶推荐主尺度 45m × 7.8m × 1.4m，在赣江中上游航道水深的受限的条件下，具有较好的技术经济性。推荐主尺度与理论计算最优主尺度的各项指标比较如表 3–5 所示。

赣江干散货船各吨级优选主尺度 表 3-4

船　型	总长（m）	船宽（m）	吃水（m）	吨级（t）
赣散Ⅰ型	45	7.8	1.4	300
赣散Ⅱ型	53	8.6	1.8	500
赣散Ⅲ型	59	10.8	2.0	800
赣散Ⅳ型	65	10.8	2.3	1 000
赣散Ⅴ型	69	12.8	2.7	1 500
赣散Ⅵ型	84	13.6	3.4	2 500

赣江 300 吨级干散货船推荐主尺度技术经济指标 表 3-5

指　标	主尺度（m）	运输效率 [t · km/(kW · h）]	载重量系数	必要运费率 [元 /(t · km）]	单位造价（元 /t）	闸室利用率	一次过闸吨位 (t)
推荐方案	45 × 7.8 × 1.4	32.04	0.727 7	0.0921	2 644	80.6%	4 842
理论最优方案	45 × 7.3 × 1.5	29.72	0.724 3	0.0944	2 667	79.5%	4 837
变化幅度	—	−7.3%	−0.5%	2.4%	0.9%	1.1%	0.1%

由表 3-5 可知，推荐尺度与理论计算的最优尺度相比，由于加大了船宽，因此运输效率指标有所下降，其他指标变化不大。将船宽增加到 7.8m，一是考虑到地方标准的延续性，在船宽上与其保持一致；二是有利于提高船舶稳性。

②500 吨级船舶推荐主尺度 53m × 8.6m × 1.8m，也是理论计算的最优主尺度方案，该尺度与 12.8m 宽船舶组合，可提高 23m 宽船闸闸室利用率（表 3-6）。

赣江 500 吨级干散货船推荐主尺度技术经济指标 表 3-6

指　标	主尺度（m）	运输效率 [t · km/(kW · h)]	载重量系数	必要运费率 [元 /(t · km）]	单位造价（元 /t）	闸室利用率	一次过闸吨位 (t)
推荐方案	53 × 8.6 × 1.8	38.74	0.720 5	0.044 5	2 569	82.98%	5 373

③800、1000 吨级船舶船宽定为 10.8m，与 23m、34m 船闸宽度匹配较好，同时考虑了已有标准的延续性，区别在于船长和吃水有所不同，建议可归并为一个尺度。推荐主尺度与理论计算最优主尺度的各项指标比较如表 3-7 所示。

赣江 800、1000 吨级干散货船推荐主尺度技术经济指标 表 3-7

吨级（t）	方案类型	主尺度（m）	运输效率 [t · km/(kW · h)]	载重量系数	必要运费率 [元 /(t · km)]	单位造价（元 /t）	闸室利用率	一次过闸吨位（t）
800	推荐方案	59 × 10.8 × 2.0	41.13	0.725 5	0.0713	2 178	75.3%	4 235
	理论最优方案	60 × 9.6 × 2.2	46.91	0.732 3	0.0678	2 134	71.9%	4 204
	变化幅度	—	−14.05%	−0.94%	4.91%	2.02%	3.2%	0.7%
1000	推荐方案	65 × 10.8 × 2.3	50.23	0.725 0	0.065 1	2 102	75.4%	5 415
	理论最优方案	60 × 10.0 × 2.5	55.12	0.728 6	0.063 3	2 079	74.1%	5 385
	变化幅度	—	−8.87%	−0.49%	2.84%	1.11%	1.3%	0.56%

推荐主尺度与最优主尺度相比，运输效率指标有所下降，其他指标变化不大，但对船闸的适应性大幅提高。

④1500 吨级船舶船宽定为 12.8m，可充分利用 14m 船闸宽度。推荐主尺度与理论计算最优主尺度的各项指标比较如表 3-8 所示。

由此可见，1 500 吨级推荐主尺度与理论最优主尺度各指标相差不大，均在可接受范围内。

赣江 1500 吨级干散货船推荐主尺度技术经济指标 表 3-8

吨级 (t)	方案类型	主尺度 (m)	运输效率 [t · km/(kW · h)]	载重量系数	必要运费率 [元 /(t · km)]	单位造价 (元 /t)	闸室利用率	一次过闸吨位 (t)
1500	推荐方案	69 × 12.8 × 2.7	65.70	0.731 3	0.015 8	1 839	64.9%	4 115
	理论最优方案	70 × 12.5 × 2.2	67.07	0.733 2	0.015 6	1 827	64.3%	4 116
	变化幅度	—	−2.04%	−0.26%	1.28%	0.66%	0.6%	−0.1%

⑤2500 吨级船舶推荐主尺度为 84m × 13.6m × 3.4m，也是理论计算的最优方案，具有较好的技术经济性能，同时充分考虑了与水系相关标准的协调。另外，13.6m 船宽与 7.8m 船宽组合，可有效利用 23m 船闸宽度。

3.2 长江水系内河标准船型主尺度标准

为推进长江水系内河运输船舶船型标准化工作，在分析和总结多年来实践经验的基础上，由交通运输部长江航务管理局会同有关省（市）交通运输主管部门对《关于发布川江及三峡库区运输船舶标准船型主尺度系列（2010 年修订版）的公告》（交通运输部公告 2010 年第 3 号，以下简称 3 号公告）发布的主尺度系列进行了优化和完善，补充了长江水系有关主要支流过闸船舶的主尺度系列，制定了《长江水系过闸运输船舶标准船型主尺度系列》，由交通运输部办公厅于 2012 年 12 月 31 日印发，自 2013 年 4 月 1 日起施行（内容如下），3 号公告同时废止。

长江水系过闸运输船舶标准船型主尺度系列
交通运输部公告 2012 年第 69 号

前言

推进内河船型标准化，是构建现代化内河水运体系的必备要素，也是内河水运节能减排的重要内容。为满足市场需求，在总结和分析前期推进长江水系船型标准化工作以及已有标准船型研发成果的基础上，由交通运输部长江航务管理局组织有关单位制（修）订了长江水系过闸船舶标 T 船型主尺度系列。

长江水系过闸运输船舶标准船型主尺度系列是在广泛调研的基础上，充分考虑通航技术条件、各航道的差异性、干支流的相通性等因素，遵循船型与航道等级、船闸等通航建筑物相匹配，尽可能简化尺度系列档次，兼顾船型优选及实用性，以及与相关国家标准、交通运输行业标准和行业政策相协调等原则，并经多方案技术经济优化论证研究制（修）订。

本尺度系列的修订和实施，旨在进一步规范长江水系过闸运输船舶标准船型主尺度，提高航运基础设施的通航效能，促进船舶技术进步和内河航运可持续发展。

本尺度系列由交通运输部长江航务管理局负责管理及解释。重大事项报交通运输部批准。

1 通则

1.1 目的

为提高航道和船闸等通航设施的利用率，促进船舶技术进步，推进内河船型标准化，特制（修）订《长江水系通过枢纽运输船舶标准船型主尺度系列》（以下简称本尺度系列）。

1.2 适用范围

1.2.1 本尺度系列适用于通过长江水系船闸、升船机等通航建筑物（不含三峡升船机）的内河干散货船、液货船（包括化学品船、油船）、驳船、集装箱船、滚装货船等运输船舶，不适用于船舶经营范围内无船闸、升船机等通航建筑物的运输船舶和工程船、航运支持系统船等非运输船舶。

1.2.2 通过船闸、升船机的多用途船舶主尺度，按照主要运输货品种类所对应的标准船型主尺度系列执行。

1.3 一般要求

1.3.1 本尺度系列包含过闸运输船舶航行区域、所载主要货类及船型序列等信息提示。除另有说明外，用户可根据需求按船舶种类、船型名称，选取相应的船舶主尺度。

1.3.2 长江水系通过船闸、升船机等通航建筑物（不含三峡升船机）船舶主尺度应满足本尺度系列总长、总宽的有关规定。

1.3.3 本尺度系列所列出的设计吃水为参考值，用户所选取的设计吃水应充分考虑航道、通航建筑物的限制条件。

1.3.4 用户确定船舶高度时，应充分考虑航道、通航建筑物、桥梁及水上过江电缆等对船舶高度的限制。

1.3.5 需在其他水域航行的过闸船舶，其主尺度还应满足相关水域过闸船舶标准船型主尺度系列的要求。

1.3.6 船舶（队）营运航速应不低于预定航程水域内可能出现的最大流速，且应满足海事部门对最低对岸航速的要求。在满足船舶（队）航行安全的前提下，用户可根据实际优化配置主机功率。

1.3.7 按本尺度系列设计的船舶应满足《内河运输船舶标准船型指标体系》（中华人民共和国交通运输部公告 2012 年第 13 号）。

1.3.8 按本尺度系列设计的船舶应符合主管部门及相应法规、规范的有关规定。

1.3.9 按本尺度系列建造的船舶应符合中国造船质量标准的有关规定。船舶的主尺度偏差——总长及总宽允许偏差范围为：$\pm L/1\,000$mm 及 $\pm B/1\,000$mm。

1.4 定义

本尺度系列采用定义如下：

总长——指船体（包括永久性固定结构在内的）最前端至最后端间垂直于舯站面方向量度的距离。符号：L_{OA}。

总宽——从一舷到另一舷垂直于中线面方向量度（量至船壳外板、护舷材或缘饰材的外侧）的最大距离。符号：B_{OA}。

适用航域——符合某一尺度系列之通过枢纽的船舶，其可允许通过的内河限制水域。

1.5　生效、适用及解释

1.5.1　本尺度系列经交通运输部批准后公布施行。

1.5.2　除另有明文规定外，本尺度系列适用于生效之日或以后安放龙骨或处于相应建造阶段的船舶。

1.5.3　本尺度系列由交通运输部长江航务管理局负责管理及解释。重大事项报交通运输部批准。

2　长江水系过闸干散货船、液货船标准船型主尺度系列

通过长江水系船闸、升船机等通航建筑物（不含三峡升船机）的内河干散货船、液货船标准船型主尺度应符合表 1 的要求。

长江水系过闸干散货船、液货船标准船型主尺度系列　　表 1

<table>
<tr><th>船型名称</th><th>B_{OA}（m）</th><th>L_{OA}（m）</th><th>参考设计吃水（m）</th><th>参考载货吨级（t）</th><th>适用航域</th></tr>
<tr><td>长江水系货 -1</td><td>6.6</td><td>40 ~ 45</td><td>1.6 ~ 1.7</td><td>300 ~ 450</td><td>信江</td></tr>
<tr><td>长江水系货 -2</td><td>7.0</td><td>36 ~ 44</td><td>1.3 ~ 2.0</td><td>200 ~ 300</td><td>嘉陵江、岷江；江汉运河—汉江丹江口枢纽以下、汉江丹江口枢纽以下—河口段、汉江安康—白河</td></tr>
<tr><td>长江水系货 -3</td><td rowspan="4">8.0</td><td>36 ~ 41</td><td>1.4 ~ 1.7</td><td>300</td><td>湘江、沅水中下游航域</td></tr>
<tr><td>长江水系货 -4</td><td>41 ~ 45</td><td>1.5 ~ 1.7</td><td>300 ~ 450</td><td>赣江</td></tr>
<tr><td>长江水系货 -5</td><td>44 ~ 45</td><td>1.7 ~ 2.2</td><td>300</td><td>合裕线</td></tr>
<tr><td>长江水系货 -6</td><td>40 ~ 48</td><td>1.6 ~ 2.0</td><td>500</td><td>嘉陵江、岷江</td></tr>
<tr><td>长江水系货 -7</td><td rowspan="6">8.8</td><td>43 ~ 46</td><td>1.3 ~ 1.5</td><td>300</td><td>江汉运河—汉江丹江口枢纽以下、汉江丹江口枢纽以下—河口段、汉江安康—白河</td></tr>
<tr><td>长江水系货 -8</td><td>42 ~ 54</td><td>1.4 ~ 2.0</td><td>300 ~ 500</td><td>适用于湘江、沅水中下游</td></tr>
<tr><td>长江水系货 -9</td><td>46 ~ 54</td><td>1.8 ~ 2.4</td><td>700</td><td>嘉陵江、岷江</td></tr>
<tr><td>长江水系货 -10</td><td>48 ~ 53</td><td>1.8 ~ 2.1</td><td>450 ~ 700</td><td>赣江</td></tr>
<tr><td>长江水系货 -11</td><td>40 ~ 55</td><td>1.8 ~ 2.1</td><td>450 ~ 700</td><td>信江</td></tr>
<tr><td>长江水系货 -12</td><td>44 ~ 45</td><td>2.0 ~ 2.3</td><td>500</td><td>合裕线</td></tr>
<tr><td>长江水系货 -13</td><td>9.2</td><td>49 ~ 52</td><td>2.2 ~ 2.4</td><td>500</td><td>乌江</td></tr>
<tr><td>长江水系货 -14</td><td rowspan="2">10.0</td><td>50 ~ 58</td><td>2.0 ~ 2.4</td><td>900</td><td>嘉陵江、岷江</td></tr>
<tr><td>长江水系货 -15</td><td>53 ~ 56</td><td>1.6 ~ 2.5</td><td>800</td><td>乌江</td></tr>
</table>

续上表

船型名称	B_{OA}（m）	L_{OA}（m）	参考设计吃水（m）	参考载货吨级（t）	适用航域
长江水系货 -16	11.0	55 ~ 67	2.2 ~ 2.6	1 000	长江干线、嘉陵江、岷江
长江水系货 -17		53 ~ 56	2.3 ~ 2.9	1 000	乌江
长江水系货 -18		52 ~ 64	1.6 ~ 2.4	500 ~ 1 000	湘江、沅水中下游
长江水系货 -19		50 ~ 58	1.6 ~ 1.9	500	江汉运河—汉江丹江口枢纽以下、汉江丹江口枢纽以下—河口段、汉江安康—白河
长江水系货 -20		56 ~ 64	2.0 ~ 2.2	800	江汉运河—汉江丹江口枢纽以下、汉江丹江口枢纽以下—河口段
长江水系货 -21		56 ~ 65	2.0 ~ 2.5	800 ~ 1 000	赣江
长江水系货 -22		60 ~ 65	2.0 ~ 2.5	800 ~ 1 000	信江
长江水系货 -23		53 ~ 55	3.0 ~ 3.2	1 000	合裕线
长江水系货 -24	13.0	60 ~ 75	2.2 ~ 3.0	1 500	长江干线、嘉陵江、岷江 乌江白马枢纽以下
长江水系货 -25		61 ~ 76	2.1 ~ 2.6	1 000 ~ 1 500	湘江土谷塘航电枢纽以下
长江水系货 -26		61 ~ 68	2.0 ~ 3.3	1 000 ~ 1 500	江汉运河—汉江王甫洲枢纽以下、汉江王甫洲枢纽以下—河口段、赣江
长江水系货 -27		57 ~ 65	1.9 ~ 3.3	1 000 ~ 1 500	信江
长江水系货 -28		58 ~ 60	3.2 ~ 3.4	1 500	合裕线
长江水系货 -29	13.8	72 ~ 88	2.4 ~ 3.5	2 000 ~ 2 500	长江干线、嘉陵江、岷江
长江水系货 -30		72 ~ 84	2.4 ~ 2.9	1 500 ~ 2 000	湘江土谷塘航电枢纽以下
长江水系货 -31		70 ~ 80	2.2 ~ 2.4	1 500	1. 江汉运河—汉江王甫洲枢纽以下； 2. 汉江王甫洲枢纽以下—河口段
长江水系货 -32		70 ~ 85	3.0 ~ 3.4	2 000 ~ 2 500	赣江
长江水系货 -33		68 ~ 73	3.3 ~ 3.5	2 000	合裕线
长江水系货 -34	15.0	82 ~ 88	2.8 ~ 3.5	2 000 ~ 3 000	长江干线、湘江土谷塘航电枢纽以下、赣江、信江
长江水系货 -35	16.3	82 ~ 88	3.3 ~ 4.3	2 500 ~ 3 500	长江干线、湘江土谷塘航电枢纽以下、赣江
长江水系货 -36		90 ~ 105	4.1 ~ 4.3	3 500 ~ 5 000	长江干线
长江水系货 -37		125-130	4.1 ~ 4.3	5 500 ~ 6 000	长江干线

注：①总宽可下浮不超过 2%；设计吃水为参考值，应满足主管部门的相关限制要求。

②在满足船舶航行安全的前提下，用户可根据实际优化配置主机功率。

③船舶高度应充分考虑航道、桥梁及水上过江电缆等的限制。

④就乌江、信江限制水域而言，本尺度系列仅适用干散货船，不适用液货船。

⑤长江水系货 -35 ~ 37 型船的型宽不超过 16.2m。

⑥长江水系货 -37 型尺度仅适用长江干线干散货船，不适用长江干线液货船。

⑦进入内河其他通航水域的过闸船舶应满足相关水域标准船型主尺度系列的要求。

3 长江水系过闸驳船标准船型主尺度系列

通过长江水系船闸、升船机等通航建筑物（不含三峡升船机）的内河驳船标准船型主尺度应符合表 2 的要求。与驳船组成船队的总长、总宽应控制在航道、船闸允许的范围内。

长江水系过闸驳船标准船型主尺度系列　　表 2

船型名称	B_{OA} (m)	L_{OA} (m)	参考设计吃水 (m)	参考载货吨级 (t)	适用航域
长江水系驳 -1	8.8	40 ~ 44	1.3 ~ 1.5	300	江汉运河—汉江丹江口枢纽以下、汉江丹江口枢纽以下—河口段、汉江安康—白河等航域
长江水系驳 -2	11.0	48 ~ 52	1.6 ~ 1.9	500	
长江水系驳 -3		53 ~ 68	2.2 ~ 2.6	1 000	长江干线
长江水系驳 -4	13.0	52 ~ 55	2.0 ~ 2.2	1 000	江汉运河—汉江王甫洲枢纽以下、汉江王甫洲枢纽以下—河口段
长江水系驳 -5	13.8	70 ~ 85	2.6 ~ 3.2	1 500 ~ 2 500	长江干线
长江水系驳 -6		65 ~ 69	2.2 ~ 2.4	1 500	江汉运河—汉江王甫洲枢纽以下、汉江王甫洲枢纽以下—河口段
长江水系驳 -7	16.3	75 ~ 110	3.3 ~ 4.0	3 000 ~ 5 000	长江干线

注：①总宽可下浮不超过 2%；设计吃水为参考值，应满足主管部门的相关限制要求。

②船舶高度应充分考虑航道、桥梁及水上过江电缆等的限制。

③长江水系驳 -7 型船的型宽不超过 16.2m。

④进入内河其他通航水域的过闸船舶应满足相关水域标准船型主尺度系列的要求。

4 长江水系过闸集装箱船标准船型主尺度系列

通过长江水系船闸、升船机等通航建筑物（不含三峡升船机）的内河集装箱船标准船型主尺度应符合表 3 的要求。

长江水系过闸集装箱船标准船型主尺度系列　　表 3

船型名称	B_{OA} (m)	L_{OA} (m)	参考设计吃水 (m)	参考载箱量级 / 最大载箱量 (TEU)	适用航域
长江水系集 -1	10.0	40 ~ 44	1.4 ~ 1.6	30	江汉运河—汉江丹江口枢纽以下、汉江丹江口枢纽以下—河口段、汉江安康—白河
长江水系集 -2	11.0	52 ~ 56	1.6 ~ 1.8	50	
长江水系集 -3		49 ~ 60	3.0 ~ 3.4	50 ~ 60	合裕线
长江水系集 -4		62 ~ 67	2.0 ~ 2.4	60	长江干线、嘉陵江、岷江、赣江
长江水系集 -5		64 ~ 67	2.2 ~ 2.4	90	湘江、沅水中下游
长江水系集 -6	13.0	58 ~ 62	1.8 ~ 2.0	80	江汉运河—汉江王甫洲枢纽以下；汉江王甫洲枢纽以下—河口段
长江水系集 -7		62 ~ 72	3.2 ~ 3.4	80 ~ 90	合裕线
长江水系集 -8		70 ~ 80	2.0 ~ 3.0	100	长江干线、嘉陵江、岷江、
长江水系集 -9		69 ~ 72	2.8 ~ 3.2	108	赣江

续上表

船型名称	B_{OA}(m)	L_{OA}(m)	参考设计吃水(m)	参考载箱量级/最大载箱量(TEU)	适用航域
长江水系集-10	13.8	73～77	2.2～2.4	100	江汉运河—汉江王甫洲枢纽以下；汉江王甫洲枢纽以下—河口段
长江水系集-11		72～75	2.2～2.4	120	湘江土谷塘航电枢纽以下
长江水系集-12		85～87	2.6～2.8	180	
长江水系集-13		74～76	3.3～3.5	100	合裕线
长江水系集-14		75～88	2.2～3.5	150	长江干线、嘉陵江、岷江
长江水系集-15		72～88	3.0～3.4	156	赣江
长江水系集-16	15.0	85～88	2.8～3.5	200	长江干线、湘江土谷塘航电枢纽以下、赣江
长江水系集-17	16.3	85–88	2.8～4.3	250	长江干线、湘江土谷塘航电枢纽以下、赣江
长江水系集-18		105–110	2.8～4.3	300	长江干线
长江水系集-19	17.2	105～110	3.0～4.3	350	长江干线

注：①总宽可下浮不超过2%；设计吃水为参考值，应满足主管部门的相关限制要求。
②在满足船舶航行安全的前提下，用户可根据实际优化配置主机功率。
③船舶高度应充分考虑航道、桥梁及水上过江电缆等的限制。
④长江水系集-17～18型船的型宽不超过16.2m。
⑤进入内河其他通航水域的过闸船舶应满足相关水域标准船型主尺度系列的要求。

5 长江干线过闸滚装货船标准船型主尺度系列

通过长江干线船闸的内河滚装货船（商品汽车运输船）标准船型主尺度应符合表4的要求。

长江干线过闸滚装货船标准船型主尺度系列　　表4

船型名称	B_{OA}(m)	L_{OA}(m)	参考设计吃水(m)	参考载车位级(辆)	适用航域
长江水系货滚-1	85～88	16.3	2.0～2.2	300	长江干线
长江水系货滚-2	92～95	17.2	2.0～2.4	400	长江干线
长江水系货滚-3	99～110	17.2	2.4～2.6	600	

注：①总宽可下浮不超过2%；设计吃水为参考值，应满足主管部门的相关限制要求。
②在满足船舶航行安全的前提下，用户可根据实际优化配置主机功率。
③船舶高度应充分考虑航道、桥梁及水上过江电缆等的限制。
④长江水系货滚-1型船的型宽不超过16.2m。

6 湘江过闸自航自卸砂船标准船型主尺度系列

通过湘江过闸的自航自卸砂船标准船型主尺度系列应符合表5的要求。

湘江过闸自航自卸砂船标准船型主尺度系列　　表 5

船型名称	B_{OA}（m）	L_{OA}（m）	参考设计吃水（m）	参考载货吨级（t）	适用航域
长江水系自卸 -1	11.0	60 ~ 68	2.2 ~ 2.5	1 000	湘江中下游
长江水系自卸 -2	13.8	73 ~ 85	2.5 ~ 2.7	1 500 ~ 2 000	湘江土谷塘航电枢纽以下
长江水系自卸 -3	15.0	84 ~ 90	2.8 ~ 3.2	2 500	
长江水系自卸 -4	16.3	85 ~ 92	3.2 ~ 3.4	3 000	

注：①总宽可下浮不超过 2%；设计吃水为参考值，应满足主管部门的相关限制要求。

②在满足船舶航行安全的前提下，用户可根据实际优化配置主机功率。

③船舶高度应充分考虑航道、桥梁及水上过江电缆等的限制。

④ B/D 应大于或等于 4.2。

⑤长江水系自卸 -4 型船的型宽不超过 16.2m。

3.3 京杭运河、淮河水系内河标准船型主尺度标准

为推进京杭运河、淮河水系运输船舶船型标准化工作，在分析和总结近年来实践经验的基础上，由交通运输部长江航务管理局会同有关省（市）交通运输主管部门对原交通部《关于调整京杭运河船型标准化示范工程标准船型有关政策并公布京杭运河运输船舶标准船型主尺度系列的公告》（交通部公告 2005 年第 7 号，以下简称 7 号公告）发布的主尺度系列进行了优化和完善，并补充了淮河水系过闸船舶主尺度系列，制定了《京杭运河、淮河水系过闸运输船舶标准船型主尺度系列》，由交通运输部办公厅于 2012 年 12 月 31 日印发，自 2013 年 4 月 1 日起施行（内容如下）。7 号公告同时废止。

京杭运河、淮河水系过闸运输船舶标准船型主尺度系列
交通运输部公告　2012 年第 73 号

前言

推进内河船型标准化，是构建现代化内河水运体系的必备要素，也是内河水运节能减排的重要内容。为满足市场需求，在总结和分析前期推进京杭运河船型标准化工作以及已有标准船型研发成果的基础上，由交通运输部长江航务管理局组织有关单位制（修）订了京杭运河、淮河水系过闸船舶标准船型主尺度系列。

京杭运河、淮河水系过闸运输船舶标准船型主尺度系列是在广泛调研的基础上，充分考虑通航技术条件、各航道的差异性、干支流的相通性等因素，遵循船型与航道等级、船闸等通航建筑物相匹配，尽可能简化尺度系列档次，兼顾船型优选及实用性，以及与相关国家标准、交通运输行业标准和行业政策相协调等原则，并经多方案技术经济优化论证研究制（修）订。

本尺度系列的制（修）订和实施，旨在进一步规范京杭运河、淮河水系过闸运输船舶标准船型主尺度，提高航运基础设施的通航效能，促进船舶技术进步和内河航运可持续发展。

本尺度系列由交通运输部长江航务管理局负责管理及解释。重大事项报交通运输部批准。

1 通则

1.1 目的

为提高航道和船闸等通航设施的利用率，促进船舶技术进步，推进内河船型标准化，特制（修）订《京杭运河、淮河水系过闸运输船舶标准船型主尺度系列》（以下简称本尺度系列）。

1.2 适用范围

1.2.1 本尺度系列适用于通过京杭运河、沙颍河—淮河干线船闸的干散货船、液货船（包括化学品船、油船）、驳船、集装箱船等运输船舶，不适用于船舶经营范围内无船闸等通航建筑物的运输船舶和工程船、航运支持系统船等非运输船舶。

1.2.2 过闸多用途船舶主尺度，按照主要运输货品种类所对应的标准船型主尺度系列执行。

1.3 一般要求

1.3.1 本尺度系列包含过闸运输船舶航行区域、所载主要货类及船型序列等信息提示。除另有说明外，用户可根据需求按船舶种类、船型名称，选取相应的船舶主尺度。

1.3.2 京杭运河、沙颍河—淮河干线过闸船舶主尺度应满足本尺度系列总长、总宽的有关规定。

1.3.3 本尺度系列所列出的设计吃水为参考值，用户所选取的设计吃水应充分考虑航道、船闸的限制条件。

1.3.4 用户确定船舶高度时，应充分考虑航道、船闸、桥梁及水上过江电缆等对船舶高度的限制。

1.3.5 需在其他水域航行的过闸船舶，其主尺度还应满足相关水域过闸船舶标准船型主尺度系列的要求。

1.3.6 船舶（队）营运航速应不低于预定航程水域内可能出现的最大流速，且应满足海事部门对最低对岸航速的要求。在满足船舶（队）航行安全的前提下，用户可根据实际优化配置主机功率。

1.3.7 按本尺度系列设计的船舶应满足《内河运输船舶标准船型指标体系》（中华人民共和国交通运输部公告 2012 年第 13 号）。

1.3.8 按本尺度系列设计的船舶应符合主管部门及相应法规、规范的有关规定。

1.3.9 按本尺度系列建造的船舶应符合中国造船质量标准的有关规定。船舶的主尺度偏差——总长及总宽允许偏差范围为：$\pm L/1\ 000$mm 及 $\pm B/1\ 000$mm。

1.4 定义

本尺度系列采用定义如下：

总长——指船体（包括永久性固定结构在内的）最前端至最后端间垂直于舯站面方向量度的距离。符号：L_{OA}。

总宽——从一舷到另一舷垂直于中线面方向量度（量至船壳外板、护舷材或缘饰材的外侧）的最大距离。符号：B_{OA}。

适用航域——符合某一尺度系列之过闸船舶，其可允许通过的内河限制水域。

1.5 生效、适用及解释

1.5.1 本尺度系列经交通运输部批准后公布施行。

1.5.2 除另有明文规定外，本尺度系列适用于生效之日或以后安放龙骨或处于相应建造阶段的船舶。

1.5.3 本尺度系列由交通运输部长江航务管理局负责管理及解释。重大事项报交通运输部批准。

2 京杭运河、沙颍河—淮河干线过闸干散货船、液货船标准船型主尺度系列

京杭运河、沙颍河—淮河干线过闸的内河干散货船、液货船标准船型主尺度应符合表1的要求。

京杭运河、沙颍河—淮河干线过闸干散货船、液货船标准船型主尺度系列　表1

船型名称	B_{OA}（m）	L_{OA}（m）	参考设计吃水（m）	参考载货吨级（t）	适用航域
京淮货-1	7.0	36～40	1.7～2.2	300	京杭运河、沙颍河—淮河干线
京淮货-2	8.0	42-45	2.0～2.5	400	京杭运河
京淮货-3	8.8	42～45	2.2～2.5	500	京杭运河
京淮货-4		44～45	2.0～2.3	500	沙颍河—淮河干线
京淮货-5	10.0	44～55	2.5～3.0	800	京杭运河
京淮货-6		53～55	2.5～2.6	800	沙颍河—淮河干线
京淮货-7	11.0	47～58	2.7～3.1	1 000	京杭运河
京淮货-8		53～60	2.7～3.0	1 000	沙颍河—淮河干线
京淮货-9	13.0	57～63	3.0～3.3	1 500	京杭运河
京淮货-10	13.8	63～68	3.0～3.3	2 000	京杭运河

注：①总宽可下浮不超过2%；设计吃水为参考值，应满足主管部门的相关限制要求。

②在满足船舶航行安全的前提下，用户可根据实际优化配置主机功率。

③船舶高度应充分考虑航道、桥梁及水上过江电缆等的限制。

④进入内河其他通航水域的通过枢纽船舶应满足相关水域标准船型主尺度系列的要求。

3 京杭运河、沙颍河—淮河干线过闸驳船标准船型主尺度系列

京杭运河、沙颍河—淮河干线过闸的内河驳船标准船型主尺度应符合表2的要求。与驳船组成船队的总长、总宽应控制在航道、船闸允许的范围内。

京杭运河、沙颍河—淮河干线过闸驳船标准船型主尺度系列　表2

船型名称	B_{OA}（m）	L_{OA}（m）	参考设计吃水（m）	参考载货吨级（t）	适用航域
京淮驳-1	7.0	32～35	1.7～2.0	300	沙颍河—淮河干线
京淮驳-2	8.0	37～40	2.1～2.3	500	沙颍河—淮河干线
京淮驳-3	8.8	35～42	1.9～2.2	500	京杭运河
京淮驳-4	10.0	42～47	1.9～2.2	800	京杭运河
京淮驳-5	11.0	53～55	2.2～2.5	800	沙颍河—淮河干线
京淮驳-6		48～55	2.1～2.5	1 000	京杭运河
京淮驳-7	13.8	64～68	2.3～2.6	1 500	京杭运河与顶推船队配套驳船
京淮驳-8	15.8	64～75	2.6～3.3	2 000～3 000	

注：①总宽可下浮不超过2%；设计吃水为参考值，应满足主管部门的相关限制要求。
②船舶高度应充分考虑航道、桥梁及水上过江电缆等的限制。
③进入内河其他通航水域的通过枢纽船舶应满足相关水域标准船型主尺度系列的要求。

4　京杭运河、沙颍河—淮河干线过闸集装箱船标准船型主尺度系列

京杭运河、沙颍河—淮河干线过闸的内河集装箱船标准船型主尺度应符合表3的要求。

京杭运河、沙颍河—淮河干线过闸集装箱船标准船型主尺度系列　表3

船型名称	B_{OA}（m）	L_{OA}（m）	参考设计吃水（m）	参考载箱量级（TEU）	适用航域
京淮集-1	10.0	37～44	2.3～2.8	30～40	沙颍河—淮河干线
京淮集-2		45～49	2.0～2.5	40	京杭运河
京淮集-3	11.0	49～57	2.8～3.5	50～60	沙颍河—淮河干线
京淮集-4		53～55	2.0～2.5	50	京杭运河
京淮集-5	13.0	60～63	2.5～3.0	80	京杭运河
京淮集-6	13.8	65～68	2.5～3.0	100	京杭运河

注：①总宽可下浮不超过2%；设计吃水为参考值，应满足主管部门的相关限制要求。
②在满足船舶航行安全的前提下，用户可根据实际优化配置主机功率。
③船舶高度应充分考虑航道、桥梁及水上过江电缆等的限制。
④进入内河其他通航水域的通过枢纽船舶应满足相关水域标准船型主尺度系列的要求。

3.4　珠江水系内河标准船型主尺度标准

为推进珠江内河运输船舶船型标准化工作，交通运输部组织制定了《西江航运干线过闸船舶标准船型主尺度系列》与《珠江水系“三线”过闸船舶标准船型主尺度系列》。《西江航运干线过闸船舶标准船型主尺度系列》于2011年12月14日由交通运输部办公厅印发，自2012年4月1日起施行。《珠江水系“三线”过闸船舶标准船型主尺度系列》于2012年12月31日由交通运输部办公厅印发（内容如下），自2013年4月1日起施行。

西江航运干线过闸船舶标准船型主尺度系列
交通运输部公告 2011 年第 94 号

前言

推进珠江船型标准化，是航运结构调整的重要内容。为满足市场需求，在总结前期推进珠江船型标准化工作成果的基础上，交通运输部组织有关单位研究制定了西江航运干线过闸船舶标准船型主尺度系列。

西江航运干线过闸船舶标准船型主尺度系列是在《珠江干线货运船舶船型主尺度系列》（JT/T 559—2004）和广泛调研的基础上，根据船型与航道等级、船闸等通航建筑物相匹配，简化尺度系列档次，船型优选及实用性，以及与相关国家标准和交通运输行业标准相协调等原则，并经多种方案技术经济优化论证制定。

本尺度系列的制定和实施，旨在进一步规范西江航运干线过闸船舶船型主尺度，提高基础设施的通航效能，促进珠江船舶技术进步和航运可持续发展。

本尺度系列由交通运输部水运局负责管理和解释。

1 通则

1.1 目的

为促进船舶技术革新进步，提高航道和船闸等通航设施的利用率，为水上交通安全提供保障，降低运输成本。提高珠江航运竞争力，促进珠江航运可持续发展，特制定西江航运干线过闸船舶标准船型主尺度系列（以下简称本尺度系列）。

1.2 适用范围

本尺度系列适用于航经西江航运干线西津、贵港、桂平、长洲等枢纽船闸的干货船、集装箱船、液货船和自卸砂船等货运船舶。

1.3 一般要求

凡 1.2 条涉及之船型，其平面尺度应符合本尺度系列规定的总长、船宽的要求。

1.3.1 本尺度系列船型采用平板型护舷材，若采用其他形式护舷材，则总宽应控制在本尺度系列规定的船宽范围内。

1.3.2 船东可在满足现行法规和规范的前提下，针对市场需求和航道特点，对船舶设计吃水作适当调整，但应充分考虑航道（含船闸）尺度的限制和交通运输部门在枯水期的通航管理要求。

1.3.3 按本尺度系列设计的船舶应符合法规、规范及主管部门规章等有关规定。

1.4 定义

本尺度系列采用定义如下：

总长——指船体（包括永久性固定结构在内的）最前端至最后端间垂直于舯站面方向量度的距离。符号：L_{OA}。

船宽——在船舶最宽处两舷舷侧板内表面（对纤维增强塑料等非金属外板的船舶为外表面）之间的水平距离，舷侧甲板和护盆材等突出物不计入。符号：B。

总宽——从一舷到另一舷垂直于中线面方向量度（量至船壳外板、护舷材或缘饰材的外侧）的最大距离。符号：B_{OA}。

西江航运干线——南宁至广州 854km 的高等级航道。

船舶吨级——按载重吨位分类，500 吨级（载重吨 400 ~ 749），1000 吨级（载重吨 750 ~ 1 249），1500 吨级（载重吨 1 250 ~ 1 749），2000 吨级（载重吨 1 750 ~ 2 499），3000 吨级（载重吨 2 500 ~ 3 499）。

1.5 生效、适用及解释

1.5.1 本尺度系列经交通运输部批准后公布施行。

1.5.2 除另有明文规定外，本尺度系列适用于生效之日或以后安放龙骨或处于相应建造阶段的船舶。

1.5.3 本尺度系列由交通运输部水运局负责管理和解释。

2 干货船船型主尺度系列

干货船般型主尺度应符合表 1 的规定。

干货船船型主尺度系列　　表 1

船舶吨级（t）	总长（m）	船宽（m）	设计吃水（m）
500	42.0 ~ 44.0	9.0	1.8 ~ 2.4
	45.0 ~ 46.0	9.8	1.8 ~ 2.4
1 000	49.0 ~ 50.0	10.8	2.6 ~ 3.0
1 500	64.0 ~ 66.0	10.8	3.4 ~ 3.6
2 000	64.0 ~ 66.0	15.6	3.5 ~ 3.6
	68.0 ~ 72.0	14.0	3.5 ~ 3.6
3 000	78.0 ~ 82.0	15.6	3.3 ~ 3.6
	72.0 ~ 75.0	15.6	3.6 ~ 3.8
船宽可下浮 2%，设计吃水为参考值			

3 集装箱船船型主尺度系列

集装箱船船型主尺度应符合表 2 的规定。

集装箱船船型主尺度系列　　表 2

船舶吨级（t）	总长（m）	船宽（m）	设计吃水（m）	参考载箱量（TEU）
500	39.0 ~ 42.0	9.8	2.0 ~ 2.5	30
	48.0 ~ 50.0	9.8	2.0 ~ 2.5	42

续上表

船舶吨级（t）	总长（m）	船宽（m）	设计吃水（m）	参考载箱量（TEU）
1 000	48.0 ~ 50.0	14.0	2.8 ~ 3.0	96
	54.0 ~ 57.0	10.8	2.8 ~ 3.0	63
1 500	48.0 ~ 50.0	15.8	3.0 ~ 3.3	108
	63.0 ~ 66.0	10.8	3.4 ~ 3.6	72
2 000	70.0 ~ 74.0	15.8	3.2 ~ 3.4	200
	66.0 ~ 70.0	15.8	3.3 ~ 3.6	175
3 000	86.0 ~ 90.0	15.8	3.5 ~ 3.8	250
船宽可下浮2%，设计吃水为参考值				

注：参考载箱量为装载20ft（1ft=0.304 8m）标准箱（TEU）货箱载箱量，考虑空箱和重箱混装搭配；船舶实际的载箱量应符合法规、规范的有关规定。

4 液货船（化学品船、油船）船型主尺度系列

液货船船型主尺度系列应符合表3的规定。

液货船（化学品船、油船）船型主尺度系列　表3

船舶吨级（t）	总长（m）	船宽（m）	设计吃水（m）
500	43.0 ~ 46.0	9.8	1.8 ~ 2.0
1 000	49.0 ~ 50.0	10.8	2.8 ~ 3.0
	58.0 ~ 60.0	10.8	2.6 ~ 2.8
1 500	68.0 ~ 70.0	10.8	2.8 ~ 3.0
2 000	72.0 ~ 74.0	14.0	2.8 ~ 3.0
船宽可下浮2%，设计吃水为参考值			

5 自卸砂船船型主尺度系列

自卸砂船船型主尺度应符合表4的规定。

自卸砂船船型主尺度系列　表4

船舶吨级（t）	总长（m）	船宽（m）	设计吃水（m）
500	48.0 ~ 50.0	10.8	2.0 ~ 2.5
1 000	58.0 ~ 60.0	10.8	2.8 ~ 3.0
2 000	62.0 ~ 66.0	15.6	3.5 ~ 3.6
	67.0 ~ 70.0	15.0	3.2 ~ 3.4
3 000	84.0 ~ 88.0	15.6	3.4 ~ 3.8
船宽可下浮2%，设计吃水为参考值			

6 附录　条款简要说明

6.1 适用范围

6.1.1 本尺度系列主要根据《全国内河船型标准化发展纲要》的要求，针对航行于西

江航运干线的过闸运输船舶进行规定。

本尺度系列适用于航经西江航运干线西津、贵港、桂平、长洲等枢纽船闸的干货船、集装箱船、液货船和自卸砂船等货运船舶。强制执行只针对本尺度系列生效后新建（含船舶主尺度发生变化的重大改建）船舶实施。

本尺度系列未纳入的其他运输船舶按照船舶类型、货品特性等参照本尺度系列执行。工程船、航运支持系统船舶等非运输船舶不属于实施对象。

6.1.2　本尺度系列所论及的集装箱船兼顾多用途，可兼装干散货；液货船仅包括化学品船和油船。

6.1.3　客船（含旅游船）由于其布置个性化较强，数量有限，故未纳入本尺度系列。但基于提高船闸运行效率考虑，船肋主尺度设计应充分考虑船闸的通航尺度，且与本尺度系列中船型的总长、船宽有效匹配。

6.2　一般要求

6.2.1　基于西江航运干线通航设施限制的考虑，本尺度系列在优秀船型基础上经进一步优化论证后产生，且各类船型已形成分级系列，用户根据需求按相应船型的载重吨级（或载箱量）选取船舶相应主尺度。各船型之间、各货种之间、各等级之间的主尺度参数不能交叉使用。

6.2.2　基于对提高船舶综合性能及船闸运行效率考虑，标准船型总长、船宽应满足本尺度系列相关规定。

本尺度系列船型采用平板型护舷材，若采用其他形式护舷材，则总宽应控制在本尺度系列规定的船宽范围内。

6.2.3　本尺度系列允许用户对设计吃水进行适当调整。考虑各季节、各航段航道水深不同，船闸控制吃水亦随库区调节水位的变化而变化，以及船舶吃水对船舶综合性能的影响等方面，故所选取的设计吃水应充分考虑航道、船闸的限制条件和交通运输主管部门在枯水期的通航管理要求，并对其综合性能进行进一步评估、比较后确定。

6.2.4　针对船舶建造质量方面存在的问题，对标准船型建造质量的控制提出明确要求，以适应通航设施及航运安全要求，即应满足中国造船质量标准 CB/T 4000—2005 的有关规定，其中，船舶的主尺度偏差——总长及船宽偏差范围为：$\pm L/1\,000$ 及 $\pm B/1\,000$，单位均为 mm。

6.3　生效、适用及解释

条款旨在对本尺度系列进行有序管理，明确本尺度系列的生效及修改前后相关要求的适用性，以保持尺度系列的连续性、有效性。

珠江水系“三线”过闸船舶标准船型主尺度系列
交通运输部公告　2012 年第 72 号

前言

推进珠江水系船型标准化，是航运结构调整的重要内容。为满足市场需求，在总结和分析前期推进珠江水系船型标准化工作以及已有标准船型研发成果的基础上，由交通运输部珠江航务管理局组织广西壮族自治区交通运输厅等有关单位制定了珠江水系“三线”过闸船舶标准船型主尺度系列。

珠江水系“三线”过闸船舶标准船型主尺度系列是在广泛调研的基础上，充分考虑珠江水系通航技术条件、各航段的差异性、干支流的相通性，遵循船型与航道等级、船闸、升船机等通航建筑物相匹配，尽可能简化尺度系列档次，兼顾船型优选及实用性，以及与相关国家标准、交通运输行业标准和行业政策相协调等原则，并经多种方案技术经济优化论证研究制定。

本尺度系列的制定和实施，旨在规范珠江水系“三线”过闸运输船舶船型主尺度，提高基础设施的通航效能，促进珠江水系船舶技术进步和航运可持续发展。

本尺度系列由交通运输部珠江航务管理局负责管理及解释，重大事项报交通运输部批准。

1　通则

1.1　目的

为促进船舶技术进步，提高航道和船闸等通航设施的利用率，保障水上交通安全，降低运输成本，提高内河航运竞争力，促进内河航运可持续发展，特制定《珠江水系“三线”过闸船舶标准船型主尺度系列》（以下简称本尺度系列）。

1.2　适用范围

1.2.1　本尺度系列适用于珠江水系“三线”（以下简称“三线”）过闸（升船机）的内河干货船、液货船、集装箱船等运输船舶。同时适用于“三线”至西江航运干线港口间运输的干支直达过闸（升船机）船舶。不适用于船舶经营范围内无经过船闸、升船机等通航设施的运输船舶和工程船、航运支持系统船等非运输船舶。

1.2.2　过闸多用途船舶主尺度，按照主要运输货品种类所对应的标准船型主尺度系列执行。

1.3　一般要求

1.3.1　本尺度系列包含过闸运输船舶航行区域、所载主要货类及船型序列等信息提示。除另有说明外，用户可根据需求按船舶种类、船型名称，选取相应的船舶主尺度。

1.3.2　过闸船舶平面尺度应符合本尺度系列规定总长、总宽的有关规定。

1.3.3　本尺度系列所列出的设计吃水为参考值，用户所选取的设计吃水应充分考虑航道、过船设施等对船舶吃水的限制。

1.3.4　用户确定船舶高度时，应充分考虑航道、过船设施、桥梁及水上过江电缆等对船舶高度的限制。

1.3.5　需在内河其他通航水域航行的过闸船舶，其主尺度还应满足相关水域过闸船舶标准船型主尺度系列的要求。

1.3.6 按本尺度系列设计的船舶应符合法规、规范及主管部门规章等有关规定。

1.3.7 按本尺度系列建造的船舶尚应符合中国造船质量标准有关规定。船舶的主尺度偏差——总长及总宽偏差范围为：$\pm L/1\,000$ 及 $\pm B/1\,000$，单位均为 mm。

1.4 定义

本尺度系列采用定义如下：

总长——指船体（包括永久性固定结构在内的）最前端至最后端间垂直于艸站面方向量度的距离。符号：L_{OA}。

总宽——从一舷到另一舷垂直于中线面方向量度（量至船壳外板、护舷材或缘饰材的外侧）的最大距离。符号：B_{OA}。

珠江水系“三线”——右江、北盘江—红水河、柳江—黔江。

右江——剥隘至南宁 435km 的高等级航道。

北盘江—红水河——百层至石龙三江口 741km 的高等级航道。

柳江—黔江——柳州至桂平 284km 的高等级航道。

西江航运干线干支直达航线——珠江水系“三线”与西江航运干线港口间的运输。

适用航域——指船舶所允许通过的内河限制水域。

1.5 生效、适用及解释

1.5.1 本尺度系列经交通运输部批准后公布施行。

1.5.2 除另有明文规定外，本尺度系列适用于生效之日或以后安放龙骨或处于相应建造阶段的船舶。

1.5.3 本尺度系列由交通运输部珠江航务管理局负责管理和解释，重大事项报交通运输部批准。

2 干货船、液货船船型主尺度系列

干货船、液货船船型主尺度应符合表 1 要求。

干货船、液货船船型主尺度系列 表 1

船型名称	总宽（m）	总长（m）	推荐设计吃水（m）	参考载货吨级（t）	适用航域
“三线”货－Ⅰ	7.4	34 ~ 36	1.2 ~ 1.5	150 ~ 250	—
“三线”货－Ⅱ		38 ~ 40	2.0 ~ 2.3	300 ~ 450	右江
“三线”货－Ⅲ	8.2	44 ~ 46	1.6 ~ 1.8	300 ~ 400	北盘江—红水河岩滩升船机以上
“三线”货－Ⅳ	8.8	42 ~ 44	1.8 ~ 2.4	400 ~ 600	柳江—黔江
“三线”货－Ⅴ	9.2	35 ~ 37	1.27 ~ 1.5	200 ~ 300	—
“三线”货－Ⅵ		42 ~ 44	2.3 ~ 2.7	600 ~ 750	右江
“三线”货－Ⅶ		61 ~ 64	1.6 ~ 1.8	500 ~ 700	北盘江—红水河岩滩升船机以上
“三线”货－Ⅷ		42 ~ 44	2.0 ~ 2.3	500 ~ 600	北盘江—红水河岩滩升船机以下

续上表

船型名称	总宽（m）	总长（m）	推荐设计吃水（m）	参考载货吨级（t）	适用航域
“三线”货 – Ⅸ	11.0	48 ~ 50	2.3 ~ 2.7	800 ~ 1 000	右江
“三线”货 – Ⅹ		58 ~ 60		1 000 ~ 1 200	
“三线”货 – Ⅺ		48 ~ 50	2.0 ~ 2.3	750 ~ 850	北盘江—红水河岩滩升船机以下
“三线”货 – Ⅻ		55 ~ 56		850 ~ 950	
“三线”货 – XIII		48 ~ 52	2.6 ~ 3.0	850 ~ 1 100	柳江—黔江
“三线”货 – XIV		58 ~ 60		1 000 ~ 1 350	

注：①总宽可下浮不超过 2%；总长在区间内取值。

②设计吃水为参考值，应满足主管部门的相关要求。

③“三线”货 – Ⅰ型和“三线”货 – Ⅴ型船可通过岩滩升船机，1.5m 吃水适当减载，全线适用。

3 集装箱船船型主尺度系列

集装箱船船型主尺度应符合表 2 要求。

集装箱船船型主尺度系列　　表 2

船型名称	总宽（m）	总长（m）	推荐设计吃水（m）	参考载箱量 / 载货吨级（TEU/ t）	适用航域
“三线”集 – Ⅰ	9.2	35 ~ 37	1.27 ~ 1.5	18/200 ~ 300	—
“三线”集 – Ⅱ	10.0	48 ~ 50	2.3 ~ 2.7	54 ~ 66/700 ~ 900	右江
“三线”集 – Ⅲ		39 ~ 42	1.8 ~ 2.1	36/450 ~ 550	北盘江—红水河岩滩升船机以下
“三线”集 – Ⅳ		39 ~ 42	1.8 ~ 2.4	36 ~ 48/400 ~ 650	柳江—黔江
“三线”集 – Ⅴ		48 ~ 52		54 ~ 66/500 ~ 800	
“三线”集 – Ⅵ	11.0	58 ~ 60	2.3 ~ 2.7	66 ~ 80/1 200 ~ 1 500	右江
“三线”集 – Ⅶ		48 ~ 50	2.0 ~ 2.3	54/700 ~ 800	北盘江—红水河岩滩升船机以下
“三线”集 – Ⅷ		55 ~ 56	2.0 ~ 2.3	66/800 ~ 900	
“三线”集 – Ⅸ		54 ~ 57	2.6 ~ 3.0	66/900 ~ 1 200	柳江—黔江

注：①总宽可下浮不超过 2%；总长在区间内取值。

②设计吃水为参考值，应满足主管部门的相关要求。

③“三线”集 – Ⅰ型船通过岩滩升船机，1.5m 吃水适当减载，全线适用。

④建议采用背载式布置方式。

3.5 黑龙江水系内河标准船型主尺度标准

为推进黑龙江水系内河运输船舶船型标准化工作，由黑龙江省交通运输厅组织制定了《黑龙江—松花江过闸运输船舶标准船型主尺度系列》，由交通运输部办公厅于 2012 年 12 月 31 日印发，自 2013 年 4 月 1 日起施行（内容如下）。

黑龙江—松花江过闸运输船舶标准船型主尺度系列
交通运输部公告　2012 年第 70 号

前言

为进一步推进黑龙江—松花江船型标准化工作，促进船舶技术进步，提高航道和船闸等通航设施的利用率，保障水上交通安全，促进节能减排，降低内河船舶运输成本，提高内河航运竞争力，促进内河航运结构调整及可持续发展，建成畅通、高效、平安、绿色的现代化内河水运体系，由黑龙江省交通运输厅组织制定了黑龙江—松花江过闸运输船舶标准船型主尺度系列。

黑龙江—松花江过闸运输船舶标准船型主尺度系列是在广泛调研和总结以往研发成果的基础上，根据航道等级、船闸等通航建筑物特点，进行船型优选，结合相关国家标准和交通行业标准，经多种方案技术经济优化论证制定。

本主尺度系列的制定和实施，旨在进一步规范黑龙江—松花江过闸船舶主尺度，提高基础设施的通航效能，促进黑龙江船舶技术进步和航运可持续发展。

本主尺度系列由黑龙江省交通运输厅负责管理及解释。重大事项报交通运输部批准。

1　通则

1.1　目的

为促进船舶技术进步，提高航道和船闸等通航设施的利用率，保障水上交通安全，降低运输成本，提高内河航运竞争力，促进内河航运可持续发展，特制定《黑龙江—松花江过闸运输船舶标准船型主尺度系列》(以下简称本尺度系列)。

1.2　适用范围

1.2.1　本尺度系列适用于通过黑龙江—松花江船闸的内河干散货船、驳船、推拖船等运输船舶，不适用于船舶经营范围内无船闸等通航建筑物的运输船舶、其他运输船舶和工程船、航运支持系统船等非运输船舶。

1.2.2　过闸多用途船舶主尺度，按照主要运输货品种类所对应的标准船型主尺度系列执行。

1.2.3　仅从事旅游运输的过闸客船，其总长及总宽应充分考虑松花江大顶山航电枢纽船闸的集泊尺度，且与其他标准船型平面尺度有效匹配，以提高船闸运行效率。

1.3　一般要求

1.3.1　本尺度系列包含过闸运输船舶航行区域、所载主要货类及船型序列等信息提示。除另有说明外，用户可根据需求按船舶种类、船型名称，选取相应的船舶主尺度。

1.3.2　过闸船舶主尺度应满足本尺度系列总长、总宽的有关规定。

1.3.3 本尺度系列所列出的设计吃水为参考值，用户所选取的设计吃水应充分考虑航道、船闸的限制条件。

1.3.4 用户确定船舶高度时，应充分考虑航道、船闸、桥梁及水上过江电缆等对船舶高度的限制。

1.3.5 需在内河其他通航水域航行的过闸船舶，其主尺度还应满足相关水域过闸船舶标准船型主尺度系列的要求。

1.3.6 船舶（队）营运航速应不低于预定航程水域内可能出现的最大流速，且应满足海事部门对最低对岸航速的要求。在满足船舶（队）航行安全的前提下，用户可根据实际优化配置主机功率。

1.3.7 按本尺度系列设计的船舶应满足《内河运输船舶标准船型指标体系》（中华人民共和国交通运输部公告 2012 年第 13 号）。

1.3.8 按本尺度系列设计的船舶应符合主管部门及相应法规、规范的有关规定。

1.3.9 按本尺度系列建造的船舶应符合中国造船质量标准的有关规定。船舶的主尺度偏差——总长及总宽允许偏差范围为：$\pm L/1\,000$mm 及 $\pm B/1\,000$mm。

1.4 定义

本尺度系列采用定义如下：

总长——指船体（包括永久性固定结构在内的）最前端至最后端间垂直于舯站面方向量度的距离。符号：L_{OA}。

总宽——从一舷到另一舷垂直于中线面方向量度（量至船壳外板、护舷材或缘饰材的外侧）的最大距离。符号：B_{OA}。

1.5 生效、适用及解释

1.5.1 本尺度系列经交通运输部批准后公布施行。

1.5.2 除另有明文规定外，本尺度系列适用于生效之日或以后安放龙骨或处于相应建造阶段的船舶。

1.5.3 本尺度系列由黑龙江省交通运输厅负责管理及解释。重大事项报交通运输部批准。

2 黑龙江—松花江过闸干散货船标准船型主尺度系列

黑龙江—松花江过闸的内河干散货船主尺度应符合表 1 的要求。

黑龙江—松花江过闸干散货船标准船型主尺度系列 表 1

船型名称	L_{OA}（m）	B_{OA}（m）	参考设计吃水（m）	参考载货吨级（t）
黑龙江干货－Ⅰ	50 ～ 52	11.0	1.4 ～ 1.6	300 ～ 380
黑龙江干货－Ⅱ	56 ～ 58	11.0	1.4 ～ 1.6	360 ～ 450
黑龙江干货－Ⅲ	68 ～ 70	11.0	1.5 ～ 1.7	520 ～ 640

注：①总宽可下浮不超过 2%；设计吃水为参考值，应满足主管部门的相关限制要求。
②在满足船舶航行安全的前提下，用户可根据实际优化配置主机功率。
③船舶高度应充分考虑航道、桥梁及水上过江电缆等的限制。
④进入内河其他通航水域的过闸干散货船应满足相关水域标准船型主尺度系列的要求。

3　黑龙江—松花江过闸驳船标准船型主尺度系列

黑龙江—松花江过闸的内河驳船主尺度应符合表 2 的要求。与驳船组成船队的总长、总宽应控制在航道、船闸允许的范围内。

黑龙江—松花江过闸驳船标准船型主尺度系列　　表 2

船型名称	L_{OA}（m）	B_{OA}（m）	参考设计吃水（m）	参考载货吨级（t）	备　注
黑龙江驳 – Ⅰ	36 ~ 38	9.0	1.3 ~ 1.6	300 ~ 400	分节驳船
	44 ~ 46	10.0	1.3 ~ 1.6	300 ~ 400	普通驳船
黑龙江驳 – Ⅱ	56 ~ 58	11.0	1.4 ~ 1.9	600 ~ 900	分节驳船
	62 ~ 66	10.0	1.4 ~ 1.9	600 ~ 900	普通驳船
黑龙江驳 – Ⅲ	65 ~ 67	13.0	1.6 ~ 2.0	950 ~ 1 300	分节驳船

注：①总宽可下浮不超过 2%；设计吃水为参考值，应满足主管部门的相关限制要求。
②船舶高度应充分考虑航道、桥梁及水上过江电缆等的限制。
③进入内河其他通航水域的过闸驳船应满足相关水域标准船型主尺度系列的要求。

4　黑龙江—松花江过闸推拖船标准船型主尺度系列

黑龙江—松花江过闸的内河推拖船主尺度应符合表 3 的要求。与驳船组成船队的总长、总宽应控制在航道、船闸允许的范围内。

黑龙江—松花江过闸推拖船标准船型主尺度系列　　表 3

船型名称	L_{OA}（m）	B_{OA}（m）	参考设计吃水（m）
黑龙江推拖船 – Ⅰ	22 ~ 24	6.4	1.2
黑龙江推拖船 – Ⅱ	23 ~ 25	7.6	1.3
黑龙江推拖船 – Ⅲ	34 ~ 37	9.0	1.4

注：①总宽可下浮不超过 2%；设计吃水为参考值，应满足主管部门的相关限制要求。
②在满足船舶航行安全的前提下，用户可根据实际优化配置主机功率。
③船舶高度应充分考虑航道、桥梁及水上过江电缆等的限制。
④进入内河其他通航水域的过闸推拖船应满足相关水域标准船型主尺度系列的要求。

3.6　闽江内河标准船型主尺度标准

为推进闽江运输船舶船型标准化工作，由福建省交通运输厅组织制定了《闽江干流过闸运输船舶标准船型主尺度系列》由交通运输部办公厅于 2012 年 12 月 31 日印发，现予发布，自 2013 年 4 月 1 日起施行（内容如下）。

闽江干流过闸运输船舶标准船型主尺度系列
交通运输部公告　2012 年第 71 号

前言

推进内河船型标准化，对推动内河船舶技术进步，提高航道和船闸等通航设施利用率，保障水上交通安全，促进节能减排，降低内河船舶运输成本，提高内河航运竞争力，促进内河航运可持续发展具有十分重要的意义。为满足市场需求，在总结和分析过去十几年来闽江干流常用船型以及已有标准船型研究的基础上，由福建省交通运输厅组织有关单位制定了闽江干流过闸运输船舶标准船型主尺度系列。

闽江干流过闸运输船舶标准船型主尺度系列是在广泛调研的基础上，充分考虑闽江干流运输货种、运量需求，与航道、过船建筑物的技术标准等通航技术条件。遵循船型与航道等级、船闸等通航建筑物相匹配，尽可能简化尺度系列档次，兼顾船型优选及实用性，以及与相关国家标准、交通运输行业标准和行业政策相协调等原则，经过多方案技术优化论证研究编制。

本尺度系列的制定和实施，旨在进一步规范闽江干流过闸运输船舶标准船型主尺度，提高航运基础设施的通航效能，促进船舶技术进步和内河航运可持续发展。

本尺度系列由福建省交通运输厅负责管理及解释。重大事项报交通运输部批准。

1 通则

1.1 目的

为提高航道和船闸等通航设施的利用率，促进船舶技术进步，推进内河船型标准化，特制订《闽江干流过闸运输船舶标准船型主尺度系列》(以下简称本尺度系列)。

1.2 适用范围

1.2.1 本尺度系列适用于航经闽江干流马尾—南平延福门（经南港航道）并通过水口枢纽过船建筑物的内河干散货船、集装箱船、自卸散货船等运输船舶。不适用于船舶经营范围内无船闸等通航建筑物的运输船舶和工程船、航运支持系统船等非运输船舶。

1.2.2 过闸多用途船舶主尺度，按照主要运输货品种类所对应的标准船型主尺度系列执行。

1.2.3 对于非通过水口枢纽过船建筑物的内河运输船舶，不采取强制实施主尺度系列的方式推进船型标准化。

1.3 一般要求

1.3.1 本尺度系列包含过闸运输船舶航行区域、所载主要货类及船型序列等信息提示。除另有说明外，用户可根据需求按船舶种类、船型名称，选取相应的船舶主尺度。

1.3.2 过闸船舶主尺度应满足本尺度系列总长、总宽的有关规定。

1.3.3 本尺度系列所列出的设计吃水为参考值，用户所选取的设计吃水应充分考虑航道、船闸的限制条件。

1.3.4 用户确定船舶高度时，应充分考虑航道、船闸、桥梁及水上过江电缆等对船舶高度的限制。

1.3.5 需在内河其他通航水域航行的过闸船舶，其主尺度还应满足相关水域过闸船舶标准船型主尺度系列的要求。

1.3.6 船舶（队）营运航速应不低于预定航程水域内可能出现的最大流速，且应满足海事管理机构对最低对岸航速的要求。在满足船舶（队）航行安全的前提下，用户可根据实际优化配置主机功率。

1.3.7 按本尺度系列设计的船舶应满足《内河运输船舶标准船型指标体系》（中华人民共和国交通运输部公告2012年第13号）。

1.3.8 按本尺度系列设计的船舶应符合主管部门及相应法规、规范的有关规定。

1.3.9 按本尺度系列建造的船舶应符合中国造船质量标准的有关规定。船舶的主尺度偏差——总长及总宽允许偏差范围为：$\pm L/1\,000$mm及$\pm B/1\,000$mm。

1.4 定义

本尺度系列采用定义如下：

总长——指船体（包括永久性固定结构在内的）最前端至最后端间垂直于舯站面方向量度的距离。符号：L_{OA}。

总宽——从一舷到另一舷垂直于中线面方向量度（量至船壳外板、护舷材或缘饰材的外侧）的最大距离。符号：B_{OA}。

1.5 生效、适用及解释

1.5.1 本尺度系列经交通运输部批准后公布施行。

1.5.2 除另有明文规定外，本尺度系列适用于生效之日或以后安放龙骨或处于相应建造阶段的船舶。

1.5.3 本尺度系列由福建省交通运输厅负责管理及解释。重大事项报交通运输部批准。

2 闽江干流过闸干散货船标准船型主尺度系列

闽江干流过闸的内河干散货船主尺度应符合表1的要求。

福建省闽江干流过闸干散货船标准船型主尺度系列 表1

船型名称	L_{OA}（m）	B_{OA}（m）	参考设计吃水(m)	参考载货吨级（t）	备注
闽江干货－Ⅰ	45～47	8.0	1.4～1.6	250～350	兼顾沙溪干支直达
闽江干货－Ⅱ	52～54	10.3	1.6～1.9	400～750	
闽江干货－Ⅲ	72～75	10.8	2.0～2.2	750～1 250	

注：①总宽可下浮不超过2%；设计吃水为参考值，应满足主管部门的相关限制要求。

②在满足船舶航行安全的前提下，用户可根据实际优化配置主机功率。

③船舶高度应充分考虑航道、桥梁及水上过江电缆等的限制。

④进入内河其他通航水域的过闸干散货船应满足相关水域标准船型主尺度系列的要求。

3 闽江干流过闸自卸货船标准船型主尺度系列

闽江干流过闸的内河自卸货船主尺度应符合表2的要求。

福建省闽江干流过闸自卸货船标准船型主尺度系列 表 2

船型名称	L_{OA}（m）	B_{OA}（m）	参考设计吃水（m）	参考载货吨级（t）	备 注
闽江自卸－Ⅰ	44 ~ 45	8.3	1.6	250 ~ 350	兼顾沙溪干支直达
闽江自卸－Ⅱ	54 ~ 56	8.9	2.0	400 ~ 750	
闽江自卸－Ⅲ	59 ~ 62	10.8	2.2	700 ~ 950	

注：①总宽可下浮不超过 2%；设计吃水为参考值，应满足主管部门的相关限制要求。

②在满足船舶航行安全的前提下，用户可根据实际优化配置主机功率。

③船舶高度应充分考虑航道、桥梁及水上过江电缆等的限制。

④进入内河其他通航水域的过闸干散货船应满足相关水域标准船型主尺度系列的要求。

4 闽江干流过闸集装箱船标准船型主尺度系列

闽江干流过闸的内河集装箱船主尺度应符合表 3 的要求。

福建省闽江干流过闸集装箱船标准船型主尺度系列 表 3

船型名称	L_{OA}（m）	B_{OA}（m）	参考设计吃水（m）	参考载箱量级（TEU）	备 注
闽江集－Ⅰ	54 ~ 55	10.1	1.4 ~ 1.6	24 ~ 33	兼顾沙溪干支直达
闽江集－Ⅱ	64 ~ 65	10.1	1.7 ~ 2.2	36 ~ 55	

注：①总宽可下浮不超过 2%；设计吃水为参考值，应满足主管部门的相关限制要求。

②在满足船舶航行安全的前提下，用户可根据实际优化配置主机功率。

③船舶高度应充分考虑航道、桥梁及水上过江电缆等的限制。空载吃水至上层建筑最高固定点高度不得大于 6.0m。

④进入内河其他通航水域的过闸集装箱船应满足相关水域标准船型主尺度系列的要求。

4 内河标准船型指标体系研究

4.1 新一代标准船型的内涵及特征分析

4.1.1 内河船型发展面临的形势和要求

今后 5 ～ 10 年是我国全面建设小康社会的关键时期，也是交通运输业发展转型的关键时期。2011 年国务院 2 号文件《加快长江等内河水运发展的意见》的发布，标志着内河水运的发展上升为国家战略。船型标准化工作已经在国家“十二五”规划和国务院文件中出现，成为发展内河水运的核心内容之一，内河船型发展迎来了新形势。在新的形势下，推进内河船型标准化工作是全面振兴内河水运的重要抓手，对提高水上交通安全、环保水平，促进节能减排，提高运输效能和调整内河水运结构、转变发展方式具有重要战略意义。

根据国家“十二五”规划和国务院文件中对内河水运发展的目标与重点的相关描述，内河船型发展面临的新形势可归纳如下。

（1）畅通、高效内河水运体系的构建

新时期以“两横一纵两网十八线”高等级航道为主体的内河航道体系将逐步构建，航道通航条件会全面改善。高等级航道建设包括实施长江干线上、中、下游航道系统治理，重点为中游荆江河段航道治理工程和南京以下 12.5m 深水航道建设工程两大工程；西江航运干线扩能改造，打通西南地区连接珠江三角洲的水运通道，实施京杭运河苏南段、浙江段Ⅲ级航道和济宁至东平湖段Ⅲ级航道建设工程以及船闸扩能工程；全面加快长江三角洲高等级航道建设，基本建成并继续完善珠江三角洲高等级航道网。在构建高效的内河水运体系方面，将全力推进内河水运发展方式转变，形成航道、港口、船舶和支持保障系统协调发展、功能完善、技术先进、运转高效的内河水运体系；将继续实施船型标准化，严格船舶更新报废制度，以长江干线、西江航运干线、京杭运河为重点，加快船舶运力结构调整，优化船舶运输组织。

（2）内河水运绿色发展

“十二五”公路水路交通运输节能减排规划的 CO_2 排放强度指标为与 2005 年相比，营运船舶单位运输周转量 CO_2 排放下降 16%。交通运输部公布的《营运船舶燃料消耗限值及验证方法》和《营运船舶 CO_2 排放限值及验证方法》已于 2012 年 9 月 1 日起实施，适用于国内航行，以柴油机作为主推进动力，400 总吨及以上的干散货船、集装箱船和油船。

新行业标准的出台对船舶燃料消耗限值、CO_2排放限值提出了新的明确标准。此外，新时期将更加注重保护水生态环境，保护饮用水水源地和水生生物保护区、关键栖息地，将严格进行环境影响评价，落实环境保护和生态补偿措施。

（3）现代综合运输体系的构建

“十二五”综合交通运输体系规划要求建设以连通县城、通达建制村的普通公路为基础，以铁路、国家高速公路为骨干，与水路、民航和管道共同组成覆盖全国的综合交通网络，发挥运输的整体优势和集约效能。内河水运作为资源节约、环境友好的交通运输方式，其优势还没有得到充分发挥，在综合运输体系中仍属于最薄弱的环节。现代综合运输体系和现代服务业的发展，要求内河水运发挥其水运运量大、能耗小、污染轻、占地少、成本低、投资省的比较优势，与其他运输方式形成优势互补的一体化运输体系。

为适应新形势要求，内河船型要向着更加高效、绿色、先进的方向发展。畅通、高效内河水运体系的构建要求内河船型通过严格执行主尺度系列标准提高船型标准化率，适应并充分利用港口、航道、通航设施的新条件，提高船型与航道、船闸等水运基础设施的匹配程度。内河水运绿色发展要求内河船型采用先进的船舶动力设备、推进设备、环保处理设备以及现代化的船舶营运管理方法，逐步降低能耗、减少CO_2排放量，注重水生态环境保护、减少有害气体排放及噪声污染。现代综合运输体系的构建要求内河船型在主尺度标准化的基础上提高内河船舶整体技术含量，追赶其他运输方式运输装备的现代化水平，发挥环保、经济优势的前提下提高运输的安全性、及时性以及服务质量。

4.1.2 内河标准船型概念的演变分析

对内河船型标准化工作的认识和理解是一个逐步深化、提高、发展的过程。内河标准船型的定义也在随着认识的提高、形势的发展发生变化。内河标准船型的定义主要经过了以下演变过程。

（1）简统选优船型

简统选优船型是20世纪70～80年代的产物，是基于当时的船舶技术发展水平，在实际营运船舶中通过比选得到的优秀船型，并通过图册的形式向社会发布并推广。简统选优船型并不是严格意义上的标准船型，当时还没有标准船型的概念。应该说，简统选优船型是标准船型的雏形。通过十几年的船型简统选优工作，交通运输部在这些成果的基础上制订了一系列的船型系列标准，包括长江水系、珠江水系和黑龙江水系的船型系列，作为推荐性的行业标准向社会推广。随着内河运输生产力的发展，船舶技术的不断进步，这些简统选优船型以及在此基础上制订的船型标准逐渐失去了生命力和实际应用价值。

（2）标准船型送审图纸

“标准船型送审图纸”是将研究开发的标准船型全套图纸，经审验合格后，提交给船东的图纸文本形式。它的最大特点是，船东获得送审图纸后，可直接找厂家造船。其缺点是，研究开发投入资金大，开发时间周期长，难以满足船东对船型标准化的个性化要求。“标准船型送审图纸”是在京杭运河船型标准化示范工程中首次提出的概念，实践证明，以送审图纸定义的标准船型存在一些问题，如对船型、设备配备的规定过于具体，缺乏灵活性，无法满足船东的个性化需求，缺乏市场竞争力，导致标准船型送审图纸在京杭运河没有得到推广。

（3）船型主尺度与技术方案相结合

在总结京杭运河标准船型推广经验的基础上，在川江及三峡库区船型标准化工作中提出了船型主尺度与技术方案相结合的标准船型形式，即标准船型首先要满足交通运输部制订的主尺度系列标准，其次要满足交通运输部公布的标准船型技术方案中强制性指标的要求。而“标准船型技术方案”是在“主尺度系列标准”的基础上开发的初步设计方案，包括了对船舶的线型、基本结构、主要设备配置等方面的要求。该形式较好地结合了个性化和共性化需求，能够引导市场发展技术先进、经济实用、符合船检规范的船舶，同时对船型主尺度的强制性要求有利于提高通航设施的利用率。这一方式适合在建有船闸、升船机等通航建筑物的限制性航道中实行，而对于长江中下游等开放性水域，如果再对船型主尺度做出限制就显得不合情理。如果采取技术方案的形式在开放性水域推进船型标准化，同样也面临标准船型开发周期长、认定程序烦琐、市场接受程度低等问题。政府组织研发的标准船型很难及时、全面地覆盖市场需求，而且维护起来要投入大量的人力、物力；而以企业为主来研发，又面临着成果共享渠道不顺畅的问题。

4.1.3 新一代内河标准船型的内涵及特征

未来十年将是交通运输部全面推进内河船型标准化的新阶段。交通运输部将在总结过去十年工作经验的基础上，将船型标准化工作从重点水域、重点船型向全领域、全方位、高标准全面铺开，从之前的以规范过闸船舶主尺度、淘汰老旧落后船舶和船舶防污染改造为工作重点，转向全面提高船舶安全、环保、节能和技术经济水平，实现船舶与航道、港口协调发展，促进内河水运现代化。在这样的背景下，有必要研究新一代内河标准船型的内涵及特征，以适应新时期全面推进内河船型标准化工作的需要。

（1）新一代内河标准船型的内涵

国务院提出 2020 年建成现代化内河水运体系，并且明确指出现代化内河水运体系的四个基本特征：“畅通、高效、平安、绿色”。要达到这样的目标，现代化的内河水运体系应该具备以下基本要素：完善的法律法规体系；畅通、辐射面广的高等级航道网；规模化、专业化和现代化港区；标准化、现代化的内河运输船队和高效的运输组织与管理；完备、快速反应的支持保障系统；实现航道、港口、船舶和支持保障系统的协调发展，与其他运输方式的无缝衔接和高效运转。

基于以上分析，现代化的内河运输船队是组成现代化内河水运体系的必备要素，新时期内河船型标准化工作必须围绕建设现代化内河运输船队来开展。而新一代内河标准船型的终极目标是朝着实现内河运输船舶现代化方向发展。

①内河运输船舶现代化的含义

内河运输船舶现代化的概念可分为狭义的内河运输船舶现代化和广义的内河运输船舶现代化。狭义的内河运输船舶现代化是指从事内河运输的船舶单体的现代化，其含义是将现代化的具有国内外先进水平的船舶设计理念、船型开发技术、船体建造技术、船内设备、清洁能源、运营管理方法等应用于内河运输船舶，体现内河运输船舶“安全、高效、绿色、先进”的特点。广义的内河运输船舶现代化是指内河运输船队的现代化，其含义是建立一支由“安全、高效、绿色、先进”运输船舶组成的，能够满足内河客货运需求、适应内河通航设施、结构合理、运输组织方式先进的内河运输船队，保证现代化内河水运体系的“畅通、高效、平安、绿色”，体现船、人、水资源的和谐统一。由此可见，狭义的内河运输船舶现代化包含于广义的内河运输船舶现代化，且是其最重要的组成部分。在无特殊说明的情况下，本文所指内河运输船舶现代化系指广义的内河运输船队的整体现代化。

内河运输船舶现代化既是达到阶段性现代先进水平的发展状态，又是一个与时俱进、螺旋上升的动态发展过程，具有以下两个基本内涵：a. 指改革开放以来内河运输船舶发生的深刻变化；b. 指内河运输船舶追赶世界先进水平不断推进技术进步与标准化的发展过程。

A. 改革开放以来内河运输船舶发生的深刻变化

改革开放以来，交通运输部先后组织了多次内河船舶简统选优工作，开启了全国内河船舶技术进步和标准化进程。近十年来，交通运输部加大了内河船型标准化工作力度，制定了《内河运输船舶标准化管理规定》《全国内河船型标准化发展纲要》，实施了“京杭运河船型标准化示范工程”和“川江及三峡库区航运结构调整和船型标准化工程”，启动了长江干线船型标准化工作，取得了显著的成效，积累了宝贵的经验，为全面推进全国内河船型标准化工作奠定了坚实的基础。

改革开放初期，内河运输船舶普遍存在着船舶品种繁多、技术经济水平参差不齐、船舶平均吨位小、效率低、船龄大的现象，安全事故频发、污水和噪声污染严重的内河水泥运输船和内河挂桨机运输船随处可见。

通过多年以来特别是近十年典型水域内河船型标准化工作，逐步淘汰了具有安全隐患的挂桨机船、水泥质船和木质船以及经济效益差的推拖船队，大力推动了内河运输船舶大型化和标准化。2010 年，长江中下游货运船舶已达万吨级，长江上游已达 8000 吨级，川江及三峡库区航行的主力船型均在 3000 吨级以上；珠江水系西江干线最大船舶达 3000 吨级，主力船型在 1000 吨级以上；京杭运河船队运输最大为 3000 吨级，单船 2000 吨级，主要运输船舶在 500 吨级以上。近年来，交通运输部组织开发并公布了京杭运河 13 个系列 25 种标准船型的技术方案和《京杭运河运输船舶标准船型主尺度系列》，川江及三峡库区 8 个系列（包括载货汽车滚装船、集装箱船、区间客船、客渡船、油船、化学品船和干散货船等）共 42 种标准船型的技术方案和《川江及三峡库区运输船舶标准船型主尺度系列》，珠江水系标准船型的技术方案和《珠江干线货运船舶船型主尺度系列标准》。

1999 ～ 2011 年，内河运输船舶数量年均递减 6 664 艘，减幅 3.3%，平均吨位递增 15.1%；最近 5 年，内河运输船舶数量年均递减 7 019 艘，减幅递减 3.8%，平均吨位递增 13.7%。随着老旧落后船舶、小吨位船舶的淘汰，平均吨位的增加，内河运输船队的结构得到了改善。LPG 运输船、商品汽车运输船、载重汽车滚装船、矿砂船、散装水泥运输船、集装箱船、无舱盖集装箱江海直达运输船、特种化学品运输船、油船、重件运输船、豪华旅游船等多种运输船舶的建造实现了内河运输船舶的专业化，促进了内河航运的发展。

此外，通过对内河船舶适宜的球鼻艏、双尾船型、三尾船型、襟翼舵、导流管、倒车舵、大径深比等专项技术的研究和成果应用，提高了内河运输船舶的操纵性、快速性；同时船舶主尺度满足提高航道及船闸通过能力的需要，造型美观，设备配置合理，具有良好的经济性。新开发建造的内河标准船型普遍采用了先进的技术经济论证方法，计算机交互、水动力理论研究（CFD）、船模试验三结合的船型系统工程方法，结构理论计算优化，设备比选等研究手段，结合不同内河航区的特点，在船型、节能、结构、设备配置、装卸系统、扫舱方式、监控测量、环保装置上更具实用性、先进性。

综上所述，改革开放以来内河运输船舶在大型化、标准化、结构合理化、专业化以及技术先进性提高等方面都发生了深刻变化，体现了当前内河运输船舶现代化的发展状态。

B. 内河运输船舶追赶世界先进水平不断推进技术进步与标准化的发展过程

新时期内河船型标准化工作，要从之前以规范过闸船舶主尺度、淘汰老旧落后船舶和船舶防污染改造为工作重点，转向全面提高船舶安全、环保、节能和技术经济水平，实现船舶与航道、港口协调发展，促进内河水运现代化。

建设现代化内河运输船队应从“安全、高效、绿色、先进”四个方面入手。在安全和环保方面，通过严格执行船舶建造规范法规的相关要求，提高船舶的安全和环保性能；在高效方面，通过船舶主尺度系列标准，提高船舶与船闸、升船机等通航设施的适应性和通过能力，通过能源强度指标，提高船舶的能效性能；在绿色方面，通过 CO_2 排放强度指标，实现船舶减排的目标；在先进性方面，通过研发新船型，创新运输组织方式，鼓励新材料、新方法、新工艺和新能源等先进技术与设备的推广应用，推动技术进步，全面提升内河运输船舶的技术含量。

内河运输船舶现代化是与时俱进、螺旋上升的动态发展过程，没有上限目标，“安全、高效、绿色、先进”在不同历史时期有着不同的含义。但是，为了加快内河运输船舶现代化的进程，我们应该设立阶段性的发展目标，明确发展方向。当前的发展目标是通过实施内河船型标准化工作，到 2020 年，内河船舶运力结构明显改善，内河船队的安全、环保、节能减排和技术水平显著提升，船舶与通航设施适应性显著增强，船员工作环境改善和船舶美观程度提高，基本实现内河运输船队现代化。

通过几年时间的努力，到 2020 年，全国内河船舶平均吨位达到 1 200 载重吨，其中长江干线超过 2 000 载重吨，京杭运河达到 800 载重吨，西江干线达到 1 500 载重吨，其他内河达到 500 载重吨。内河船队的安全、环保、节能减排和技术水平显著提升，平均单位运输周转量能耗和 CO_2 排放比 2015 年下降 5% ～ 10%（2015 年上述指标分别比 2005 年下降 14% 以上和 15% 以上）；全国内河运输船舶生活污水达标排放率（或集中回收处理）达到 100%。船舶与通航设施适应性显著增强，船员工作环境改善和船舶美观程度提高，标准化船舶占内河运输船舶总吨位 70% 以上，其中长江干线、西江干线和京杭运河达到 80%，基本实现内河船舶的标准化、系列化和内河运输船队现代化。

②现代化与标准化的关系

2001 年发布《内河运输船舶标准化管理规定》（交通部 2001 年 8 号令），揭开了我国内河船舶标准化工作的序幕。随后，按照船舶标准化的工作要求，先后开展了京杭运河、川江和三峡库区、珠江、长江干线等水域以主尺度为核心的船型标准化工作，取得了丰硕的成绩。具体表现为：优化了内河运输船舶运力结构，提升了内河运输船舶技术水平，改善了内河运输船舶安全性能，减少了内河运输船舶环境污染。这些成绩的取得都充分证明了船舶标准化在引领内河水运发展中的优先地位。

船舶标准化既是目标，更是实现内河运输船舶大型化、现代化的重要手段。十多年的船舶标准化工作淘汰了大量的小吨位老旧船舶，内河运输船舶净载重吨、平均吨位大幅提高，船舶大型化趋势明显。截至 2011 年，全国内河运力规模达到 8 700 万载重吨，船舶平均吨位突破 500t，是 2003 年的 3 倍。其中长江水系达到 700t，长江干线突破 1 000t，珠江水系达到 987t。

十多年的船舶标准化工作促进了内河运输船舶现代化的发展。具体表现为：提高了船闸和航道等通航设施利用率，减少了水上交通堵塞和交通事故，提升了内河船舶技术水平，减少了环境污染，提高了节能减排水平等。内河船舶技术进步体现在多个方面，例如，优化了船舶尺度系列、船体型线，减小了船舶阻力，提高了推进性能；改进了船舶技术设备，应用了先进的节能设备、助推装置、舱口盖等；提高了船舶节能技术，如液化天然气混合燃料船舶的推出；改善了船员居住条件的船舶布置；提高了船舶防污染、环保等方面的有关技术，船舶油污水处理、生活污水处理装置以及水润滑技术等取得了进步；提高了船舶安全技术，船舶消防、救生设施齐全，通信、导航设备先进。

应当说，这一时期的船型标准化工作只是全部船舶标准化工作的一部分，是船舶标准化的初级阶段。10 年后的 2011 年，国务院关于《加快长江等内河水运发展的意见》，标志着内河水运的发展上升为国家战略。船型标准化工作已经在国家“十二五”规划和国务院文件中出现，成为发展内河水运的核心内容之一。面对新形势，船型标准化的内涵也在不断扩大，其内容的扩充和实际的应用效果在不断丰富着船舶标准化内涵。

船舶现代化在不同的时期，体现的内涵不尽相同。进入新世纪的头 20 年，中国内河运输船舶现代化的主旋律就是船型标准化。船型标准化也是动态发展的，当前正在推动的船型标准化工作就是在发展船舶现代化。发展长江内河航运就是要深入推进以船型标准化工作为主线的船舶现代化，标准船型发展好了，也就达到了船舶现代化目标。

通过以上分析，我们得到如下主要结论：

A. 船型标准化的目标是实现内河运输船舶现代化。

B. 内河运输船舶现代化是指内河运输船舶追赶世界先进水平螺旋上升的发展过程，标准化是现代化过程中的初级表现形态。

C. 新一代内河标准船型是体现当前时代发展要求，反映当前总体技术发展水平的船型。

(2) 新一代内河标准船型的特征

新一代内河标准船型的基本特征主要体现在“安全、高效、绿色、先进”四个方面。

①“安全”

“安全”主要是指通过使用现代化技术不断提高船舶安全性能，保障船员以及运输旅客、货物的安全。在国家越来越强调“以人为本”的今天，安全发展是内河运输船舶现代化的基础，现代化先进技术、设备的应用都要以保障运输船舶安全为首要前提条件。在内河运输船舶现代化的进程中，船舶安全性能的高低总体反映了全社会对船舶安全风险的可接受程度。随着社会的进步，人们对船舶安全风险的容忍度必然会不断降低，这就会不断对船舶的安全性能提出新的要求。安全将是伴随内河运输船舶现代化整个动态过程的基本特征。

安全现代化的基本要求是严格执行船舶建造法规规范。因此，不断修订完善的内河运输船舶标准与规范是促进内河运输船舶安全性能提高的直接动力。船舶安全需满足的适用规范要求，包括稳性衡准数、稳性消失角、总纵强度、局部强度、航向稳定性、回转性、倒车制动性以及消防、救生设施的配备情况等。

然而，要执行新的法规规范要求，实现内河运输船舶安全环保现代化，仍旧需要不断提高的先进船舶技术与设备作为保障。例如，通过载货区设双层底、两舷设防撞边舱来提高船舶抗沉性；通过采用高效舵、采用外旋桨及线型、加大双尾轴间距等措施改善船舶操纵性；燃油舱设在尾尖舱主甲板下靠近船中处，可减少舷侧破损燃油泄漏的可能性。

②“高效”

交通运输的经济意义包括空间效用和时间效用，当货物从一个地方转移到另一个地方而价值增加时，运输就产生了空间效用；高效率的运输能够保证商品在需要用的时间送到适当的地点，就创造了时间效用。运输时间长是水路运输一直以来的弱势所在，而在当今及将来高速运转的经济社会中越来越重视时间效用。因此，运输船舶现代化要在保证运输安全的基础上，不断追求运输效率的提高。此外，在倡导能源节约型社会的发展趋势下，提高运输能效，节约能源是实现高效运输的新内涵。

衡量运输船舶现代化的标志是是否能够高效地完成内河水运任务，促进和支撑区域经济社会的发展。具体体现在船型主尺度标准化，与船闸、升船机等通航设施的适应性和通过能力强；船舶自身性能的高效，体现在推进效率、能源利用效率、载质量利用率等方面。

③“绿色”

气候变化问题已成为影响人类社会发展和全球政治经济格局的重大战略课题。我国作为温室气体排放的主要大国，已成为全球关注的对象，面临巨大的国际压力。为此，党中央、国务院明确提出要大力发展绿色经济，积极发展低碳经济和循环经济，将应对气候变化纳入经济社会发展规划，并向世界郑重承诺到 2020 年单位国内生产总值 CO_2 排放比 2005 年下降 40% ～ 45% 的减排目标。从全球范围来看，交通运输业在世界能源消费和温室气体排放中所占比重均超过 20%，且仍呈较快上升态势，节能减排责任重大，世界各国纷纷将发展绿色、低碳交通作为战略重点。交通运输行业必须按照发展绿色经济、低碳经济的要求，加快实施绿色、低碳发展战略，因此“绿色”是新一代标准船型的必然要求。

“十二五”公路水路交通运输节能减排规划的 CO_2 排放强度指标为与 2005 年相比，营运船舶单位运输周转量 CO_2 排放下降 16%，其中海洋和内河船舶分别下降 17% 和 15%；港口生产单位吞吐量 CO_2 排放下降 10%。内河运输船舶现代化在绿色上，要通过 CO_2 排放强度指标，实现船舶减排的目标。交通运输部公布的《营运船舶 CO_2 排放限值及验证方法》适用于国内航行，以柴油机作为主推进动力，400 总吨及以上的干散货船、集装箱船和油船，规定了 CO_2 排放限值、CO_2 排放指数的计算方法以及船舶 CO_2 排放指数验证方法。

“绿色”的含义除了反映在对船舶温室气体的排放控制方面外，还应包括对船舶污染物排放的控制，如生活污水、油污水、有害气体和噪声污染等，尽可能减少船舶对环境的影响。提高船舶的“绿色”水平，除了改善船舶能源利用效率以外，还包括减少船舶污染物排放的技术措施，如安装船用机舱舱底水油水分离器，用以处理机舱、舵机舱、货油泵舱内的含油污水；安装生活污水处理装置，以满足规范要求的排放标准；安装消声器系统，以降低排气噪声等级，等等。

④“先进”

内河运输船舶现代化的发展要以先进实用技术为基本手段，充分考虑船舶的安全性、节能性、经济性和环保性。技术进步是提高船舶先进性、经济型和竞争优势的主要推动力。船舶技术先进对于提高船闸和航道等通航设施利用率、减少水上交通堵塞和交通事故具有重要作用；采用先进技术是降低船舶噪声和水污染的需要，对保护内河水域及周边环境具有重要意义。

在先进性上，要通过研发新船型，创新船舶设计理念，鼓励新材料、新方法和新能源等先进技术与设备的推广应用，推动技术进步，全面提升内河运输船舶的技术含量，推进内河运输船舶现代化的进程。具体体现在先进的设计理念和方法、新技术、新材料、新能源和新设备的应用。

4.2 我国内河标准船型指标体系框架研究

4.2.1 内河标准船型指标体系构建的原则

（1）实用性原则

指标体系要有较强的可操作性，船舶设计单位、船舶使用单位、船舶检验部门应能比较容易的理解和执行，指标水平的设置应符合当前我国内河船舶的总体技术发展水平，不能脱离实际。

（2）导向性原则

指标体系应能反映国家对内河船舶发展的引导方向，体现国家建设现代化内河水运体系的总体要求，符合内河水运可持续发展的需要。

（3）协调性原则

指标体系应能促进内河船舶与港口、航道、船闸等基础设施的协调发展，促进内河船舶与经济、社会和环境的协调发展。具体指标的设置应与现行法律、法规、技术标准相协调。

4.2.2 内河标准船型指标体系框架

内河船型现代化综合评价指标体系构建如图 4-1 所示。

根据对内河标准船型的特征研究，从内河船型现代化综合评价指标体系中选取以下指标，作为标准船型的评价指标。

(1) 安全指标

安全性指标主要是法规规范对船舶安全方面的技术要求，主要包括船舶构造、强度、完整稳性、消防、救生、无线电电通信、航行设备、信号设备、船舶操纵性与驾驶室可视范围，以及特殊船舶的附加要求。标准船型安全指标需严格执行现行法规和规范的要求，并且与法规规范的修订保持一致性。

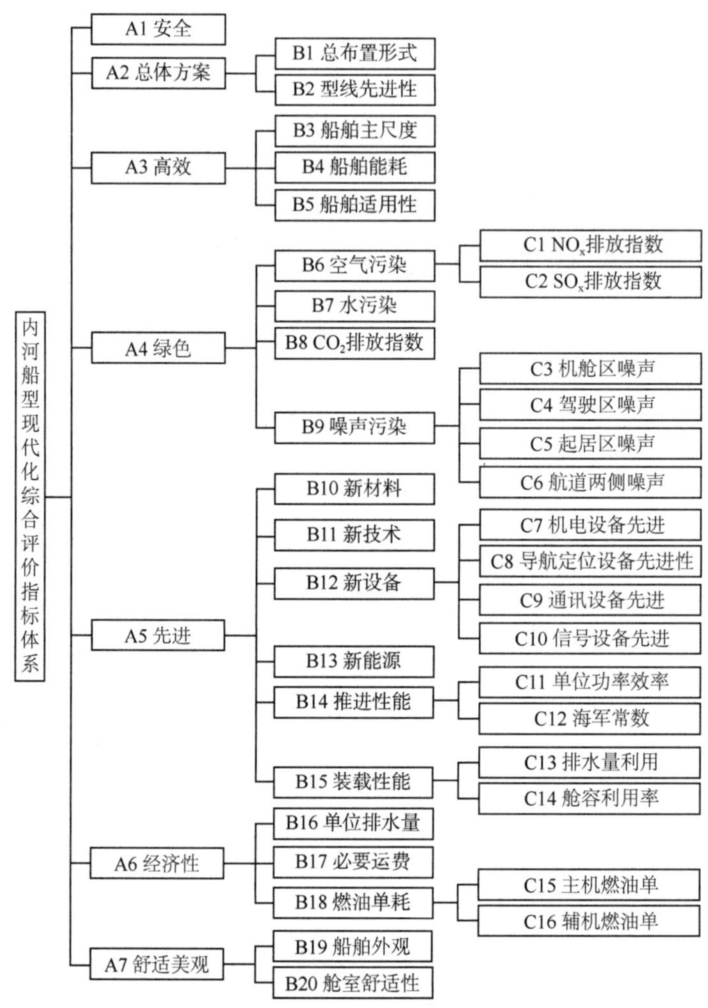

图 4–1 内河船型现代化综合评价指标体系

(2) 高效指标

高效指标主要反映船舶的运输效率，包括两层含义：一是整个运输系统的高效；二是船舶本身的高效。前者反映在船舶与港口、航道、船闸的匹配，用船型主尺度标准的符合性指标来衡量；后者用船舶能效设计指数来衡量。

①船舶主尺度

船舶主尺度是表示船体外形大小的主要尺度，通常包括船长、船宽、型深和吃水。船舶主尺度是计算船舶各种性能参数、衡量船舶大小、核收各种费用以及检查船舶能否通过船闸、运河等限制航道、能否有效利用船闸平面面积的依据。

②船舶能耗

船舶能耗用船舶燃料消耗指数来衡量。2012 年，交通运输部颁布了《营运船舶燃料消耗限值及验证方法》，给出了船舶燃料消耗指数的详细计算公式。船舶燃料消耗指数 FCI 按式（4–1）计算。

$$FCI=\frac{\left(\sum_{i=1}^{n_{ME}}P_{ME(i)}\cdot SFC_{ME(i)}\cdot R_{ME(i)}\right)+\left(\sum_{i=1}^{n_{AE}}P_{AE(j)}\cdot SFC_{AE(j)}\cdot R_{AE(j)}\right)}{Capacity\cdot V_{ref}} \tag{4-1}$$

式中：FCI——船舶燃料消耗指数，g/(t · n mile)；

n_{ME}——主机数量；

P_{ME}——主机最大持续功率减去轴带发电机功率后的 75%，kW；

SFC_{ME}——主机最大持续功率下的燃油消耗率，g/(kW · h)；

R_{ME}——主机所用燃料相对标准油的转换系数，$R_{ME}=J_{ME}/J_{标准油}$，其中：J_{ME} 为主机所用燃料的热值，$J_{标准油}$为标准油的热值，为 42.62MJ；

n_{AE}——辅机数量；

P_{AE}——最大负荷工况所要求提供的辅机功率，包括服务于推进装置或系统以及起居处所所必需的功率；也就是船舶在航速为 V_{ref}，载重为 Capacity 时所需功率，不包括侧推装置、货泵、货物操作机械装置、压载泵、冷藏装置等非必需功率，kW；按照船舶海上最大负荷工况航行时，所运行的辅机额定功率的 50% 计算；

SFC_{AE}——辅机额定功率下的燃油消耗率，g/(kW · h)；

R_{AE}——辅机所用燃料相对标准油的转换系数，计算方法同 R_{ME}；

Capacity——干散货船和油船使用载重吨，集装箱船以 65% 载重吨计，t；

V_{ref}——船舶在设计吃水状态下，75% 主机最大持续功率下，在无风无浪的平静水域中的航速，n mile/h。

（3）绿色指标

绿色指标主要反映船舶的环保性能，包括水污染、CO_2 排放指标、空气污染和噪声污染四项指标。

①水污染物排放指标

船舶对于水域的污染主要可以分为生活污水污染、含油污水污染、压载水污染、有毒有害液体污染以及固体垃圾污染。我国内河水域不但是船舶航运的载体和资源，为缓解陆运交通压力，提高国家尤其是沿岸城镇经济水平做出极大贡献，更承担着为我国人民提供生活用水和饮用水的重要角色，随着内河航运的不断发展，日益增长的内河船舶数量给水域带来了越来越严重的污染。为有效防治船舶水域污染，制定出切实可行的措施和污染排放量化标准，才能确保我国内河水域的可持续发展，保障人民的正常生活。

②CO_2 排放指标

营运船舶的 CO_2 排放指数 I_{CO_2} 按式（4–2）计算。

$$I_{CO_2}=\frac{\left(\sum_{i=1}^{n_{ME}}P_{ME(i)}\cdot SFC_{ME(i)}\cdot C_{FME(i)}\right)+(P_{AE}\cdot SFC_{AE}\cdot C_{FAE})-\sum_{i=1}^{n_{eff}}f_{eff(i)}\cdot P_{eff(i)}\cdot SFC_{ME(i)}\cdot C_{FME(i)}-\sum_{i=1}^{n_{eff}}f_{eff(i)}\cdot P_{AEff(i)}\cdot SFC_{AE}\cdot C_{FAE}}{Capacity\cdot V_{ref}} \tag{4-2}$$

式中：I_{CO_2}——CO_2 排放指数，g/(t · n mile)；

n_{ME}——主机台数；

$P_{ME(i)}$——第 i 台主机最大持续功率减去轴带发电机功率后的 75%，kW；

$SFC_{ME(i)}$——第 i 台主机在额定功率下的燃油消耗率，g/(kW · h)；

$C_{FME(i)}$——第 i 台主机所用燃油的 CO_2 转换系数，根据表 4–1 选取；

P_{AE}——船舶正常航行时所需的辅机功率，kW，就本标准而言，辅机仅指航行所需的发电机组的原动机，不包括燃油锅炉，当航行所需的发电机仅由主机驱动（如主机自由端带发电机或轴带发电机）时，辅机功率取 0；

SFC_{AE}——辅机的燃油消耗率，g/(kW · h)；

C_{FAE}——辅机所用燃油的 CO_2 转换系数，根据表 4–1 选取；

n_{eff}——船舶所采用的新型节能技术的种数；

$f_{eff(i)}$——第 i 种新型节能技术的可获得性，对废热回收系统，取 1.0；对其他新型节能技术，如风力助航、燃料电池、太阳能发电等，$f_{eff(i)}$ 的选取应经验证机构认可①；

$P_{eff(i)}$——由于采用第 i 种新型机械节能技术（如废热利用、风力助航等）而减少的主机功率，kW；

$P_{AEff(i)}$——由于采用第 i 种新型电力节能技术（如船载风力发电、太阳能发电等）而减少的辅机功率，kW；

Capacity——载重吨，干散货船和油船以设计载重吨，集装箱船以 65% 设计载重吨计算，t；

V_{ref}——船舶在设计吃水状态下，75% 主机最大持续功率下，在无风无浪的平静海况下的航速，n mile/h。

注①：IMO 正在研究其他新型节能技术的可获得性，但目前尚无具体数据。因此，在 IMO 发布具体数据前，船舶应根据自身所采用的节能技术的成熟度和可利用度，确定新型节能技术的可获得性，并经验证机构认可。

不同燃料的 CO_2 转换系数 C_F　　表 4–1

燃料种类		CO_2 转换系数 C_F
柴油		3.206 00
轻油		3.151 04
重油		3.114 40
LPG	丙烷	3.000 00
	丁烷	3.030 00
LNG		2.750 00

③空气污染物排放指标

船舶对大气的污染主要包括：消耗臭氧物质、氮氧化物、硫氧化物、粉尘、石油及化学品蒸汽、尾气、含 CFC_S 及其他卤化物的制冷剂和灭火剂、有毒有害气体，以及最近新纳入污染体系的 pm2.5。这里仅研究比较重要的 NO_x 的排放指标。内河船舶多使用柴油作为燃料，含硫量很低，主机尾气中的 SO_x 含量很少，可忽略不计。

④噪声污染指标

船舶噪声指船舶的动力机械（主机、辅机、螺旋桨、推进系统等）和辅助机械（泵、风机等）在运行过程中发出的令人不舒适的或干扰周围生活环境的声音。船舶噪声污染源主要可分为：船舶动力装置噪声、辅助机械噪声、螺旋桨噪声和船体振动的噪声等。

为了倡导发展和应用绿色技术，促进造船业、相关制造业和航运业产业结构优化升级，促进航运企业对新建船舶和现有船舶采取具有成本效益的技术和管理措施，提高运输船舶营运的绿色度，在安全的前提下实现船舶的低消耗、低排放、低污染、舒适的目标，中国船级社 2013 年发布了《内河绿色船舶规范》，规定在满足《内河船舶入级规则》及相关规范和现行法规要求的基础上，对按照《内河绿色船舶规范》建造的航行于我国内河水域、400 总吨及以上的内河自航船舶授予"绿色船舶"等附加标志。该规范定义的"绿色船舶"是指采用相对先进技术（绿色技术）在其生命周期内能经济地满足其预定功能和性能，同时实现节约资源和能源、减少或消除环境污染，并对操作和使用人员具有良好保护的船舶。

(4) 先进指标

先进指标主要衡量船舶在新材料、新技术、新设备和新能源方面的应用情况，反映船舶的技术先进性。

在上述指标中，安全、高效和绿色指标中的 CO_2 排放、水污染和空气污染为强制性指标，绿色指标中的噪声污染、先进指标为引导性指标。新建标准船舶除应满足规范的要求外，还应满足指标体系中强制性指标的要求，同时鼓励船舶达到引导性指标要求。

4.3 标准船型强制性指标水平研究

4.3.1 安全指标

我国内河船的安全性指标主要遵循《内河船舶法定检验技术规则》(2011) 和《钢质内河船舶建造规范》(2015)。其中，《钢质内河船舶建造规范》中对于船舶的船体结构、舾装等的总纵强度、屈曲强度等有明确要求；《内河船舶法定检验技术规则》中第五篇"船舶安全"，对于船舶的消防、救生设备、无线电通信设备、航行设备、信号设备、完整稳性等做出了明确规定。

这两部规范分别从船舶建造和船舶设备等方面对内河船舶的安全指标做出了相关规定。

4.3.2 高效指标

(1) 船型主尺度

船型主尺度是影响船闸、升船机等通航设施通航效能的重要因素，船闸通过能力的计算式为：

$$P_2' = (n - n_0)\frac{NG'\alpha}{\beta} \tag{4-3}$$

式中：P_2'——年过闸货运量，t；

n——日均过闸次数，次；

n_0——日均运客、货过闸次数，次；

G'——一次过闸平均吨位，t；

α——船舶装载系数；

β——运量不均衡系数；

N——年通航天数，d。

由上式可知，船闸通过能力主要取决于日均过闸次数、一次过闸平均吨位和年通航天数。而日均过闸次数、年通航天数主要由船闸运行管理维护水平决定，一次过闸平均吨位与过闸船舶的平均吨位和每闸次中能容纳的船舶数量有关，即船舶平面尺度与吨位的关系以及闸室的面积利用率有关。这意味着过闸船型尺度与船闸尺度匹配越好，一次过闸平均吨位就越高，对提高船闸通过能力越有利。

对航行于已建或在建船闸、升船机等通航设施的内河限制性航道的新建内河运输船舶，应满足交通运输部公布的船舶主尺度系列标准。2003 年以来，交通运输部先后颁布了川江及三峡库区、京杭运河、西江干线的标准船型主尺度系列，目前正在组织编制内河其他主要通航水域的主尺度系列。在船型主尺度中，对船闸利用率影响最大的船舶总宽，其次是总长。因此，在制订主尺度系列时，应严格控制船舶总宽，对船舶总长允许一定的浮动范围。

（2）船舶燃料消耗指数

以柴油机作为主推进动力的适用船舶，其燃料消耗指数应满足交通运输部公布的《营运船舶燃料消耗限值及验证方法》中的燃料消耗量限值要求，燃料消耗指数的计算和验证按《营运船舶燃料消耗限值及验证方法》执行。

船舶燃料消耗限值 LimitFCI 按式（4–4）计算。

$$\text{LimitFCI} = a \times \text{DWT}^{-c} \tag{4-4}$$

式中：LimitFCI——燃料消耗限值，g/(t · n mile)；

DWT——载重吨，t；

a、c——无量纲常数，根据船型、航区按表 4–2 选取。

不同船型、航区船舶的 a、c 值 表 4–2

实施阶段	航　区	船型					
		干散货船		集装箱船		油船	
		a	c	a	c	a	c
第一阶段	内河 A、C 级航区	24.23	0.202 5	937.1	0.592 0	145.9	0.413 2
	内河 B 级航区	114.0	0.435 2				
第二阶段	内河 A、C 级航区	24.23	0.202 5	893.0	0.599 1	147.0	0.425 6
	内河 B 级航区	114.0	0.435 2				

（3）船舶燃料消耗指数指标验证

①指标验证基础数据来源

2012 年，课题组从各省市收集长江和西江干线现有船舶资料共计 44 334 艘，由于低船龄船舶可以更精准地体现现期船舶燃油单耗水平，课题组选取 2009 ～ 2011 年新造的长江干线 1 702 艘船舶（干散货船 1 627 艘，集装箱船 75 艘）和西江干线 1 080 艘干散货船作为船舶燃料消耗指数指标验证的基础船舶。

②验证方法

按照《营运船舶燃料消耗限值及验证方法》进行船舶燃料消耗指数计算，船舶燃料消耗指数 FCI 计算公式为：

$$\mathrm{FCI}=\frac{\left(\sum_{i=1}^{n_{\mathrm{ME}}}P_{\mathrm{ME}(i)}\cdot\mathrm{SFC}_{\mathrm{ME}(i)}\cdot R_{\mathrm{ME}(i)}\right)+\left(\sum_{i=1}^{n_{\mathrm{AE}}}P_{\mathrm{AE}(j)}\cdot\mathrm{SFC}_{\mathrm{AE}(j)}\cdot R_{\mathrm{AE}(j)}\right)}{\mathrm{Capacity}\cdot V_{\mathrm{ref}}} \tag{4-5}$$

式中：FCI——船舶燃料消耗指数，g/(t · n mile)；

n_{ME}——主机数量；

P_{ME}——主机最大持续功率减去轴带发电机功率后的 75%，kW；

$\mathrm{SFC}_{\mathrm{ME}}$——主机最大持续功率下的燃油消耗率，g/(kW · h)；

R_{ME}——主机所用燃料相对标准油的转换系数，$R_{\mathrm{ME}}=J_{\mathrm{ME}}/J_{标准油}$，其中：$J_{\mathrm{ME}}$ 为主机所用燃料的热值，$J_{标准油}$为标准油的热值，为 42.62MJ；

n_{AE}——辅机数量；

P_{AE}——海上最大负荷工况所要求提供的辅机功率，包括服务于推进装置或系统以及起居处所所必需的功率，也就是船舶在航速为 V_{ref}，载重为 Capacity 时所需功率，不包括侧推装置、货泵、货物操作机械装置、压载泵、冷藏装置等非必需功率，kW；按照船舶海上最大负荷工况航行时，所运行的辅机额定功率的 50% 计算；

$\mathrm{SFC}_{\mathrm{AE}}$——辅机额定功率下的燃油消耗率，g/(kW · h)；

R_{AE}——辅机所用燃料相对标准油的转换系数，计算方法同 R_{ME}；

Capacity——干散货船和油船使用载重吨，集装箱船以 65% 载重吨计，t；

V_{ref}——船舶在设计吃水状态下，75% 主机最大持续功率下，在无风无浪的平静海况下的航速，n mile/h。

船舶燃料消耗限值 LimitFCI 计算公式为：

$$\mathrm{LimitFCI}=a\times\mathrm{DWT}^{-c} \tag{4-6}$$

将计算出来的船舶 FCI 值与 LimitFCI 第一阶段值进行比较，如若 FCI<LimitFCI，即为该船舶的燃料消耗指数满足第一阶段的限值标准。

③验证结果

A. 长江干线

现有船舶燃料消耗指数与基线值的偏离情况统计如表 4-3 所示。

长江干线现有船舶燃料消耗指数与基线值的偏离情况 表 4-3

船舶类型		低于30%以上	低于20%	低于10%	高于10%	高于20%	高于30%以上
干散货船	数量（艘）	100	222	352	973	858	769
	百分比	6.15%	13.64%	21.63%	59.80%	52.74%	47.26%
集装箱船	数量（艘）	19	33	53	16	12	9
	百分比	25.33%	44.00%	70.67%	21.33%	16.00%	12.00%
合计	数量（艘）	119	255	405	989	870	778
	百分比	6.99%	14.98%	23.80%	58.11%	51.12%	45.71%

由表4-3可知，近三年新建船舶中燃料消耗指数低于基线值10%、20%和30%的船舶比例分别为23.8%、14.98%和6.99%。

B.西江干线

现有船舶燃料消耗指数与基线值的偏离情况统计如表4-4所示。

西江干线现有船舶燃料消耗指数与基线值的偏离情况 表 4-4

船舶类型		低于30%以上	低于20%	低于10%	低于0%	高于10%	高于20%	高于30%以上
干散货船	数量(艘)	57	93	181	298	502	251	213
	百分比	5.28%	8.61%	16.76%	27.59%	46.48%	23.24%	19.72%

由表4-4可知，西江干线近三年新建船舶中燃料消耗指数低于基线值10%、20%和30%的船舶比例分别为16.76%、8.61%和5.28%。

4.3.3 绿色指标

（1）水污染物排放指标

①现有法律规范

A.我国现有法律规范

目前，我国现有涉及水污染物排放的相关法律法规和技术标准有：

a.《中华人民共和国水污染防治法》；

b.《中华人民共和国水污染防治法实施细则》；

c.《中华人民共和国防治船舶污染内河水域环境管理规定》；

d.《中华人民共和国海事行政许可条件规定》；

e.《船舶污染物排放标准》（GB 3552—83）；

f.《防治船舶污染海洋环境管理条例》；

g.《污水海洋处置工程污染控制标准》（GB 18486—2001）；

h.《海洋石油勘探开发污染物排放浓度限值》（GB 4914—2008）。

除国家法规外，各地区城市根据本地环境特点，制定了防治船舶水域污染的地方规定：

a.《天津海事局防治船舶污染水域监督管理办法》；

b.《上海港防止船舶污染水域管理办法》；

c.辽宁省人民政府颁发的《防止船舶污染港区水域作业许可》；

d.《三亚防治船舶污染水域规定》（2004）；

e.《烟台港水上交通安全和防止船舶污染水域管理规定》。

B. 国际现有法律规范

国际上涉及船舶防污染的公约主要有三个：

a. MARPOL73/78《国际防止船舶造成污染公约》；

b.《国际控制船舶有害防污底系统公约》；

c. MEPC.159 (55) 决议《经修订的实施生活污水处理装置排出物标准和性能试验导则》。

②法律规范对比

《内河船舶法定检验技术规则》(2011) 规定生活污水的排放标准遵照 MEPC.159 (55) 决议通过的《经修订的实施生活污水处理装置排出物标准和性能试验导则》，见表 4-5。

生活污水的排放标准 表 4-5

序号	规　范	适用范围	生化需氧量（mg/L）	悬浮物（mg/L）	大肠菌群（个 /100mL）	化学需氧量（mg/L）	含油量（mg/L）	pH 值
1	《内河船舶法定检验技术规则》（2011）	内河	不大于 25	不大于 35	不大于 100	不大于 125	不大于 15	6 ~ 8.5
2	《船舶污染物排放标准》（GB 3552—83）	内河	不大于 50	不大于 150	不大于 250	—	—	—
3	《污水海洋处置工程污染控制标准》（GB 18486—200）	海洋	不大于 150	不大于 200	不大于 2 000	不大于 300	不大于 12	6 ~ 9
4	《海洋石油勘探开发污染物排放浓度限值》（GB 4914—2008）	海洋	不大于 25	不大于 35	不大于 100	一级水域最小值为不大于 300	一级水域最小值为不大于 30	6 ~ 8.5

③结论

A. 在对比中可以看到，《内河船舶法定检验技术规则》(2011) 对于水污染物限值的标准更为严苛，符合我国内河水域的标准，因此，标准船型水污染排放指标仅需严格执行海事局颁发的《内河船舶法定检验技术规则》(2011)。

B.《内河船舶法定检验技术规则》(2011) 中规定，航行于三峡库区和京杭运河的船舶严禁将污油水直接排往舷外；航行于京杭运河的船舶严禁将生活污水排往舷外，都要储存于船上，排放给岸上接受设备。随着我国船舶标准化的不断发展以及我国内河船舶绿色环保水平的不断提高，建议到 2020 年全面禁止内河船舶污水在航行过程中的排放，一律储存到污水舱（柜），排至岸上接受设备。

(2) CO_2 排放指标

2011 年 7 月 15 日，国际海事组织海洋环境保护委员会第 62 次会议（MEPC62）通过了 MARPOL 公约附则 VI 修正案，确定了“新船能效设计指数”(EEDI) 和“船舶能效管理计划”(SEEMP) 两项船舶能效标准。该修正案将于 2013 年 1 月 1 日起生效，2015 年执行。自 2015 年起，所有 400 总吨以上的新船，必须达到新的 EEDI 要求，将能效改善 10%，2020 ~ 2024 年间再改善 10%，2024 年后要达到减排 30% 的目标。

为了应对国际上越来越严格的减排要求，交通运输部制定了水路运输节能减排的目标，

2015～2020 年，营运船舶单位运输周转量 CO_2 排放比 2005 年分别下降 16% 和 22%。为了实现这一目标，2012 年交通运输部公布了《营运船舶 CO_2 排放限值及验证方法》，提出了新建船舶 CO_2 的排放限值要求。

内河运输船舶是水路运输碳排放的重要来源之一，为了降低船舶排放，以柴油机、气体燃料发动机作为主推进动力 400 总吨以上的内河标准船型，其 CO_2 排放指标应满足交通运输部公布的《营运船舶 CO_2 排放限值及验证方法》中的 CO_2 排放指标限值要求，计算公式如下：

$$\text{Limit}CO_2 = a \times \text{DWT}^{-c} \tag{4-7}$$

式中：$\text{Limit}CO_2$——CO_2 排放指数限值，g/(t · n mile)；

DWT——船舶的载重吨，t；

a、c——常数，根据船舶的船型、航区按表 4–6 选取。

不同船型、航区船舶的 *a*、*c* 值 表 4–6

实施阶段	航　区	船　　型					
		干散货船		集装箱船		油　　船	
		a	c	a	c	a	c
第一阶段	内河 A 级航区	76.23	0.202 2	2 940	0.591 4	459.8	0.413 2
	内河 B 级航区	359.4	0.435 2				
第二阶段	内河 A 级航区	76.23	0.202 2	2 805	0.598 7	463.3	0.425 6
	内河 B 级航区	359.4	0.435 2				

(3) 空气污染排放指标

这里主要研究对内河船舶 NO_x 的排放限制。氮氧化物能引起酸化，形成对流层臭氧、营养富集等不良环境影响，对全球人类健康造成危害。

①现有法律规范

随着国际、国内对于防治船舶空气污染的要求越来越严格，有关船用柴油机氮氧化物排放的多项法律法规以及标准、公约相继出台。MEPC 通过对 MARPOL73/78 公约中附则Ⅵ（《防止船舶造成大气污染规则》）的不断修订，逐步降低对于 NO_x 排放的最高限值。2010 年，交通运输部发布了关于国际海事组织《经 1978 年议定书修订的〈1973 年国际防止船舶造成污染公约〉》的 1997 年议定书附件和《船用柴油机氮氧化物排放控制技术规则》的修正案生效公告。根据新修订的公约，IMO 对 NO_x 排放提出了三阶段的限制要求，具体如表 4–7 所示。

IMO 对 NO_x 排放提出了的三阶段的限制要求 表 4–7

阶　段	生效日期（年）	NO_x 排放 [g/(kW · h)]		
		$n<130$	$130 \leq n<2\,000$	$n \geq 2\,000$
第一阶段	2000	17.0	$45n^{-0.2}$	9.8
第二阶段	2011	14.4	$44\,n^{-0.23}$	7.7
第三阶段	2016	3.4	$9n^{-0.2}$	1.96

注：n——柴油机额定转速，r/min。

根据莱茵河中央管理委员会制订的《莱茵河船舶检验规则》(2011)，航行于莱茵河的船舶 NO_x 排放限值如表 4–8 所示。

航行于莱茵河的船舶 NO_x 排放限值 表 4–8

P_n (kW)	NO_x (g/kW · h)
$19 \leqslant P_n < 37$	8.0
$37 \leqslant P_n < 75$	7.0
$75 \leqslant P_n < 130$	6.0
$130 \leqslant P_n < 560$	6.0
$P_n \geqslant 560$	$n \geqslant 3\,150$　6.0 $343 \leqslant n < 3\,150$　$45n^{-0.2}-3$ $n < 343$　11.0

②规范对比

目前，我国现行法规规范对内河船舶 NO_x 排放的限值相当于国际航行船舶 NO_x 排放的第一阶段要求，而现在国际上已在 2011 年 1 月 1 日开始执行第二阶段限值要求。莱茵河航行船舶的 NO_x 排放限制比 IMO 现行的排放标准更严格，大致低 5% ~ 10%。相比之下，我国法规对内河船的 NO_x 排放要求是比较低的（图 4–2）。

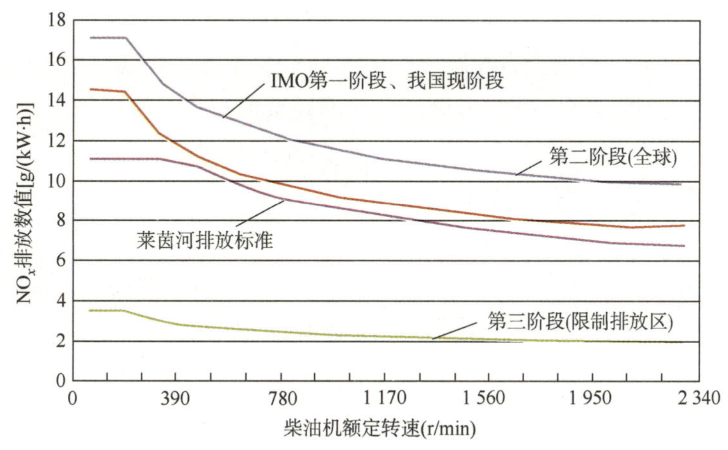

图 4–2　规规范对内河船舶 NO_x 排放的限值

③结论

A. 国际社会对于船舶 NO_x 排放控制越来越重视和严格，我国规范对于内河船舶 NO_x 排放的限值要求较低，建议到 2015 年适当提高，到 2020 年提高到较高水平。

B. 国际上 NO_x 排放的第二阶段限值比第一阶段限值降低 15% ~ 20%，参照我国船用柴油机总体水平，对国内的主机生产厂商而言，大部分主机都可以达到该要求。因此，建议在 2015 年以前，内河标准船型的 NO_x 排放指标仍按照国内现行法规的要求执行。到 2015 年，将内河标准船型的 NO_x 排放指标与国际航行船舶保持一致，即柴油机氮氧化物的排放量应在下列限制内：

$$\begin{cases}14.4\text{g/kW}\cdot\text{h，当 } n<130\text{r/min 时；}\\ 44.0n-0.23\text{g/kW}\cdot\text{h，当 } 130\text{r/min}\leqslant n<2\,000\text{r/min 时；}\\ 7.7\text{g/kW}\cdot\text{h，当 } n\geqslant 2\,000\text{r/min 时。}\end{cases}$$

其中，n 为柴油机额定转速。

C. 到 2020 年，建议将内河标准船型的 NO_x 排放限值在 2015 年的基础上再下降 20%，达到目前莱茵河的排放标准，即：

$$\begin{cases}10.2\text{g/kW}\cdot\text{h，当 } n<130\text{r/min 时；}\\ 27.0n-0.2\text{g/kW}\cdot\text{h，当 } 130\text{r/min}\leqslant n<2\,000\text{r/min 时；}\\ 5.88\text{g/kW}\cdot\text{h，当 } n\geqslant 2\,000\text{r/min 时。}\end{cases}$$

其中，n 为柴油机额定转速。

(4) CO_2 排放指标验证

根据交通运输部公布的《营运船舶 CO_2 排放限值及验证方法》，CO_2 排放指数 I_{CO_2} 的计算式见式（4–2）。

由于收集的基础船舶并不具备新型节能技术，所以 I_{CO_2} 的计算公式可简化为：

$$I_{CO_2}=\frac{\left(\sum_{i=1}^{n_{ME}}P_{ME(i)}\cdot SFC_{ME(i)}\cdot C_{FME(i)}\right)+(P_{AE}\cdot SFC_{AE}\cdot C_{FAE})}{Capacity\cdot V_{ref}} \tag{4–8}$$

从式（4–8）中可以看出，CO_2 排放水平的分布规律与燃料消耗系数的分布规律一致。因此，对于 CO_2 排放指标的验证结果也与燃料消耗系数一致，不再赘述。

4.4 标准船型引导性指标体系研究

标准船型指标体系的引导性指标包括船舶噪声和船舶先进性指标，船舶先进性具体体现在新材料、新技术、新设备和新能源在内河船舶上的应用。

4.4.1 噪声污染控制指标

(1) 船舶噪声污染的危害

①危害人们身心健康和日常交流

主要包括对听力、心理、生理、睡眠、交谈和工作思考的危害。长期在强噪声环境下工作，人的听力将受到严重影响，并有可能引发头昏、头疼、神经衰弱等不良症状。

②危害水域机器沿岸生态环境

船舶在航行时，所产生的噪声会对部分水生物和沿岸的动物产生致命影响，危害生态安全。一些水下生物依靠发生系统和听觉功能寻找食物，船舶产生的强大噪声会干扰它们捕捉声波的能力，从而导致生物的死亡甚至生物链的断裂，从而影响生态环境平衡。

③危害船舶技术状况和航行安全

部分船舶噪声如果和其他噪声频率吻合，将激发出更强烈的共振噪声。这些噪声再和船舶特有的共振周期相同的话，就会增加船舶共振强度，从而影响船舶结构。另外，船舶在内河水域航行时不按规定鸣放信号，除了污染周边生活环境外，也同样会给其他船舶正常航行带来安全隐患。

（2）我国关于船舶噪声的相关法律规范

①《中华人民共和国环境噪声污染防治法》中第6条第3款规定，各级公安、交通、铁路、民航等主管部门和港务监督机构，根据各自的职责，对交通运输和社会生活噪声污染防治实施监督管理。第34条规定，机动船舶在城市市区的内河航道航行，必须按照规定使用声响装置。

②《内河船舶噪声级规定》（GB 5980—2009），对船舶各舱室的噪声最大值进行了限制规定。

③《内河船舶法定检验技术规则》（2011）第8章对航行于京杭运河的船舶噪声进行了规定：航行于京杭运河的船舶，船舶发出噪声的声压级在距船侧横向距离25m处应不超过70dB(A)。

④《城市区域环境噪声标准》（GB 3096—93）中，规定了穿越城区的内河航道两侧区域的噪声标准限值，白天应不超过70dB(A)，晚上不超过55dB(A)。

（3）国外关于船舶噪声的相关法律规范

①IMO Res.A.468（XII）《船舶噪声限值规范》对船舶各舱室的噪声最大值进行了限制规定，并对船舶噪声检验报告做了相应规定，对船员在噪声区内处身时间的限度也做了规范。

②AS 2254—1988《船舶噪声澳洲标准》，分别按照船舶类型以及不同船长进行分类，对船舶各舱室的噪声最大值进行了限制规定，并对船员在噪声区内处身时间的限度做了规范。

③《莱茵河船舶检验规则》（2011），规定航行船舶发出的噪声声压级在距船侧横向距离25m处不得超过75dB(A)，非航行固定船舶发出的噪声声压级在距船侧横向距离25m处不得超过65dB(A)。

（4）相关建议

①船舶噪声对于水生生物、船舶航行、船上人员以及沿岸居民的影响日益严重，人们的重视程度也越来越高。但是我国对于船舶噪声并没有像船舶水域污染和船舶空气污染那样作为一个大的指标来分门别类地进行研究和规范，使相关部门在对船舶噪声进行依法监督和治理的时候无法可依，因此，建议将防治船舶噪声污染列入内河船舶指标体系，进行明确规范。

②我国《内河船舶噪声级规定》同国外规范相比对于船舶舱室噪声限值的规定并不全面，且并未对船员在噪声区处身时间进行限制，对于船舶噪声检验报告也未作相关说明，内容过于简单，建议补充如表4–9中内容。

内河船舶噪声检验建议补充内容　　表 4–9

<table>
<tr><th colspan="2" rowspan="2">区　　域</th><th colspan="4">噪声最大限制值 [dB（A）]</th></tr>
<tr><th>Ⅰ</th><th>Ⅱ</th><th>Ⅲ</th><th>内河高速船</th></tr>
<tr><td rowspan="5">机舱区</td><td>机舱区（连续有人）</td><td colspan="3">90</td><td rowspan="5">—</td></tr>
<tr><td>机舱区（不连续有人）</td><td colspan="3">110</td></tr>
<tr><td>机舱控制室</td><td colspan="3">75</td></tr>
<tr><td>加工间</td><td colspan="3">85</td></tr>
<tr><td>未指明的工作场所</td><td colspan="3">90</td></tr>
<tr><td rowspan="5">驾驶区</td><td>驾驶室</td><td>65</td><td>65</td><td>69</td><td rowspan="5">70</td></tr>
<tr><td>报务室</td><td>65</td><td>65</td><td></td></tr>
<tr><td>驾驶室桥翼</td><td>70</td><td>80</td><td>80</td></tr>
<tr><td>无线电室</td><td>60</td><td>60</td><td>60</td></tr>
<tr><td>雷达室</td><td>65</td><td>65</td><td>65</td></tr>
<tr><td rowspan="5">起居区</td><td>卧室</td><td>60</td><td>65</td><td>70</td><td rowspan="5">78/75</td></tr>
<tr><td>休息室、办公室、坐席客舱</td><td>65</td><td>70</td><td>70</td></tr>
<tr><td>医务室</td><td>55</td><td>60</td><td>65</td></tr>
<tr><td>厨房</td><td>75</td><td>80</td><td>80</td></tr>
<tr><td>甲板上用于娱乐活动的空间</td><td>75</td><td>80</td><td>80</td></tr>
<tr><td>通常不进入的区域</td><td>—</td><td colspan="3">90</td><td>—</td></tr>
</table>

注：Ⅰ、Ⅱ、Ⅲ类所指船舶见《内河船舶噪声级规定》（GB 5980—2009）定义。

③船员在噪声区处身时间的限制建议如图 4–3 所示。

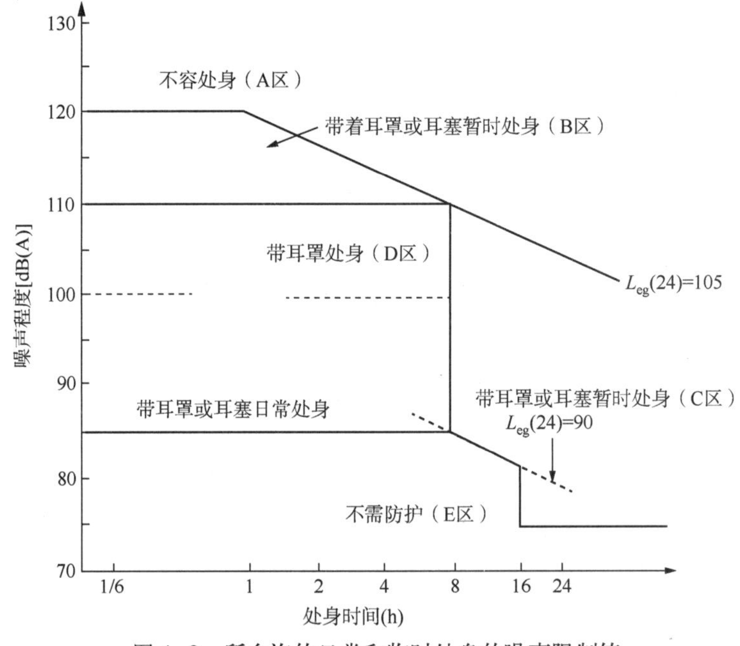

图 4–3　所允许的日常和临时处身的噪声限制值

A. 最大无防护处身范围（图中 E 区）

对于处身时间小于 8h 时，船员不带护耳器应不得处于噪声超过 85dB（A）的区域。当船员需延续超过 8h 时，应不超过 80dB(A) 的 $L_{eg}(24)$ 当量线。最后，第三档每 24h，船员应以环境噪声条件超过 75 dB（A）为准。

B. 暂时处身范围（图中 C 区）

容许在 C 区内暂时处身，并需戴耳罩或耳塞。

C. 日常处身范围（图中 D 区）

如果船员在噪声程度 D 区内日常工作（日常处身），应带上护耳器，并要考虑听力维持程度。

D. 暂时处身范围（图中 B 区）

在 B 区仅为应允许暂时处身的区域，并应同时使用耳罩而耳塞，除非限制处身时间至 10min 以内，此时可仅戴一耳罩或耳塞。

E. 带有护耳器的最大处身限度（图中 A 区）

即使戴着护耳器，海员也不应处身于超过 120dB（A）或超过 105dB（A）的 L_{eg}（24）当量线范围。

④船舶噪声检验报告。

为有效控制船舶噪声污染，方便有关部门进行有效监督和检查，每条船舶都应编写一份船舶噪声检验报告。报告中应包括船上各不同场所噪声值的资料，标明每个测量点的读数，且这些测量点应在船体总布置图上进行标明，或标明于生活区图并附于报告中，或采用其他方式进行标明。

船舶噪声检验报告格式可参考 IMO《船舶噪声限值规范》中的附件 1。

⑤参考我国各地区对于内河船舶噪声的管理，建议补充噪声对于船体之外环境影响的有关管理内容：

A. 对于采砂船，要严格规范船舶作业范围、作业时间，可禁止采砂船在夜间 22：00 至次日 6：00 作业，并督促码头靠泊船舶尽量采用岸上供电，减少副机发电噪声。

B. 对于客船，要合理调整客船发班时间，规范船舶鸣笛行为，督促船舶在城区水域内减少使用高音量喇叭，尽可能使用低噪声音响设备。

C. 船舶应保持良好的技术性能，所产生的沿岸噪声白天不得超过 70dB（A），夜间不得超过 55dB（A）。

4.4.2 新材料

新材料的应用包括如高效环保的舱室绝缘材料、涂装材料——水性涂料、粉末涂料等绿色材料；钢铝混合结构、纤维增强塑料等。水性涂料中最重要的防腐涂料就是水性无机富锌涂料，它是以无机物为主要成膜物、高含量的锌粉为防锈颜料、水为分散介质的高固体分厚膜涂料。水性无机富锌涂料作为一种零 VOC 的环保型防腐涂料，已被各行各业所接受，具有广阔的发展和应用前景。钢铝混合结构即主船体采用钢质，上层建筑采用铝质，有减轻空船重量、提高航速等优点。纤维增强塑料俗称“玻璃钢”，《内河高速船建造与检验规定》中规定增强纤维应为无碱玻璃纤维、增强型中碱玻璃纤维、芳纶纤维、碳纤维及上述纤维的织物。实际建造过程中，因价格等因素，芳纶纤维和碳纤维很少使用，中碱玻璃纤维主要用于尺度较大船舶的甲板及上层建筑和尺度较小船舶的船体，无碱玻璃纤维是制造尺度较大船舶船体的主要增强材料。

4.4.3 新技术

现阶段内河运输船舶新技术的应用，包括船尾附加水动力装置——前置导管、桨前反映鳍桨后叶轮装置、尾端球；船舶动力系统优化；通过理论分析与模型试验，优化船舶线型，推荐船舶阻力小、推进效率高、快速性优良的线型，例如采用球鼻艏、直壁式船首、双艉鳍船型、不对称船尾、涡尾船型、球尾船型等优化船舶线型，有效地降低了船舶航行阻力，提高了推进性能；应用船型节能、附体节能以及专用技术节能（如气膜减阻等）、船尾附加水动力节能装置等关键技术；船舶布置优化，如集装箱船的船首驾驶室布置，解决了驾驶盲区问题；客船舱室模块化设计的理念；依据规范和直接计算相结合的船舶结构、布置优化技术，如载货汽车滚装船上层建筑置于中部，改善了船舶总纵强度等；溢油监视、鉴别、处理、生态评价技术和船舶防污染技术；客船的减振、降噪技术，LED 照明技术等。

4.4.4 新设备

现阶段先进设备的应用包括推广使用节能型柴油机、节油减烟器、主机轴带发电机、热泵技术，岸电使用；优化电子喷油控制装置，机舱自动化控制、变螺距负载自动调节装置；舵桨一体化装置、油气回收装置；采用高效推进装置如低转速大直径螺旋桨、适伴流调距桨、导管螺旋桨、无梢涡螺旋桨以及部分浸水螺旋桨、侧向推进器等，提高了船舶推进效率；采用尾轴水润滑等。

这里简要介绍几种针对船舶节能减排的先进设备：高效螺旋桨、电控共轨式智能柴油机以及废热回收利用装置。高效螺旋桨可通过减小桨叶面积、改变叶形、修改径向螺距分布优化载荷分布、采用唇形后倾叶梢概念等方法提高推进效率；智能柴油机可通过计算机控制系统保证柴油机燃烧室燃油达到良好的雾化和最佳的风油燃烧比，以及最佳的点火时间、足够的点火能量和最少的污染排放；废热回收利用装置包括废气涡轮增压器、废气涡轮发电机组、废气锅炉发电机、燃油锅炉经济器等。

4.4.5 新能源

清洁新能源的应用是降低 CO_2 排放量，打造绿色内河运输船舶的发展方向。气体燃料动力（CNG/LPG/LNG）、电力推进系统、燃料电池、太阳能动力装置等是现阶段前景较好的可用于内河运输船舶的清洁能源。

近几年，内河水域出现了以液化天然气（LNG）为燃料的试验船舶。由于常压下液化天然气对保温要求和材料的低温性能要求较高，实际使用和布置很困难。但最近几年，随着科学技术的发展，高性能绝缘材料、结构及高新技术的应用，使相关技术问题得到逐步解决。LNG 作为一种清洁能源，不仅燃烧时产生的 CO_2、SO_2 等温室气体比柴油少得多，而且价格一般为柴油的 75% 左右，兼具环保与节能两大特点，使不少船东对 LNG 作为船舶燃料非常关注。由于纯粹用 LNG 作燃料有动力不足的缺陷，所以目前市场上出现的船机改造技术一律为柴油—LNG 双燃料技术，发动机运作时按照一定比例同时喷射柴油和LNG。然而，二者的最佳比例为多少，目前尚无定论，因此，需要相关企业不断对其进行研究，促使船机双燃料改造技术渐趋成熟，在减少排放的同时又节约燃油开支。

4.5 标准船型评价指标体系的实现途径研究

内河标准船舶首先要满足指标体系的要求，这是基本的前提。对于过闸船舶，还必须同时满足船型主尺度的要求，以提高内河船型与港口、航道、船闸等基础设施的适应性。船型主尺度与指标体系二者共同构成了新时期内河标准船型的基本要素。通过行政、法律、经济和技术等手段，执行标准船型主尺度和指标体系，推进船型标准化。

4.5.1 指标体系的实施主体

船舶检验机构，包括中国船级社和各省（区、市）的船检局及其下属分支机构是该指标体系的实施主体。该指标体系和国家颁布的有关内河船舶法规、规范和技术标准，共同构成船舶设计、建造和检验的依据。船舶检验机构应在设计图纸审查、建造检验和营运检验各阶段，按照规定的程序确保船舶满足指标体系中的强制性要求。

4.5.2 指标体系的实施办法

（1）检验申请

船舶开工前，由负责该船设计的单位向船舶检验机构提出指标体系的检验申请，并纳入船舶审图申请中。船舶审图申请书的内容及格式按照《河船法定建造检验技术规程》（2011）的要求进行编制，并在“该船拟持有下述证书”一栏中增加：“内河标准船型指标体系符合证书”一项。

（2）设计图纸审查

①图纸提交

签发内河标准船型指标体系符合证书的初次检验除应提交现行法规规定的图纸资料外，尚应提交下列图纸资料。

A. 船舶能效设计说明书，包括以下内容：

a. 推进和供电系统、发动机的细节以及总体情况；

b. 在设计阶段估算的满载状态和满载试航条件下的功率曲线、估算过程及方法；

c. 节能设备或节能技术的说明文件；

d. 太阳能设备的设计说明书（如设有时）；

e. 燃料电池的设计说明书（如设有时）；

f. 废热回收系统的设计图纸和设计说明书（如设有时）；

g. 采用降阻型涂料、技术或工艺的技术文件、图纸（如设有时）。

B. 船舶燃料消耗指数和 CO_2 排放指数计算书，包括以下内容：

a. 客船和客滚船的总吨，其他类型船舶的载重吨；

b. 船舶空船重量和排水量表；

c. 主机和副机的轴功率；

d. 主机在 75% 额定功率（MCR）以及最大设计装载工况下的航速；

e. 主机在 75% 额定功率（MCR）下的燃油消耗率（SFC）；

f. 在网发电机组原动机 50% 标定功率值及此时的燃油消耗率值；

g. 获得的船舶燃料消耗指数和 CO_2 排放指数的值。

C. 经批准的主辅机 NO_x 技术案卷副本或制造商提供的试验报告。

②图纸审核

船舶检验机构根据申请单位提供的图纸资料，进行以下审查：

a. 与船舶安全、环保相关的结构和设备配备是否满足现行法规和规范的适用规定；

b. 对船舶燃料消耗指数计算书进行校核，确认其是否符合《营运船舶燃料消耗限值及验证方法》中的燃料消耗量限值要求；

c. 对船舶 CO_2 指数计算书进行校核，确认其是否符合《营运船舶 CO_2 排放限值及验证方法》中的 CO_2 排放指标限值要求；

d. 对船舶主尺度按照交通运输部颁布的主尺度系列标准进行校核。对于不满足主尺度系列标准的船舶，应在审图意见中注明批准的条件和限制意见。

③图纸批准和退回

经审查认为符合规定的图纸，由船舶检验机构加盖“批准”章。不符合规定的图纸应退回申请方，并在退图的信函中说明原因和修改意见。

（3）建造检验

船舶开工前，由造船厂向船舶检验机构提出建造检验书面申请。验船师在实施船舶建造检验时，应使用经批准的图纸和技术资料，并按照《河船法定建造检验技术规程》（2011）规定的检验项目，确保船舶的材料、尺寸、构造和布置都与批准的图纸和技术文件相符，并且在工艺和安装等方面达到相关要求。

（4）试航验证

船舶建造完工后，对船舶进行试航测试，由验船师参与并确认船舶燃料消耗指数和 CO_2 排放指标达到限值要求。

①测试内容

A. 主机在最大持续功率工况、常用工况、75% 最大持续功率工况、50% 最大持续功率工况附近的功率和航速；

B. 主机最大持续功率时单位时间耗油量。

②测试方法

按照《营运船舶燃料消耗限值及验证方法》中规定的方法进行测试。

③指标验证

将试航测试中得到的参数代入船舶燃料消耗指数和 CO_2 排放指数计算公式中，计算船舶试航后的燃料消耗指数和 CO_2 排放指数。当船舶燃料消耗指数和 CO_2 排放指数不大于相应限值标准的 103% 时，满足要求。

（5）证书签发

船舶经建造检验和试航验证合格后，由船检机构签发“内河标准船型指标体系符合证书”。

4.5.3 指标体系的实施措施

（1）明确有关部门的职责

由交通运输部通过文件的形式明确海事、船检和运政管理部门在指标体系实施过程中的监管职责。将新造内河运输船舶对指标体系的符合性验证纳入法定检验范围，由海事局授权船检机构在审图环节进行把关。对于不符合指标体系的新造船，船检机构不得通过图纸审查，海事机构不予登记，运政机构不得颁发运输许可证。

（2）加强监督管理

标准船型评价指标体系能否顺利推行取决于多方部门、各个环节的统一协调，取决于行政监管的手段和力度，因此，应加强各部门、各地区之间的协调，确保与已经建立的准船型评价指标体系相关的各项法规、政策落实到位，并使推行过程中出现的问题得到及时有效的反馈和解决。

（3）开展人员培训

开展船舶设计人员和验船师的专业知识培训，使从业人员熟悉并掌握标准船型指标特别是船舶燃料消耗指数和 CO_2 排放指数的计算方法和验证程序。

5 内河示范船舶认定准则研究

5.1 示范船的内涵研究

5.1.1 内河船型发展面临的突出问题

（1）现有过闸船型尺度杂乱与船闸通过能力不足的矛盾

三峡库区是长江干线的重要水上运输通道，是连接重庆、武汉和上海三个航运中心的重要纽带。2003 年 6 月三峡工程蓄水以来，三峡坝区、库区通航条件发生了重大变化，三峡工程航运效益逐步发挥，促进了长江航运的发展，特别是上游沿江地区经济和航运事业的蓬勃发展。2011 年，三峡船闸的货运量已突破 1 亿 t，达到设计通过能力。随着长江上游地区经济社会的快速发展，三峡枢纽通航能力不足的问题已经显现，成为长江航运业和社会各界关心的重大问题。

根据船闸设计规范要求并经通航实践证明，船闸通过能力主要由日均闸次数、一次过闸平均吨位和年通航天数三大因素决定，即“能力三要素”。三峡船闸通航十年以来，年通航天数保持在 350d 以上，年通航率在 94% 以上，大大超过 84.13% 的设计指标，进一步提高年通航天数的空间不大。因此，要提高三峡船闸通过能力只能从提高日均闸次数和一次过闸平均吨位入手，而这两个指标与船型标准化程度休戚相关。目前通过三峡船闸的船舶约 3 000 余艘，据统计，现有过闸船舶主尺度有如下特点：船宽在 14 ~ 16m 的船舶占 18.04%，大于 16m 的船舶占 11.45%，小于 14m 的船舶占 71.51%；船长 40 ~ 60m 的占 25.92%，60 ~ 70m 的占 16.83%，80 ~ 90m 的占 24.46%，90m 以上的仅占 10.36%。2003 ~ 2012 年的三峡船闸闸室面积利用率平均为 72.7%，还有很大提升空间。

当前，过闸船型杂乱以及船舶尺度与闸室平面尺度匹配度较差，是影响船闸通过能力进一步提高的关键因素。尽管交通运输部在 2004 年、2010 年颁布了《川江及三峡库区运输船舶标准船型主尺度系列》及其修订版，对规范船闸船舶尺度发挥了重要作用，但其中部分船型尺度没有充分考虑与三峡船闸平面尺度的适应性，如 4 000 ~ 5 000t 干散货船主尺度长 105 ~ 110m，宽 17.2m、19.2m，该类船舶在闸室长度和宽度方面不能与其他船舶有效组合，只能与小于 1500 吨级的小船组合，随着小型船舶逐渐退出市场后，尽管一次过闸吨位呈增长趋势，但闸室面积利用率很难同步提高。三峡船闸 2008 年以来通航统计数据见表 5-1 所示。

2012年，交通运输部颁布了《长江水系过闸运输船舶标准船型主尺度系列》（2012年第69号），对原有2004年、2010年颁布的过闸船舶主尺度系列进行了简化、归并，取消了17.2m和19.2m船宽的主尺度，增加了船长130m、船宽16.2m的大长宽比船型。新的主尺度系列对三峡船闸的适应性大大提高，便于过闸组合，有利于提高三峡船闸通过能力。

三峡船闸通航统计数据　　表5-1

项　目	2008年	2009年	2010年	2011年	2012年
单闸次货运量（t）	6 200	7 534	8 377	9 687	8 865
单艘次货运量（t）	970	1 175	1 352	1 798	1 945
闸室面积利用率（%）	70.3	73.0	76.2	76.9	72.7

（2）船舶用能结构单一与国家能源结构调整方向的矛盾

我国内河船舶数量多，耗能大，用能结构单一。据统计，截至2012年底，我国拥有内河运输船舶16万艘，采用石油产品作为燃料的发动机技术已经应用了上百年，每年的耗油量（包括柴油、燃料油等）超过1 000万t以上。在当前我国原油进口依赖度已经高达60%的情况下，国家已经开始总体上进行能源结构战略性调整，在2012年发布的《天然气发展“十二五”规划》中提出，到2015年天然气在国家一次能源消费中占比将从目前的4%上升至7%～8%。在我国终端能源消耗量前两大领域的工业和交通运输、仓储和邮电业中，工业的能源结构以煤炭、油品为主，2011年总天然气消耗量占比达到5%以上，交通运输、仓储和邮政业能源消耗中绝大部分以石油产品为主，占88%，天然气占6.6%左右，但主要应用在公路运输方面，船舶领域基本为零。2011年交通运输业汽柴煤和燃料油消费量约占全国终端消费总量的50%，其中水路运输在交通运输业中的比例约为20%。由此来看，在船舶领域推广应用资源丰富的LNG，将有助于国家构建多元化能源结构，减少对石油的依赖，促进环境保护，实现国家能源结构调整战略目标。

（3）内河船舶低能效高排放与国家节能减排要求的矛盾

当前，气候变化问题已成为影响人类社会发展的重大课题，我国作为温室气体排放的主要大国，面临越来越大的国际压力。同时，我国经济发展与资源环境的矛盾日益突出，节约资源、保护环境、发展低碳经济已成为我国的基本国策。交通运输是国家能源消耗大户，每年公路、水路运输能耗在我国石油消费中都占较大比重。近些年，尽管内河运输船舶节能减排工作取得了一定成绩，但与国外先进水平相比，还存在较大的差距。进一步提高内河运输船舶的节能减排水平是建设资源节约型、环境友好型交通行业的必然要求。在交通运输部发布的《公路水路交通运输节能减排“十二五”规划》中，提出的主要排放指标为：CO_2排放强度指标与2005年相比，营运船舶单位运输周转量CO_2排放下降16%，当然，有学者认为，根据国家节能减排“十二五”规划要求，交通运输行业减排目标不应当只是CO_2，还应该包括硫氧化物、氮氧化物、颗粒物、化学需氧量等，对船舶来说，还有来自水质污染的压力。

5.1.2　内河船型未来发展方向

通过梳理内河船型当前发展面临的突出问题，未来的内河船型应围绕这些突出问题寻求突破与提升，从而引领内河运输船舶整体技术进步。为此，内河船型未来的发展应与以下方向相吻合。

（1）有利于提高船闸通过能力

借鉴国外内河水资源综合利用的成功经验，梯级渠化是内河水资源开发最有效的方式，无论是美国还是欧洲都是如此。梯级渠化后的内河航道要想发挥最大的通航效能，除了船闸与航道的标准化以外，必然要求船型与船闸平面尺度高度匹配。我国内河水资源丰富，支流众多，一些河流已经实现渠化，还有一些河流正在大规模兴建船闸、升船机等通航设施。对于一些通航压力不大、内河运输市场正处于培育期的流域，船型尺度与通航设施的矛盾并不突出。但对于通航压力较大的船闸，如三峡船闸、长洲船闸等，过闸船型的主尺度能否有利于提高船闸通过能力，已成为内河水运优势发挥的关键因素。当船闸能力成为社会稀缺的自然资源时，一种好的船型尺度不仅要考虑船舶自身的经济性，更重要的是能有效利用闸室面积，减少过闸时的资源浪费。

（2）使用清洁能源

目前绝大部分船舶使用化石燃料作为能源，20 世纪 70 年代的两次石油危机使一些专家做出预言：世界石油资源蕴藏量只够用 25 年。近年来，世界经济增长速度显著减慢，各国政府更加重视节能，努力提高能源有效利用率。随着石油价格的不断上涨以及国际社会对温室气体排放控制和环保的重视，各国政府都在大力发展清洁能源应用技术。在船舶运输领域推广使用清洁能源符合国家三个发展方向：一是推进节能减排；二是防治大气污染；三是加快国家能源结构调整。清洁能源的种类有很多，既包括风能、太阳能、生物能、水能、氢能等可再生能源，也包括天然气、核能等非再生能源。一种清洁能源是否能成为航运业的替代能源，要考虑当前的技术发展水平、资源蕴藏量、热值、开发成本、对船舶和人员的安全性以及对现有各类船舶主机的适应性。从当前各种清洁能源的应用进展情况来看，液化天然气是目前最具应用潜力的一种清洁能源，但随着技术的进一步发展，不排除将来出现更安全、更经济、更环保的清洁能源。

（3）有利于节能减排

推广应用 LNG 等清洁能源仅仅是促进内河船舶节能减排的一种途径，除此之外还有很多技术措施，如船型优化、改进发动机、推进装置优化、船体涂层、废热回收系统、太阳能、风能辅助发电、废气后处理技术等等。目前国际上反映船舶节能减排水平最核心的指标是船舶能效设计指数（EEDI），IMO 已经出台了国际航行船舶 EEDI 基线值标准，并于 2013 年 1 月 1 日起对新建船舶强制执行。我国沿海和内河船舶的能效标准也已经出台，但还处于推荐实施阶段。此外，我国现行法规规定了内河船舶 NO_x 的排放控制标准，但仅相当于国际船舶第一阶段水平，目前我国海船已实施国际第二阶段标准，对于经常航行于人口稠密地区的内河船舶，排放标准应该比海船更高。在欧洲莱茵河水域，欧盟法规规定的内河船舶 NO_x 排放标准就比海船严格。因此，国家应该鼓励和引导建造高能效和低排放的内河船舶，未来通过逐步提高技术标准进行推广。

5.1.3 示范船的定义

所谓“示范船”，系指符合国家发展方向的内河船舶，主要体现为三类船舶：第一类为有利于提高三峡船闸通过能力的船舶；第二类为使用清洁能源的船舶；第三类为有利于节能减排的高能效船舶。

“示范船”是上述三类船舶的统称，其内涵是随着技术进步不断发展的：第一，示范船属于标准船的范畴，但某些指标比同期的标准船更优秀；第二，示范船是发展的，它只能代表某个时期先进水平，随着时间的推移，示范船会成为普通的标准船，而又会出现更先进的示范船。

5.2 有利于提高三峡船闸通过能力的示范船认定标准

5.2.1 三峡船闸运行情况

从 2003 年 6 月三峡船闸试通航以来，过闸货运量持续高速增长，至 2011 年年均增长率达 17.31%。2011 年三峡船闸双向通过货运量已达 10 033 万 t，提前达到 2030 年的规划运量，是三峡工程蓄水前最高年货运量的 5.6 倍。2012 年受航运市场不景气影响，三峡船闸通过货运量有所下降，仅为 8 611 万 t。截至 2012 年底，三峡船闸累计运行 8.4 万个闸次，通过船舶 54.8 万艘次，通过货物 5.5 亿 t，旅客 991 万人次（表 5-2）。

三峡船闸通过船舶及货运量　　表 5-2

年份（年）	过闸船舶数量（万艘次）	过闸船舶平均额定吨位（t）	每闸次实载货运量（t）	船舶平均实载量（t）	船闸通过货物（万 t）
2003	3.5	869.6	3 140	395	1 377
2004	7.5	883.6	3 935	457	3 431
2005	6.4	1 092.1	3 948	515	3 291
2006	5.7	1 287.2	4 893	699	3 939
2007	5.3	1 471	5 794	879	4 686
2008	5.5	1 485.8	6 200	970	5 370
2009	5.2	1 577.5	7 534	1 170	6 089
2010	5.8	1 934.1	8 377	1 358	7 880
2011	5.6	2 673.8	9 705	1 804	10 032
2012	4.4	3 314.3	8 865	2 015	8 611

目前，三峡过闸运输需求不断增长与船闸通过能力不足的矛盾日益突出，过闸船舶拥堵已成为常态。三峡船闸投入运行以来，船舶待闸时间呈延长趋势，平均在锚时间由 2004 年的 7.7h 增加到 2012 年的 43.69h，船舶过闸日益困难，尤其是危化品船。2007 年以前，积压船舶能在较短时间内疏散完毕，例如三峡船闸完建期单线运行时最多造成 584 艘次船舶积压，双线运行后仅用了 10d 就疏散完毕。2010 年以后，积压船舶呈现出疏散

难度大的特征，例如2012年汛期最高积压941艘次，疏散时间达60d。出现这些情况最主要的原因是规划设计预期不足，原规划设计过于保守，超前性不够；其次是过闸船型杂乱，标准化程度低，仍有进一步优化的空间；三是船闸管理有待加强。

5.2.2 三峡船闸通过能力缺口分析

（1）三峡枢纽过坝运输需求预测

三峡库区过坝运输需求与地区经济发展水平、资源分布、产业结构和布局特点、工业化程度、水路运输基础设施条件等因素有直接或间接的关系。根据货物运输需求生成机制与发展变化特点，主要采用回归分析法、弹性系数法和时间序列分析法，在不考虑通过能力限制的情况下，对三峡库区过坝运输需求进行预测。

由于三峡船闸通航时间较短，历史数据不足，故在数学模型中，选择葛洲坝船闸2000～2003年的通过量和2004～2010年三峡断面货运量（含翻坝）作为原始数据（表5–3）。

三峡船闸断面过坝运量统计 表5–3

年份（年）	2000	2001	2002	2003	2004	2005	2006	2007	2008	2009	2010
货运量（万t）	1 200	1 514	1 807	2 279	4 308	4 393	5 022	6 056	6 847	7 425	8 794

注：2003年以前为葛洲坝船闸通过量；2004年以后为三峡船闸断面通过量。

①回归分析法

一般来说，货运需求与地区GDP、工业增加值、外贸进出口总额等宏观经济指标之间存在一定的相关性，本研究选取GDP作为模型自变量，建立货运量Y与GDP之间的一元线性回归模型，并用历史数据模拟为以下形式：

$$Y=0.2841\cdot \mathrm{GDP}-554.54 \tag{5–1}$$

模型中的GDP为按可比价计算的GDP数据。经检验，模型F检验值为129.823 1，常数值及回归系数的t值均在0.001的显著性水平上显著，说明回归方程成立。

根据对腹地区域经济增长速度的总体判断，2010～2015年GDP平均增长速度为12.1%，2015～2020年平均增长速度为7.5%，预测腹地区域按可比价（2000年价格）计算的2015年、2020年GDP分别为66 002亿元和94 755亿元，根据上述回归模型预测三峡库区过坝运输需求如表5–4所示。

三峡库区过坝运输总量预测（回归分析法） 表5–4

年份（年）	过坝运量（万t）
2015	18 197
2020	26 324

②弹性系数法

弹性系数是指货运量增长速度与GDP增长速度之比。一般情况下，随着经济产业结构的调整、优化和升级，单位GDP产生的货运需求量将逐步减少。2000年以来货运弹性系数变动情况如表5–5所示。

三峡库区货运弹性系数　表 5–5

年份（年）	2001	2002	2003	2004	2005	2006	2007	2008	2009	2010
货运量增长率	26.2%	19.4%	26.1%	89.0%	2.0%	14.3%	20.6%	13.1%	8.4%	18.4%
GDP 增长率	8.5%	10.5%	11.0%	13.7%	18.9%	16.7%	17.3%	17.2%	22.7%	14.0%
弹性系数	3.08	1.85	2.37	6.50	0.11	0.86	1.19	0.76	0.37	1.32

预计“十二五”期间，腹地区域工业化水平快速提高，各种工业原材料和产成品的调运量不断增长，预计货运弹性系数将提高到 1.5 左右；2015 ~ 2020 年，随着经济增长趋于稳定，货运需求增长速度有所下降，预计货运弹性系数降低到 0.8 左右。根据前文对 GDP 增速的预测，可以得到三峡库区过坝运输需求如表 5–6 所示。

三峡库区过坝运输总量预测（弹性系数法）　表 5–6

年份（年）	过坝运量（万 t）
2015	20 246
2020	27 094

③时间序列法

以货运量时间序列数据为基础，依据货运量自身的历史发展规律来进行预测。经过模型比选，建立货运量与时间 t 的回归模型，并用历史数据模拟为以下形式：

$$Y=649.45+772.75t \tag{5–2}$$

方程中 t 代表年份，2000 年为 0，2001 年为 1，依次类推。经检验，模型 F 检验和 t 检验显著，将 t=15，20 分别代入以上方程，得出 2015 年和 2020 年三峡库区过坝运输需求预测值，见表 5–7。

三峡库区过坝运输总量预测（时间序列法）　表 5–7

年份（年）	过坝运量（万 t）
2015	12 241
2020	16 104

④综合预测结果

综合三种预测方法的结果，预计 2015 年和 2020 年三峡库区过坝运量分别为 1.69 亿 t 和 2.32 亿 t，见表 5–8。

三峡库区过坝运输总量预测（综合预测结果）（单位：万 t）　表 5–8

预 测 方 法	2015 年	2020 年
回归分析法	18 197	26 364
弹性系数法	20 246	27 094
时间序列法	12 241	16 104
综合预测结果	16 900	23 200

（2）三峡船闸通过能力测算

根据《船闸设计规范》，船闸通过能力计算公式为：

$$P_2' = (n - n_0)\frac{NG'\alpha}{\beta} \tag{5-3}$$

式中：P_2'——年过闸货运量，t；

n——日均过闸次数，次；

n_0——日非运客、货过闸次数，次；

G'——一次过闸平均吨位，t；

α——船舶装载系数；

β——运量不均衡系数；

N——年通航天数，d。

①日均过闸次数

三峡船闸设计日过闸次数为22.1次（闸次间隔时间59.7min，昼夜平均工作时间22h），实际从2005年到2010年分别为12.3次、11.5次、11.8次、12.7次、11.9次和13.3次，仅为设计的60%不到。主要原因是设计时按船队运输方式考虑，实际运行以单船为主，船舶进闸时间大大超出设想。未来可通过进一步改善船闸运行和船舶调度管理水平，提高当前日均闸次数，但大幅度提高的可能性不大。2015年和2020年日均闸次数按15和16次考虑。

②一次过闸平均吨位

一次过闸平均吨位与过闸船舶的平均吨位和每闸次中能容纳的船舶数量有关，即船舶平面尺度与吨位的关系以及闸室的面积利用率有关。2005～2010年，过闸船舶平均吨位从1 319t提高到1 934t，增幅没有同期三峡库区船舶保有量平均吨位增幅快，但绝对数已超过前者。根据国务院2号文件的目标，长江干线船舶平均吨位2020年超过2 000t。预计2015年和2020年过闸船舶平均吨位分别达到2 800t和3 200t。

根据现有船型平面尺度与吨位的回归关系$S=0.34g+442$，平均单船平面面积为1 394m^2和1 530m^2。2003年以来，三峡船闸闸室面积利用率在70%～77%之间，随着船型标准化的实施，过闸船型尺度与船闸匹配程度进一步提高，预计2015年和2020年闸室面积利用率分别为80%和82%。可计算得到一次过闸平均吨位2015年和2020年分别为15 298t和16 924t。

③年通航天数

设计指标为335d。三峡船闸通航8年多以来，年通航天保持在350d以上，进一步提高的可能性不大，仍按350计算。

④船舶装载系数

船舶装载系数与货物种类、流向和批量有关。历史统计数据表明，近年来过闸船舶装载率在0.6～0.75之间。该指标有一定的提升空间，但提升幅度不会太大。这是因为受门槛水深和中游航道影响，大型船舶过闸必须减载，二是受船公司货源组织的影响。通常情况下，船舶平均装载率在0.7～0.8之间已是比较理想的状况。

⑤运量不平衡系数

设计指标为1.3，实际从2005年以来实际统计平均结果为1.18，好于设计指标，测算中按 1.2 计算。

综上所述,2015 年和 2020 年三峡船闸实际通过能力测算参数选取和测算结果如表 5–9 所示。

三峡船闸通过能力测算参数　　表 5–9

参　　数	2015 年	2020 年
一次过闸平均吨位（t）	15 298	16 924
年通航天数（d）	350	350
日均过闸次数（双向）	30	32
装载系数	0.75	0.78
运量不均衡系数	1.2	1.2
货运量（万 t）	10 039	12 321

同理,测算升船机通过能力为400t左右。三峡枢纽综合双向通过能力为1.04亿t和1.27亿t。

(3) 三峡船闸通过能力缺口

据以上预测，三峡库区过坝运输需求 2015 年和 2020 年分别为 1.69 亿 t 和 2.32 亿 t，考虑到一部分翻坝运输（2003 年以来平均 1 200 万 t 左右，2015 和 2020 年预计达到 1 900 万 t 和 2 300 万 t)，三峡枢纽 2015 年和 2020 年通过能力缺口为 4 600 万 t 和 8 600 万 t 左右（表 5–10)。

三峡船闸通过能力缺口测算　　表 5–10

年份（年）	2015	2020
三峡断面货运需求	1.69	2.32
翻坝运输	0.19	0.23
三峡船闸通过能力	1.04	1.23
能力缺口	0.46	0.86

根据对船闸通过能力的分析可知，提高一次过闸平均吨位和闸室面积利用率是挖掘三峡船闸通过能力的关键，而目前过闸船舶尺度与船闸的适应性还有很大的提升空间。

5.2.3 不同船舶主尺度对三峡船闸通过能力提升贡献度分析

根据 2012 年交通运输部颁布的《长江水系过闸运输船舶标准船型主尺度系列》，涉及长江水系过闸干散货船、液货船、驳船、集装箱船、滚装货船等标准船型主尺度系列，其中长江干线过闸干散货船、液货船，集装箱船标准船型主尺度系列见表 5–11。

按照上述标准船型主尺度，根据目前三峡过闸主力船舶，不考虑船队及滚装船，选取长江水系货 –34、长江水系货 –35、长江水系货 –36 和长江水系货 –37 等四种典型船型 10 种组合方式，计算每种组合每闸次定额吨位，与 2012 年实际过闸船舶平均单闸次定额吨 15 103t 比较，假设其他参数不变的情况下，可得到每种主尺度对三峡船闸通过能力提升贡献度，见表 5–12。

长江干线过闸干散货船、液货船、集装箱船标准船型主尺度系列　　表 5-11

船 型 名 称	L_{OA}（m）	B_{OA}（m）	参考设计吃水（m）	参考载货吨级（t）
长江水系货 -16	55 ~ 67	11.0	2.2 ~ 2.6	1 000
长江水系货 -24	60 ~ 75	13.0	2.4 ~ 2.6	1 500
长江水系货 -29	72 ~ 88	13.8	2.6 ~ 3.5	2 000 ~ 2 500
长江水系货 -34	82 ~ 88	15.0	3.0 ~ 3.5	2 500 ~ 3 000
长江水系货 -35	82 ~ 88	16.3	4.1 ~ 4.3	3 000 ~ 3 500
长江水系货 -36	90 ~ 105	16.3	4.1 ~ 4.3	3 500 ~ 5 000
长江水系货 -37	125 ~ 130	16.3	4.1 ~ 4.3	5 500 ~ 6 000
长江水系集 -4	62 ~ 67	11.0	2.0 ~ 2.4	60（TEU）
长江水系集 -8	70 ~ 80	13.0	2.0 ~ 3.0	100（TEU）
长江水系集 -14	75 ~ 88	13.8	2.6 ~ 3.5	150（TEU）
长江水系集 -16	85 ~ 88	15.0	2.8 ~ 3.5	200（TEU）
长江水系集 -17	85 ~ 88	16.3	2.8 ~ 4.3	250（TEU）
长江水系集 -18	105 ~ 110	16.3	2.8 ~ 4.3	300（TEU）
长江水系集 -19	105 ~ 110	17.2	3.0 ~ 4.3	350（TEU）

四种典型主尺度不同组合下单闸次定额吨测算　　表 5-12

序号	过闸船型组合（艘数 × 船型）	单船船舶平面尺寸（m）	组合船舶定额（t）	平均单闸次定额吨提升幅度
1	6× 长江水系货 -34	88×15	18 000	19.2%
2	6× 长江水系货 -35	88×16.3	21 000	39.0%
3	3× 长江水系货 -34 3× 长江水系货 -35	88×15 88×16.3	19 500	29.1%
4	3× 长江水系货 -34 2× 长江水系货 -36	88×15 105×16.3	19 000	25.8%
5	3× 长江水系货 -35 2× 长江水系货 -36	88×16.3 105×16.3	20 500	35.7%
6	3× 长江水系货 -34 2× 长江水系货 -37	88×15 130×16.3	21 000	39.0%
7	3× 长江水系货 -35 2× 长江水系货 -37	88×16.3 130×16.3	23 500	55.6%
8	2× 长江水系货 -36 2× 长江水系货 -37	105×16.3 130×16.3	23 000	52.3%
9	4× 长江水系货 -36	105×16.3	20 000	32.4%
10	4× 长江水系货 -37	130×16.3	24 000	58.9%

上述四种标准主尺度船舶过闸时，对三峡船闸通过能力的提升平均幅度见表 5-13。

四种典型主尺度船舶过闸对提升三峡船闸通过能力贡献度排序　表 5–13

序号	船 型 名 称	通过能力平均提升幅度	序号	船 型 名 称	通过能力平均提升幅度
1	长江水系货 –37	49.8%	3	长江水系货 –36	36.6%
2	长江水系货 –35	39.9%	4	长江水系货 –34	28.3%

由此可知，在现行长江干线过闸船舶标准船型主尺度中，最有利于提高三峡船闸通过能力的前三种船型分别为长江水系货 –37、长江水系货 –35 和长江水系货 –36，其平面尺度分别为 130m × 16.3m、88m × 16.3m 和 105m × 16.3m。

5.2.4 有利于提高三峡船闸通过能力的示范船认定标准

当前，对三峡船闸通过能力提高最有利的船型为《长江水系过闸运输船舶标准船型主尺度系列》中的“长江水系货 –37”，但目前市场上还没有企业新建该类船舶，主要是因为该船型长宽比较大，为满足规范对船体结构安全的要求，需要消耗较多的钢料，同时为了保证足够的操纵性，需要加装首侧推装置和选用舵效更高的襟翼舵，因而船舶初始投资较高，船东建造有顾虑。为鼓励船东建造此类船舶，在“十二五”期可将“长江水系货 –37”作为有利于提高三峡船闸通过能力的示范船加以推广。满足下列标准的新建船舶认定为示范船：

（1）船舶满足现行法规规范要求，持有有效的船舶检验证书和船舶所有权证书；

（2）船舶满足《内河运输船舶标准船型指标体系》的要求；

（3）船舶主尺度满足《长江水系过闸运输船舶标准船型主尺度系列》中“长江水系货 –37”的要求，即船舶总长为 125 ~ 130m，船舶总宽 16.3m，船宽可下浮不超过 3%；

（4）船舶安装有首侧推装置；

（5）船舶采用襟翼舵。

5.3 使用清洁能源的示范船认定标准

5.3.1 清洁能源的定义

传统意义上，清洁能源指的是对环境友好的能源。其准确定义是：对能源清洁、高效、系统化应用的技术体系。含义有三点：第一，清洁能源不是对能源的简单分类，而是指能源利用的技术体系；第二，清洁能源不但强调清洁性，同时也强调经济性；第三，清洁能源的清洁性指的是符合一定的排放标准。

清洁能源可分为可再生能源和非再生能源。可再生清洁能源是指消耗后可得到恢复补充，不产生或极少产生污染物，如太阳能、风能，生物能、水能，地热能，氢能等。非再生清洁能源是指在生产及消费过程中尽可能减少对生态环境的污染，包括使用低污染的化石能源（如天然气等）和利用清洁能源技术处理过的化石能源，如洁净煤、洁净油等。

5.3.2 主要清洁能源船舶应用情况及前景分析

（1）太阳能

太阳能作为一种清洁能源，取之不尽，用之不竭，具有巨大的开发潜能。目前，太阳能的利用主要有两个方面的技术，即光热技术和光伏技术。光热技术是利用太阳光的热辐射，其应用最为成功的领域是太阳能热水器。该项技术的进一步延伸是太阳能热发电，即利用集热器把太阳辐射热能集中起来给水加热产生蒸汽，再通过汽轮机、发电机来发电。光伏技术是对太阳光中的短波辐射能照射于硅质半导体上所产生的电能进行调制后加以利用，亦称为光生伏打效应。随着太阳能光伏技术的深入发展，其效率、可靠性和稳定性均有了很大的提升，因而从最初单纯技术研究逐渐转向实际应用领域。因此，太阳能船舶可通过布置在船舶上的太阳能电池板等装置进行能量收集，随后转换成光伏电能直接应用于电气设备或储存起来。太阳能在船舶中的应用主要以太阳能光伏发电系统为主，也可根据需要使用太阳能光热技术。

太阳能发电可以使用在主机的制动等动力系统和机舱的有关设备中，也可以给发动机提供能源。若将太阳能作为推动船舶前进的动力，则需要采用电力推进的方式。由于长期以来形成的行业条块和学科体系的分割，制约了新能源的广泛应用。同时，由于太阳能能量密度比较低、太阳能发电装置的初期投入比较高，转换效率较低，因此作为大型船舶主推进力相差甚远。

所以，太阳能在大型船舶上应用一般不将其作为主推进力，而是将其能量作为自动控制系统的光电控制源，或作为船舶导航仪器或某些自动控制系统的动力源；也可以作为船舶生活用热（冷）源、光电源，或者与风力或燃油作混合动力源。

一般而言，太阳能在船舶上的应用范围包括：

①作为自控系统的光电控制源；

②作为小功率的辅助动力源（诸如小型游艇的推进动力源，夏季运油船甲板洒水设备的动力源，远洋船舶海水淡化装置的动力源以及海上救生艇的推进动力源或求救设施的能源装置）；

③作为船舶的光电源；

④作为船舶导航仪器或某些自控系统的动力源；

⑤作为船舶生活用热（冷）源；

⑥作为船舶的动力，与风力或者燃油作混合动力源。

同时，在船舶上利用太阳能也有一系列的便利条件：

①与已经出现的太阳能汽车和太阳能飞机相比，船舶尺度较大，也具有更大的受光面积；

②船舶行驶速度慢，便于安装各种太阳能利用装置；

③装设太阳能利用装置对船舶的外形、自重与稳性不会产生太大的影响，甚至可将太阳能装置的集热和采光面与船舶甲板、上层围壁的隔热降温措施结合起来；

④水域面积辽阔，船舶的敞露条件好，故光照效率比陆上更佳，更具备利用太阳能的优越条件。

太阳能利用技术不仅是世界各国的研究热点，而且各种太阳能利用技术已经在实船上应用。2000年，世界第一艘商用太阳能／风能混合动力的SOLAR SAILOR号双体客船（图5−1）在澳大利亚悉尼水域试航成功。这是一种既可分别将太阳能和风能单独作动力，又可合二为一的新型船舶，标志着可再生能源在船舶上的利用进入了一个崭新的里程。其最大优点是运营成本低，航程无限制，噪声低，消除了柴油机的废烟，对空气和水几乎没有污染，是完全符合环境保护要求的绿色船舶。

图5−1　澳大利亚SOLAR SAILOR号双体客船

除澳大利亚外，其他国家如美国、英国、德国和瑞士等国家也非常重视太阳能船舶和混合动力船舶的开发和研究，建造了不少太阳能游艇，并提出了相应的研究计划。

综上所述，对于大型船舶，尤其是功率要求较高的运输类船舶，太阳能一般不作为主动力，而是作为光电控制源、辅助动力源、某些自控系统的动力源、船舶生活用热（冷）源等；小型船舶（小型游艇等）可以太阳能作为主动力。太阳能在船舶上的应用有诸多有利条件，但也受到光电转换效率、电能储存、安装成本、天气状况等因素的制约。

（2）风能

风能也是比较容易开发的新能源，全球范围内分布着比较丰富的风力资源，将风能应用在船舶上逐渐成为人们研究的热点。由于船舶的可移动性以及自身结构等因素，风能在船舶中的应用主要有风力发电和风帆助航。但目前风能在现代船舶上的应用主要还是以风帆助航系统的方式出现。

风帆助航总结为两种情况：一种是以风力作为主推力，柴油机动力装置为辅助推进作用；另一种是以风力用作辅助推进力，柴油机动力装置作为主推力。不难发现，前者有着更大的节能效果，但因气候等诸因素的影响比较大，而且一旦遭遇大风，安全性不如后者。采用前者还是后者，可以因地制宜。根据风帆助航系统的特点，应选取稳性富余度大，甲板空间较大，便于风帆布置等船型，比如散货船、油船等。现阶段风帆助航形式有普通的风帆和天帆（风筝帆）。

风帆助航船舶为解决石油危机、最大限度地保护环境提供了新的研究方向，前景十分诱人。但要在船舶上加以应用，还要面对诸多问题。

①安全问题

任何高新技术应用于船舶之前，必须在安全方面得到充分的验证。风帆受气候因素的影响较大，一旦遭遇飓风，安全性会降低，而且可能面临倾覆的危险；另外，风帆应当有应急释放机构，以便在危险情况下将风帆抛弃。

②帆、机、桨之间的匹配

风帆所产生的推力可以产生两种节能效果：一是保持船舶航速不变，让主机负荷随着风力和风向的变化而变化；二是保持主机输出功率不变，让船舶航速随风力和风向的变化而变化。对于前者，由于风速的不稳定性，产生的能量大小不稳定，当风力较大时，主柴油机承受的负荷会很低，而柴油机长期低负荷运转是有害的；这时为保证螺旋桨获得最佳推进效率，最好采用调距桨或电力推进方式，实现帆—机—桨之间的最佳匹配控制，以获得最理想的节能效果。而对于后者，则会因风力的偶然性变化造成船舶航期的不确定，给运营带来一定影响。

③风帆的形式

尽管风帆助航船舶所采用的风帆形式各异，但风筝船和硬帆船是风帆助航的两种主要形式。各国研究机构都在致力于找出何种形状的风帆能产生较大的推力并适用于现代船舶，目前还没有哪一家机构能够给出完全使人信服的结论。然而，随着德国研制的“白鲸天帆号”风筝帆船的下水及实船试验，在一定程度上表明圆弧形风帆的空气动力性能比较优良，制造和操纵也简便易行，似乎最适用于现代船舶。

④风帆对船舶姿态的影响

风帆产生的力，既会使船舶前进，但也会产生左右或上下的力，这必然给船舶的航行姿态带来重大影响。进行加帆改造之前必须进行充分的论证。因为安装风帆以后，船舶的稳性、偏航及主机输出功率等各种性能都会发生改变，风帆所增加的倾侧力矩对船舶的稳性、浮态和操纵性的影响都需要进行研究。所以在船舶安装风帆以前必须对这些性能变化进行分析计算，为船舶安装风帆进行性能分析及经济性论证提供可靠的依据。同时，对于船舶是否安装辅助风帆，还要根据船舶的作业性质、航行水域及出港周期等进行充分的经济性论证。

⑤航区和航向的选择

为了获得风能增速航行，往往需要变向、倾侧航行，船舶可能偏离预定航线，从而增加航程和航行时间。这就需要在不影响船期、不增加主机燃油消耗的前提下，对利用风力后的收益和偏离航程后的花费作一下优化研究。

尽管风帆助航技术的应用还有很多问题需要解决，但在全球节约能源和保护环境的大背景下，其能量利用方便、对船舶的助推力足够大、投入相对较低等优点，是燃料电池、太阳能等其他新能源所不具备的。

(3) 燃料电池

燃料电池涉及化学热力学、电化学、电催化、材料科学、电力系统及自动控制等学科的有关理论，具有发电效率高、环境污染少等优点。总的来说，燃料电池具有以下特点。

①能量转化效率高：它直接将燃料的化学能转化为电能，中间不经过燃烧过程，因而

不受卡诺循环的限制。目前燃料电池系统的燃料—电能转换效率在45%～60%，而火力发电和核电的效率在30%～40%。

②有害气体SO_x、NO_x及噪声排放都很低：CO_2排放因能量转换效率高而大幅度降低，无机械振动。

③燃料适用范围广。

④积木化程度高：规模及安装地点灵活，燃料电池电站占地面积小，建设周期短，电站功率可根据需要由电池堆组装，十分方便。燃料电池无论作为集中电站还是分布式电站，或是作为小区、工厂、大型建筑的独立电站都非常合适。

⑤负荷响应快，运行质量高：燃料电池在数秒钟内就可以从最低功率变换到额定功率，而且电厂离负荷可以很近，从而改善了地区频率偏移和电压波动，降低了现有变电设备和电流载波容量，减少了输变线路投资和线路损失。

依据电解质不同，燃料电池可分为碱性燃料电池（AFC）、磷酸型燃料电池（PAFC）、熔融碳酸盐燃料电池（MCFC）、固体氧化物燃料电池（SOFC）及质子交换膜燃料电池（PEMFC）等。

燃料电池的产生由来已久，早在1839年，英国科学家就研制出第一个燃料电池，主要是利用氢气作燃料产生电能。但由于价格极其昂贵，仅在航空航天上有所应用。随着能源危机的到来，燃料电池由于具有能量转换效率高、对环境污染小等优点而受到世界各国的普遍重视。近十几年来，燃料电池技术取得了突破性的进展，燃料电池技术，尤其是氢燃料电池，在汽车、飞机、船舶中等均有应用。

氢燃料电池是以氢作为燃料、氧作为氧化剂，通过化学反应来产生电流的一种储能装置。如果将氢燃料电池作为太阳能动力船舶的储能装置，则太阳能制氢和储氢技术是关键。太阳能制氢技术可分为直接分解水制氢、热解水制氢、光伏发电分解水制氢等多种方式；储氢则需要采用耐压容器或者氢化合物。若以太阳能光伏装置作为太阳能动力船舶的能量接收装置，则应该采用光伏发电分解水制氢技术，有研究者将这种太阳能动力系统称为“太阳能—氢能”系统，同时进行了关于“太阳能—氢能”系统的探究。“太阳能—氢能”系统的工作原理如图5-2所示。由该图可知，制氢与储氢装置在太阳能接收装置和耗能装置之间起到了桥梁的作用，可有效克服太阳能的能量密度低、有地域性和时间性限制的缺点。

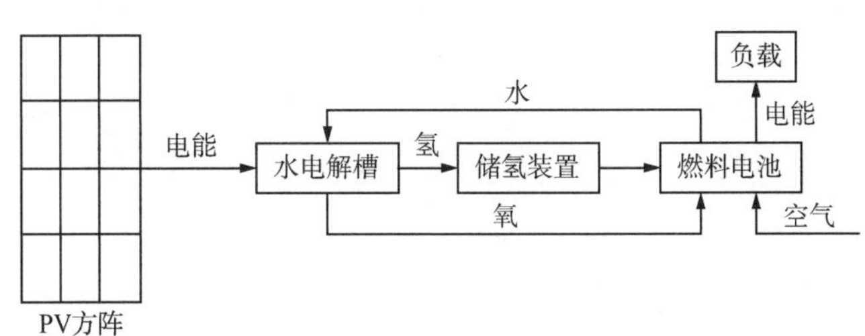

图5-2　太阳能—氢能示意图

氢燃料电池作为太阳能动力船舶储能装置的前途是很光明的。美国、加拿大、德国等发达国家以及我国都非常重视燃料电池的研究和应用。国内已有用作船舶、汽车等交通工具动力能源的燃料电池范例。总体来说，燃料电池应用在船舶上的研究进展状况比燃料电池应用在车辆上的研制相对要滞后一些。将太阳能技术与燃料电池技术相结合用在太阳能动力船舶方面的研究则相对薄弱，在全天候太阳能动力船舶的实现中，燃料电池储能技术成为了不可或缺的关键技术环节。

船舶要实现全天候以太阳能为动力航行，不能仅靠提高太阳能光伏装置的效率，储能装置的应用也是非常关键的。目前来看，储能装置有铅酸蓄电池、高性能蓄电池（如锂离子蓄电池）、燃料电池（如氢燃料电池）等。其中（氢）燃料电池具有比能高、容量大、功率范围广及噪声小等优点，从长远的角度来看是最有前途的储能装置。储能装置的应用相当于起到了“以时间换取能量空间和密度”的效果。

近年来不断有燃料电池在船舶上成功应用的报道。我国第一艘燃料电池船是上海海事大学研制的“天翔 1 号”试验船，可乘坐 2 ～ 4 人，用来旅游、科学考察、运输等，该船的电池功率为 2 000W，推进器功率 1 470W，可以 14km 的时速连续航行 5h，航程达 70km；日本研制的世界第一艘采用燃料电池动力的深海科学考察巡航器已经投入使用。

目前燃料电池功率还比较小，造价昂贵，在民船领域应用还停留在尝试阶段。随着燃料电池本身技术的发展和成熟，以及制氢、氢的运输及储存等配套技术的发展，燃料电池在船舶上的应用将会迎来一个光明的时期。

（4）核能

核能具有体积小，能量巨大，运输与储存较方便，安全性高，较低的污染性、强大的放射性和杀伤性、技术和管理要求高等特点，将其作为一种动力能源，在规范管理基础上，其优越性相当明显。核能的主要应用是核能发电，主要通过核反应堆中核裂变所释放出的热能进行发电。其过程：核能→水和水蒸气的内能→发电机转子的机械能→电能。在船舶上的应用主要也是通过核反应堆发电、供热和推动船舶。

在作为船舶动力源方面，核动力装置首先是被应用于潜艇和航空母舰等军用舰艇，而后建造核动力舰艇的一些国家也将船用核动力堆用于推动民用水面船舶，如核动力客船、散货船和破冰船等。纵观世界船舶发展历史，发展民用核动力船舶，已经有若干国家在此方面迈出了第一步。比如美国的核动力船“萨娃娜号”于 1962 年建成；德国矿石运输船“奥托汉号”于 1968 年月 12 月建成；还有俄罗斯共建成了 9 艘核动力破冰船，目前正在服役的有 8 艘，计划建造的破冰船有 2 艘。国内船舶的核能应用目前还集中在军事舰艇上，民用船舶尚无先例。

（5）LNG 动力

LNG 动力船舶即是液化天然气作为燃料的船舶。天然气作为内燃机燃料使用开始于 20 世纪 30 年代，但是受到天然气存储技术的限制未能得到广泛应用。到 20 世纪 70 年代，随着材料科学技术和制造工艺的进步，使天然气在交通工具上的使用成为可能；另一方面，以电子控制技术为核心的发动机技术日益成熟，促进了天然气发动机的技术进步，使天然气发动机的动力性、经济性、排放性等各项性能不断提高。

目前，世界上 LNG 动力船的技术已相对成熟，但由于缺少相关的法律法规和配套设施，

LNG 动力船的使用推广尚处于起步阶段，实际应用主要集中在北欧几个国家。我国 LNG 动力船正处于研究试验阶段，得到使用的 LNG 动力船舶主要是通过对现有柴油机船舶进行改造后完成的，专门设计建造的以液化天然气作为燃料的运输船舶较为稀缺。国内当前得到使用的 LNG 运输船舶主要有湖北西蓝天然气公司和武汉轮渡公司合作改造的拖船“武拖轮 302 号”在武汉试水成功。2011 年 1 月，桂林新奥燃气有限公司与桂林旅游股份有限公司合作，对“山水 34 号”漓江旅游客船完成了 LNG 动力改造。上述信息表明，现阶段天然气在我国内河船舶领域已得到广泛的关注，并已得到了一定应用。

(6) LNG—柴油混合动力

天然气双燃料动力船提供天然气的气源可以是 CNG 和 LNG。目前，国内 CNG 技术已经成熟，并得到了广泛认同和推广，中小型柴油 / 天然气双燃料机动船可采用 CNG 作替代燃料。而随着国内 LNG 技术的发展，LNG 供应量能满足需要时，大中型柴油 / 天然气双燃料机动船可尽量采用 LNG 作为替代燃料。

目前，我国的 LNG/ 柴油混合动力船舶的研究已经取得了初步成果。2010 年 8 月，由江苏省宿迁市地方海事局牵线介绍、北京油陆集团公司出资研发改造的柴油 /LNG 混合动力船“苏宿货 1260”号 3000 吨级货船在京杭运河苏北段试航成功。2011 年 3 月，由中国长航集团、北京中兴恒和投资集团和富地石油控股集团共同推出的“长讯三号”LNG—柴油双燃料散货船试航成功；2011 年 4 月，中石油昆仑能源公司组织研发的柴混合动力改装船在安徽完湖举行试航仪式，满载排水量为 5000 吨级；2011 年 5 月，中石油济柴动力总厂与武汉江夏区政府签订投资协议，投资 10 亿元，在江夏建立中石油双燃料船用发动机动力模块项目。

(7) 各种清洁能源在船上的应用前景

就目前的技术发展态势而言，各种清洁能源技术在船舶上均有所应用，尽管部分方案还处于概念设计阶段，但可以预见在不久的将来会在船上得以工程化应用。不同的清洁能源由于其能源形式和利用方式的不同，在不同船型上的应用不太一样，在未来拥有不同的应用前景。

①以 LNG 燃料为动力的船舶，由于其能源利用过程不受外界环境的影响，且不存在关键技术方面的瓶颈，因而在船舶上的应用拥有较大优势。特别是内河船舶在沿岸布置燃料加注站点方面存在较大优势，基本解决了补给问题。鉴于国内外 LNG 船舶的发展态势及 LNG 加注站点的建设情况，可优先推广 LNG 动力船舶。

②风能在船舶上的应用有风帆助航和风力发电两种形式。前者属于直接利用，而后者则是风—电—机的两次能源转换。前者能源利用效率较高，但对船型、负载、航速和航行区域有额外要求。后者在使用过程中会提高船舶的外部负载，会消耗一部分主推进装置的功率输出，在远洋船舶上是否可行还需要进一步研究。在内河区域，风能的应用受到外界条件的影响，特别是山区风向多变，加上沿岸建筑的制约，其在内河船舶的应用还缺乏条件。

③太阳能光伏技术在船舶上的应用前景光明，但需要解决的关键问题之一是如何在面积有限的甲板上安装更多的光伏电池组建，双体船或多体船具有较大的优势。就目前而言，由于较低的光伏转换效率，在大型船舶上以大功率光伏并网模式运用还不太适宜，而在小

型船舶上作为船舶主推进装置能源的经济及技术可行性较高。

④核动力装置在小型民用船舶上的应用在现阶段从经济、政策和安全性上考虑均不具备发展条件。

综上所述，在当前的技术水平下，大力发展以 LNG 为代表的清洁能源在内河船舶上的应用是比较合适的选择，且具备发展的条件。

5.3.3 我国推广应用 LNG 燃料动力船的必要性和可行性

（1）必要性

LNG 是世界公认的清洁能源，主要成分是甲烷，占比 90% 以上，组分较纯，完全燃烧后生成二氧化碳和水，有利于保护环境，减少污染。车用燃气经验表明，LNG 与汽油相比，具有辛烷值高、抗爆性能好、发动机寿命长、燃料费用低、环保性能好等优点。它可将汽油汽车尾气中的 HC（碳氢化合物）减少 72%，NO_x（氮氧）减少 39%，CO（一氧化碳）减少 90%，SO_x（硫化物）、Pb（铅）降为零。我国内河部分试点船舶运营经验表明，当前 LNG—柴油混燃式发动机与改装前的纯柴油发动机相比，可实现节能减排效果为：

①LNG—柴油混燃系统实船应用实现降低能耗 5%；

②改造后船舶实现 LNG 燃料综合替代率达到 70%，实现 CO_2 减排 15% ~ 20%、NO_x 减排 20% 以上；

③使用 LNG 本身没有 SO_x，如果综合替代率为 70%，则可使用 LNG—柴油混合动力减排 NO_x 70%；

④LNG 液化的天然气，纯净，无颗粒物排放，若综合替代率为 70%，则使用 LNG—柴油混合动力可实现炭烟颗粒物排放减少 70%；

⑤产生的油污水数量大幅下降，极大减少了对水体的污染；同时，在内河人口密集区，船舶采用 LNG 燃料还能明显减少对环境的噪声污染。

总而言之，推广应用 LNG 燃料动力船既是改善水运业用能结构的需要，也是实现水运行业节能减排目标的需要，对进一步发挥水运比较优势具有重要意义。

（2）可行性

①具备推广应用的安全前提

调研中业界普遍认为 LNG 相比汽柴油更加安全：一是 LNG 气化后在空气中的爆炸极限是 5% ~ 15%，高于汽油的 1% ~ 7% 和柴油的 0.5% ~ 4.1%；二是 LNG 的燃点为 650℃，高于汽油 427℃和柴油 260℃，更难点燃；三是目前居民生活用气安全已得到社会普遍认可；四是 LNG 已广泛应用于城市公交、重型载货汽车和出租车等行业，有多年的安全运行实践。

当前之所以认为 LNG 燃料应用于船舶上危险性大，主要是担心 LNG 一旦泄漏，相比柴油和汽油更容易气化，虽然在开敞空间内会迅速扩散，但在船舶机舱等相对封闭的空间会迅速达到爆炸极限，会发生爆炸、窒息等风险；其次是 LNG 存储在低温压力容器内，泄漏后可能会对船舶钢板形成低温损害等。

实际上，LNG 作为船舶燃料尽管存在风险，但风险不高，是可控的。主要基于如下几方面因素：一是IMO正在制定的《LNG为船用燃料的通用规则》认为，全部气体燃料管通过使用双套管即可达到本质安全性机舱，即使采用单层管，但只要采取一些如压力限制、气体探测、强制通风、应急切断等措施，也可以保证机舱安全，大多数国家支持这种设计方式；二是当前我国“油改气”的储气罐主要置于甲板上，只要罐体达到相关规范标准，可以保证安全，即使由于撞击等外力因素发生泄漏，也会在空气中迅速扩散，几乎不可能达到爆炸极限，中海油所做的炮弹射击储气罐的实验也充分证明了这一点。同时，上述IGF规则也并没有把LNG燃料储存舱柜作为危险区域与生活区完全分割，认为现在的设计技术和布置完全可以控制风险；三是加注过程中只要控制好设备的安全和操作程序规范，安全风险也不高。

综合各方面情况，总体上看，尽管存在一些安全风险，但只要采取一定的技术、管理措施，LNG作为船舶燃料的风险是可控的。

②改造技术基本可行

船舶“油改气”就是指将船舶使用的燃料油（柴油、重油）改为使用LNG，核心是围绕发动机的燃料供给系统进行改造。从国内外“油改气”技术方案看，主要有三种模式：单燃料发动机、微引燃式双燃料发动机和混烧式双燃料发动机。

单燃料发动机：分为火花塞点燃式和微量柴油点燃式。火花塞点燃式是指用火花塞引燃气缸内的天然气，多用于LNG燃料汽车和燃气发电机；由于柴油机是靠压缩气体到250℃左右，柴油机气缸内的雾化柴油自动引燃，不安装火花塞，而甲烷需要在540℃左右才能实现自燃，因此现有的柴油机改烧LNG必须用微量（1%左右）柴油作为引燃材料，一般认为用作引燃材料的柴油不超过5%，即可认为是单燃料。单燃料发动机的优点是气体利用率高，减排效果好；缺点是调速特性不好，增加了在船上的布置难度和建造成本。

双燃料发动机，顾名思义“使用两种燃料燃烧的发动机”，可以分为两类：一类是可以实现柴油单独燃烧、LNG单独燃烧（引燃材料的柴油不超过5%）两种方式的发动机，也即国外通常所说的“双燃料发动机”或者“微引燃式发动机”。微引燃式双燃料发动机的优点是节能减排效果较好，安全可靠度也较高；缺点是在气体模式下，调速特性不好，成本也相对较高，在柴油模式下的能耗和排放均有所恶化。

另一类是混烧式双燃料发动机，既可以单独烧柴油，也可以实现柴油和LNG混合燃烧（目前我国采用二者比例为3:7左右），也就是我国所说的“双燃料发动机”。其优点是改造或建造简单，成本低廉，调速特性相对也较好；相对于前两种模式，其燃烧效率略低，在排放上有两种观点，一种认为改造后可能未对替代率充分优化而导致NO_x和HC化合物升高，另一种认为NO_x是降低的，除CH_4之外的HC化合物也是降低的。另外，采用双燃料发动机技术比较灵活，能解决万一无法加气的问题。

综上可看出，LNG燃料动力船舶的发动机改造技术和新气体发动机技术已有相对成熟的解决方案，尽管有优化提升空间，但技术总体上基本可行。

存在争议的地方主要是在改造技术的节能减排效果方面。

双燃料发动机的气体进入发动机气缸有两种方式：一种是和空气混合进入，另一种是气缸内直喷式进入。与空气混合式进入又可以分为两类，一类是单点喷射，即在空气进气总管内实现 LNG 气化气体和空气的混合，另一类是在进入每个发动机气缸的空气管内实现混合，也即多点喷射。单点喷射和多点喷射唯一区别在于，前者对气缸内的 LNG 供给量控制是粗放的，后者对发动机每个汽缸的 LNG 进入量实现精细化控制，中国船级社认为单点喷射相比多点喷射将导致更多的 LNG 气化气体不能充分燃烧。但是，单点喷射和多点喷射都不可能避免发动机工作过程中扫气过程会连同混合的 LNG 气化气体一同排放，也就是目前所说的“油改气”不能造成甲烷充分燃烧，增加温室气体效应。缸内直喷可以避免发动机气缸扫气过程中甲烷的排放，但这种方式对气缸的性能和 LNG 供气压力要求较高，改造成本很高。

目前，在国内关于混合燃烧式“油改气”工程的油耗和排放有着两种不同的观点，存在争议。中石油昆仑能源、江苏蓝色动力以及国内其他地区开展的船舶试点改造，均采用混烧式双燃料发动机，单点喷射技术。据试点船舶初步调研，燃用双燃料时，其最高爆发压力略低于燃用柴油值，而功率相当，其动力性能满足船用推进主机的需要，能耗略低于普通柴油机，碳烟排放值远远低于柴油。其燃烧后排出总管的温度较燃烧柴油时低，汽缸最高爆破压力和噪声也略低于燃用柴油工况。可以实现 CO_2 排放减少 20%，NO_x 排放减少 20%。且改造费用低，时间短。但中国船级社认为现行单点喷射的混烧式双燃料发动机燃烧效率低，等热值能耗反而高出原柴油机的 6% ~ 10%，增加 NO_x 排放 15% ~ 25%。这一关键争议问题亟需进一步论证。

由于目前多点喷射的 LNG 供气系统尚未研制成功，因此建议交通运输部层面组织行业专家，对当前主导的单点喷射混燃式发动机重新进行台架试验，确保推广的是“减排低碳”的技术方案。

还需要强调的是，对甲烷的温室气体效应是 CO_2 的 24 倍这一种说法要有一个重新的认识：碳氢排放对大气的有害成分是丙烷及以上的高碳链的碳氢，而甲烷在大气中的危害很小，并且很容易自然分解。因此，我国及国际上有关碳氢排放标准是指限制丙烷及以上当量的碳氢排放，并没有包括甲烷（CH_4）。因此，将甲烷排放与丙烷及以上的高碳链的碳氢排放混为一谈是错误的。目前所实施的“油改气”工程，正常燃烧产生的甲烷排放，导致碳氢（CH）的排放的增加，不应阻碍“油改气”工程推进的步伐。

③加气设施可以保障

如前所述，从国家天然气总体供需情况看，只要采取一定的措施，船舶推广应用 LNG 气源基本可以保障。从供气基础设施看，LNG 燃料动力船加注主要有四种模式，即槽罐车岸上加气、水上趸船加气、岸基加注站加注和加气船加气。目前各地采取的是槽罐车加注模式，即在船舶靠泊后，由路上槽罐车（一般为 $20m^3$）开到岸边，布置安全警戒区域，在管理部门的监督下，实施加气，一般需要 30 ~ 40min。同时，各地也正在研究推进岸基加注站、水上趸船、加气船模式。其实，船舶行业使用的 LNG，是我国主要气源供应商中价格较高的一块，对于他们来说，只要有了市场，供应基本设施的建设会很快跟上，这与调研中得到的结果一致。而且各种法规标准规范正在制定，交通运输部相关部门已经开始着手组织研究相关 LNG 加注码头建设规划和布局规划，地方政府比较重视，部分省市能源管理部门早已完成水上加注站布局规划，并在用地、建设管理方面给予一定的鼓励。总体上看，加气问题在技术上比较简单，主要工作是做好规划布局和理顺建设管理程序。

④经济效益不甚明显

就经济效益而言，普通货船改造成 LNG 燃料动力船舶后的经济性主要受改造成本和油气价格差影响，改造成本决定投入高低，价格差决定未来的收益。在调研中，“红日 166”为 53 万元，“长能 12”总费用为 55 万元，“苏货 3001”为 41 万元，“赣抚州货 0608”为 38 万元，“长讯 3”为 120 万元，除“长讯 3”使用国外进口设备改造成本较高外，其余船舶改造费、检验费用、手续费用及停航损失，平均 70 万元左右，在 LNG 价格为柴油价格 2/3 的水平下，按平均替代率 70% 计算，燃料费用综合节约率为 23%，项目具有一定的经济效益。

在调研中了解到，航运管理部门及船舶公司普遍担心 LNG 燃料价格变动及船舶改造成本提高对 LNG 燃料动力船舶经济性产生影响。特别是未来国家 LNG 燃料动力船检验标准和改造标准出台后，所有的船用产品均需要取得 CCS 认证，产品和检验费用必然上涨，同时根据前面分析，国内 LNG 价格也在不断上涨。针对上述两个因素，以目前柴油价格 8 500 元 /t，LNG 燃料价格为替代能源价格 85%，未来改造成本上浮 20%，对不同吨级 LNG 燃料动力船舶改造后的经济性进行分析，结果如表 5-14 所示。

根据计算，未来 2000 吨级 LNG 燃料动力船舶改造后的经济性最好，但改造完成后仍需 6.6 年来收回成本，内部收益率仅为 7%，低于水运行业基准收益率 8%。300 吨级船舶投资回收期为 9.7 年，内部收益率几乎为零。而 100 吨级的船舶未来投资回收期约在 18 年左右。如果未来改造成本上升 40%，据测算，2000 吨级船舶改造后的内部收益率仅为 5%，500 吨级船舶仅为 3%。总体来看，未来改造成本的上升为大概率事件，我国内河船舶进行 LNG 燃料动力改造的经济性不是很乐观。同时，计算结果也显示，吨位越大的船舶，由于耗油量较大，相对于改造成本的上升，经济效益越明显。

综上所述，采用 LNG 作为燃料，是改善船舶用能结构、促进节能减排、进一步发挥水运比较优势的需要，同时，当前 LNG 燃料动力技术基本可行，安全上基本可控，有较大节能减排潜力，加气等配套设施基本可以保障，尽管经济性不明显，但社会效益突出，船舶推广应用 LNG 燃料非常必要而且是可行的。因此，在“十二五”期，建议将 LNG 动力船作为示范船加以推广。

5.3.4 LNG 动力示范船的认定标准

符合下列条件的 LNG 动力船可认定为示范船：

（1）液化天然气双燃料发动机在 75% 额定功率下，液化天然气替代率应不低于 65%。

（2）在制造厂商声明的最高替代率条件下，发动机（含后处理装置）各工况的氮氧化物排放量满足 IMO 规定的 TIERII 阶段限值要求。

（3）具有有效的天然气供给控制系统减少甲烷排放的技术方案。

LNG 燃料动力船舶未来经济性分析　　表 5–14

吨　级　分　布	2000 吨级	500 吨级	300 吨级	100 吨级
改造固定成本（万元）	40.8	40.8	40.8	40.8
控制单元 ECU	12	—	—	—
安保报警系统	3.6	—	—	—
供气管线	8.4	—	—	—
人工费用	4.8	—	—	—
船体改造费用	12	—	—	—
改造可变成本（万元）	45.8	29.8	22.6	19
储气罐：15m^3	40.8	28.8	21.6	18
改造停航损失	5	1	1	1
成本合计（万元）	86.6	70.6	63.4	59.8
改造后经济性测算	—	—	—	—
船舶年耗油量（t）	100	60	40	20
柴油、LNG 价格差（元 /t）	1 275	1 275	1 275	1 275
燃油综合替代率	0.65	0.65	0.65	0.65
年节约成本（万元）	8.287 5	4.9725	3.315	1.657 5
静态投资回收期（年）	6.661 538	7.241 026	9.753 846	18.4
内部收益率	7%	4%	0%	—

5.4　高能效示范船的认定标准

目前，国际上反映船舶节能减排水平最核心的指标是船舶能效设计指数（EEDI），IMO 已经出台了国际航行船舶 EEDI 基线值标准，并于 2013 年 1 月 1 日起对新建船舶强制执行。我国沿海和内河船舶的能效标准也已经出台，但还处于推荐实施阶段。此外，我国现行法规规定了内河船舶 NO_x 的排放控制标准，但仅相当于国际船舶第一阶段水平，目前我国海船已实施国际第二阶段标准，对于经常航行于人口稠密地区的内河船舶，排放标准应该比海船更高。在欧洲莱茵河水域，欧盟法规规定的内河船舶 NO_x 排放标准就比海船严格。因此，国家应该鼓励和引导建造高能效和低排放的内河船舶，未来通过逐步提高技术标准进行推广。

5.4.1　能效要求

（1）高能效示范船 EEDI 基线值研究

2012 年，交通运输部公布了《营运船舶 CO_2 排放限值及验证方法》，提出了新造船舶 CO_2 排放即船舶能效的基线标准，该标准分两阶段执行，第一阶段为标准生效的前三年，三年以后执行第二阶段的限值标准。其中干散货船第一阶段和第二阶段的限值标准完全一样，集装箱船和油船第二阶段限值比第一阶段折减 10% 左右。

为了分析长江和西江干线现有船舶 EEDI 水平，课题组收集了 44 334 艘船舶的基础数据，并将 2009 ~ 2011 年新造的长江干线 1 702 艘船舶（干散货船 1 627 艘，集装箱船 75 艘）和西江干线 1 080 艘干散货船，按照《内河船舶能效设计指数（EEDI）评估指南》进行船舶 EEDI 值计算，结果如下。

①长江干线

计算结果表明，长江干线近三年新建船舶中，EEDI 值达到第一阶段限值标准的船舶共 597 艘，占样本数的 35.1%。其中干散货船达标的有 541 艘，占 33.3%；集装箱船达标的有 56 艘，占 74.7%（图 5-3）。

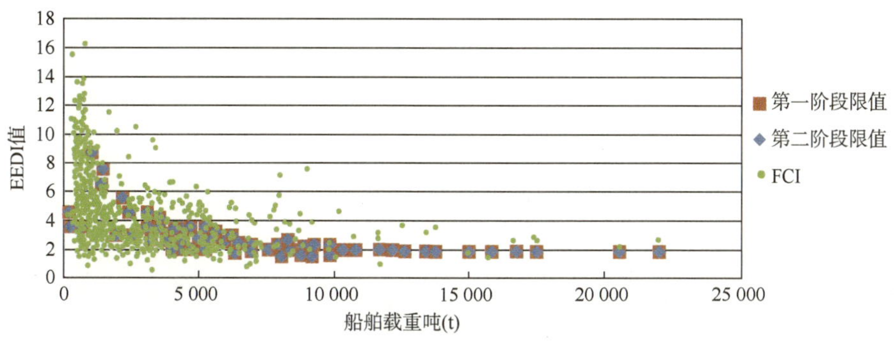

图 5-3 长江干线近三年新建船舶 EEDI 值

②西江干线

西江干线近三年新建船舶中，船舶能效设计指数达到第一阶段限值标准的船舶共 298 艘，占样本数的 27.59%（图 5-4）。

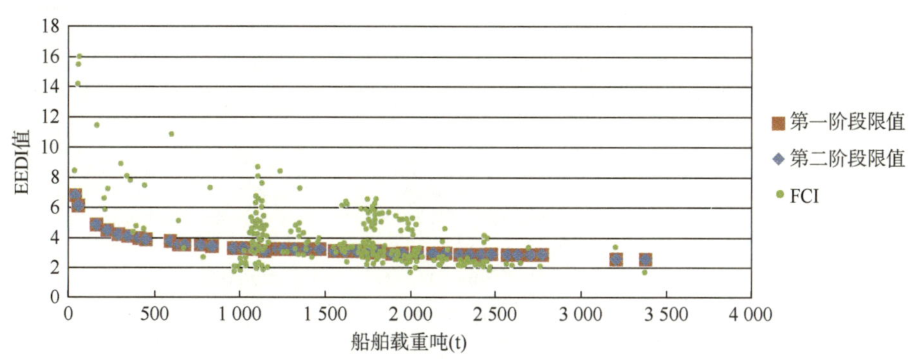

图 5-4 西江干线近三年新建船舶 EEDI 值

国际航行船舶的 EEDI 于 2015 年施行，其基线值比现有海船平均 EEDI 值低 10%，到 2020 年，其基线值将比现有水平降低 20%，到 2024 年后达到降低 30% 的目标。在 CCS 公布的《绿色船舶建造规范》（适用于国内航行海船）中，对绿色船舶分为三个认证等级。一级绿色船舶要求 EEDI 达到其公布的 EEDI 基线值，二级绿色船舶要求 EEDI 值在其基线基础上折减 10%，三级绿色船舶要求折减 30%，与 IMO 的 EEDI 分阶段实施目标一致。

根据我国现有新建内河船舶的能效设计水平，参考国际上 EEDI 的分阶段实施步骤和国内《内河绿色船舶建造规范》对能效等级的划分，将目前新建内河船舶中能效设计水平前 10% 的船舶，即低于标准船型 EEDI 值 20% 的水平（图 5−5），作为示范船的能效要求。

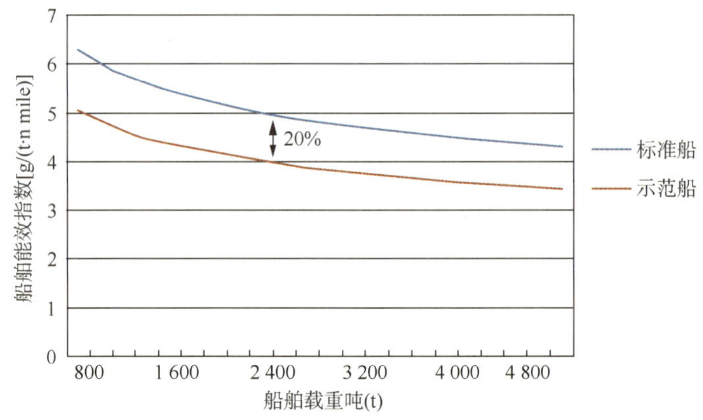

图 5−5　标准船与示范船船舶能效指数对比

内河示范船能效设计指数的基线值计算公式为：

$$RLV=0.8a\times b^{-c} \tag{5-4}$$

式中：RLV——能效基线值，g/(t · n mile)；

b——吨位，DWT 或 GT；

a、c——无量纲常数，根据船型、航区按表 5−15 选取。

船舶能效设计指数基线　　表 5−15

船型及航区		a	b	c
干散货船	A 级航区	76.23	船舶 DWT	0.202 2
	B、C 级航区	359.4	船舶 DWT	0.435 2
集装箱船		2 940.0	船舶 100%DWT	0.591 4
油船 / 化学品船		459.8	船舶 DWT	0.413 2
客船		512.3	船舶 GT	0.370 2
客滚船		479.63	船舶 GT	0.386 9
滚装货船[注]		994.84	船舶 DWT	0.392 4

注：滚装货船仅指具有多层甲板的设计载运空的小汽车的车辆滚装船。

（2）提高船舶能效的技术措施

船舶节能已成为世界各国造船界和航运界重点研究课题，它关系到节约燃料资源、环境保护以及船舶运营经济效益等问题。将成熟的节能技术应用于船舶的设计中，是实现船舶节能的最有效途径之一。在满足船舶使用条件下，优化船体型线设计，使船舶阻力性能最优，选配低油耗船舶主机，使总体协调匹配，以达到船、机、桨、舵的最佳配置，从而提高船舶的推进效率，减少运营费用。

①优化船型设计，开发新船型

A．小水线面双体船型

在以往船舶设计中，通常关注的是静水航速，而实际上船舶主要是在波浪中航行，甚至要在恶劣海情下执行运营任务。小水线面双体船型的耐波性能较好。此种船型的船体由上、下体组成，上体为主船体，下体为辅船体，由支柱相连接，将主船体绝大部分容积抬出水面。因此，具有兴波阻力及波浪干扰力作用小的特点，在高速航行时快速性、航向稳定性及耐波性均好。此类船型在低速航行时阻力会有所增大，因此对长时间在高航速下运营的船舶，开发此种船型收效极佳。

小水线面船型大部分排水体积处于水下，受兴波阻力比单体船要小很多，当船的傅汝德数 $F_n>0.6$ 时，其兴波阻力只有单体船的 50% 左右，而摩擦阻力虽有所增加，但两者权衡，船的总阻力比单体船小。由于该船型有利于布置低转速大直径螺旋桨，其桨轴浸沉深度大，可使螺旋桨处于较均匀有利的水流场下工作，从而提高船的推进效率。目前，国外已有此类型的巡逻艇、水文调查船、海上作业船以及载客渡船等。该船型适用于小型巡逻艇、军用辅助船和豪华型海峡渡船等。

B．新 Y 形纵流槽船型

新 Y 形纵流槽船型也称 PY 船型，是对船首部和尾部同时进行开发研究的一种整体新船型，其主要特征有三点：第一，在船底部纵中面型线设有 Y 型纵流槽，起到降低阻力和提高推进性能的作用；第二，在船体型线理论站 18 号～ 20 号之间的两舷侧舭部附近设有半月形的侧流槽，迫使船首端区两侧的绝大部分来水经由船底的纵流槽流向船尾。这样可避免船肩波突出，改善船首端流态，减少横流与侧流，更好地形成纵流，迫使流线短而平顺；第三，该船型水线以下部分为两个片体，水线以上主体部分为整体船形状，这样有利于改善总体布置。

另外，当船舶航行时，应避免舷侧水流绕过船舭部呈斜向流入船底，可减少形成舭涡所产生的舭涡阻力。通常，在船体的船首、首肩部位、船尾及尾肩部位的压力大，产生的横波所引起的波形干扰最为显著，是形成兴波阻力峰和谷的最重要因素，而 PY 船型可针对性改善这种状况。

PY 船型可改善船轴部位螺旋桨处的来流状态，使流态相对稳定，可使螺旋桨工作在较均匀的尾部流场中，以提高推进效率。此外，该船型有利于增大螺旋桨的桨轴间距，能实现低转速大直径螺旋桨的船、机、桨最佳匹配和优配。

在高速船舶设计中，剩余阻力约占总阻力的 70%，PY 船型适用于中高速船，傅汝德数宜选取 $F_n>0.32$。客船、巡逻艇、旅游船以及大型港口渡轮等，可选用此船型。

C．双尾型船

双尾船型（含双尾鳍）是指船的整个尾型而言，其特征是船的后体由 2 个片体和 1 个纵流型的中间拱形隧道组成。2 个片体是细长形，形状不一；1 个纵流型的中间拱形隧道很长，自船体型线理论 0 号站起，至 16 ～ 17 号站止。由于 2 个尾片体细长，可使纵流隧道平顺，以利于船尾部分的纵剖流线设计均匀平缓，可改善波形干扰。同时，还可增加船尾压浪长度，以改善船后体压力分布，减少尾流分离现象，从而大幅度降低兴波阻力和旋涡阻力，使剩余阻力大大下降。虽然双尾船型的摩擦阻力有所增加，但剩余阻力下降值较为显著，因此总阻力有所下降。双尾船型的螺旋桨轴通过片体伸出，可使桨轴间距增大，一般在（0.5 ~ 0.53）B 之间为宜（B 为船宽），可通过船模试验优选出最佳值。由于桨轴间距较大，尾片体上的每个螺旋桨在类似单桨船的工况下工作，从而改善了螺旋桨前的来流场状态，使螺旋桨桨盘处的伴流较均匀，可提高伴流分数 W 值，提高船身效率。国内已有实船测试表明，其船身效率 η_H 可提高到 1.15 ~ 1.18。双艉船型还有利于安装低转速大直径螺旋桨，可大大提高螺旋桨敞水效率，也易于船、机、桨匹配和优配。

双尾船型在国外早有研究，20 世纪 70 年代国内也已广泛应用到长江流域的客轮上。实船证明，该型船航行性好，兴波小，速度快，操纵灵活，可节省主机功率 25% 以上，已被世界造船界公认为节能船型。

D. 涡尾船型

涡尾船型的船体艉部由轴套包板和扭曲的船底板形成，绕着螺旋桨轴旋转的螺旋形蜗槽道。涡尾船型的实船有平头涡尾船与尖头涡尾船两种。平头涡尾船的船首为平头，船首底部与水线平面的夹角约为 6°。该船首主要作用有两点：第一，可迫使水流沿船首纵向流经船体至船尾部，形成纵流，使流线短而平顺，以减少发生在自由液面上的兴波现象；同时，还可减少水流沿侧面绕至船底呈斜流入的水流状态，可减少阻力。第二，船平头水上雪橇似地压浪航行，迫使水流沿船纵向流经船底部至船尾，压浪作用与纵流作用两者相互协配，使水流速度加快，压力下降，降低波高，削减波能，可明显降低阻力。

涡尾的作用主要有以下三个方面：一是消减尾浪，使尾流平顺，减少船尾兴波高度以达到降阻；二是涡尾可回收螺旋桨尾流中的旋转能，产生反桨效应，从而可使紊乱的尾流协调成向后喷射的直流，以抵消螺旋桨激起的水流旋转所诱导的涡流，减少螺旋桨尾流旋转能量的损失，以达到回收螺旋桨尾流的旋转能，提高船舶推进效率的目的；三是涡尾有助于消减船尾振动。因为船尾处的螺旋桨轴中心线与涡尾中心线重合，使轴向伴流和周向伴流的分布较均匀，从而使消耗在螺旋桨尾流中的能量大大减少，也使水动力作用在船体所引起的扰动和作用在船体上的机械振动显著减少，起到消减尾部振动效果。

平头与尖头涡尾船型是国内首创的一种新型节能船，已设计建造多艘。实践证明，这种新船型具有兴波小、推进效率高、激振小等十分明显的多功能节能优点。据实船测试，其航速与一般同排水量和同机型船相比，可提高 27% 左右，节能 12% 以上，平头涡艉船型适应于客船、旅游船。

E. 球尾船型

该船型的特征是在船体满吃水线处的尾部区设有一个长（1% ~ 2%）L，宽度极窄小的艉端形体。它是根据流体力学原理，利用球艉产生与船尾尾波相反等幅的波，以降低兴波高度。其主要作用：一是消波压浪，使船尾波的起波点后移，导致尾波扩散面大大减少，从而减少能量损失，以降低船舶阻力；二是可改善尾流，起整流作用，以提高船舶的推进效率，与此同时，还可减小螺旋桨的激振力，有利于降振。

设计球艉的主要参数是艉球体长度、横剖面的大小与形状以及球心位置等，一般宜选择在桨轴中心线上，可根据船模试验优选其球艉尺度与形状，该船型一般可节省主机功率

7% ～ 9%。

F. 球鼻艏船型

设计船的弗汝德数 F_n=0.25 ～ 0.35 时，采用球鼻艏可降低兴波阻力、破波阻力和舭涡阻力，一般可降低船舶总阻力 10% 左右。因此，在大型船舶上均设有球鼻艏，有些小型船上也设有球鼻艏。球鼻艏形式有水滴形、瓜子形、椭圆形及小流鼻式等。球鼻艏的主要参数如球鼻长度、宽度、横剖面的大小与形状、球鼻浸深深度等，可根据具体的设计船型、傅汝德数以及吃水等因素确定。一般通过船模试验优配恰当的球鼻形式和尺度。球鼻艏引起的波与船体的船艏波可以相互抵消，以改善船艏进流段区的水流状态，实现降低兴波阻力的目的。球鼻艏还可增加船舶浮力，可作为压载水舱调节船的纵倾。

在大型货船和油船上采用球鼻艏，可降低总阻力达 8% ～ 11%；在中高速船上可降低总阻力约 6%。

G. 浅吃水肥大型船型

浅吃水肥大船型是受航道和港口泊位吃水限制的一种船舶。其主要特点：一是载重量较常规型船增加 20% ～ 30%，设计吨位越大，则载重效果越佳。一般 25 000t 以上的运输船载重系数约在 0.67 以上。二是综合经济效益高。因为该船型具有载货位大、吃水浅等特点，可用于浅水水域的干散货船、液货船、集装箱船以及补给船等。

该船型具有成本低、相对投资成本少且营运航线多、可通航道多、船舶航行率高等优势，目前在国内外得到广泛应用。

②优化船、机、桨、舵最佳组合匹配，提高推进效率

实现船、机、桨、舵的最佳组合匹配是很复杂的技术课题，涉及船型和船的主要参数、动力装置和螺旋桨的选配以及舵设计等诸多技术问题。其中最关键的问题是开发设计优良的新船型。

提高船舶推进效率是造船界致力研究的重要课题，国内外在此方面已取得一些成功经验。从理论上讲，理想的船舶推进效率趋近于 1（$\eta_D \approx 1$），而一般的实船仅能达到 η_D=0.42 ～ 0.72。这意味着 28% ～ 58% 的能量消耗在推进装置系统及其工况运行中和波能干扰影响中。

能量损失一般有三方面的原因：一是由于船体在水中运动，受水流黏性影响及波能干扰导致能量损失，其值占 10% ～ 18%；二是船的推进传动机构运转中的能量损失，其值达 10% ～ 22%；三是由于螺旋桨叶端处存在横向绕流引起的激烈的端涡流能量损失和螺旋桨后面旋转尾流损失，这两者的损失随推力载荷系数的增加而增大，占 8% ～ 18%。

推进效率是影响船舶航速的主要因素。欲提高船舶经济性可在降低船舶阻力、提高推进效率、合理增大船主机功率等诸多方面采取有效措施。提高推进效率的措施有以下几个方面。

A. 设计低转速大直径螺旋桨

螺旋桨直径通常根据船尾形状和船舶吃水等参数选定。增大螺旋桨直径且降低转速，可提高螺旋桨敞水效率，使推力减额因数增加以及增大伴流分数，提高船身效率。因此，设计低转速大直径螺旋桨，与其优配最佳船尾形状是船舶节能的重要措施之一。

对于高速船舶，设计安装低转速大直径螺旋桨，可获取最佳的船舶推进效率。

B. 采用内旋桨

国内研究双尾船配内旋桨表明，采用内旋桨的船身效率比外旋桨的提高 20% 左右。对于 MAU 型和 B 型螺旋桨而言，采用内旋桨的船身效率比采用外旋桨的提高 2.4% 左右，旋转效率提高 3% ～ 5%。其机理主要是产生一种反桨效应，因为内旋螺旋桨与来流流入桨盘的切向速度方向相反，则螺旋桨的转速相对于水流的旋转速度增加，导致螺旋桨推力增大，从而提高船舶推进效率。若巧妙设计最佳的船尾形状，更好地改善伴流场，提高伴流分数值，降低推力减额分数值，使螺旋桨处于稳定高伴流区工作，则船舶推进效率的提高会更加显著。

C. 采用高效螺旋桨——PBCF 装置

国外研究的一种 PBCF 装置，在螺旋桨轴套盖上设有鳍，鳍的数量与螺旋桨叶数相同，形状不一，与船尾形状有关。PBCF 装置的主要作用是降低螺旋桨旋转产生的涡流，以降低旋涡阻力。此装置具有结构简单、质量轻、费用低等优点，适用于各类船舶，尤以安装在螺旋桨螺距较大的船上效果更佳。

D. 采用船舶助推轮装置

船舶助推轮装置是一种回收螺旋桨旋转尾流的装置，它可将一部分尾流能量转换为船舶前进的附加推力。该装置采用滚柱轴承支撑安装在螺旋桨轴的末端，在螺旋桨尾流的作用下，可自由地在桨轴上转动，以产生附加推力，从而提高船舶推进效率。该装置结构简单，易于安装、改装、拆卸和维修保养。

E. 优选螺旋桨叶梢与船壳相对最佳位置

优选螺旋桨叶梢与船体外壳表面之间的间隙，可减少涡流影响。在深水航行的船舶，通常宜将螺旋桨叶梢设计布置超过船体基线，同时使螺旋桨轴中心线与船体水平线构成恰当的尾轴倾角（1.5° ～ 2.3°），这样可使螺旋桨盘前的来流得到改善，使供水充足以提高效率。

F. 采用舵附推力鳍装置

舵附推力鳍装置是一种船舶助推节能装置，是将推力鳍安设在舵叶两侧适当的位置上，调整到舵两侧流向入射角，以与螺旋桨尾流相适应。这样，一方面可回收螺旋桨尾流中的旋转能量，另一方面可使推力鳍产生的升力中的部分转化成附加推力。

设计舵附加推力鳍的主要参数有鳍翼长度、切面形状和展弦比，以及鳍的安装位置与角度等。国外在一些肥大型单桨船上安设推力鳍，可节省主机功率 4% ～ 5%。国内研究的推力翼也已安装在 20 余艘内河船上，其节能效果相当可观。

③降低船舶阻力的相关技术

船舶阻力可分为水阻力和空气阻力。水阻力按照其物理本质可分为摩擦阻力、粘压阻力和兴波阻力。高速船舶的摩擦阻力约占船舶总阻力的 40% ～ 50%，中低速船舶的摩擦阻力则达到总阻力的 70% ～ 80%。因此，寻求有效减小摩擦阻力的方法，设计和制造具有减阻功能的新型船舶是实现节能的重要途径之一。

A. 气膜减阻技术

水的密度约是空气的 800 倍，若用空气将船体和水分离，在船体和水流之间形成一层薄气膜，其效果如同在两个摩擦体之间涂上一层“润滑油”，就可以大大减小摩擦阻力。

引发气泡的途径是在船体表面喷气，根据有关实验研究报道，减阻效果与气泡直径、气泡体积浓度、气泡层所处的位置以及边界层中的分布、微气泡覆盖的湿表面积等因素有关。高速气泡船的数值模拟研究表明：a. 气泡层的浓度存在一个临界值，真正影响减阻率大小的是在这一临界浓度以内气泡层在船底表面的覆盖率。在达到该浓度前，气泡浓度越高，气泡层减阻效果越好，超过这一浓度后，气泡浓度的增加只会加快气泡的集聚和逃逸，从而影响气泡层减阻效果。当船速不变时，随喷气量的增加，减阻率增大，但增加幅度逐渐减小；b. 喷气量不变时，随船速的增加，减阻率减小。

气泡减阻技术在气液交界面具有不稳定性，并且气泡减阻船舶制造复杂，造价高昂，维护成本较高。个别产品虽然已日趋成熟，但在现阶段还难以大量推广。

B. 绿色涂装工艺优化

为避免或限制船舶的污底、表面粗糙度、局部粗糙度对船舶阻力和推进性能的影响，对船舶进行涂装工艺优化，可有效减少污底和降低船舶表面粗糙度，降低船体阻力。

目前，船舶防污涂料朝着高效、节能、环保方向发展，出现了“绿色涂料”。绿色涂料不仅能够满足船舶防污的需求，也能够防止对环境造成污染。当前主要使用和发展如下绿色涂料：自抛光防污涂料；含氟或硅聚合物的低表面自由能防污涂料；以碱性硅酸盐为防污剂的防污涂料；含生物活性物质的涂料；表面植绒型防污涂料；含纳米无机填料的防污涂料；添加天然硅晶体的防污材料；含植物提取物的防污涂料。

除推广使用绿色船舶涂料以外，对涂装工艺进行优化也能够起到节能减排的作用。目前，为符合法律法规的要求，大量船舶已经采用绿色涂装工艺。

C. 优化船体及上层建筑，降低风阻

上层建筑是位于上甲板以上的，自一舷伸至另一舷或其侧壁自外板内缩不大于 4% 船宽的围蔽建筑物，有时也泛指包括甲板室在内的甲板建筑物。上层建筑可用于布置各种舱室和各种装置，减少甲板上浪，增加船舶储备浮力，并可保护机舱开口免受波浪侵袭。

根据需要，上层建筑可有不同的长度和层数，大型客船上的上层建筑最为庞大。主船体与上层建筑构成一定高度和断面变化的船体梁，上层建筑按其所在位置和长度大小，不同程度地参与船体总纵弯曲，船体在上层建筑端部将产生严重的应力集中，在设计中应引起重视。船舶上层建筑的形式、层数和设置，取决于船舶的类型、主尺度和用途，并与总体舱室布置、生活居住条件及航行性能密切相关。

因此，对于上层建筑的优化设计，主要考虑以下几个方面：一是尽量采用轻质材料，减轻上层建筑的重量；二是优化上层建筑外部线型，减小空气阻力；三是合理布局，使船体的漂浮状态达到最佳。优化上层建筑，也有利于船舶建造。在实船运行中，船体与上层建筑匹配的船舶节能减排效果更好。

④优选动力装置及其配套设备

优选动力装置是船舶节能技术的最重要措施。应开发低转速、低油耗、热效率高并可烧低质油，以及能提高压力升高比和扩宽排气管截面积的多用途船用柴油机。

A. 利用主机废气节能技术

充分利用主机废气节能技术是船舶节能的又一重要措施。一般柴油机的热能量损失约50%，其中约25%的热量被废气带走，约20%的热量被冷却水带走，其他热量损失（含润滑油带走的热量）约占5%，燃油燃烧后产生的热量真正转换为输出有效热能的仅占50%左右。因此，回收主机废气热量大有潜力。可将余热回收在废气锅炉中，再添水加热以产生蒸汽，用来驱动蒸汽轮机发电装置。国内外采用主机废气回收热能，可使船用电力系统输出电量增加30%左右。例如，在功率为11 025kW的柴油机船上采用废气利用节能技术后，可达到1台柴油机发电机组的效果。此外，还可利用废气加冷却水，以供燃油柜加热和舱室取暖。

B. 开发新型燃油添加剂

燃油添加剂渗入柴油中，对柴油起催化、气化作用，使柴油在气缸中充分燃烧，减少黑烟，达到节省油量的目的。国内生产了多种牌号的柴油添加剂，已广泛用于柴油汽车，经检测，采用船用柴油添加剂节油率为3%～4%。

C. 采用电子喷油系统装置

电子喷油系统装置采用微机控制，可即时将柴油机工况的各类参数，如主机转速、曲轴转角、燃油燃烧压力、扫气泵压力以及排气温度等数值输入微机进行综合分析处理，从而得出最佳的喷油压力和提前角以及喷油量，实现燃油在气缸内的燃烧过程的最佳控制，达到节能效果。

D. 优化机舱布置及改善主机进气环境

机舱布置应首先满足总体布局，机电及其辅机布置合理，既便于操纵，又易于维修；同时，机舱周围环境应满足柴油机进气的需求，可及时进气扰动，以使主机进气充足，燃烧良好，排气顺畅。

E. 采用排气扩压管节能技术

在主机带排气管出口端，增加一段排气扩压管，使扩压管小径端与主机带排气管相连接。这段扩压管使加大的排气管气流速减小，可减小流阻损失。在气流量不变的情况下，由于管中流速减小，则排气管径出口处的流体压力增大，促使排气管中残留废气排除。实践证明，效果良好。

F. 采用轴带发电机节能技术

轴带发电机即在主机驱动螺旋桨旋转的同时，还一并带动发电机运转。轴带发电机的突出优点是节省专用的辅助柴油机和节省燃油。

船舶节能措施除上述诸多节能技术外，还可优选导航设备，采用卫星导航以提高导航精度，稳定航向，缩短航程，提高船舶自动化水平等。船舶节能主要技术措施效果分析如表5–16所示。

船舶节能主要技术措施效果 表5–16

节能主要技术措施	节能效果（%）	节能主要技术措施	节能效果（%）
船舶经济航速航行	20左右	主机废气热回收利用技术	5～8
优化新船型及其主尺度型线	8～15	采用轴带发电机	2～3

续上表

节能主要技术措施	节能效果（%）	节能主要技术措施	节能效果（%）
优化设计减轻船舶自重量	2 ~ 3	采用主机排气管扩压技术	2 ~ 3
优选最佳船舶纵倾航行状态	4 ~ 7	优化电子喷油控制装置	3 ~ 5
采取有效措施提高船舶载质量	3 ~ 6	采用新型燃油添加剂	3 ~ 4
优选新船壳涂料与良好保养	3 ~ 5	采用舵附推力鳍以提高舵效	2 ~ 3
优选低转速大直径螺旋桨	10 ~ 15	采用节油减烟器	2 ~ 3
优选桨叶梢与船壳最佳间隙	3 ~ 4	优选机舱自动化控制操作	4 ~ 6
开发节能型柴油机	12 ~ 15	采用精确导航系统设备	6 ~ 8

以上阐述的诸多节能技术措施，可根据新设计船的用途和具体航线的实际情况，运用系统工程方法，采用计算机仿真技术进行优选，实现船、机、桨、舵的最佳配置，以达到整体船舶的最大节能效果。

5.4.2 NO_x 排放指标要求

（1）NO_x 排放指标水平研究

国际海事组织（IMO）在 73/78 防污公约（MARPOL）附则Ⅵ《防止船舶造成大气污染规则》中规定：对于 NO_x 限制排放。2000 年 1 月 1 日及以后建造的新船，低速机（$n \leqslant 130$r/min）为 17.0g/(kW·h)；中速机（$130 \leqslant n \leqslant 2\,000$r/min）为 $45.9n^{-0.2}$g/(kW·h)；高速机（$n>2\,000$r/min）为 9.84g/(kW · h)。

MEPC 第 57 届会议对 NO_x 排放规则作了最新修正，通过了关于新主机（根据其安装日期）的更为严格的氮氧化物排放标准修正案：第一阶段要求 2000 年 1 月 1 日及其以后至 2011 年 1 月 1 日以前安装的柴油主机根据已生效的 MARPOL 附则Ⅵ适用 17 g/(kW · h) 的标准；第二阶段要求 2011 年 1 月 1 日以后安装的柴油主机的 NO_x 排放标准为 14.4g/(kW · h)；第三阶段要求当船舶航行于指定的排放控制区域内时，2016 年 1 月 1 日以后安装的柴油主机的 NO_x 排放标准为 3.4g/(kW · h)；在排放控制区域外仍适用第二阶段的要求。根据新修订的公约，IMO 对 NO_x 排放提出了的三阶段的限制要求，具体如表 5-17 所示。

IMO 对 NO_x 排放提出了的三阶段的限制要求　　表 5-17

阶　段	生 效 日 期（年）	NO_x 排放 [g/(kW · h)]		
		$n<130$	$130 \leqslant n<2\,000$	$n \geqslant 2\,000$
第一阶段	2000	17.0	$45n^{-0.2}$	9.8
第二阶段	2011	14.4	$44n^{-0.23}$	7.7
第三阶段	2016	3.4	$9n^{-0.2}$	1.96

根据莱茵河中央管理委员会制订的《莱茵河船舶检验规则》（2011），航行于莱茵河的船舶 NO_x 排放限值如表 5-18 所示。

莱茵河的船舶 NO_x 排放限值　　表 5–18

P_N（kW）	NO_x[g/(kW·h)]
$19 \leqslant P_N<37$	8.0
$37 \leqslant P_N<75$	7.0
$75 \leqslant P_N<130$	6.0
$130 \leqslant P_N<560$	6.0
$P_N \geqslant 560$	$N \geqslant 3150$=6.0 $343 \leqslant n<3150$　$45n^{-0.2}-3$ $n<343$　11.0

根据《内河船舶法定检验技术规则》（2011）的规定，我国内河船舶 NO_x 排放限值水平相当于 IMO 第一阶段的要求，而现在国际上已在 2011 年 1 月 1 日开始执行第二阶段限值要求。莱茵河航行船舶的 NO_x 排放限制比 IMO 现行的排放标准更严格，大致低 5%～10%。相比之下，我国法规对内河船的 NO_x 排放要求是比较低的（图 5–6）。

在中国船级社颁布的《绿色船舶建造规范》中，第一级和第二级绿色船舶对 NO_x 排放没有提出特殊要求，仅对第三级绿色船舶的 NO_x 排放要求达到国际上第三阶段的限值水平。这一水平目前国内绝大多数的内河船用柴油机都很难达到。

对于标准船型的 NO_x 排放限值，我们建议在 2015 年提高到目前国际上第二阶段的水平，对于比标准船更先进的示范船，势必要提出比标准船在 NO_x 排放方面更高的要求。在《钢质内河船舶建造规范》2012 修改通报中，第七篇增加了“船舶环保补充规定”一章，提出了授予船舶环保（CLEAN）附加标志的条件：内河船舶要取得 CLEAN 附加标志，NO_x 排放应满足《内河船舶法定检验技术规则》规定的排放限值。同时，该规范规定：船舶要想进一步取得 NO_x 排放控制——附加标志 NEC，柴油机的 NO_x 排放量应不超过《内河船舶法定检验技术规则》规定的排放限值的 60%。这一水平与欧洲莱茵河的排放标准是一致的。据调查，目前国内适用于内河船的船用柴油机，还无法达到如此高的 NO_x 排放控制标准。从目前船用柴油机的设计生产技术水平来看，如要达到这一标准，仅靠机内技术还做不到，必须采用后处理技术，而目前该项技术在国内还不成熟，不具备推广应用的条件。

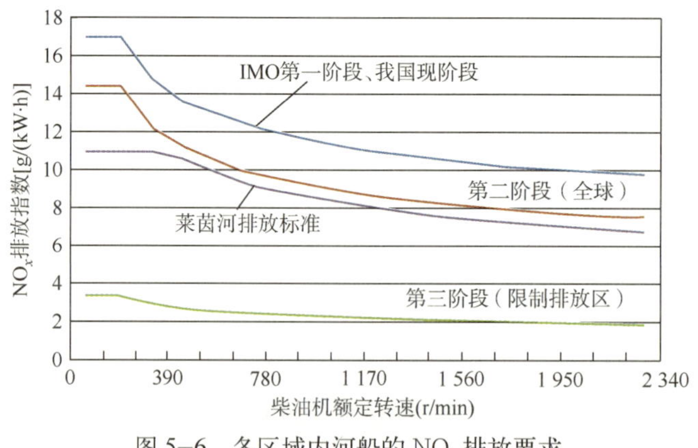

图 5–6　各区域内河船的 NO_x 排放要求

综上所述，内河示范船 NO_x 排放要求比同时期的标准船型适当提高，但不宜提高幅度过大过快，具体排放标准如下。

2015 年前：

$$\begin{cases} 14.4\text{g/(kW}\cdot\text{h)} & (\text{当 } n<130\text{r/min 时}) \\ 44.0n^{-0.23}\text{g/(kW}\cdot\text{h)} & (\text{当 } 130\text{r/min} \leqslant n<2\,000\text{r/min 时}) \\ 7.7\text{g/(kW}\cdot\text{h)} & (\text{当 } n \geqslant 2\,000\text{r/min 时}) \end{cases}$$

2020 年前：

$$\begin{cases} 10.2\text{g/(kW}\cdot\text{h)} & (\text{当 } n<130\text{r/min 时}) \\ 27.0n^{-0.2}\text{g/(kW}\cdot\text{h)} & (\text{当 } 130\text{r/min} \leqslant n<2\,000\text{r/min 时}) \\ 5.88\text{g/(kW}\cdot\text{h)} & (\text{当 } n \geqslant 2\,000\text{r/min 时}) \end{cases}$$

其中，n 为柴油机额定转速。

（2）降低船舶 NO_x 排放的技术措施

① NO_x 的产生机理

船用柴油机排放的 NO_x 是高温条件下空气在气缸内燃烧时氧和氮发生反应而产生的，是燃烧过程的产物，燃烧室中燃油喷雾在与空气混合、蒸发、燃烧的过程中，随着空间和时间的变化而生成 NO_x。根据氮元素的来源，可分为热力型 NO_x 和燃料型 NO_x。

热力型 NO_x：生成和排放率取决于燃烧火焰温度、氧浓度及氮氧在高温停留的时间三个要素，而这三个要素又与柴油机的结构参数及性能参数、喷射系统参数、进排气系统参数、柴油机工况及燃油质量等因素有关。

燃料型 NO_x：与燃油的组分有关。

② NO_x 排放控制技术

根据 NO_x 的产生机理，船舶柴油机 NO_x 排放的控制措施大体可分为机内控制（一次控制）和机外控制（二次控制）。机内控制实质上是指在可燃混合气体燃烧之前采取的降低污染物排放的措施，机内控制无须对柴油机做大的改动和添加大的辅助设备。机外控制是在机内控制基础上，为了进一步降低排放量所采取的措施，机外控制需要添加催化 NO_x 的辅助设备。

A. 机内控制技术

a. 高压喷射，缩短喷油持续期

随着燃油喷射压力的提高（大于 150MPa），雾化质量改善，喷射能力增加，吸入油束内的空气量增加，混合气质量提高，燃烧速度加快，可使炭粒排放物显著降低。同时，高压喷射、缩短喷油持续期可在喷油终点不变的前提条件下，喷油定时延迟，将使整个燃烧过程推迟。由于燃油喷入气缸前气体已经充分压缩，压缩终了时的压力和温度增高，使得燃油喷入后的滞燃期缩短，易于发火燃烧，同时滞燃期喷入的燃油较少，使燃烧速度和放热率降低，从而降低了火焰温度，使 NO_x 生成率和排放率降低。

b. 燃油乳化和直接喷水

燃油乳化指：向燃油中加入一定比例的水和乳化剂，制成乳化燃油，其在燃烧时会降低最高燃烧温度，抑制 NO_x 的生成。此外，乳化燃油还将增加着火延迟时间，提高预混燃烧的比例，从而有利于减少 NO_x 的排放。

直接喷水：在瓦锡兰公司已开发的降低大功率船舶柴油机排放 NO_x 的新装置——燃烧室直接喷水装置中，其基本原理是设计了同时喷水和喷油的复合型喷油器，有两个喷嘴，一个喷油，另一个喷水，喷水降低了燃烧的温度，可以降低排气中 50% ~ 60% 的 NO_x。

炼油乳化和直接喷水会导致燃烧不完全，使柴油机的功率降低，燃油消耗率增加。

c. 废气再循环技术（Exhaust Gas Recirculation，EGR）

指将发动机排气的一部分引回到进气管，与新鲜空气混合后进入气缸，作为工质参加气缸内的热循环（图 5-7）。此技术可以有效降低柴油机 NO_x 排放的原因主要有两个：一是将一部分废气引入气缸，使缸内的含氧量减少；二是再循环的废气使气缸内的最高燃烧温度降低。

B. 机外控制技术

机内控制排放并不能完全起到净化效果，因此对已排出燃烧室但尚未排到大气中的废气进行处理称为机外控制。NO_x 的机外净化主要是采用催化转化技术。其中最成熟、最有效的措施公认为是选择性还原催化转化（selective catalytic reduction，SCR）。SCR 技术即用氨（NH_3）作还原剂对含 NO_x 的气体进行催化还原处理，使氨能有选择地和气体中的 NO_x 进行反应，而不和氧发生反应，使 NO_x 转化成无害的氮气和水蒸气（图 5-8）。基本化学方程式为：

$$CO(NH_2)_2+H_2O=2NH_3+CO_2$$

$$4NO+4NH_3+O_2=4N_2+6H_2O$$

$$2NO_2+4NH_3+O_2=3N_2+6H_2O$$

选择性催化还原系统利用选择性催化还原技术对柴油机的废气作后处理，可除去高达90%的 NO_x，部分烟气和碳氢化合物亦会被 SCR 中的反应器的氧化作用除去。因此 SCR 技术能够较好地满足一些航区对 NO_x 排放控制较严的要求。

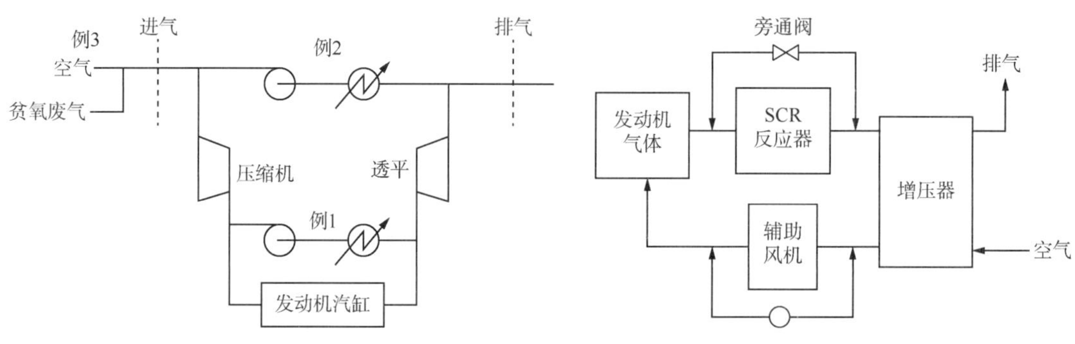

图 5-7　EGR 系统的布置　　图 5-8　船用低速柴油机 SCR 系统布置示意图

控制柴油机废气排放技术的种类很多，影响柴油机动力性、经济性的程度也各不相同，单纯某一种降低 NO_x 排放的措施，不能满足排放法规越来越苛刻的要求，综合利用机内、机外的几种控制排放措施，是发展的必然趋势。

5.4.3 高能效示范船的认定标准

同时符合下列条件的内河船舶可认定为高能效示范船。

（1）船舶满足现行法规规范的要求，取得有效的船舶检验证书；

（2）船舶满足《内河运输船舶标准船型指标体系》要求；

（3）船舶 EEDI 值低于标准船型能效基线值的 70%；

（4）凡输出功率超过 130kW 的柴油机（应急发动机以及安装在救生艇上或只在应急情况下使用的任何设备或装置上的柴油机除外），船舶 NO_x 的排放量（按总的 NO_2 加权排放量计算）应在下列限制内：

$$\begin{cases} 14.4\text{g/(kW}\cdot\text{h)} & (\text{当 } n^{-0.23}<130\text{r/min 时}) \\ 44.0n^{-0.23}\text{g/(kW}\cdot\text{h)} & (\text{当 } 130\text{r/min}\leqslant n<2\,000\text{r/min 时}) \\ 7.7\text{g/(kW}\cdot\text{h)} & (\text{当 } n^{-0.23}\geqslant 2\,000\text{r/min 时}) \end{cases}$$

其中，$n^{-0.23}$ 为柴油机额定转速（每分钟曲轴转速）。

5.5 内河示范船认定办法研究

5.5.1 认定目的

对符合上述限值指标的内河标准船认定为示范船。为了推动内河船舶实现现代化，建议国家出台示范船经济鼓励政策，对按照《内河示范船设计准则》设计建造的船舶进行评估认定，对认定出来的示范船给予资金补贴，树立内河船舶先进典范和标杆，引领行业技术进步。

5.5.2 认定条件

认定船舶应符合下列条件：

（1）满足适用法规、规范的要求；

（2）满足交通运输部颁布的《内河运输船舶标准船型指标体系》中强制性指标的要求；

（3）至少符合本报告所认定的三类示范船之一；

（4）取得国家主管机关核发的船舶所有权登记、船舶检验证书。

5.5.3 认定程序

（1）申请程序

①为鼓励发展一批优秀的示范船舶，航运企业可根据船舶营运实践，自愿申请符合条件的船舶参加示范船认定。

②参评船舶经各省级交通运输主管部门推荐，向交通运输部其水系派出机构提交申请，并提供认定所需的相关资料。

③申请人对提供评价相关资料的真实性负责。

（2）认定流程

①申请人首先对认定船舶按照示范船指标进行自评，并提供相关证明材料，将自评报告连同证明材料递交省级交通运输主管部门。中央直属企业可直接向交通运输部提出申请和递交材料。

②受理申请的省级交通运输主管部门组织运政、海事、船检部门对申请人提供的相关船舶证书进行核验，由船检部门对认定船舶标准船型的符合性以及各项指标的真实性进行核定。

③省级交通运输主管部门向交通运输部上报审核通过的船舶材料。

④交通运输部组织第三方机构对船舶进行技术评估，符合条件的认定为示范船。

⑤交通运输部将认定的示范船主要技术指标和设计单位、建造单位等相关信息向社会公布，并接受社会监督。

（3）引导宣传措施

①出台经济鼓励政策引导。

②出台优惠扶持政策和办法，如优先过闸、优先靠离泊、年检优惠等。

③编制示范船图册向行业公布，扩大宣传力度。

④组织行业内交流、参观、学习，促进先进技术推广应用。

6 内河船型标准化政策法规

6.1 全国内河船型标准化发展政策

6.1.1 实施推进规划性政策

（1）全国内河船型标准化发展纲要

为指导全国内河船型标准化工作，建立推进全国内河船型标准化的长效机制，交通部组织编制、发布了《全国内河船型标准化发展纲要》（交水发〔2006〕56号）[29]。

推进内河船型标准化，是航运结构调整的重要内容，对于推动内河船舶技术进步，提高航道和船闸等通航设施利用率，为水上交通安全提供保障，降低内河船舶运输成本，提高内河航运竞争力，促进内河航运可持续发展，具有十分重要的意义。

推进我国内河船型标准化，需要建立长效机制。考察国外推进船型标准化的历史，欧洲主要内河用了近50年时间，美国有近60年的历史。实现内河船型标准化，不可能一蹴而就，这是船舶从建造投入营运到退役报废以及航道建设发展的一般规律所决定的。从总体上看，当时我国的内河航道等级低，地区差别很大，航道网正在形成过程中，更增加了船型标准化推进工作的难度。因此，推进我国内河船型标准化，必须建立长效机制，长抓不懈，方能收到成效。编制《纲要》的目的，就是要在总结和分析以往我国推进内河船型标准化工作经验的基础上，以航道和船闸等通航设施为条件，以船舶运输量为基础，明确船型标准化的指导思想与原则，提出在全国主要内河和通航水域实现船型标准化的分阶段目标，以及实现船型标准化目标的政策与措施，将推进船型标准化作为一项长期交通产业政策，建立起我国内河船型标准化的长远发展机制。

编制《纲要》遵循的主要原则如下。

①必要性原则。根据推进船型标准化的目的，选择哪些航道或航区推进船型标准化，主要根据下列因素确定：一是与航道建设相适应，根据航道现状以及可预见的航道规划建设情况，确定船型标准化的优先次序；二是与运输需求相适应，要选择那些运输量和船舶通过量较大的航道或航区推进船型标准化；三是保障安全和可持续发展的要求，对于那些水上交通安全问题突出、水环境保护压力大的航道或航区，要优先安排船型标准化推进工作。

②近期目标与中长期目标相结合原则。要在实事求是分析航道建设、运输需求的基础

上，结合本地区船型标准化工作的基础和条件，提出实现船型标准化的分阶段目标。

③标准船型形式多样性原则。标准船型的形式，分为送审图纸、技术方案和主尺度等多种形式，要在总结推进船型标准化工作经验基础上，结合本地区实际，明确不同地区不同航道或航区标准船型形式的主导方式。确定标准船型的形式，要考虑广大航运业经营者能够方便地获取标准船型技术，要将允许标准船型的个性化与交通主管部门的有效监管有机结合起来。

④船型标准化推进方式引导与强制相结合原则。将船型标准化推进方式作为一项重要内容纳入《纲要》编制；船型标准化推进方式采取引导与强制相结合，以引导为主。无论采取引导性或强制性推进，都应当有明确且可操作性强的政策与措施。

(2)“十二五”期推进全国内河船型标准化工作实施方案

内河运输船舶是内河水运体系的重要组成部分，推进全国内河船型标准化工作是贯彻落实国家“十二五”规划和国务院《关于加快长江等内河水运发展的意见》的战略举措，是提高水上交通安全、环保水平，促进节能减排，提高运输效能和调整内河水运结构、转变发展方式的重要手段。近十年来，交通运输部加大了内河船型标准化工作力度，实施了京杭运河船型标准化示范工程、川江及三峡库区船型标准化工程、长江干线船型标准化工程，取得了显著的成效，积累了宝贵的经验。在广泛调研的基础上，制定了《“十二五”期推进全国内河船型标准化工作实施方案》(交通运输部公告 2013 年第 50 号)(以下简称《实施方案》)，建立了财政补贴与技术管理、行政监管相结合的管理制度。

《实施方案》提出，“十二五”期间，船型标准化率将达到标准化船舶占内河运输船舶总吨位的 50% 以上，其中长江干线、西江干线和京杭运河达到 70%，基本实现内河客船、危险品船等重点船型的标准化。

《实施方案》明确，“十二五”期内河船型标准化的工作重点是在《全国内河航道与港口布局规划》确定的“两横一纵两网十八线”范围内推进。按照“开前门、关后门、调存量、推示范”的工作思路推进全国内河船型标准化，严格禁止内河新建非标准船进入航运市场，鼓励现有老旧高耗能船舶提前退出航运市场。2014 年 1 月 1 日起，禁止 200 总吨以下的运输船舶通过西江干线船闸。2016 年 1 月 1 日起，禁止 200 总吨以下的干散货船通过京杭运河干线船闸，禁止 300 总吨以下的运输船舶通过西江干线船闸，禁止生活污水排放达不到要求的内河运输船舶以及单壳化学品船、600 载重吨以上的单壳油船进入“两横一纵两网十八线”水域航行。

在节能减排及防污染方面将实现平均单位运输周转量能耗比 2005 年下降 14% 以上，CO_2 排放比 2005 年下降 15% 以上；三峡库区和京杭运河运输船舶生活污水达标排放率（或集中回收处理）达到 100%，其他内河达到 50%。此外，全国内河船舶平均吨位达到 800 载重吨，其中长江干线达到 1600 载重吨，京杭运河达到 500 载重吨，西江干线达到 1000 载重吨，其他内河达到 300 载重吨。

根据《实施方案》，财政部、交通运输部和地方人民政府将筹集专项资金，以鼓励京杭运河过闸小吨位船舶提前退出航运市场，西江干线过闸小吨位船舶提前退出航运市场；现有单壳化学品船和单壳油船改造或拆解、现有船舶生活污水防污染改造；鼓励老旧运输船舶提前退出市场以及引导新建示范船。

在上述专项资金中，对于现有船舶拆解改造的补贴，由中央和地方按照东部省份50%：50%、中部省份60%：40%、西部省份70%：30%的比例承担。对引导新建示范船的补贴，由中央财政每年拿出一定额度进行定额补贴，鼓励有条件的省（区、市）在中央财政补贴的基础上由地方财政给予地方补贴。

《实施方案》要求，港航部门不得为新建非标准船舶和限期退出市场的船舶办理营运手续，海事部门不得为新建非标准船舶办理船舶登记手续，对限期退出市场的船舶不予签证放行，船检部门不受理非标准船舶的建造检验，船闸管理部门不得为禁止过闸船舶和限期退出市场的船舶安排过闸。交通运输部要求各相关部门要加强组织领导，各司其职，明确职责，要加强和支持新船型和节能运输方式的基础性、前瞻性研究工作，提升科技创新能力和研发水平，根据本地区实际情况，制定方案外的经济鼓励政策，加快推进本地区内河船型标准化工作。

6.1.2 经济鼓励政策

为了规范全国内河船型标准化补贴资金的管理，促进内河运力结构调整和水运节能减排，提高船型标准化率和船闸通过效率，根据《国务院关于加快长江等内河水运发展的意见》（国发〔2011〕2号）等有关规定，制定《内河船型标准化补贴资金管理办法》（财建〔2014〕61号）（以下简称《办法》）。

全国内河船型标准化补贴资金是指中央和地方财政通过公共财政预算安排的，对《全国内河航道与港口布局规划》确定的“两横一纵两网十八线”等主要干支流高等级航道范围内，单壳液货危险品船拆解改造、现有船舶生活污水防污染改造、过闸小吨位船舶拆解、老旧运输船舶提前拆解，以及建造符合国家发展方向的内河示范船给予的补贴资金。

《办法》明确，按1 000元／总吨的基准，对在2013年10月至2015年期间提前拆解的内河老旧运输船舶进行补助。此外，国家还对新建内河示范船舶等其他四类船舶进行一定程度的补贴。中央航运企业（含其控股子公司）的现有船舶拆解改造补贴资金、新建示范船的补贴由中央财政全额承担。其他现有船舶拆解改造的补贴资金由中央财政和地方财政按照比例分担。其中东部省份比例为50%：50%，中部省份比例为60%：40%，西部省份比例为70%：30%。

经济鼓励政策是推进内河船型标准化的重要手段，其发展也伴随了全国内河船型标准化的发展历程，为更加深入、具体地分析该项政策的制定，将在6.3节单独论述。

6.1.3 认定标准类政策

（1）内河运输船舶标准船型指标体系

为贯彻落实《国务院关于加快长江等内河水运发展的意见》（国发〔2011〕2号）精神，实施“兴内河”战略，加快推进全国内河船型标准化，提高我国内河运输船队整体技术水平，实现2020年建成畅通、高效、平安、绿色的现代化内河水运体系目标，交通运输部组织编制、公布了《内河运输船舶标准船型指标体系》（中华人民共和国交通运输部公告2012

年第 13 号），自 2012 年 7 月 1 日起生效施行。公告规定自公告生效后一个时期的内河标准船型，是指符合本公告公布的《内河运输船舶标准船型指标体系》要求的船舶。自公告生效之日起，新开工建造内河船舶应符合《内河运输船舶标准船型指标体系》要求。交通运输部之前有关标准船型相关规定与公告不一致的，以公告为准。

建立标准船型评价指标体系，并纳入船检规范管理，其目的是确保所有新建船舶满足标准船型强制性指标的技术要求。这项工作只有尽早启动，才能最大限度地减少新建非标准船舶继续流入市场。当时除了京杭运河、川江及三峡库区外，如何界定标准船型仍然缺乏明确、实用的衡量指标和评价办法，因此《内河运输船舶标准船型指标体系》的公布是必要且及时的。新的标准船型的定义也再次体现了“标准船型”内涵的动态发展过程，在不同时期、依据内河船舶发展的不同阶段，不断赋予标准船型新的内涵。

指标体系的建立主要从“安全、高效、绿色、先进”四个方面入手，在安全（包括环保）上，以现行船舶建造规范法规的要求为基础；在高效上，通过船舶主尺度系列标准，提高船舶与船闸、升船机等通航设施的适应性和通过能力，通过能源强度指标，提高船舶的能效性能；在绿色上，通过 CO_2 排放强度指标，实现船舶减排的目标；在先进性上，通过鼓励新材料、新技术、新方法、新设备、新工艺和新能源等在船舶上的应用，实现技术进步。

新建船舶指标由强制性指标和引导性指标组成。强制性指标包括：第一，航行于已建或在建船闸、升船机等通航设施的内河限制性航道的新建内河运输船舶，应满足交通运输部公布的船舶主尺度系列标准；第二，以柴油机作为主推进动力的适用船舶，其燃料消耗指数应满足《营运船舶燃料消耗限值及验证方法》中的燃料消耗量限值要求，燃料消耗指数的计算和验证按该方法执行；第三，以柴油机、气体燃料发动机作为主推进动力的适用船舶，其 CO_2 排放指标应满足《营运船舶 CO_2 排放限值及验证方法》中的 CO_2 排放指标限值要求，船舶 CO_2 排放指标的计算和验证按《内河船舶能效设计指数（EEDI）评估指南》执行，同时船舶应配有能效管理手册（SEEMP）。引导性指标主要包括船舶高效和船舶先进两个方面。

现有船舶指标要求主要包括：航行于已建船闸、升船机等通航设施的内河限制性航道的内河运输船舶，应满足交通运输部公布的船舶主尺度系列标准；现有船应根据实际营运情况提交燃料消耗指标计算值，燃料消耗指标计算值按《营运船舶燃料消耗限值及验证方法》执行；现有以柴油机、气体燃料发动机作为主推进动力的适用船舶，应根据实际营运情况提交 CO_2 排放指标计算值，CO_2 排放指标计算值按《内河船舶能效设计指数评估指南》执行。

（2）内河示范船技术评估和认定办法

为规范内河船型标准化示范船建设，保证内河船型标准化补贴资金使用效益，根据交通运输部和财政部《关于印发＜内河船型标准化补贴资金管理办法＞的通知》（财建〔2014〕61 号）的规定，交通运输部组织制订了《内河示范船技术评估和认定办法》（交水发〔2014〕144 号），以示范船为重点，加快推进内河船型标准化，促进内河航运绿色生态、高效安全发展。

推动绿色船舶等先进技术的应用，促使内河船舶向现代化方向发展，有必要制定一套比标准船型指标更高的示范标准船设计准则，引导船舶技术进步，从而为实现现代化内河水运体系服务。根据交通运输部新时期全面推进全国内河船型标准化的工作思路，新时期将按照“开前门、关后门、调结构、推示范”的工作方针开展工作。所谓“推示范”，就是要开展先进示范船推广，引导先进、高效、节能、环保的新船型发展。

该办法明确了内河示范船技术评估认定内容和技术要求，适用于新建内河液化天然气（LNG）动力示范船和高能效示范船的技术评估和认定工作。其中，LNG 动力示范船技术评估和认定的主要内容包括液化天然气替代率、氮氧化物和甲烷的排放水平；高能效示范船技术评估和认定的主要内容是船舶能效设计指数（EEDI）值，要求示范船的 EEDI 值比现有船舶 EEDI 基线值下降 30%，即每吨海里 CO_2 排放量下降 30%。规范了内河示范船技术评估认定程序，即申请新建示范船的，在船舶设计完成和船舶建造完工后提交申请书和相关材料，由技术评估认定单位审核出具技术评估或认定意见。

6.2 分水系内河船型标准化发展政策

6.2.1 京杭运河船型标准化发展政策

（1）京杭运河船型标准化示范工程行动方案

《京杭运河船型标准化示范工程行动方案》(交通部公告 2003 年第 17 号)(以下简称《行动方案》）由交通部和山东省、江苏省、浙江省、河南省、安徽省、上海市人民政府制定，经国务院同意，于 2003 年 12 月 5 日发布，自 2004 年 1 月 1 日起施行。

京杭运河，自古以来就是我国南北交通的动脉。但是，由于航行于运河的船舶标准化程度较低，船型杂乱，船舶平均吨位小，使航道和船闸等通航设施的利用率与通过能力得不到有效发挥，降低了船舶营运效率和内河航运竞争力；特别是航行于京杭运河和长江三角洲主要内河航道的 4 万余艘挂桨机船，噪声污染和空气污染严重，已影响当地居民的生产生活和区域经济社会的协调发展。为提高京杭运河航道和通航设施利用率，保护运河水环境，促进区域经济社会协调发展，交通部和山东省、江苏省、浙江省、河南省、安徽省及上海市人民政府共同在京杭运河和长江三角洲主要内河航道实施船型标准化示范工程。

《行动方案》明确了工程实施的总体目标、指导原则与工作方针、实施范围和实施期间、分阶段行动计划、保障措施等，为工程有序、有效实施推进奠定了基础。

总体目标依据各阶段的重点工作，提出 2004 年淘汰水泥质船、2007 年淘汰挂桨机船、2010 年实现标准船型船舶达到 80% 以上。

指导原则明确指出以广大船民根本利益为出发点，以促进船舶技术进步和航运结构调整为主线，以推广使用标准船型为主要环节，以禁止挂桨机船进入京杭运河航道为重点，以法律、经济和行政措施为基本手段，坚持安全、环保、经济、美观相统一，先进性与经济性相结合，全面推进京杭运河船型标准化示范工程。工作方针是目标明确、分层负责、统一政策、全线联动、分步实施。

实施范围精确到了各航段的起始点和公里数，避免了政策推广特别是补贴资金发放由于范围不明确而发生争议。实施范围包括京杭运河山东段航道、苏北段航道、苏南段航道、浙江段航道、长湖申线航道、苏申外港线航道、苏申内港线航道、杭申线航道、上海市内河主干航道。实施期间为 2004 年 1 月 1 日至 2010 年 12 月 31 日，共计 7 年的时间。

分阶段行动计划共分为四个大阶段：一阶段全面禁止水泥质船进入京杭运河航道；二阶段逐步禁止挂桨机船进入京杭运河航道；三阶段推广使用标准船型；四阶段对现有船舶实行差别对待政策。其中值得一提的是对现有船舶差别对待的政策，按照"优化推荐型""自然过渡型"和"限制淘汰型"三种类型进行认定和分类，区别不同情况，实行差别政策。差别政策是船型标准化分布有序推进的保证，既考虑了船民的切身利益，也促进了航运结构的逐步调整，避免了工程实施对航运市场特别是运力市场形成冲击。属于"优化推荐型"的船舶，允许继续使用，并经局部优化改善后公布为标准船型推广使用。属于"自然过渡型"的船舶，禁止新造，但允许使用至强制报废船龄，同时鼓励航运业者或船民对该类船舶提前报废，退出京杭运河航运市场。属于"限制淘汰型"的船舶，自 2015 年 12 月 31 日起，禁止其进入京杭运河航运市场。

组织措施包括组织保证、鼓励挂桨机船退出京杭运河航运市场的补贴措施、对挂桨机船和标准船型差别收取过闸费、系列标准船型的开发、船舶废弃物回收设施、有关交通管理部门要切实履行职责、切实做好宣传工作等。

（2）挂桨机船拆解改造政府补贴资金管理办法

2003 年 12 月，"京杭运河船型标准化示范工程"为加快挂桨机船退出京杭运河航运市场、规范政府补贴资金的管理，交通部、财政部制订、发布了《京杭运河船型标准化示范工程挂桨机船拆解改造政府补贴资金管理办法》（交通部 财政部文件 交水发〔2003〕552 号）。

对挂桨机船退出市场给予政府补贴是示范工程的一项重要政策，直接关系到示范工程的成败。该管理办法提出，政府补贴资金由中央补贴资金和地方补贴资金组成，中央和地方各承担 50%。在交通建设资金比较紧张的情况下，部机关和有关省市能拿出资金对挂桨机船退出市场给予补贴是来之不易的，在具体操作中既要严格管理，充分发挥补贴资金的效果和作用，又要规范操作，切实保证将政府补贴资金完全发放到船民手中。因此，该管理办法对补贴条件与补贴标准、补贴资金的下达和拨付、政府补贴的申请与发放程序、监督管理等方面做出了明确的规定，保证了有关政府补贴标准、程序的公开、透明，促进了实施的过程中加强对补贴资金使用的监督检查力度。该管理办法还提出各地要结合本地实际，制订具体的操作办法。具体补贴标准应当向交通部和财政部备案并同时向社会公布。

（3）关于推进京杭运河船型标准化示范工程工作的通知

在京杭运河船型标准化示范工程全线禁航水泥质船的目标已基本实现，挂桨机船拆解改造任务已完成过半、部分航道已成功禁航挂桨机船，实现了阶段性目标，标准船型的推广工作也已起步，实施示范工程的综合效果已经显现的情形下，为更好地推进示范工程的开展，确保实现《行动方案》提出的 2010 年基本实现京杭运河船型标准化目标，制定了《关于推进京杭运河船型标准化示范工程工作的通知（交水发〔2006〕61 号）》。

该通知起到了承前启后的作用，包含了以下几方面的内容：一是继续做好挂桨机船的拆解改造工作，确保2007年全线禁航挂桨机船目标的顺利平稳实现；二是对前一阶段实施示范工程取得的效果进行综合评估，加大对示范工程已取得成果的宣传力度，动员广大船民更加主动地投入到示范工程的行动中来，积极争取社会各界对示范工程的继续支持；三是开展对示范工程推进工作先进单位和个人的表彰工作；四是对纳入拆解改造范围内的挂桨机船统计信息进行修正；采取各项措施加快标准船型的推广。

通过经验总结，提出的加快标准船型推广的措施有：①五省一市交通主管部门及有关船舶检验机构要严格遵守有关规定，严禁异地检验发证；②有关五省一市交通主管部门应按照《关于调整京杭运河船型标准化示范工程标准船型有关政策并公布京杭运河运输船舶标准船型主尺度系列的公告》（交通部公告2005年第7号）的要求，尽快建立推广标准船型的“三级网络体系”，确定各省市的标准船型强制性指标，并组织有关单位研究开发推荐性的标准船型图纸供船东选用；③研究统一规费征收的计量标准；④建立标准船型比例考核指标，确保2010年航行于京杭运河航道的标准船型船舶达到80%以上，基本实现京杭运河船型标准化目标的实现；⑤请中国船级社对京杭运河船舶建造规范及《主尺度系列》进行跟踪研究。

（4）标准船型有关政策调整

为加快京杭运河标准船型的推广，在总结示范工程实施以来工作经验的基础上，根据京杭运河及长江三角洲地区的航道条件，并结合目前京杭运河区域内航运管理、船舶检验和船舶建造管理的实际，交通部对京杭运河船型标准化示范工程标准船型有关政策进行调整，发布了《关于调整京杭运河船型标准化示范工程标准船型有关政策并公布京杭运河运输船舶标准船型主尺度系列的公告》（交水发〔2005〕7号）。

①由标准船型送审图纸调整为标准船型主尺度系列。

“京杭运河标准船型”的定义调整为“是指按照交通部公布的《京杭运河运输船舶标准船型主尺度系列》建造或符合主尺度系列要求的船舶”。在该主尺度系列之外，可对具体船型分别制定强制性指标或项目，京杭运河标准船型还应当满足这些强制性指标或项目。

②提出按照“三级网络体系”推进标准船型。

交通部负责京杭运河运输船舶标准船型主尺度的建立和维护；示范工程实施范围内有关五省一市交通主管部门负责标准船型图纸的研究开发和其他强制性标准或项目的制定；有关基层船舶检验部门负责船舶建造的现场监管。

③发布了《京杭运河运输船舶标准船型主尺度系列》（2005年版），并提出将根据航道条件的改善和变化情况，及时对该主尺度系列进行更新。

④有关五省一市交通主管部门应根据交通部公布的主尺度系列，组织有关科研设计单位研究开发标准船型图纸。

在研究开发标准船型图纸过程中，要妥善处理好技术进步与“安全、环保、经济、美观”之间的关系，通过技术进步，促进航运和船舶结构调整，对于实践证明有利于安全与环保、显著改善船舶性能的关键技术与要求，要逐步上升为强制性标准。

有关省级交通主管部门应组织专家对标准船型图纸的研发成果进行评审，确定该图纸中的强制性标准或项目，并将有关结果报交通部备案。

标准船型图纸要逐步形成系列，派发各行政辖区内的船厂，供航运业者选择使用。标准船型图纸为推荐图纸，除不得改变船舶的主尺度、强制性指标和项目外，不具有强制性。原由交通部公布的京杭运河标准船型送审图纸，相应调整为推荐使用图纸。

五省一市交通主管部门每年要安排必要的经费，用于标准船型图纸的研究开发，交通部酌情给予适当补助；同时鼓励航运业者与政府共同进行标准船型的研究开发。

有关船舶的审图、检验、发证等，按照现有船舶检验的有关规定和程序执行。

6.2.2 长江干线船型标准化发展政策

（1）推进长江干线船型标准化实施方案

多年来，国家投入巨资建设长江航运基础设施，建设港口，治理航道，取得了明显成效。然而，作为内河运输系统重要组成部分的船舶，存在平均吨位小、船型杂乱、部分船舶技术落后、安全性能差等问题，影响了长江航运的竞争力。特别是三峡工程蓄水后，川江的航行条件和通航环境都发生了较大的变化。为提高三峡船闸的通过能力，保障船舶航行安全、减少船舶对库区环境造成污染，迫切要求尽快实施船型标准化。

为加快推进长江干线船型标准化，交通运输部、财政部和上海市、江苏省、安徽省、江西省、湖北省、湖南省、重庆市、四川省、云南省、河南省人民政府联合制定并发布了《推进长江干线船型标准化实施方案》（交水发〔2009〕4 号），自 2009 年 10 月 1 日起施行。

作为内河运输系统重要环节的船舶，存在平均吨位小，船型杂乱，部分船舶技术落后，安全性能差等问题，影响了长江航运的竞争力。特别是三峡工程蓄水后，川江的航行条件和通航环境都发生了较大的变化，原有船舶已不能适应库区的新要求。一方面，大量的小吨位船舶通过三峡船闸占用了有限的通航资源，使三峡船闸的通过能力不能得到最大限度的发挥；另一方面，库区形成后对环境保护提出了更高的要求，急需对现有船舶加快技术改造，保障航行安全，将船舶对库区环境污染的风险降至最低。为加快推进长江船型标准化，我们在广泛调研的基础上，吸取京杭运河船型标准化示范工程的成功经验，并针对长江干线船型标准化存在的具体问题，出台了此实施方案。

该实施方案提出，利用五年左右时间，即从 2009 年 10 月 1 日至 2013 年 12 月 31 日，通过推进长江干线船型标准化，使川江及三峡库区船型标准化率达 75% 以上，三峡船闸的通过能力提高 10% 以上，长江干线货运船舶的平均吨位达 1000 载重吨以上，船舶安全技术性能明显提高。推进长江船型标准化是一项长期、复杂的系统工程，不可能一蹴而就，需要长期努力，逐步推进。当时推进长江干线船型标准化工作的主要任务是通过船型标准化、大型化提高三峡船闸的通过能力，同时通过提高船舶安全、环保等技术性能来提高船舶整体技术水平。针对长江不同区域的特点，采用不同的政策推进长江干线船型标准化工作。

对于川江及三峡库区的船舶（含从中下游通过三峡船闸进入库区的船舶），以提高三峡船闸的通过能力和库区安全、环保指标为主要目标和切入点，按照交通部已确定的“关后门、开前门、调存量”的方式推进船型标准化工作。“关后门”即严格禁止新建非标准船进入三峡库区，以强制推行的方式推广标准船型，但强制的范围仅限于船舶主尺度和安全、环保指标。“开前门”即继续按照“政府主导、企业参与”的方式加快标准船型的研发。“调存量”即对现有的非标准船，特别是安全、环保方面达不到库区新要求的船舶加快更新改造，并禁止小吨位船舶通过三峡船闸，鼓励其提前退出航运市场，以提高三峡船闸的通过能力。对于长江中下游非限制性航段，采用引导的方式推广标准船型。依托骨干航运企业，开发主流船型的技术方案，通过其示范作用，引导市场船型逐步向标准化方向发展，并通过技术手段，研究提高中下游船舶的技术规范，促进环保、安全性能等指标的提升。

根据此实施方案，相关部门针对长江不同区域的特点，采用不同的政策推进长江干线船型标准化工作。同时，为实现长江干线船型标准化的目标，财政部、交通运输部和地方人民政府筹集专项资金，制定经济鼓励政策，用于现有船舶的更新改造和淘汰。政府引导资金用于以下四个方面：鼓励过闸小吨位船舶提前退出航运市场的补贴，鼓励长江干线老旧船舶提前退出市场的补贴，三峡库区现有客船、液货危险品船改造或拆解的补贴，标准船型科研及推广经费。

与《京杭运河船型标准化示范工程行动方案》相比较《推进长江干线船型标准化实施方案》新提出了“立足现状、突出重点、政府引导、市场推动”的工作思路，以构建资源节约型、环境友好型交通为目标的指导思想。与京杭运河以禁止挂桨机船进入京杭运河航道为重点相比，长江的重要任务之一则是以提高三峡船闸通过能力和船舶安全、环保性能为重点，体现了船型标准化针对不同水域、不同阶段总结经验的同时不断创新动态发展的过程。

（2）关于做好推进长江干线船型标准化有关准备工作的通知

为保证《推进长江干线船型标准化实施方案》的顺利实施，交通运输部发布了《关于做好推进长江干线船型标准化有关准备工作的通知》（厅水字〔2009〕167号），提出实施前应做好以下几方面的有关准备工作。

①加强组织领导，确保工作有序开展。各有关单位要按照部确定的“关后门、开前门、调存量”的工作思路和方案的有关要求，制定和完善方案实施细则，各尽其职，各负其责，确保各项政策措施落实到位。各有关交通运输主管部门要尽快成立相应领导机构和工作机构，明确工作职责，充实工作人员，确保各项工作有序开展。

②做好相关船舶登记造册工作。为便于监管并掌握工作进度，各有关省市交通运输主管部门应按照方案的有关规定对长江干线船型标准化实施范围内船舶的相关信息进行登记造册，并填写《通过三峡船闸小吨位船舶信息统计表》《长江干线老旧运输船舶信息统计表》《三峡库区需加装生活污水处理装置现有客船信息统计表》和《三峡库区单壳油轮单壳化学品船信息统计表》。

③做好船舶拆解、改建定点船厂的认定工作。各有关省市交通运输主管部门要制定定点船厂的认可条件（技术条件和环保要求）和监管措施，通过公开竞争择优选定定点船厂。

④强宣传，动员船东积极参与。为配合方案的实施，由长江航务管理局会同有关省市交通运输主管部门制定宣传方案，采取多种形式，广泛宣传实施长江干线船型标准化的意义、实施方案的主要内容和具体的经济鼓励政策措施等。

（3）长江干线船型标准化补贴资金管理办法

为加快推进长江干线船型标准化，促进长江水运发展，根据《推进长江干线船型标准化实施方案》，中央和有关地方财政决定设立长江干线船型标准化补贴资金。为规范补贴资金的管理，特制定《长江干线船型标准化补贴资金管理办法》（财政部、交通运输部文件 财建〔2010〕46号），标志着长江干线船型标准化推进工作进入具体实施阶段。

该办法规定，对2009年10月1日至2013年12月31日期间，通过三峡船闸小吨位船舶拆解、长江干线老旧运输船舶拆解、三峡库区现有客船加装生活污水处理装置改造和三峡库区单壳油船、单壳化学品船改造或拆解，给予补贴资金，补贴资金由中央财政和地方财政各承担50%。

这项由财政部、交通运输部和沿江七省二市以及河南省人民政府联合制定的经济鼓励政策，主要是为了引导现有船舶更新改造和淘汰，加快实现长江干线船型标准化，促进长江航运发展。

该办法规定，拟申请补贴的船舶所有人需填写申请表，并持水路运输许可证、工商营业执照（船舶所有人为自然人的，提供身份证）、有关船舶证书等有效证件，向其所在市（设区市）级交通运输、财政主管部门提出申请。补贴资金申请经省级交通运输、财政主管部门核准后，由市级交通运输主管部门与申请人签订船舶拆解或改造承诺书。

船舶所有人需在承诺期间内对船舶进行拆解或者改造。拆解或改造前后，有关市级交通运输主管部门和当地海事部门将派员现场监督和验收；船舶属于改造的，将重新核发有关船舶检验、登记证书和营运证件。船舶拆解或改造完工后，对符合条件的船舶所有人，市级财政主管部门应在规定时间内向其支付补贴资金。船舶拆解或改造的费用由船舶所有人承担，船舶拆解后的残值收入归船舶所有人所有。

中央补贴资金的下达和拨付，由有关省级交通运输主管部门会同同级财政部门，于每年11月30日前向交通运输部、财政部报送下年度中央补贴资金申请报告和申请表，并由交通运输部审核汇总后报财政部审批。财政部根据各地上报的补贴资金申请情况，向有关省级财政主管部门预拨中央补贴资金。当年下达的中央补贴资金年终如有结余，可结转下年度继续使用。长江干线船型标准化补贴政策实施到期后，由财政部、交通运输部对该项资金统一进行清算。地方负担的补贴资金来源由省级人民政府确定。

财政部、交通运输部对补贴资金的安排和使用情况组织不定期重点抽查，对申报情况不真实的地区，中央财政将相应扣减或收回补贴资金。对违反规定，截留、挪用、骗取补贴资金的各级管理机关、单位及个人，有关部门将依据有关法规进行处罚。

6.3 经济鼓励政策解析

6.3.1 经济鼓励政策回顾

2001年以来，交通部、财政部与相关省市先后在京杭运河、长江干线和全国“两横一纵两网十八线”出台了船型标准化经济鼓励政策，各项政策在补贴对象、补贴方式和流程上具有相似性，是一脉相承的，但在实施重点上又有所区别。

（1）京杭运河船型标准化经济鼓励政策

2003 年 12 月 5 日，交通部与山东、江苏、浙江、河南、安徽和上海五省一市人民政府联合发布《京杭运河船型标准化示范工程行动方案》，提出了 2007 年 1 月 1 日起全面禁止挂桨机船进入京杭运河航道的目标。为了实现京杭运河 4 万多艘挂桨机船平稳退出市场，中央和地方政府经过慎重考虑，决定采取经济手段，对提前淘汰或改造的挂桨机船给予资金补贴。这是我国内河航运史上首次采取财政补贴的方式调整内河运力结构，对后续其他水域推进船型标准化工作发挥了重要的示范作用。

挂桨机船退出市场的方式主要有三种：一是拆解报废，二是落舱改造，三是改建为驳船。对每一种方式，船民需要承担的费用和成本是不同的，即便对同一种方式，由于船舶吨位、船龄不同也会有所差别。交通部组织科研单位对补贴方案和补贴标准进行了深入研究和论证，并开展了大量的船民意愿问卷调查，在综合考虑船舶净现值、改造费用、船民可接受程度等因素基础上提出了补贴标准建议。2003 年 12 月 8 日，交通部与财政部联合颁布了《京杭运河船型标准化示范工程挂桨机船拆解改造政府补贴资金管理办法》，明确了补贴对象、补贴条件、补贴标准、资金申请和方法程序等内容。

挂桨机船拆解改造的单船补贴标准根据补贴基数和单位吨位补贴额确定，计算公式为：补贴数额 = 补贴基数 + 船舶总吨 × 单位吨位补贴额。根据拆解报废、落舱改造和改驳船三种不同方式补贴基数和单位吨位补贴额有所不同。对于拆解报废，补贴基数根据船龄增加而递减，分为 2.8 万元、2.4 万元和 2 万元三档，单位吨位补贴额为 155 元／总吨；对于落舱机改造，补贴基数为 1 万元，单位吨位补贴额为 90 元／总吨；对于改驳船，补贴基数为 0.3 万元，单位吨位补贴额为 40 元／总吨。以一艘 200 总吨船龄 10 年以内的挂桨机船为例，拆解最高可领到补贴 5.9 万元，改造为落舱机船最高可领到补贴 2.8 万元，改造为驳船最高可领到补贴 1.1 万元。

政策实施期间，中央和地方财政共计投入补贴资金 10 亿元，顺利实现了京杭运河近 4 万艘挂桨机船提前退出市场，彻底改变了京杭运河航运市场的面貌，极大改善了船舶航行秩序，有效控制了挂桨机船的噪声污染和水污染，促进了京杭运河运力结构调整，产生了显著的经济效益和社会效益。

（2）长江干线船型标准化经济鼓励政策

2009 年 7 月，交通运输部、财政部和上海市、江苏省、安徽省、江西省、湖北省、湖南省、重庆市、四川省、云南省和河南省共八省二市人民政府联合发布了《推进长江干线船型标准化实施方案》，开始在长江干线大力推进船型标准化。借鉴京杭运河的成功经验，制定了现有船舶更新改造和淘汰的经济鼓励政策，明确提出中央和地方共同筹集专项资金，对通过三峡船闸小吨位船舶拆解、长江干线老旧运输船舶拆解、三峡库区现有客船加装生活污水处理装置和三峡库区单壳油船、单壳化学品船的改造或拆解进行补贴。

如果说京杭运河的经济鼓励政策重点是解决挂桨机船的退出问题，长江干线的经济鼓励政策则是围绕提升三峡船闸通过能力、提高三峡库区船舶环保水平和优化长江干线船舶运力结构三个重点方向来设计，政策的覆盖面更大，涉及的船型也更多，并采取了强制与引导相结合的政策措施。通过三峡船闸的小吨位船、生活污水排放达不到规范要求的客船

（含载货汽车滚装船）以及单壳液货船这三类船的拆解为强制性政策，因为实施方案中提出了 2013 年 1 月 1 日起禁航的措施，而老旧运输船的拆解为引导性政策，鼓励船东积极响应。

在补贴金额的计算上，与京杭运河不同的是，长江干线引入了船型系数和船龄系数两个参数，体现了不同船龄和不同类型船舶补贴金额的区别。此外，由于存在强制性和引导性两种不同性质的补贴，在补贴标准上也体现了两种补贴的区别，在船舶种类、船龄和吨位相同的情况下，强制性补贴标准高于引导性补贴标准。

截至 2013 年 12 月 31 日，八省二市列入拆解改造计划的船舶累计 7 618 艘（约 267 万总吨、360 万载重吨），核准补贴资金 16 亿元（中央财政资金约 9.2 亿元），实际拆改完工船舶 6 890 艘（约 236 万总吨、320 万载重吨）。

（3）“十二五”期全国内河船型标准化经济鼓励政策

在总结京杭运河和长江干线船型标准化工作经验的基础上，交通运输部、财政部和相关 18 省市联合制定了《“十二五”期推进全国内河船型标准化工作实施方案》，将船型标准化工作从重点水域扩大至“两横一纵两网十八线”范围内全面推进，提出了“开前门、关后门、调存量、推示范”的工作思路，制定了六大方面的经济鼓励政策：一是鼓励京杭运河过闸小吨位船舶提前退出市场；二是鼓励西江干线过闸小吨位船提前退出市场；三是鼓励现有单壳化学品船和单壳油船改造或拆解；四是鼓励现有船舶生活污水防污染改造；五是鼓励老旧运输船舶提前退出市场；六是引导新建川江及三峡库区大长宽比船、LNG 动力船和高能效船三类示范船。

“十二五”期的经济鼓励政策是对京杭运河、长江干线经济鼓励政策的延续和升级。一是实施范围的延伸，如鼓励过闸小吨位船的提前淘汰。过去在长江干线实施过类似的政策，现在延伸到京杭运河和西江干线等船闸能力相对比较紧张的水域。再比如单壳液货船的拆解改造和船舶生活污水防污染改造，也是从三峡库区延伸到全国。二是实施内容的升级。“十二五”期增加了“推示范”的内容，这是以往政策中没有的，标志着“十二五”期经济鼓励政策的重点从拆旧船逐步转向建新船，引导内河船舶技术进步，是我国内河船型标准化工作方向一次非常大的转变。在后续章节中将详细介绍“十二五”期政策出台的背景、补贴条件、补贴标准制定的依据等内容。

6.3.2 现行经济鼓励政策出台的背景

2011 年 2 月，国务院发布了《关于加快长江等内河水运发展的意见》（国发〔2011〕2 号），提出利用 10 年左右的时间，建成畅通、高效、平安、绿色的现代化内河水运体系，要实施内河船型标准化，以长江干线、西江航运干线、京杭运河为重点，加快船舶运力结构调整。国务院意见的出台，标志着加快内河水运发展上升到国家战略，成为综合运输体系建设的战略重点。2011 年 3 月，国务院发布《国民经济和社会发展第十二个五年规划纲要》，其中也提到要推动内河运输船舶标准化。内河运输船舶是内河水运体系的重要组成部分，优化内河船舶运输组织形式、提高运输的安全性、提升运输效率是构建高效的内河水运体系的重要组成部分，也是发挥内河航运优势的重要内容。内河船型标准化面临重大发展机遇。

虽然通过多年以来特别是京杭运河、川江及三峡库区、长江干线等典型水域内河船型标准化工作，内河船舶大型化和标准化程度得到了较大提升，但内河运输船舶仍然远落后于其他运输方式的现代化水平。“十一五”末，我国共有各类内河船舶 165 721 艘，7435.9 万载重吨，平均每艘船舶 449 载重吨。其中货船和驳船 142 013 艘，7414.9 万载重吨，平均每艘 522 载重吨；客船 20 280 艘，拖轮 3 055 艘。我国内河运输船舶的整体发展水平与国务院 2 号文件提出的“畅通、高效、平安、绿色”现代化内河水运体系要求还存在较大差距，主要体现在以下方面。

（1）内河水运基础设施与船型发展不匹配。现有船舶平均吨位小，船型杂乱，标准化程度低，制约了航道通过能力和水运优势的发挥。内河运输船舶总体上仍呈现吨位小、等级低的特点，船舶老龄化严重，船舶技术落后，与日益先进的现代化内河港口码头设施不相适应。以珠江干线为例，300 载重吨以下的运输船舶有 8 000 多艘，占 59.4%，而运力只有 150 万吨，仅占 21.6%。

（2）船舶技术性能落后，节能减排水平不高。高能耗、高污染和低性能的船舶仍然大量存在。当前正在运营的老旧船舶能耗普遍较高，污染严重。部分滚装船、油船、化学品船安全和防污染措施跟不上，有些船舶已经装载了生活污水净化处理器，但该装置的实际使用率仍然无法控制。同时由于船体结构及内部空间布局的限制，部分船舶无法安装合乎规定的防污装置和净化装置。例如宜昌市部分小型客船、高速船及快艇船体小、空间有限，在安装污水处理装置上有技术困难。

（3）运输方式陈旧，与现代航运内涵差距较大。目前内河大多数运输方式属于传统型，运输环节多、损耗大、时间慢，货物不能直达，致使内河航运运载量大、成本低的优势不能发挥，大型化、专业化船队及多式联运等运输方式有待进一步发展。船舶技术装备落后，信息化水平低。

（4）内河运输船舶尺度和船型比较杂乱。基于运营的经济效益和船东的个人喜好，一些内河船舶的设计建造基本上是根据船东意愿建造，没有充分发挥船舶运输节能、环保的特点，趋于随意性，不利于提高航道、船闸等基础设施的利用率。

为贯彻落实国家“十二五”规划和国务院《关于加快长江等内河水运发展的意见》，交通运输部组织科研单位在总结已有经验的基础上，结合新形势的要求，深入基层调研，广泛听取意见，历时两年多的时间，制定了《“十二五”期推进全国内河船型标准化工作实施方案》和相关经济鼓励政策。

6.3.3　现行经济鼓励政策出台的经过

早在 2010 年 10 月，交通运输部成立了全国内河船型标准化工作领导小组，时任交通运输部副部长徐祖远同志担任组长，水运局、海事局、规划司、科技司、政法司等部内相关司局和长航局、珠航局两个水系派出机构的主要负责人为成员，统一领导和部署全国内河船型标准化工作。领导小组办公室设在水运局，办公室下设秘书处，挂靠在交通运输部水运科学研究院。“十二五”实施方案和经济鼓励政策的研究、起草工作由秘书处负责。

2011 年 3 月底至 4 月中旬，水运局组织开展了全国大范围的调研工作，调研区域涵盖长江、珠江、京杭运河、黑龙江四大水系，涉及江苏、广东、黑龙江、四川、重庆、湖北5省1市，主要围绕各地内河船型标准化现状和存在问题、今后的工作方向和目标、主要任务和工作重点、政策措施等问题进行调研。调研期间召开了省(市)地方航运管理机构、海事、船检、科研设计等单位参加的船型标准化座谈会，并实地考察了船闸、船厂、船公司等企业实体及航运基础设施，组织了企业经营者座谈会，广泛征求各方面对未来十年我国内河船型标准化的工作的意见和相关建议。7月14日至18日和9月17至18日，秘书处又前往黑龙江、四川嘉陵江进行了补充调研，撰写了调研报告。

在广泛调研的基础上，秘书处编制了实施方案初稿，召开了系列座谈会。2011年5月底至6月底短短一个月的时间，水运局就组织召开了三次内部研讨会，讨论修改实施方案和经济鼓励政策。7月份，秘书处开展了“内河船型标准化有关政策和措施社会意愿调查”,在三峡库区、京杭运河、西江干线共发放和收回问卷2 000多份。2011年8月和12月，交通运输部先后在苏州和重庆召开了两次全国范围的大型座谈会，广泛听取了各省港航管理部门的意见。2012年2月，水运局召集海事局、水科院、中国船级社等单位在北京对实施方案和资金需求报告进行了集中修改。2012年10月，交通运输部在重庆召开全国内河船型标准化总结推进工作现场会，会上水运局做工作报告，徐祖远做重要讲话，基本确定了“十二五”期全国内河船型标准化的工作方向和重点。2013年初，实施方案正式报财政部征求意见，之后又进行了一些局部调整和修改，最后于8月份由交通运输部、财政部和18省市联合印发。

6.3.4 现行经济鼓励政策的主要内容

根据《“十二五”期推进全国内河船型标准化工作实施方案》，中央和地方筹集专项资金，用于以下船舶的拆解改造和新建船补贴。

(1) 京杭运河过闸小吨位船舶的拆解补贴

京杭运河是我国南北运输的大通道，干线上建有十余座船闸，随着运输需求的增长，船闸通航压力较大。根据苏北航务处提供的统计数据，2011年过闸船舶中200总吨以下的船舶约1.3万艘，占过闸船舶总数的15.7%。为提高京杭运河干线船闸的通过效率，实施方案提出从2016年1月1日起，禁止200总吨以下的干散货船通过京杭运河干线船闸。为实现这一目标，对于总吨位200总吨以下、船龄在30年（含）之内的过闸小吨位船舶，按规定进行拆解后给予政府补贴。京杭运河限制小吨位船舶过闸的政策仅限于干散货船，并没有限制运输鲜活货和成品油的船舶，主要是因为这类货物批量小，只能用小船运输，且涉及民生，占过闸船舶比重很低，对船闸通航效率影响不大，因此将这类船舶排除在外。

(2) 西江干线过闸小吨位船舶的拆解补贴

西江干线是我国西南地区物质运输的黄金水道，随着我国西部大开发以及与东盟国家贸易发展,西江水运发展迅速,给船闸通航带来了较大压力。西江干线从上至下共建有西津、贵港、桂平、长洲四座船闸。据统计，长洲船闸2012年200总吨以下过闸船舶艘次比重约占3%，300总吨以下过闸船舶艘次比重占11%。为缓解西江干线船闸压力，实施方案提出从2014年1月1日起，禁止200总吨以下的运输船舶通过西江干线船闸，从2016年

1 月 1 日起禁止 300 总吨以下的运输船舶通过西江干线船闸。为实现这一目标，对于总吨位在 300 总吨以下、船龄 30 年之内的过闸小吨位船舶，按规定拆解后给予政府补贴。

（3）现有单壳化学品船和单壳油船改造或拆解补贴

单壳液货船存在较大内河水域污染的风险，一旦发生泄漏事故，环境损失和社会影响巨大。根据《内河船舶法定检验技术规则》（2011），川江及三峡库区所有新建油船（含油驳）和其他水域 600 载重吨以上新建油船（含油驳）要求采用双壳结构形式。长江干线的船型标准化工作已禁止单壳油船和单壳化学品船进入三峡库区航行，并对船舶拆解改造给予了补贴。借鉴这一做法，实施方案将单壳化学品船和单壳油船的禁航范围扩大到“两横一纵两网十八线”，并对新规范生效以前建造的单壳化学品船和 600 载重吨以上的单壳油船改造为双壳船或拆解给予政府补贴。

（4）船舶加装生活污水处理装置（或集中回收）的改造补贴

《内河船舶法定检验规则》（2011）要求 2011 年 9 月 1 日起新建 400 总吨以上或载客定额 15 人以上的船舶必须安装生活污水处理装置。为减少内河船舶对水资源的污染，实施方案对现有船舶生活污水排放达不到现行规范要求的船舶进行追溯，在政策实施期间内对船舶加装生活污水处理装置或收集装置给予政府补贴，政策到期后仍不满足要求的船舶从 2016 年 1 月 1 日起禁止进入“两横一纵两网十八线”航行。

（5）老旧运输船舶的拆解补贴

为加快我国内河船舶运力结构调整，鼓励老旧运输船舶提前退出市场，在政策实施期间内，对船龄在 15 年以上 30 年（含）以下的货船（其中黑龙江水系为船龄 15 年以上 36 年以下）和船龄在 10 年以上 25 年以下的客船，按规定进行拆解后给予政府补贴。根据《老旧运输船舶管理规定》，黑龙江水系各类货船的强制报废船龄比其他水系船舶延长五年左右，因此黑龙江水系老旧运输船舶享受政策的船龄范围相应延长。

（6）引导新建示范船的补贴

为引导船舶技术进步，提高运输效率，促进船舶节能减排，“十二五”期国家将有利于提高三峡船闸通过效率的船舶、使用清洁能源燃料和其他有利于节能减排的船舶作为引导发展方向。2014 年 4 月出台的《全国内河船型标准化资金管理办法》将示范船进一步明确为川江及三峡库区大长宽比船、LNG 动力船和高能效船。将上述三类船舶列为示范船的原因如下。

①川江及三峡库区大长宽比船

三峡船闸 2003 年建成通航以来，过闸货运量持续快速增长，2011 突破 1 亿 t，达到原设计通过能力和 2030 年规划运量，过闸需求与船闸通过能力矛盾突出，船舶待闸时间明显延长，过闸船舶积压成为常态，成为上游地区经济社会发展的“瓶颈”，引起国务院有关领导同志的高度重视。船型标准化是提高三峡船闸通过能力的重要措施。为规范过闸船舶尺度，2004 年，交通部出台了《川江及三峡库区运输船舶标准船型主尺度系列》，规定了从 500 ~ 5000 吨级船舶的主尺度。随着市场的变化，原有 5000 吨级船舶对三峡船闸的适应性越来越差。为此，交通运输部 2012 年出台了《长江水系过闸运输船舶标准船型主尺度系列》（交通运输部公告 [2012 年第 69 号]），以 5000 吨级的大长宽比船“长江水

系货 -37”代替了原有 5000 吨级标准船型。该船型具有更好的船闸适应性，理论上 4 艘该型船舶同时过闸，与现有船闸通过率最大的标准船型组合相比，闸室充满率提高 30% 以上，一次过闸船舶吨位提高 60% 以上，可以有效缓解中长期三峡船闸可能出现的拥堵现象。与原有 5000 吨级船舶相比，该船型在不降低单船技术经济性的前提下，初始投资较高，船东建造有顾虑。为鼓励首批建造此类主尺度船舶，发挥带头和示范作用，更好地推广此类船型，将满足“长江水系货 -37”要求的川江及三峡库区大长宽比船纳入示范船补贴范围。

② LNG 动力船

液化天然气（LNG）是世界公认的清洁能源，LNG 动力船（使用 LNG 作为燃料的船舶）与使用传统石油燃料船舶相比，减排效果显著，可减少 CO_2、NO_x 排放 20% 左右，没有 SO_x 和颗粒物的排放。推广使用 LNG 动力船符合国家三个重要发展方向：一是推进节能减排；二是防治大气污染；三是加快国家能源结构调整，提升天然气在一次消费能源中的比例。目前我国内河 LNG 动力船刚刚起步，交通运输部于 2013 年发布《交通运输部关于推进水运行业应用液化天然气的指导意见》，天然气动力船舶的相关建造规范和法定检验规定也已发布。对船东来说，建造 LNG 动力船与常规船相比需要额外增加一定投资，我国内河航运企业普遍规模较小，航运不景气导致企业效益差，资金筹措困难，而且目前 LNG 与柴油的价格优势空间较小，船东使用 LNG 的经济驱动力不强，为鼓励首批建造 LNG 动力船的船东，发挥带头和示范作用，更大范围推广使用 LNG 清洁能源，将 LNG 动力船纳入示范船补贴范围。

③高能效船

提高船舶节能减排水平是内河船型标准化工作面临的长期任务。推广应用 LNG 等清洁能源仅仅是促进节能减排的途径之一，除此之外还有很多新技术、新方法、新材料等技术措施可以应用，如船型优化、改进发动机、推进装置优化、船体涂层、废热回收系统、太阳能、风能辅助发电、废气后处理技术等等。为鼓励技术进步，体现各种技术综合运用的效果，目前国际上通常采取船舶能效设计指数（EEDI）作为反映船舶节能减排水平的核心指标。国际海事组织（IMO）已经出台了国际航行船舶 EEDI 基线值标准，并于 2013 年 1 月 1 日起对新建船舶强制执行。我国沿海和内河船舶的能效标准也已经出台，但还处于推荐实施阶段。无论采用何种技术，要使 EEDI 达到更高水平，必然要增加投入。政府除了要制定排放标准、完善法律法规以外，还应该对积极采用减排技术的企业给予鼓励和引导。为鼓励和引导船东积极建造更高能效的内河船舶，带动整个内河船舶节能减排技术水平提高，将高能效船纳入示范船补贴范围。

6.3.5 现行经济鼓励政策的补贴标准

（1）船舶拆解改造补贴标准

“十二五”期船舶拆解改造补贴标准基本上参照《长江干线船型标准化补贴资金管理办法》执行，只在局部进行了调整。

①在船舶类型系数表中增加了滚装船。在长江干线船型标准化中之所以没有将滚装船

单独列出，是因为当时三峡库区的滚装船都是2000年之后建造的且船舶总吨大于600总吨，既不符合老旧船舶拆解政策，也不符合限制小吨位船舶过闸政策，因此在船型系数表中没有列出滚装船，只是在生活污水处理装置改造中考虑了滚装船。而这次政策的实施范围为“两横一纵两网十八线”，在其他水域存在符合补贴条件的滚装船，经调查，滚装船新船造价大体上为同吨位干散货船造价的1.5倍，因此在“十二五”的船型系数表中增加了滚装船，并把系数定为1.5。

②在船舶类型系数表中增加了液货驳。液货驳与液货危险品船相比缺少船舶动力系统，造价相对较低，如果按照液货船的标准来补，相当于多支付了补贴资金，因此把液货驳的船型系数从1.5调整为0.9。

③增加了对货船加装生活污水处理或收集装置的补贴。按照现行法规的规定，船舶可通过两种方式满足规范对船舶防止生活污水污染的结构与设备要求：A.安装生活污水处理装置；B.装设生活污水储存舱（柜）。A方式适用于大型货船、客船和客滚船，B方式适用于中小型货船。客船改造补贴标准可参照长江的办法。不同吨位货船改造费用的区别在于生活污水处理装置的日处理能力和生活污水储存舱（柜）的容积，上述两个因素根据货船船舶配员来确定，因此货船改造费用与船舶配员直接相关。根据《中华人民共和国船舶最低安全配员规则》（交通部令2004年第7号）和《中国海事局关于修改内河船舶最低安全配员表的通知》（海船舶〔2010〕663号），1 000总吨以下、1 000 ～ 2 000总吨和2 000总吨以上的船舶最低配员为3 ～ 8人、8 ～ 10人和10 ～ 13人。根据不同的船员人数估算货船生活污水改造处理（收集）设备的改造费用，并作为补贴标准制订的依据。

（2）新建示范船补贴标准

①川江及三峡库区大长宽比示范船补贴标准

补贴标准的确定主要考虑下列两个因素：一是示范船与现有同型船（同载货吨、同类型）之间的建造费用差额；二是为了鼓励先到者，补贴标准分2期逐步递减，直至取消补贴。

现有标准船型中的“5000吨级干散货船”（2010《川江及三峡库区运输船舶标准船型主尺度系列》），在目前三峡过闸船型中，具有最大的单船载货量、较好的单船经济效益、单一船型市场占有率最高、船闸利用率最高、市场接受度最高等特点，且与“长江水系货－37”具有相同的船型和基本相同的载货量。与之相比，川江及三峡库区大长宽比示范船建造费用有所增加。主要原因是该型船为了提高船闸通过效率，设计得较为瘦长，为了达到法规规范对船舶船体强度和操纵性的要求，需要增加钢材用量和操纵装置。据估算，该型船所需钢料质量约为1 650t，与现有“5000吨级”标准船型相比，平均钢料重量增加350t/艘。按目前市场价格，钢料质量增加导致建造费用的增加额为300万元/艘。为改善船舶操纵性能，需加装艏侧推装置，并采用襟翼舵，按目前市场价格，加装艏侧推装置的建造费用为150万元/艘，采用襟翼舵带来的建造费用增加额约为50万元/艘。

综上所述，与现有“5000吨级”标准船型相比，主尺度符合“长江水系货－37”的川江及三峡库区大长宽比示范船建造费用高出500万元/艘。

新船型在前期推广过程中，在方案设计、技术设计、施工设计、建造工艺等方面，相对现有成熟的船型，需要更大的投入；特别是在目前市场低迷的情况下，对于前期推广，有必要给予较高的补贴金额，以提高船东的积极性。根据补贴标准的确定原则，具体补贴标准如下。

A．第一批：在 2013 年 10 月 1 日至 2015 年 3 月 31 日期间建造完工的，补贴差价的 80%，具体补贴标准为 400 万元 / 艘。

B．第二批：在 2015 年 4 月 1 日至 2015 年 12 月 31 日期间建造完工的，补贴差价的 60%，具体补贴标准为 300 万元 / 艘。

② LNG 动力示范船补贴标准

补贴标准的确定原则与新建川江及三峡库区大长宽比示范船补贴原则基本一致：一是新建 LNG 燃料动力船与新建同型常规动力船舶相比所增加的费用差额；二是为鼓励先到者，补贴标准分 2 期逐步递减。

与同吨位常规动力船舶相比，新建 LNG 动力示范船增加的成本主要包括双燃料发动机与普通柴油机的差价（含 ECU）、LNG 供气系统、LNG 存储装置、安全防护装置四部分。补贴标准的确定主要依据目前已经建成的 LNG 动力船舶上述四部分增加费用情况，并结合《天然气燃料动力船舶规范》和《天然气燃料动力船法定检验暂行规定》的相关技术标准要求，同时考虑因船舶主机总功率不同而造成相关费用增加程度的不同。

由武汉江海通运船务有限公司出资建造的“海川 2 号”和“海川 3 号”是我国目前唯一已新建成的内河 LNG 动力船，“海川 3 号”已经取得船检证书。这两艘船舶平均每艘造价近 1 300 万元，相比同类型同吨级的船舶造价，增加约 660 万元。但由于这两艘船是首次新建的内河 LNG 动力船，承担了大量的试验费用，因此在确定增加的费用时，仅考虑双燃料发动机与普通柴油机的差价（含 ECU）、LNG 供气系统、LNG 存储装置、安全防护装置四部分的费用，合计约 139 万元。

根据 2013 年 9 月发布的《天然气燃料动力船舶规范》，对船舶使用的 LNG 储气罐安全性能要求提高，造价将大幅上升，相比“海川 3 号”目前采用储罐的 28 万元，将额外增加 15 万左右。根据船舶功率的不同，船舶双燃料主机成本会有所变化，适用的 LNG 储气罐大小不同也导致相应造价的不同，同时管线长度也会有所变化，采用本质安全型机舱后，相应配置的防爆灯具、设备数量会随之减少，综合计算，不同功率（吨级）的 LNG 动力船舶新增费用如表 6–1 所示。

内河新建不同功率 LNG 动力船舶增加费用构成 表 6–1

船舶主机总功率范围（kW）	300 以下	301 ～ 600	601 ～ 1 000	1 000 以上
对应的普通货船船舶吨级范围（总吨）	500 以下	501 ～ 2 000	2 001 ～ 3 000	3 000 以上
新增费用合计（万元）	108	131	153	177
其中：一、主机	25	30	35	40
二、LNG 供气系统	13	16	19	22
三、LNG 储存装置	38	48	58	68
四、安全防护装置	32	37	42	47

除上述增加费用外，船舶建造的设计费、船舶检验费等相关间接费用，以及按照天然气船舶规范要求增加的钢板厚度、面积等也会导致费用增加，在此均忽略不计。根据补贴

标准的确定原则，具体补贴标准如下（表 6–2）：

A. 在 2013 年 10 月 1 日至 2015 年 3 月 31 日建造完工的，单船补贴额约占增加费用的 80%。

B. 在 2015 年 4 月 1 日至 2015 年 12 月 31 日期间建造完工的，单船补贴额约占增加费用的 60%。

定额补贴区间和标准（万元） 表 6–2

时间节点 / 主机功率范围（kW）	300 以下	300 ~ 600	600 ~ 1 000	1 001 以上
2015 年 3 月 31 日前	85	105	120	140
2015 年 4 月 1 日至 2015 年 12 月 31 日	63	78	90	100

③高能效示范船补贴标准

高能效示范船主要通过 EEDI 水平认定，具体指标水平根据当前对标准船型的相关要求，并综合考虑我国现有内河船舶设计建造技术水平来确定，基本原则是示范船的指标水平要比标准船提高一个档次，同时提高的幅度要能使少部分代表先进技术水平的优秀船舶能够实现。通过收集大量样本船舶的 EEDI 数据，提出了对高能效示范船的 EEDI 的基线值要求。总体而言，与标准船相比，提出的高能效示范船的能效水平要提高 30% 以上。

补贴标准的制定依据是统计分析现有市场上能效水平较高的船舶造价，与能效一般的标准船型进行对比，以单位总吨造价增加的部分作为补贴的参考标准。据抽样调查，高能效示范船平均单位总吨造价比标准船型平均高 304 元 / 总吨。因此，将示范船补贴基数定为 300 元 / 总吨。

6.4 内河船型标准化相关管理法规

内河船型标准化是一项系统工程，各项工作的推进除了必要的经济措施外，离不开上位法的依据，特别是当前国家将依法治国作为基本国策，没有完善的法律法规作为保障，内河船型标准化工作将很难开展。与内河船型标准化密切相关的法规和部门规章包括《国内水路运输管理条例》和《内河运输船舶标准化管理规定》。

6.4.1 《国内水路运输管理条例》简介

2012 年 10 月 13 日，国务院发布了《国内水路运输管理条例》，自 2013 年 1 月 1 日起施行，为内河船型标准化工作提供了强有力的上位法依据。该条例共六章四十六条，其中与船型标准化相关的条款包括第三条第二款、第十三条和第十五条，具体内容如下。

其中，第三条第二款规定："国家运用经济、技术政策等措施，支持和鼓励水路运输经营者实行规模化、集约化经营，促进水路运输行业结构调整；支持和鼓励水路运输经营者采用先进适用的水路运输设备和技术，保障运输安全，促进节约能源，减少污染物排放"。《国内水路运输管理条例释义》一书对此条款的解释为：节约能源、保护环境是关系我国经济社会发展全局的重大战略问题，水路运输业本身具有能耗小、运量大、成本低、占地少等优点，在大力发展水路运输业的同时，仍要坚定不移地贯彻党中央国务院关于节约能源、保护环境的大政方针，国家鼓励并引导企业推广使用有利于保障安全、节约能源、保护环境的新技术、新材料、新设备、新工艺，有利于水路运输业的可持续发展，有利于构建资源节约型、环境友好型社会。内河船型标准化工作中鼓励老旧运输船舶提前淘汰、对现有船舶加装生活污水处理或收集装置、加快单壳液货船更新改造、鼓励 LNG 动力船和高能效示范船发展等措施，是落实本条款的具体体现。

第十三条规定："水路运输经营者投入营运的船舶应当符合国务院交通运输主管部门关于船型技术标准和船龄的要求"。《国内水路运输管理条例释义》一书对"船型技术标准"做出了详细解释：船型技术标准是指除船舶检验法规规范在船舶安全和防污染方面的强制要求之外的其他船舶技术经济政策，包括船舶节能减排方面的要求和内河船型标准化船型船舶主尺度方面的要求(该要求主要是为了解决船舶与船闸等通航设施的匹配问题)等。"船型技术标准"属于航运产业政策范畴，这些要求均未规定在现行的船检规范中，船检也不要求对上述内容进行强制检验。该条款为交通运输主管部门建立强制性的船型技术标准，禁止新建非标准船舶进入水路运输市场提供了上位法依据。

第十五条规定："国家根据保障运输安全、保护水环境、节约能源、提高航道和通航设施利用率的需求，制定并实施新的船型技术标准时，对正在使用的不符合新标准但符合原有标准且未达到规定报废船龄的船舶，可以采用资金补贴等措施，引导、鼓励水路运输经营者进行更新、改造；需要强制提前报废的，应当对船舶所有人给予补偿。具体办法由国务院交通运输主管部门会同国务院财政部门制定"。本条规定为交通运输主管部门出台经济鼓励政策推进内河船型标准化提供了上位法依据。一般情况下，对正在使用的不符合新标准且未达到规定报废船龄的船舶（如老旧船）采用非强制的手段，按照自愿的原则，通过经济手段引导其报废更新、改造；但对环境、安全、公共利益影响大的船舶采用行政手段，强制其提前报废，对于这类船舶，由政府对船舶所有人给予一定的补偿，符合依法行政和建设服务型政府的要求。

6.4.2 《内河运输船舶标准化管理规定》简介

2014 年 12 月 24 日，交通运输部颁布了新修订的《内河运输船舶标准化管理规定》于 2015 年 4 月 1 日起施行。

（1）修订背景

内河船型标准化是通过对内河船舶的外形主尺度及燃油消耗、碳排放等一系列技术指标进行统一规范，从而优化船舶结构、提高通航效率、促进节能减排的系统工程。内河船舶标准化工作从简到繁、从单一航段到特定水域再到整个水系，经历了逐步推进的过程。2001 年，交通部以 2001 年第 8 号部令出台了《内河运输船舶标准化管理规定》，明确了内河船型标准化的基本制度和要求，使船型标准化的推进取得了一定成效。但推进到现在，形势发生了较大变化，推进工作中也遇到一些问题，需要通过修订规定予以解决：一是船型标准化的技术指标体系在不断完善和丰富，已由原来单一主尺度系列扩大为包括燃油消耗、碳排放等一系列技术指标在内的指标体系，要求已提高。二是推进的进度效果与目标有差距。其中有财政补贴比例低、船东缺乏新改建船舶的内在动力的问题，需要与财政部门沟通解决；有推出的标准船型还未建立动态调整机制，需要使之更加符合实际的问题；更主要的是目前在推进实施中各部门的联动还不到位，在监管上的合力还没有形成，强制性手段不够，一些非标准船仍能设计、新建并进入市场，船东缺乏淘汰压力，非标准船淘汰缓慢。因此，需要通过修订规章进一步强化相关管理部门的职责，明确各个环节中的管控手段。三是《国内水路运输管理条例》已将船舶标准化作为船舶技术政策的重要组成部分，在市场准入和财政支持上有了明确规定，也需要通过修改规定予以落实。

（2）主要修订内容

①将标准船型的技术要求从“主尺度系列”扩大到“指标体系”。随着对船型标准化认识的深入以及国家对水运行业节能减排的重视，2012 年，交通运输部发布了内河运输船舶标准船型指标体系，将标准化指标由单一的主尺度系列，扩大到燃油消耗、碳排放等方面，要求新建、改建船舶应符合指标体系。指标体系包括强制性指标和引导性指标，此次修订，将原规定有关“船型主尺度”的内容调整为“标准船型指标体系中的强制性要求”。

②进一步强化了各相关环节的管控手段。船型标准化是一项系统性工程，需要运管、船闸管理、船检、海事等部门在各个环节各司其职、相互配合，形成管理合力。特别是如果没有海事管理机构在几个关键环节配合把关，船舶标准化工作则很难实质推进。该规定对新建、改建内河船舶不符合指标体系强制性要求的，依据《国内水路运输管理条例》《船舶登记条例》《船舶和海上设施检验条例》等上位法规定，细化了各部门的限制性措施。一是在市场准入环节，对符合条件的内河运输船舶，水路运输管理部门配发《船舶营业运输证》时要注明船舶符合船舶标准船型指标体系中的强制性要求。对应当改建而未改建的内河运输船舶，水路运输管理部门应当对配发的《船舶营业运输证》予以收回。二是在船舶检验环节，明确了不符合内河运输船舶标准船型指标体系中强制性要求的，不予签发船舶检验证书。三是在船舶登记环节，明确了不符合内河运输船舶标准船型指标体系中强制性要求、未取得船舶检验证书的，不予登记。四是明确了对不符合标准船型指标体系中强制性要求的新建、改建内河船舶，航道管理机构不予办理通过船闸、升船机等通航设施的手续。通过上述各环节的把关，确保内河船型标准化的推进落到实处。

③将内河运力结构调整措施和船舶技术政策予以落实。《国内水路运输管理条例》明确，国家可以采取经济、技术政策等措施，制定和实施新的船型技术标准，促进水运行业结构调整。在实际工作中，交通运输部已对一些重点内河通航水域的小吨位过闸船、生活污水排放达不到要求的船舶、单壳油轮等采取了禁止过闸、限期淘汰等限制性措施，并积极引导建造符合国家鼓励发展方向的示范船。在此基础上，结合实践，依据《国内水路运输管理条例》对限制性措施和补贴、补偿政策予以了明确，规定对正在使用的不符合新标准、安全环保新规范的船舶及限制过闸船舶、限制在特定通航水域航行的船舶，可以采取资金补贴等措施，引导和鼓励进行更新、改造；需要采取限期淘汰等措施的，应当对船舶所有人给予补偿。

附　录　1

全国内河船型标准化发展纲要

交水发〔2006〕56 号

编制的目的与意义：

船型标准化是一项复杂的系统工程，推进内河船型标准化，是内河航运结构调整的重要内容。编制《全国内河船型标准化发展纲要》（以下简称《纲要》）对推动内河运输船舶技术进步，提高内河运输船舶技术水平，优化内河运输船舶结构，提高航道和船闸等通航设施利用率，减少船舶污染，保障水上交通运输安全，降低内河船舶运输成本，提高内河航运竞争力，促进内河航运可持续发展，具有十分重要的意义。

编制《纲要》的目的，是在总结和分析推进内河船型标准化工作经验的基础上，以我国国民经济发展为基础，以航道和船闸等通航设施为条件，以内河航运和港口发展需求为依据，以 2020 年我国内河船型基本实现标准化为目标，确定全国内河船型标准化的指导思想与原则，提出在全国主要内河和通航水域实现船型标准化的分阶段目标，制定相关政策与措施。

其他解释性说明：

标准船型：以标准形式公布的船型为标准船型。

船型标准化率：标准船型的艘数与船舶总艘数之百分比。

船舶平均吨位：船舶总运力（总吨、载重吨、客位、箱位）与船舶总艘数之比。

船龄：船舶自建造检验完成日到目前的年数。

航道与船闸等通航设施利用率：是指实际通过量与设计通过能力之比。

1　内河航运与区域经济

内河航运是我国综合运输的重要组成部分，对我国国民经济的快速增长、国家重点物资的运输以及区域经济的繁荣发展做出了重要贡献。随着我国经济的进一步发展和可持续发展战略的实施，运能大、占地面积小、能耗低、污染少的内河航运必将发挥出更大的作用。

1.1　航道现状及规划

1.1.1　我国内河航道现状

我国内河航运资源丰富，流域面积在 100km^2 以上的河流有 5 万多条，河流总长

43 万 km。主要的水系有长江、黄河、珠江、淮河、海河、辽河、黑龙江等。新中国以来，我国十分重视内河航运的发展，先后整治了一批具有重大经济意义的内河航道，改善了内河航运条件，促进了内河水运事业的发展。截至 2003 年底，全国内河航道通航里程 123 964km，比上年末增加了 2 407km。其中等级航道 60 865km，占通航总里程的 49.1%；Ⅲ级及Ⅲ级以上航道 8 053km，占通航总里程的 6.5%；Ⅴ级及Ⅴ级以上航道 22 840km，占总里程的 18.4%。各等级内河航道通航里程分别为：Ⅰ级航道 1 346km、Ⅱ级航道 2 512km、Ⅲ级航道 4 195km、Ⅳ级航道 7 003km、Ⅴ级航道 7 784km、Ⅵ级航道 19 228km、Ⅶ级航道 18 797km。全国内河航道通航里程超过万公里的省（市、区）有四个，分别是江苏（2.48 万 km）、广东（1.18 万 km）、湖南（1.16 万 km）、四川（1.07 万 km）。2003 年，全国通航河流上共有船闸 821 座，升船机 43 个，碍航闸坝 1 813 个。

1.1.2 内河主要航道规划情况

根据《全国内河航道与港口布局规划》总目标，我国将合理开发利用水运资源，充分发挥内河水运优势，致力于构筑布局合理、分工协作、有效衔接的综合运输体系；用 20 年左右时间，建成层次分明的内河航道和港口体系，提供安全、便捷、高效和有竞争力的运输服务，基本实现内河水运现代化，有力促进沿江河产业带形成和资源开发，保障经济社会全面、协调、可持续发展。

● 长江干线

根据《长江干线航道发展规划》，2020 年前将完成长江干线航道全面、系统的治理，进一步提高航道通过能力和抵御自然灾害的能力。航道生产设施和管理手段充分应用先进技术，实现航道设施智能化，管理数字化，维护手段现代化，并始终保持与社会和科技进步同步发展，将长江干线建成完全畅通、环境优美的现代化水运通道。长江干线航道规划建设标准为：水富至宜宾河段，将由目前的 1.8m 水深提升到 2.7m，全年可通航由 1000 吨级驳船组成的船队；城陵矶至武汉河段，提升到 3.7m，可通航由 3 500 吨油驳组成的万吨级船队，可利用航道自然水深通航 3000 吨级海船；武汉至铜陵河段，通航由 2 000 ~ 5000 吨级驳船组成的 2 万～ 4 万吨级船队，可利用航道自然水深通航 5000 吨级海船；铜陵至南京河段，提升到 6m，可通航 5000 吨级海轮；南京至浏河口河段，可通航 5 万吨级以上海轮。浏河口至长江口河段：可通航第五代以上超大型集装箱船及 10 万吨级以上大型散货船。

● 长江主要支流

（1）嘉陵江

嘉陵江干流梯级开发以发电、航运为主，兼顾灌溉及其他。规划建设水东坝、亭子口、仓溪、金银台、利泽、合川井口等 17 个梯级，其中利泽、合川、井口三个枢纽在重庆市境内。待全线梯级渠化后，对促进流域资源开发和经济发展将发挥非常重要的作用。航道规划总里程为 743km，至 2020 年，广元至利泽枢纽 606km 将达到Ⅳ级航道标准，利泽枢纽至重庆朝天门 137km 将达到Ⅲ级标准。

（2）湘江

湘江作为湖南省水运通江达海的主通道，在湖南省水运发展中有着重要的作用。据相关规划，湘江至 2020 年，斗牛岭至苹岛将建成Ⅵ级航道，苹岛至衡阳为Ⅳ级航道，衡阳至株洲为Ⅲ级航道，株洲至城陵矶为Ⅱ级航道，总规划里程为773km。

（3）汉江

汉江是长江中游最大的支流，是湖北省境内第二大水运动脉，国家水运主通道。湖北省水运发展规划之一就是以长江、汉江为骨干，形成江汉平原地区的水运航道网，规划至2020年，安康至丹江口段将建成四级航道，丹江口至汉口河段达到Ⅲ级航道标准。

（4）赣江

赣江是江西第一大川，长江第二大支流。赣江航道的规划要结合赣江的梯级开发，辅以航道整治措施，使吴城至赣州航道2020年达到通航1000吨级船型标准，航道等级达到Ⅲ级航道标准，规划里程为526.4km，赣州至于都段达到Ⅴ级航道标准，于都至会昌达到Ⅵ级航道标准。

● 京杭运河

京杭运河黄河以北至北京720km（含跨黄河段2km）规划结合南水北调东线工程建成Ⅲ级航道。黄河以南至谏壁江口739km（含跨长江段13km）规划为Ⅱ级航道。谏壁江口至杭州三堡船闸308km规划为Ⅲ级航道。

● 珠江干线

珠江干线航道规划总目标是：至2010年建成珠江三角洲高等级航道网；提高西江航运干线通航标准；红水河全线复航；右江形成通道；柳黔江柳州至桂平达到Ⅲ级航道标准。逐步提高北江、东江通航标准。至2020年西江航运干线实现航道现代化；按照规划标准，建成三个通向云贵的西南水运出海通道，即北盘江百层以下至红水河来宾达Ⅳ级航道标准，红水河来宾以下达Ⅲ级航道标准；右江百色以下达Ⅲ级航道标准。

● 黑龙江水系

根据《黑龙江省2004～2020年水运发展规划》，在未来的十六年中，完成松花江梯级渠化工程，建成涝洲、大顶子山、洪太、依兰、民主、康家围子和悦来等七座航电枢纽；使松花江—黑龙江主通道全部达到规划等级标准，提高嫩江、乌苏里江等主要支流航道等级。新增Ⅱ级航道973km、Ⅲ级航道691km、Ⅳ级航道353km。

1.2 运输船舶现状

截至2003年，全国拥有各类内河机动船舶15.4万艘，驳船4.0万艘，轮驳船总计19.4万艘，载客量86.29万客位，集装箱箱位2.79万TEU，净载重量3 034.78万t，其中货船平均吨位179t。在机动船舶中，货船艘数占84.6%，共13.03万艘/2 056.1万载重吨；客船艘数占11.42%，74.1万客位，其余为客货船和拖船，所占比例不到5%。

从地区分布来看，全国有8个省的内河运力突破100万载重吨，排在前三位的依次为江苏846.9万t、安徽729.3万t、浙江254.9万t。这三个省的内河船舶运力占全国总数的60%。

从船龄结构来看，长江干线平均船龄14年；珠江干线平均船龄10.6年；黑龙江水系平均船龄20年；京杭运河平均船龄10年。全国内河船舶总体平均船龄11.5年。1999～2003年，内河船舶平均船龄呈下降趋势。

全国内河运输船舶 1999 年与 2003 年平均船龄比较

年　　份	1999 年	2003 年	变　化
平均船龄（年）	16.7	11.5	-5.2

从平均吨位的变化来看，1999 ～ 2003 年期间全国内河船舶平均吨位提高了 82.7%，年均增长 16.3%。

全国内河运输船舶 1999 ～ 2003 年平均吨位变化情况

年　　份	1999 年	2000 年	2001 年	2002 年	2003 年	年均增长率
平均吨位（载重吨 / 艘）	98	104	121	142	179	16.3%

● 长江干线

2003 年长江干线共有各类运输船舶 6.8 万余艘、1 633 万总吨，平均船龄 14 年，其中机动船舶 4.6 万余艘、1 075 万总吨；驳船 2.2 万余艘、558 万总吨。机动货船平均载重吨为 320t，驳船平均载重吨为 360t。

运输船舶中干散货船居主导地位，约占总吨的 70%。分节驳顶推船队是大宗散货运输的主力船队，江海直达多用途货船、集装箱船、成品油船和特种货物运输船将是今后的主要发展方向。

● 京杭运河

2002 年，京杭运河有各类运输船舶 11.4 万艘，1 462 万载重吨，其中驳船 1.98 万艘，224 万载重吨。机动货船占总运力的 85%，非机动货船占 15%。京杭运河现有船舶平均船龄 10 年，平均吨位 128t。

京杭运河山东段主要采用吊拖船队进行运输；苏北段目前的运输方式是拖带、顶推及自航并举，其中拖带船队最多；苏南段以自航船为主。近些年，分节驳顶推船队发展迅速，而且朝着大型化、系列化的方向发展。

● 珠江干线

珠江干线共有运输船舶 1.66 万艘，其中货运船舶约 1.64 万艘，占总数的 99%。货运船舶平均船龄 10.6 年，平均吨位为 244t。

货运船舶中以机动货船为主，500t 以上船舶船型、机型相对集中、简统，300t 以下船舶船型杂乱。船型结构布置为单甲板，有单机单桨，双机双桨双舵，或单头双尾低阻力船体线型。集装箱船宽吃水比大，长宽比较小，方形系数较大。

● 黑龙江水系

2003 年拥有内河运输船舶 1 420 艘，其中推（拖）船 220 艘，驳船 397 艘。船舶平均船龄 20 年，平均吨位 308t。

1 000t 和 600t 货驳大部分为甲板式顶推分节驳，分别与 735kW、485kW 和 272kW 推船组成主力分节驳顶推船队，此外还有少量槽型货驳。江海两用杂货船运力发展迅速。

1.3　内河运输量现状

2003 年，全国内河货物运输量 8.15 亿 t，货物周转量 1 708.8 亿 t · km，分别占全社会水路货运量、货物周转量的51.6%和6.0%。其中长江水系完成货运量3.20亿t，货物周转量922.2亿t · km，分别占全国内河货运量和货物周转量的39.3%和54.0%；京杭运河完成货运量1.66亿t，货物周转量331.5亿t · km，分别占20.3%和19.4%；珠江水系完成货运量1.19亿t，货物周转量193.5亿t · km，分别占14.6%和11.3%；黑龙江水系完成货运量0.10亿t，货物周转量7.2亿t · km，分别占1.2%和0.4%。

1999 ~ 2003年期间，全国主要内河水系船舶货运量年均增长5.06%，货物周转量年均增长4.75%。

2003年，全国内河港口货物吞吐量12.3亿t，其中外贸部分8 707万t，旅客吞吐量1.19亿人次。在货物吞吐量中，以矿建材料、煤炭、石油和金属矿石等大宗散货为主，占总量的60%。

1.4 内河航运对区域经济发展的贡献

1.4.1 内河航运的优势

内河航运这种既古老又年轻的运输方式，随着人类文明社会的进步与发展，其潜力与优势逐步被进一步认识与开发。从近百年的航运发展史来看，无论是发达国家还是发展中国家，与铁路、公路及航空等其他运输方式比较，内河航运适合于大宗货物和大件货物运输，显示出船舶运载能力大，运输成本低，能源消耗低，占用土地面积少，对环境和生态的影响小，具有可持续发展等优势。

1.4.2 内河航运发展及对区域经济发展的贡献

我国是河流大国，众多的河流湖泽为内河航运的发展奠定了良好的基础，在综合运输框架中，内河航运占有重要地位。截至2003年底，全国内河货物运输量8.15亿t，货物周转量1 708.8亿t · km，分别占全社会水路货运量、货物周转量的51.6%和6.0%；全国内河航道里程达12.4万km，内河水运主通道达标率已由1990年的26.8%增至近50%，全国Ⅳ级以上航道里程超过1.4万多km；全国内河运输船舶达19.4万艘、3 035万载重吨，内河货运船舶平均吨位从1990年的50t提高到2003年的179t；全国内河港口生产性码头泊位近3万个，其中万吨级泊位151个，内河港口完成的货物吞吐量为12.3亿t。内河航运对我国国民经济、对外贸易、促进经济可持续发展等方面做出了贡献。

长江贯通东西、连接南北，具有得天独厚的区位优势，其出海口贴近国际主要环球航线，是世界上集“黄金水道”和“黄金海岸”于一身的为数不多的双优区位之一。珠江干线上接大西南，下连粤港澳，是沟通西南和珠江三角洲经济区的水运通道。由松花江、嫩江，黑龙江、乌苏里江、松阿察河及中俄两国界河兴凯湖等构成的黑龙江水系，是我国东北地区交通运输网不可缺少的重要组成部分。京杭运河是“南粮北运”“北煤南运”和贯通山东、江苏、浙江、上海经济发达省市的交通动脉。这三横一纵的内河航运主通道，在加强地区间物资、经济、技术、信息交流，促进流域社会经济协调发展，满足工农业生产和对外贸易运输需求，缩小地区差距，提高沿江地区在全国中的地位和作用，促进产业结构优化和升级，提高区域经济在国内、国际市场的竞争力方面具有不可替代的作用。

1.4.3　内河航运对重点物资运输保障的贡献

2003年，我国内河港口完成吞吐量12.3亿t，其中煤炭、石油、矿石、钢材、建筑材料、粮食、农用化肥等国家重点物资占总吞吐量的70%以上。与此同时，长江水系中石化、冶金、能源、机械等大宗原材料运输的80%是由水路运输承担的，而珠江干线的矿建材料、煤炭、石油、天然气及制品等运输80%也是通过水路完成的，黑龙江水系更是沿江地区大宗货物运输的主要通道。内河航运在加强国防力量、支援国家重点建设、保障国家重点战略物资运输、抢险救灾，促进西部大开发、节约土地和能源等方面具有极其重要和不可替代的贡献。

1.4.4　内河航运对当地就业的贡献

根据2002年《全国交通统计资料汇编》估算，我国内河航运业直接从业人数约220万人。内河航运不仅直接吸纳了从业人员，同时也带动了相关行业的发展，间接创造了更多的就业机会；为顺利实施产业结构调整、减轻就业压力做出了贡献，已经成为吸收就业的重要渠道之一。例如，珠江干线经过国家重点工程项目的建设，基本建成了西江航运干线Ⅲ级航道，奠定了内河航运可持续发展的优势地位，航运事业的发展，促进地方就业率的提高，共吸纳了35万人从事内河航运事业。带动了诸如贵港的水泥、矿建材料产业带、佛山陶瓷制品产业带及与水运相关行业的形成和沿江城镇建设蓬勃发展。长江干线25个原双重领导港口从业人员达4.1万人，直接从事生产的人员近3万人。仅湖北省专业水运企业从业人员数达到2.5万人，港口服务及其他辅助性业务的从业人数近6万人。

1.4.5　对“反贫穷”的贡献

全国经国务院审核确定，列入国家级的贫困县有592个，分布在我国27个省、自治区、直辖市。贫困县数量较多的省区有：云南（73个）、陕西（50个）、贵州（50个）、甘肃（43个）、河北（39个）、四川（36个）、山西（35个）等。

长江流域的贫困地区主要分布在长江上游的四川、贵州等省份，加上重庆市下属的14个贫困县，长江上游共有贫困县100个，贫困人口近2 000万人。其中三峡库区是中国少有的连片贫困区之一，三峡库区的形成为区域经济的发展带来了前所未有的机遇，航运条件的改善成功突破了三峡区域经济发展的瓶颈，使三峡地区东临武汉西接重庆的区域优势得以发挥。这不仅改变了三峡库区落后的交通、生活条件，也全面调整了库区落后的工农业结构，为库区百姓脱贫致富，早日实现小康目标创造了条件。

珠江水系中上游地区是全国最大的连片贫困少数民族聚居区之一，聚居着壮、布依、回、彝、苗、瑶、白、水等少数民族，有92个贫困县，贫困人口约730万人。实施西部大开发战略，加快西南水运出海通道建设，改善交通运输结构，可以促进西南地区资源开发，物资、资金和人员等交流，加快少数民族地区经济发展和社会进步，促进贫困地区脱贫致富。

黑龙江流域覆盖的黑龙江省和吉林省，有贫困县39个，贫困人口约300万。特别是界河黑龙江流经的边境地区经济欠发达，交通落后，绝大多数县、市不通铁路，边防公路等级低，水运是沿江地区大宗货物运输的主要方式。发展水运业对促进沿江地区经济发展、增加贫困人口收入、提高人民生活水平和改变贫困落后的面貌具有重要作用。

1.5 内河船型标准化现状、发展阶段和存在的主要问题

1.5.1 内河船型标准化的发展历程

回顾全国内河船型标准化的发展历程，大致可分为起步、发展和全面推进三个阶段。

起步阶段（1975 ～ 1980 年）：这一时期船型标准化的工作重点主要是简型和选型。从 20 世纪 70 年代中期，我国船型标准化工作开始起步，并成立了船型标准化委员会，随后，交通部组织力量，重点对船型、机型的简统选优和生产等问题进行了较为全面系统的研究，取得了积极成果，颁布了海运船舶、内河船舶、港作船舶和工程船舶等船舶修制造标准，作为组织批量生产、研制新船型和标准化等工作的基础，为推进我国船型标准化工作进程，发挥了积极作用。

发展阶段（1980 ～ 2000 年）：这一时期船型标准化工作的特点是船型简统选优和制订船型标准同步进行。为促进内河运输船舶技术进步，交通部先后组织进行了三次内河船舶简统选优工作，从 2 000 多种内河运输船舶中，通过技术经济分析和专家审定，选定了 200 多艘不同地区的优良代表船型，作为简统选优船型，向全国及各不同地区进行推荐。船型简统选优对推进全国内河船舶技术进步和标准化进程起到了积极的促进作用，推动了船型标准化工作向规范化方向发展。

20 世纪 70 年代末 80 年代初，我国较大规模地开展了分节驳顶推船队运输方式的系统研究、研制和推广工作，并取得了显著的经济效益，使我国内河运输上了一个新台阶，颁布了“长江水系分节驳船型尺度系列”国家标准。另外，还相继制定和颁布了一些行业标准，如“长江水系机动驳船系列”“长江中、下游推船船型系列”“长江下游水网货驳船型系列”“珠江水系自航驳顶推船队尺度系列”“江海直达货船船型系列”等。

2000 年，交通部组织了《内河运输船舶船型主尺度系列》标准研究，按七种航道等级要求研究制定了不同船型主尺度系列标准。“内河通航标准”已进行相应研究并已修订。上述研究覆盖面广，对于内河运输船型标准化工作的进一步开展、充分发挥航道通过能力、优化运力结构、提高我国内河运输现代化水平具有重要意义，为进一步开展内河船型标准化研究和标准船型开发工作奠定了基础。

全面推进阶段（2001 年至今）：2001 年交通部印发了公路水路交通发展三阶段目标，要求在长江、珠江三角洲及其干流全面推进船型标准化、系列化。之后，又颁布了《内河运输船型标准化管理规定》（交通部令 2001 年第 8 号），要求“任何组织和个人不得新建、改建水泥质船舶、总长 5m 以上的木质船舶从事内河运输。任何组织和个人不得新建、改建总长 20m 以上的挂桨机船舶从事内河运输，不得新建、改建挂桨机船舶在长江干线、珠江干线、黑龙江干线、京杭运河及太湖水域从事内河运输。新建、改建内河运输船舶，其总长、总宽和吃水应当符合交通部制定的内河货运船舶船型主尺度系列标准。”

2003 年，交通部在京杭运河实施船型标准化示范工程，组织开发了京杭运河 13 个系列 25 种标准船型，颁布了《关于公布京杭运河标准船型的公告》及《京杭运河运输船舶标准船型主尺度系列》，并规定 2004 年 1 月 1 日以后建造的船舶进入示范工程规划范围航行的，均应当按照交通部公布的主尺度系列或标准船型图纸建造。京杭运河船型标准化示

范工程是交通部第一次采取行政、法律和经济等多种手段推进船型标准化工作，具有划时代的意义，为开展内河船型标准化工作积累了丰富的经验，对全国范围内推行船型标准化具有重要的借鉴作用。

同时，交通部积极推进川江及三峡库区内河船型标准化。三峡成库后，航行条件发生极大变化，为了促进川江和三峡库区船舶技术进步和航运结构调整，保障人命财产安全，保护三峡库区水资源环境，提高三峡永久船闸利用率和通过能力。2003 年 7 月，交通部正式启动川江及三峡库区船型标准化工程，加速标准船型的研发工作，公布了川江载货汽车滚装船、集装箱船、区间客船、客渡船、油船、化学品船和干散货船标准船型技术方案和《川江及三峡库区运输船舶标准船型主尺度系列》。

此外，交通部还发布了《研究开发内河标准船型指导意见》，对规范全国内河标准船型的研究开发具有重要的指导意义。

上述工作大力推动了内河运输船型标准化进程，对于充分发挥内河航道通过能力、优化运力结构、提高我国内河运输现代化水平具有重要意义，使我国内河船型标准化工作进入一个新的时期。

1.5.2　内河船型标准化推进工作过程中存在的主要问题

对标准船型认识上的差异。市场对标准船型的接受度与政府的推广工作存在差异，船东对船型标准化认识不足，导致标准船型需求不强。

标准船型开发机制不健全。标准船型的开发滞后于市场的需求，使船东用户无法得到想要的标准船型，未形成超前开发。

标准船型尚未系列化。标准船型覆盖面不广，未形成系列化，许多船型还属空白地带。

政策、法规不完善。标准船型从开发到推广，是一项复杂的系统工作，需要许多政策和法规来做指导，目前将全国内河船型标准化作为一项长期行业政策的法规尚未颁布。

配套措施不到位。推进船型标准化工作，必须要有相应配套的措施和有效的手段，如行政措施、经济措施以及贷款造船优惠政策等。多年来，由于缺乏有力的配套措施，船型标准化工作推进难度大。

监控力度不够。船型标准化工作的推进，在很大程度上还取决于监控力度。目前，虽然制订和颁布了不少船型标准，但在实施过程中，缺乏有力的监控手段，使得船型标准工作很难推广。

1.6　内河船型发展面临的问题

经过近三十年的摸索和努力，我国的船型标准化工作积累了丰富的经验，也取得了一定的成绩，但随着经济社会的快速发展以及外部环境的不断变化，我国目前的船型标准化现状依然落后于时代发展的需要，与旺盛的内河航运需求不相适应。内河航运面临不少问题，其中与船型标准化有关的问题主要体现在以下几个方面。

（1）船型杂乱，影响航道船闸等基础设施利用率

现有内河船舶船型杂乱，机型复杂，不利于提高航道、船闸等基础设施的利用率，从而影响内河航道效益的发挥，成为内河航运竞争力提高的瓶颈之一。

（2）部分船舶技术状况落后，存在安全隐患

内河船舶总体技术水平不高，部分地区还存在水泥质船、木质船和挂桨机船等落后船型，船龄大，操作性能差，航运安全存在隐患。内河船舶平均吨位较小，能耗高，营运效率低。

（3）落后船型对环境存在污染

随着国家对水资源环境保护的重视，社会各界对船舶的环保要求也越来越高，尤其是在库区、湖泊等特殊水域。而现存的某些落后船型，对油污水和生活污水没有专门的回收或储存装置，肆意排放，严重污染水质。另外，一些船舶，如挂桨机船，噪声污染严重，极大影响沿岸居民和船民自身的日常生活和人身健康。

（4）航运结构性矛盾突出

在客运中，普通客船运力过剩，而市场需求较大的中高档旅游船运力不足；在货运中，船舶吨位小，专业化、大型运输船不足，新型的集装箱船、汽车滚装船运力有待发展。

2 指导思想与原则

2.1 指导思想

树立和落实科学发展观，坚持以人为本，保障内河运输航行安全。坚持内河航运可持续发展的原则，充分利用航运资源和通航设施，保护周边环境和水资源。正确把握船型发展的总体趋势，提高内河水上运输工具的技术水平，促进内河航运结构调整。

2.2 原则

适应性原则：坚持船型标准化与流域社会经济发展和内河运输市场的需求相适应；与安全、环保的需求相适应；与通航设施相适应；与航道、港口发展相适应。

系列化原则：坚持船型标准系列化，坚持标准船型形式多样化。从船东和经营者的利益出发，满足不同的市场需求，满足船型个性化和共性化的需求。

先进性和经济性相结合的原则：坚持科技兴航，积极采用先进技术，并兼顾经济发展与市场承受能力，使技术进步和市场经济发展紧密地结合起来。

循序渐进原则：坚持远近结合，突出重点，先易后难，整体推进，分步实施。

引导与强制相结合原则：对重点航区、重点船型和影响公共安全、环境的内河运输船舶船型标准化实施强制推进；其他内河运输船舶船型标准化实施市场调节、引导为主。

3 内河船型标准化的规划期间与范围

3.1 规划期

2004 ~ 2020 年。基础水平年为 2004 年，规划目标年为 2010 年、2015 年、2020 年。

3.2 规划范围

京杭运河及长江三角洲水网主要航道；

长江干线及主要支流，包括嘉陵江、湘江、汉江、赣江等；

珠江干线；

黑龙江水系主要河流包括松花江干流及黑龙江国内段。

3.3 《纲要》实施的对象

全国内河客货运输船舶，包括普通客船（高速客船）、普通货船、集装箱船、化学品船、油船、LPG 船、货滚船、客滚船、推（拖）船、驳船等。江海通航船及工程船、航运支持系统船舶等非运输船舶不属于实施对象。

4 船型标准化发展目标

交通新的跨越式发展目标提出：到 2010 年使公路水运交通对国民经济的制约状况得到全面改善，到 2020 年基本适应国民经济和社会发展的需要。树立可持续的科学发展观，实现交通质量型、效益型、功能型和可持续的跨越式发展。构筑起客运快速化、货运物流化、运营智能化、安全与环境最优化的综合交通运输体系。

4.1 总体目标

全国内河船型标准化总体目标：到 2010 年，川江及三峡库区、京杭运河、长江、珠江三角洲及其干流基本实现船型标准化、系列化，平均吨位较 2004 年提高 1 倍，通航设施利用率较 2004 年提高 15%，船舶安全技术性能得到进一步提高，对水环境的污染得到基本改善；到 2020 年，内河船舶实现标准化和系列化，平均吨位较 2004 年提高 2 倍，通航设施利用率较 2004 年提高 30%，船舶安全技术性能向国际先进水平靠拢，对水环境的污染得到根本改善，运输成本明显降低。

4.2 分阶段目标

（1）长江干线及主要支流

①长江干线上游（川江及三峡库区）

三峡成库后，其通航条件发生极大变化，对船舶安全技术性能及环保性能要求提高，提高三峡五级永久船闸和葛洲坝船闸利用率对整个长江航运的发展具有重大影响。因此，在该水域推行船型标准化的紧迫性和重要性非常高。长江上游干线（川江及三峡库区）船型标准化的总体目标是：2010 年，船型标准化率达到 75%，船舶平均吨位达到 1000 载重吨；2015 年，船型标准化率达到 85%，船舶平均吨位达到 1200 载重吨；2020 年，船型标准化率达到 95%，船舶平均吨位达到 1500 载重吨。

长江干线中下游航道，主要由船东根据市场需求选择船型，政府可采取引导、推荐的方式促进当地船型技术进步。

②长江主要支流

嘉陵江：梯级渠化程度高，推进船型标准化对促进流域资源开发和经济发展起到非常重要的作用。总体目标是：2010 年，船型标准化率达到 75%，平均吨位达到 300 载重吨；2015 年，船型标准化率达到 85%，平均吨位达到 400 载重吨；2020 年，船型标准化率达到 95%，平均吨位达到 500 载重吨。

湘江：2010 年，船型标准化率达到 85%，平均吨位达到 120 载重吨；2015 年，船型标准化率达到 90%，平均吨位达到 180 载重吨；2020 年，船型标准化率达到 95%，平均吨位达到 240 载重吨。

汉江：属于梯级河道，等级多，目前船型种类多，吨位小，船龄大，船型标准化意义重大。总体目标是：2010 年，船型标准化率达到 73%，平均吨位达到 400 载重吨；2015 年，船型标准化率达到 77%，平均吨位达到 500 载重吨；2020 年，船型标准化率达到 81%，平均吨位达到 600 载重吨。

赣江：上游河道狭窄，多急流险滩，有两处碍航闸坝；中下游河面逐渐拓宽，目前最高等级为Ⅳ级航道，适宜推进船型标准化。总体目标是：2010 年，船型标准化率达到 50%，平均吨位达到 300 载重吨；2015 年，船型标准化率达到 65%，平均吨位达到 400 载重吨；2020 年。船型标准化率达到 80%，平均吨位达到 500 载重吨。

（2）京杭运河及长江三角洲水网主要航道

京杭运河及长江三角洲水网主要航道渠化程度高，货流密度大，碍航闸坝多，是标准船型重点推广水域。到 2010 年，船型标准化率将达到 80%，平均吨位达到 200 载重吨；2015 年，船型标准化率达到 90%，平均吨位达到 300 载重吨；2020 年，船型标准化率达到 100%，平均吨位达到 500 载重吨。

（3）珠江干线

珠江干线上游地区经济欠发达，技术水平落后，推广船型标准化有利于促进当地船舶技术进步；珠江干线中下游及三角洲航道网航道条件良好，经济发达，政府可采取引导、推荐的方式促进船型技术进步。总体目标是：2010 年，船型标准化率达到 60%，船舶平均吨位达到 400 载重吨；2015 年，船型标准化率达到 70%，平均吨位达到 600 载重吨；2020 年，船型标准化率达到 80%，平均吨位达到 800 载重吨。

（4）黑龙江水系主要河流包括松花江干流及黑龙江国内段

推进船型标准化与航道梯级渠化发展相适应，宜采取引导与强制相结合，以引导为主的手段推进当地船型标准化。总体目标是：2010 年，船型标准化率达到 50%，平均吨位达到 630 载重吨；2015 年，船型标准化率达到 55%，平均吨位达到 660 载重吨；2020 年，船型标准化率达到 60%，平均吨位达到 700 载重吨。

4.3 淘汰落后船型的时间表

（1）川江及三峡库区

自 2003 年 10 月 1 日起，全面禁止挂浆机船、水泥质船和木质船进入川江及三峡库区；

自 2004 年 1 月 1 日起，禁止 100 总吨以下商船（载运鲜活货物的除外，下同）通过三峡船闸；

自 2005 年 1 月 1 日起，禁止 200 总吨以下商船通过三峡船闸；

禁止 2003 年 10 月 1 日后开工建造或者改建的非标准客船、油船、化学品船、载货汽车滚装船、集装箱船、干散货船进入川江及三峡库区；

自 2005 年 6 月 1 日起，禁止无生活污水处理装置的省际客船、无生活污水处理装置或生活污水储存舱（柜）的短途客船（含客渡船）进入川江及三峡库区航运市场；

自 2006 年 1 月 1 日起，禁止非双层底的油船、化学品船进入川江及三峡库区；

自 2007 年 7 月 1 日起，禁止非标准载货汽车滚装船进入川江及三峡库区。

（2）长江干线

自 2010 年 1 月 1 日起，禁止挂桨机船、水泥船和木质船进入水富至长江口航道；

自 2015 年 1 月 1 日起，禁止其他限制淘汰型船舶进入长江干线航道。

（3）京杭运河

自 2005 年 1 月 1 日起，禁止挂桨机船进入上海市内河主干航道；

自 2005 年 7 月 1 日起，禁止挂桨机船进入京杭运河浙江段、杭申线和长湖申线航道；

自 2006 年 1 月 1 日起，禁止挂桨机船进入京杭运河苏南段、苏申外港线航道和苏申内港线航道；

自 2007 年 1 月 1 日起，禁止挂桨机船进入京杭运河苏北段和山东段航道；全面禁止挂桨机船进入京杭运河流域内的浙江省水域。

（4）珠江干线

2006 年 1 月 1 日起，禁止木质船、挂桨机船进入西江航运干线及珠江三角洲主航道；

2008 年 12 月 31 日前水泥船、木质船、挂桨机船基本退出市场，2010 年全部退出市场（珠江运海水、海鲜的专用水泥船舶可作为特种船型处理，另论）；

鼓励 300t 以下、18 年以上的船舶提前退出航运市场。

（5）黑龙江水系

自 2008 年 4 月，禁止挂桨机船进入黑龙江；

自 2010 年 4 月，禁止挂桨机船进入松花江。

5　标准船型研究开发与认可公布

5.1　标准船型形式

根据航道条件要求、水域环境和不同阶段，标准船型的形式可采用不同的形式，主要有“主尺度系列标准”“标准船型技术方案”“标准船型送审图纸”三种形式。

“主尺度系列标准”形式，是标准船型的主要形式及标准船型开发的技术基础。该形式依据最大利用内河通航设施的原则，规定了船舶的总长、总宽和设计吃水等主要要素，它的最大特点是不仅能满足船型标准化的共性要求，而且还能满足船东对船型标准化的个性要求。与其他形式相比更贴近市场的需求，更具开发时间短、投入开发资金少等特点。

“标准船型技术方案”形式，是船型标准化的倡导形式。该形式在“主尺度系列标准”的基础上对船舶的型线、基本结构、主要设备配置等方面都做出了明确的规定。该形式较好地结合了个性化和共性化需求，能够引导市场发展技术先进、经济实用、符合船舶技术规范的船型。

“标准船型送审图纸”形式，是将研究开发的标准船型全套技术图纸，经审图中心审验合格后，提交给船东的图纸文本形式。它的最大特点是，船东获得送审图纸后，可直接找厂家造船。但难以满足船东对船型的个性化要求。

5.2 标准船型形式的选择

对适宜推行标准化船型的航道或通航水域，推行标准化船型的形式可以不同，可以采用“送审图纸”“技术方案”或“船舶主尺度系列”等形式。

通航河流中，限制性因素必然会对运输船舶产生限制，船闸、升船机对船舶尺度进行限制，桥梁跨度和净空高度对船舶尺度和上层建筑进行限制，航道的宽度、水深和转弯半径对船舶尺度进行限制，水流速度和航道坡度对船舶尺度和船型进行限制，库区和湖泊航道对船舶环保的产生要求等。因此，具有上述限制性因素的航道必须推行船型标准化。

对于无上述限制性因素的航道和通航水域，应引导推广标准化船型，政府主管部门主要从满足安全、环保和促进船舶技术进步等方面对船型发展提出目标和发展方向，采取措施积极引导船型标准化。

考虑各地区、各水系航道条件、船舶技术状况以及船舶特点等之间的差异，标准船型的形式应与上述条件紧密结合。标准船型的形式按水系划分，各有所不同，具体形式如下。

（1）长江水系

长江干线航道里程较长，上中下游航道变化较大，船型结构较为复杂；同时水系流经区域较广，干支直达运输普遍，船型差异较大，为此将长江水系分成几段考虑。

长江上游川江及三峡库区：三峡大坝与库区的建成，使得川江及三峡库区的船型较原有船型变化较大，对新船型有大量迫切需求。川江及三峡库区船型标准化的研发工作，采取以“船舶主尺度系列”为主导，与船型“技术方案”相结合的形式。

长江干流中下游流经湖南、湖北、江西、安徽、江苏、浙江、上海等省市，中下游干流水面宽阔，无船闸等通航设施，水域通航条件较好，对内河船舶尺度等的限制较少，船型标准化的形式较为宽泛。但鉴于长江水系船型杂乱，船舶技术水准不高，可归纳、研发、推荐一批优秀船型，引导船舶向标准化方向发展。

长江水系主要支流包括嘉陵江、湘江、汉江、赣江等几大河流。长江支流众多，各支流流经区域的经济状况、货源情况、航道条件差异较大，各支流采用的船型标准化形式应与支流流域的具体条件结合起来。可采用“船舶主尺度系列”为主导与船型“技术方案”相结合的形式。对于西部经济欠发达地区，适宜采用在“船舶主尺度系列”指导下与“送审图纸”和“技术方案”相结合的形式。

京杭运河及长江三角洲水网地区。京杭运河经过整治，大部分水域已达到Ⅲ级航道标准，部分航道达到了Ⅱ级，是我国等级最高、渠化程度最好、船闸设施最为完善的人工航道。运河及水网地区覆盖了浙江、江苏、上海、山东等经济发达省市，内河运输船舶必须适应沿线省市经济社会的发展水平。京杭运河船型标准化工作以挂桨机船退出市场和标准船型推广为重点，标准船型推进形式以“船舶主尺度系列”为主导，辅以船型“技术方案”和“送审图纸”。

（2）珠江水系

珠江干线下游，由于地区经济较为发达，采用以“船舶主尺度系列”“技术方案”为主，

“送审图纸”方案为辅的形式；而干线中上游地区航运发展相对较慢，经济收入、船舶设计及建造能力、企业更新船舶的能力均较弱，为了降低船舶建造或更新的成本，提高船舶整体的技术、安全水平和建造质量，中上游宜在“船舶主尺度系列”指导下结合“技术方案”和“送审图纸”的方式开展内河船型标准化。

（3）黑龙江水系

规划范围内的松花江干流和黑龙江部分区域，航道等级差别不大，大部分船舶均可在整个规划范围内航行，因此，标准船型形式的选择按船舶种类来划分。对社会需求量大、技术成熟的1 000t、600t驳船和485kW推船及目前急需的500t油船选取“送审图纸”的形式；对于个性化要求高的客船、滚装船及部分新研制的船型选取“船舶主尺度系列”的形式；其余的船型在“船舶主尺度系列”指导下结合“技术方案”形式。

5.3 标准船型研究开发程序

全国内河主通道标准船型的研究开发由交通部组织，其他通航水域的标准船型研究开发由省交通厅或授权单位组织（简称组织者）。组织者在市场调研的基础上，充分听取船东和航运业者的意见，提出标准船型的系列和品种，具体船型的开发可由航运业者委托有关技术单位或由政府组织力量研究开发，经按照程序评审后向社会公布，同时报交通部备案。根据市场的发展情况，若需完善或补充的品种，可按标准船型开发程序办理。

标准船型开发经费由中央政府补贴、地方政府补贴和开发申请者自筹三部分组成。

5.4 标准船型的认可及公布程序

标准船型在完成开发项目验收、评审后，应按照行业标准申报程序提出标准申报，有关部门进行审查，审查合格，正式对社会公布该船型为标准船型。

5.5 对现有船型的认定

5.5.1 认定范围

自本纲要实施之日前，经交通主管部门批准营运的运输船舶（含在建造的船舶）均属认定范围。

5.5.2 认定分类

“标准船型”：凡符合已公布标准船型条件的现有船舶，均属标准船型。该类船舶可继续使用，继续建造，继续完善。

“自然过渡型”：在安全、环保满足标准船型的条件下，允许该类船舶自然过渡，使用至船舶强制报废船龄，但不允许继续建造。

“改造过渡型”：允许该类船舶结合船舶修理，按标准船型进行改造后符合标准船型的要求，使用至船舶强制报废船龄，但不允许继续建造。

“限制淘汰型”：根据不同的船龄和载重吨位，按淘汰时间表限期淘汰，对淘汰船型实施航区限定。鼓励船东和船舶经营者，将此类船舶提前报废，退出航运市场。

5.5.3 认定标准

由交通部和省级交通主管部门组织有关科研机构、行业管理部门等单位，制定《现有船型标准化认定工作指南》(以下简称《指南》),并成立认定工作组,确定对现有船舶认定的各项指标。主要包含:主尺度、安全性能、环保性能、技术状态、经济情况等项评价指标。

5.5.4 认定程序

认定申请:船舶所有人应在规定时间内向所在地的交通主管部门提出认定申请。交通主管部门接到申请后,根据《指南》组织认定工作组,对该船舶进行认定,并得出认定结论。

认定公布:各地交通主管部门收到认定工作组的认定结论后,进行公示,公示期为一个月。结果无疑议,正式报主管部门核准,核准通过后,正式对社会公布。

6 标准船型与技术进步

6.1 推进船型标准化与技术进步的关系

标准船型的研究开发要以先进实用技术为基本手段,充分考虑船舶的安全性、节能性、经济性和环保性。技术进步是提高标准船型先进性、经济性和竞争优势的主要保证。技术进步对于提高船闸和航道等通航设施利用率、减少水上交通堵塞和交通事故具有重要作用;先进技术是降低船舶噪声和水污染的需要,对保护内河水域及周边环境具有重要意义。

船型标准化促进了航运技术进步,降低了航运成本,提高了航运效率和航运企业效益。标准船型的研发必须以先进性与经济性作为基本原则,并把二者有机结合,标准船型的推进应以技术进步为基础,不断对已颁布的标准船型进行优化和完善,才能成为先进生产力的代表,为市场所接受。

6.2 标准船型的关键与重点技术

各地区、各水系航道条件、船舶技术状况以及船舶特点等之间的差异,包括标准化的目标不同等,使得各水系标准船型关键与重点技术也有所不同。总体说来,主要有以下方面的关键技术:提高船舶技术性能的重点技术,包括船舶尺度系列研究、船舶推进性能研究、船体线型研究等;改进船舶技术装备的关键技术,包括节能设备、升降驾驶台、轻型舱口盖、船队(组)的连接装置及助推装置等的研制与应用;船舶防污染、环保等方面有关的技术研究,包括防油污装置的研制、水润滑技术和生活污水处理等重点技术研究;船舶安全技术研究,包括内河船用通信、导航设备、船用防火材料等;船用柴油机掺烧重质燃料油等船舶节能技术的研究;改善船员居住条件的船舶布置等方面的研究等。

6.3 标准化船舶研究开发与船舶规范的衔接及其解决

标准船型必须满足船舶技术规则和规范的要求,以保证其安全性、环保性;基于技术的不断进步,船舶技术规则和规范应结合标准船型的研究开发和推进不断修订。

7 保障措施

7.1 组织保障

长江、珠江航务管理局;四川、湖南、湖北、江西、河南、安徽、浙江、江苏、山东、云南、贵州、甘肃、陕西、黑龙江、广东、广西等省（区）交通厅；重庆市交通委员会；上海市港口管理局是本《纲要》的实施主体，要按照统一政策，全线联动的工作方针，确保本《纲要》各项措施和规定的贯彻落实。

各有关交通主管部门要加强对内河船型标准化工作的组织领导和协调；要成立相应的领导机构和工作机构，负责本《纲要》的实施，保证必要的人力、物力投入。

在各有关省市登记注册的船舶，如需改变船籍港或者注册地，应当向原注册地的航运管理部门办理注销手续，凭注销证明等文件向新注册地的相关管理部门办理船舶登记和相关手续。

为了及时掌握了解工作进展情况，发现和总结船型标准化推进工作的经验与问题，在《纲要》实施期间，各有关省（区、市）交通主管部门每年要依据本《纲要》编制本省（区、市）实施评估报告，交通部每年组织一次对《纲要》执行效果的检查评估，由交通部水运科学研究院编写《纲要》实施评估报告。

明确有关部门的责任，各施其责。自《纲要》实施之日起，各有关船舶检验机构不得受理新建非标准船型船舶的检验；海事和航运管理部门，不得为新建非标准船型船舶签发有关船舶证书。各有关航运、海事和航道管理部门要严格把关，依照本《纲要》明确的分阶段行动计划，对限制淘汰的各类船舶，不予装货配载，不予签证放行。

7.2　制度保障

交通部要加快船型标准化相关法律法规建设，建立健全工作制度，保障船型标准化的顺利进行。

修改和完善现有相关技术法规及规范，做好船型标准化与相关技术法规和规范的衔接工作。

按《研究开发内河标准船型指导意见》的要求执行内河标准船型的研发机制，充分运用市场机制，动员社会各方面力量广泛参与标准船型研究与开发，加强协作，联合攻关。逐步形成政府引导和宏观管理、社会中介组织、科研单位研发、运输业户经办运作、船民自主经营的管理体制。

建立健全工作制度。建立相关管理部门定期会议制度和重点航运企业联系制度；探索和建立运输市场联合稽查制度；完善和落实公示、投诉、举报监督制度；完善相关管理部门之间信息定期通报、发布制度。

各有关省市应制定本地区内河标准船型的研究开发、认可公布以及相关的管理办法和规定。

7.3　经济鼓励措施

通过建立科学合理的补贴（补偿）机制，明确补贴资金渠道、补贴标准和补贴对象，保证补贴基金专用账户，专款专用。

实行差别规费、优先过闸等措施，通过行政手段和经济措施鼓励和推广标准船型，加快淘汰非标准船型。

研究符合地方实际情况的新造船贷款融资政策，积极发挥地方政府的协调作用，为航运业者贷款建造标准船型提供便利条件。

7.4 资金保障

中央政府和地方政府对推进内河船型标准化工作和标准船型的研究开发给予资金支持；地方政府对落后船型的淘汰和退出市场工作给予资金支持。

交通部组织研发的标准船型，由交通部安排研发资金补贴；航运业者与地方政府共同组织研发的标准船型，主要由地方政府、交通主管部门安排研发资金补贴；鼓励航运业者自筹资金，按交通部颁布的《研究开发内河标准船型指导意见》进行标准船型的研发。

在标准船型科研攻关、融资、配套设备进口等方面争取国家提供政策优惠和扶持。

多渠道吸收科研基金，积极吸收国内外政府、企业和社会团体的项目基金投资。

7.5 配套措施

鼓励支持航运业者能方便、无障碍地获得标准船型技术方案和技术图纸，对其提出的有关船舶结构、设备等设计的改进意见，应予重视，并按交通部有关规定办理。

在严格控制非标船型进入市场的同时，应为船舶技术进步留下发展的空间。允许某些适应水运市场需求的特殊船型出现和存在，通过运营实践以定取舍，以利于先进船型的发展。此类船舶必须经过标准船型推进部门严格审查把关。

对已经颁布的标准船型，应进行跟踪并及时维护，保持标准船型的先进性与适用性。

加强对船舶设计和修造市场的管理，进一步规范市场秩序。

扩大交流与合作。增进国内、国际航运业间的技术交流，建立与周边地区的区域性合作；了解掌握新船型、新技术发展动态，学习掌握先进技术，吸取先进经验，并将之最大限度地应用到船型标准化工作中，保持船舶技术先进性和新船型发展性。

船舶废弃物回收设施的建设、管理和营运，依照国务院有关规定执行。禁止船舶在库区违规排放或弃置废弃物。

7.6 宣传与推介

各地要结合本地实际，利用报纸、杂志、广播、电视、网络等媒体，或采取座谈会、宣讲会、挂图等形式，切实做好内河船型标准化的宣传工作，要让广大人民群众特别是船民熟悉了解船型标准化的意义、分阶段行动计划和具体措施，使内河船型标准化工作得到广大船民的配合与支持。要加强对航运业经营者和船员环保意识的宣传教育。

附 录 2

“十二五”期推进全国内河船型标准化工作实施方案

交通运输部公告 2013 年第 50 号

内河运输船舶是内河水运体系的重要组成部分，推进全国内河船型标准化工作是贯彻落实国家“十二五”规划和国务院《关于加快长江等内河水运发展的意见》的战略举措，是提高水上交通安全、环保水平，促进节能减排，提高运输效能和调整内河水运结构、转变发展方式的重要手段。近十年来，交通运输部加大了内河船型标准化工作力度，实施了京杭运河船型标准化示范工程、川江及三峡库区船型标准化工程、长江干线船型标准化工程，取得了显著的成效，积累了宝贵的经验。在广泛调研的基础上，制定了“十二五”期推进全国内河船型标准化工作实施方案。

一、指导思想

全面贯彻落实科学发展观，以服务经济社会发展为宗旨，以建设畅通、高效、平安、绿色的现代化内河水运体系为目标，以提高内河船队的安全、环保、节能与技术经济水平为核心，综合运用法律、行政、技术和经济手段，不断提高船舶标准化水平，促进内河运力结构调整，建设现代化内河运输船队。

二、工作目标

“十二五”期的工作目标：

——船型标准化率：标准化船舶占内河运输船舶总吨位 50% 以上，其中长江干线、西江干线和京杭运河达到 70%，基本实现内河客船、危险品船等重点船型的标准化。

——节能减排与防污染：平均单位运输周转量能耗比 2005 年下降 14% 以上，二氧化碳排放比 2005 年下降 15% 以上；三峡库区和京杭运河运输船舶生活污水达标排放率（或集中回收处理）达到 100%，其他内河达到 50%。

——平均吨位：全国内河船舶平均吨位达到 800 载重吨，其中长江干线达到 1600 载重吨，京杭运河达到 500 载重吨，西江干线达到 1000 载重吨，其他内河达到 300 载重吨。

三、实施方案

（一）实施范围。

“十二五”期内河船型标准化工作的重点是在《全国内河航道与港口布局规划》确定的“两横一纵两网十八线”范围内全面推进船型标准化工作。其中长江干线、西江干线、京杭运河、长江三角洲和珠江三角洲高等级航道网的船型标准化工作由交通运输部组织实施，部水系派出机构受部委托负责具体工作；岷江、嘉陵江、乌江、湘江、沅水、汉江、江汉运河、赣江、信江、合裕线、右江、北盘江—红水河、柳江—黔江、淮河、沙颍河、黑龙江、松花江和闽江等主要干支流高等级航道的船型标准化工作由相关省、自治区、直辖市交通运输主管部门按照交通运输部统一部署组织实施，部水系派出机构受部委托负责统筹协调。

全国其他内河通航水域的船型标准化工作由各省、自治区、直辖市交通运输主管部门结合本地实际组织实施。

（二）按照“开前门、关后门、调存量、推示范”的工作思路，推进全国内河船型标准化。

1. 对新开工建造的船舶应当符合交通运输部公布的《内河运输船舶标准船型指标体系》的要求，其中对航行于已建或在建船闸、升船机等通航设施的内河限制性航道的船舶，还应当满足交通运输部公布的船舶主尺度系列标准。严格禁止内河新建非标准船进入航运市场。

2. 对现有非标准船，特别是安全、环保性能差的船舶，以及不利于提高船闸效率的小吨位过闸船舶和老旧运输船舶加快更新改造，限期退出市场。

（1）从 2016 年 1 月 1 日起，禁止 200 总吨以下的干散货船通过京杭运河干线船闸。但符合《京杭运河过闸运输船舶标准船型主尺度系列》的船舶和重大件船、运输鲜活货的船舶除外。

（2）从 2014 年 1 月 1 日起，禁止 200 总吨以下的运输船舶通过西江干线（南宁 – 广州，下同）船闸；从 2016 年 1 月 1 日起，禁止 300 总吨以下的运输船舶通过西江干线船闸，但符合《西江航运干线过闸船舶标准船型主尺度系列》的船舶和重大件船、运输鲜活货的船舶除外。

（3）从 2016 年 1 月 1 日起，禁止生活污水排放达不到现行规范要求的内河运输船舶以及单壳化学品船、600 载重吨以上的单壳油船进入“两横一纵两网十八线”水域航行。

（4）为加快内河船舶运力结构调整，鼓励现有老旧高耗能船舶提前退出航运市场。

3. 在采取上述措施推广标准船型、限制新建非标准船、淘汰现有落后船舶的同时，积极采取有效措施，鼓励建造符合国家引导方向的先进、高效、节能、环保的示范船，促进内河船舶技术进步，引导船舶向现代化方向发展。

四、经济鼓励政策

为实现上述船型标准化工作目标，财政部、交通运输部和地方人民政府筹集专项资金，制定经济鼓励政策，用于以下几个方面。

（一）鼓励京杭运河过闸小吨位船舶提前退出航运市场。

为实现 2016 年 1 月 1 日起全面禁止 200 总吨以下运输船舶通过京杭运河干线船闸的目标，自 2013 年 10 月 1 日至 2015 年 12 月 31 日，对于船舶总吨位在 200 总吨以下、船龄在 30 年（含）之内符合条件的过闸小吨位船舶，按规定进行拆解后给予政府补贴。

（二）鼓励西江干线过闸小吨位船舶提前退出航运市场。

为实现 2016 年 1 月 1 日起全面禁止 300 总吨以下运输船舶通过西江干线船闸的目标，自 2013 年 10 月 1 日至 2015 年 12 月 31 日，对于船舶总吨位在 300 总吨以下、船龄在 30 年（含）之内符合条件的过闸小吨位船舶，按规定进行拆解后给予政府补贴。

（三）鼓励现有单壳化学品船和单壳油船改造或拆解。

为加快现有单壳化学品船、单壳油船的改造和拆解，自 2013 年 10 月 1 日至 2015 年 12 月 31 日期间，对于“两横一纵两网十八线”范围内符合条件的单壳化学品船和 600 载重吨以上的单壳油船，按规定进行拆解或改造后给予政府补贴。

（四）鼓励现有船舶生活污水防污染改造。

自 2013 年 10 月 1 日至 2015 年 12 月 31 日期间，对“两横一纵两网十八线”范围内符合条件的船舶加装生活污水处理或收集装置给予政府补贴。

（五）鼓励老旧运输船舶提前退出市场。

为加快我国内河船舶运力结构调整，鼓励老旧运输船舶提前退出航运市场，自 2013 年 10 月 1 日至 2015 年 12 月 31 日，对于“两横一纵两网十八线”范围内，船龄在 15 年以上 30 年（含）之内 [其中黑龙江水系为船龄 15 年以上 36 年（含）之内] 的货船和船龄在 10 年以上 25 年（含）之内的客船，按规定进行拆解后给予政府补贴。

（六）引导新建示范船。

为引导船舶技术进步，促进船舶节能减排，鼓励建造符合国家发展方向的示范船。自 2013 年 10 月 1 日至 2015 年 12 月 31 日，对于建造有利于提高三峡船闸通过效率的船舶、使用清洁能源燃料和其他有利于节能减排的船舶等符合国家发展方向的示范船给予政府补贴。

上述政府专项资金中，对于现有船舶拆解改造的补贴，由中央和地方按照东部省份 50%∶50%、中部省份 60%∶40%、西部省份 70%∶30% 的比例承担。对引导新建示范船的补贴，由中央财政每年拿出一定额度进行定额补贴，鼓励有条件的省（区、市）在中央财政补贴的基础上由地方财政给予地方补贴。中央补贴资金由财政部、交通运输部落实，地方承担的补贴资金由省级人民政府负责落实。补贴资金管理办法由财政部会同交通运输部另行制定。

五、保障措施

（一）组织领导。

交通运输部负责全国内河船型标准化工作的组织和推进。各有关省（区、市）人民政府交通运输主管部门是本方案的实施主体，成立领导和工作机构，加强组织领导和协调，保证必要的人力、物力投入，确保本方案各项措施和规定的贯彻落实。

（二）明确职责。

港航、海事、船检和船闸管理等有关部门要各司其职，港航部门不得为新建非标准船舶和限期退出市场的船舶办理营运手续，海事部门不得为新建非标准船舶办理船舶登记手续，对限期退出市场的船舶不予签证放行，船检部门不受理非标准船舶的建造检验，船闸管理部门不得为禁止过闸船舶和限期退出市场的船舶安排过闸；各部门要加强协调配合，全线联动，强化监督管理，做好相关政策法规、标准规范的执行和落实；航运业者要严格按照国家有关规定设计、建造和使用标准船型。

（三）科技支撑。

加强和支持新船型和节能运输方式的基础性、前瞻性研究工作，提升科技创新能力和研发水平；开展提高船舶技术性能、运输效率与安全、环保性能的新技术、新材料、新设备和新工艺的研究，突破关键技术。

（四）宣传发动。

各相关单位要结合本地实际，利用多种形式，加大宣传工作力度，使有关方面充分认识内河船型标准化对服务社会经济发展、促进行业进步的意见和作用，积极参与、配合与支持内河船型标准化工作。

（五）各省（区、市）交通运输主管部门可根据本地区的实际情况，在本方案明确的经济鼓励政策外，制定其他的经济鼓励政策，加快推进本地区内河船型标准化工作。

附　录　3

内河船型标准化补贴资金管理办法

财建〔2014〕61号

第一章　总　　则

第一条　为了规范全国内河船型标准化补贴资金的管理，促进内河运力结构调整和水运节能减排，提高船型标准化率和船闸通过效率，根据《国务院关于加快长江等内河水运发展的意见》（国发〔2011〕2号）等有关规定，制定本办法。

第二条　本办法所称全国内河船型标准化补贴资金（以下简称补贴资金）是指中央和地方财政通过公共财政预算安排的，对《全国内河航道与港口布局规划》确定的“两横一纵两网十八线”等主要干支流高等级航道范围内，单壳液货危险品船拆解改造、现有船舶生活污水防污染改造、过闸小吨位船舶拆解、老旧运输船舶提前拆解，以及建造符合国家发展方向的内河示范船给予的补贴资金。

“两横一纵两网十八线”是指长江干线、西江干线、京杭运河和长江三角洲、珠江三角洲高等级航道网，以及岷江、嘉陵江、乌江、湘江、沅水、汉江、江汉运河、赣江、信江、合裕线、右江、北盘江—红水河、柳江—黔江、淮河、沙颍河、黑龙江、松花江和闽江等。

第三条　补贴对象是符合本办法规定条件，在规定期间内将船舶拆解、改造的船舶所有人和新建示范船的水路运输经营者。

第四条　补贴对象属于中央航运企业（含其控股子公司）的，其现有船舶拆解改造补贴资金由中央财政全额承担。

其他现有船舶拆解改造的补贴资金由中央财政和地方财政按照比例分担。其中东部省份（山东、江苏、上海、浙江、福建、广东）比例为50%:50%，中部省份（黑龙江、河南、安徽、江西、湖北、湖南）比例为60%:40%，西部省份（陕西、重庆、四川、云南、贵州、广西）比例为70%：30%。

新建示范船的补贴由中央财政承担，鼓励地方财政在中央财政补贴的基础上增加补贴资金。

第五条　补贴期间为2013年10月1日至2015年12月31日。

第二章　补贴范围和标准

第六条　拆解的通过京杭运河干线船闸小吨位船舶，同时符合下列条件的，可按第七条规定标准申请补贴：

（一）船舶种类为干散货船，船龄在 30 年（含）以下且船舶总吨位在 200 总吨（含）以下；

（二）船舶持有交通运输部及其水系派出机构、山东省、江苏省、安徽省、浙江省、河南省和上海市有关管理部门核发的有效船舶检验、船舶登记、船舶营运等证书；

（三）在 2011 年 1 月 1 日至 2013 年 9 月 30 日期间，至少有一次通过京杭运河干线船闸的过闸记录（以船闸管理部门的数据或海事签证记录为准）；

（四）在有关省级交通运输主管部门和财政部门认可的船厂拆解。

第七条　通过京杭运河干线船闸小吨位船舶拆解的补贴标准，按以下方法计算：

单船补贴金额 = 补贴基数 × 船舶总吨 × 船龄系数 × 船舶类型系数

其中，补贴基数为 0.1 万元；船舶总吨按船舶检验证书核定为准；船龄系数按船舶拆解办理船舶所有权注销手续时的实际船龄对应《过闸小吨位拆解船舶船龄系数表》（附 1）确定；船舶类型系数，干散货船为 1，干货驳船为 0.6。

第八条　拆解的通过西江干线船闸小吨位船舶，同时符合下列条件的，可按第九条规定标准申请补贴：

（一）船舶种类为运输船舶,船龄在 30 年（含）以下且船舶总吨位在 300 总吨（含）以下；

（二）船舶持有交通运输部及其水系派出机构、广东省、广西壮族自治区有关管理部门核发的有效船舶检验、船舶登记、船舶营运等证书；

（三）在 2011 年 1 月 1 日至 2013 年 9 月 30 日期间，至少有一次通过西江干线船闸的过闸记录（以船闸管理部门的数据或海事签证记录为准）；

（四）在有关省级交通运输主管部门和财政部门认可的船厂拆解。

第九条　通过西江干线船闸小吨位船拆解的补贴标准，按以下方法计算：

单船补贴金额 = 补贴基数 × 船舶总吨 × 船龄系数 × 船舶类型系数

其中，补贴基数为 0.1 万元；船舶总吨按船舶检验证书核定为准；船龄系数按船舶拆解办理船舶所有权注销手续时的实际船龄对应《过闸小吨位拆解船舶船龄系数表》（附 1）确定；船舶类型系数，干散货船（含多用途船、杂货船）为 1，干货驳船为 0.6，液货驳船为 0.9，集装箱船、滚装船、客船、液货危险品船为 1.5。

第十条　改造或拆解单壳油船、单壳化学品船，同时符合下列条件的，可按第十一条规定标准申请补贴：

（一）船舶种类为单壳化学品船或 600 载重吨（含）以上的单壳油船；

（二）船舶持有管理部门核发的有效船舶检验、船舶登记、船舶营运等证书；

（三）船舶经营范围在“两横一纵两网十八线”水域内（以船舶营业运输证核定为准）；

（四）在有关省级交通运输主管部门和财政部门认可的船厂拆解，或按照现行船舶检验法规规范要求改造为双壳船（仅限船龄小于等于 15 年的单壳化学品船或 600 载重吨及以上的单壳油船）并经船检机构检验合格。

第十一条 改造或拆解单壳油船、单壳化学品船的补贴标准，按以下方法计算：

（一）拆解补贴。

单壳油船、单壳化学品船拆解补贴标准按本办法第九条的方式计算。

（二）改造补贴。

单船补贴金额 = 单位吨位补贴额 × 船舶总吨

其中，单位吨位补贴额为0.06万元/总吨；船舶总吨按改造前船舶检验证书核定为准。

第十二条 对现有船舶进行生活污水防污染改造，同时符合下列条件的，可按第十三条规定标准申请补贴：

（一）船舶种类为2011年9月1日前建造的运输船舶，且船舶总吨位在400总吨及以上或核定载运船上人员15人以上；

（二）船舶持有管理部门核发的有效船舶检验、船舶登记、船舶营运等证书；

（三）船舶经营范围在“两横一纵两网十八线”水域内（以船舶营业运输证核定为准）；

（四）改造前船舶生活污水排放达不到现行规范的要求；

（五）按照现行法规规范的要求，在有关省级交通运输主管部门和财政部门认可的船厂改造，加装生活污水处理装置或生活污水贮存舱（柜），并经船检机构检验合格。

第十三条 现有船舶生活污水防污染改造补贴标准，按以下方法计算：

（一）加装生活污水处理装置。

1. 客船：单船补贴金额 = 补贴基数 + 单位客位补贴额 × 船舶载客定额。

其中，补贴基数为9万元；单位客位补贴额为0.11万元/客位；船舶载客定额按船舶检验证书核定为准。

2. 货船：1 000总吨以下单船补贴金额为3万元；1 000总吨及以上至未满2 000总吨单船补贴金额为4万元；2 000总吨及以上单船补贴金额为5万元。

（二）加装生活污水贮存舱（柜）。

1 000总吨以下单船补贴金额为1.5万元；1 000总吨及以上至未满2 000总吨单船补贴金额为2万元；2 000总吨及以上单船补贴金额为2.5万元。

第十四条 拆解老旧运输船舶，同时符合下列条件的，可按第十五条规定标准申请补贴：

（一）船舶种类为运输船舶。货运船舶船龄在15年以上30年（含）以下，其中黑龙江水系的船舶船龄为15年以上36年（含）以下；客运船舶船龄在10年以上25年（含）以下；

（二）船舶持有管理部门核发的有效船舶检验、船舶登记、船舶营运等证书；

（三）船舶经营范围在“两横一纵两网十八线”水域内（以船舶营业运输证核定为准）；

（四）在有关省级交通运输主管部门和财政部门认可的船厂拆解。

第十五条 老旧运输船舶拆解补贴标准，按以下方法计算：

单船补贴金额 = 补贴基数 × 船舶总吨 × 船龄系数 × 船舶类型系数

其中，补贴基数为0.1万元；船舶总吨按船舶检验证书核定为准；船龄系数按船舶拆解办理船舶所有权注销手续时的实际船龄对应《老旧运输船舶船龄系数表》(附 2)确定；船舶类型系数，干散货船（含多用途船、杂货船）为 1.0，干货驳船为 0.6，液货驳船为 0.9，集装箱船、滚装船、客船、液货危险品船、推（拖）轮为 1.5。

第十六条 新建川江及三峡库区大长宽比示范船，同时符合下列条件的，可按第十七条规定标准申请补贴：

（一）申请人具有长江干线省际普通货船运输的水路运输经营资质，与建造完工示范船所有人、经营人一致；

（二）新建船舶应当满足《内河运输船舶标准船型指标体系》(交通运输部 2012 年第 13 号公告）要求，主尺度符合《交通运输部关于公布长江水系过闸运输船舶标准船型主尺度系列及有关规定的公告》(交通运输部 2012 年第 69 号公告）长江水系货 –37 主尺度要求，安装有符合内河船舶建造规范要求的艏侧推装置；

（三）取得有效的船舶登记证书、船舶检验证书和船舶营运证书。

第十七条 新建川江及三峡库区大长宽比示范船的补贴标准，按以下方法计算：

在 2013 年 10 月 1 日至 2015 年 3 月 31 日期间建造完工的，单船补贴 400 万元；在 2015 年 4 月 1 日至 2015 年 12 月 31 日期间建造完工的，单船补贴 300 万元。

第十八条 新建液化天然气（LNG）动力示范船，同时符合下列条件的，可按第十九条规定标准申请补贴：

（一）申请人具有本办法适用范围内的内河水路运输经营资质，与建造完工示范船所有人、经营人一致；

（二）新建船舶应当满足《内河运输船舶标准船型指标体系》、中国船级社《天然气燃料动力船建造规范》和《内河天然气燃料动力船舶法定检验暂行规定》(中华人民共和国海事局海政法〔2013〕759 号）要求，船舶吨位不低于 400 总吨；

（三）取得有效的船舶登记证书、船舶检验证书和船舶营运证书。

第十九条 新建液化天然气（LNG）动力示范船的补贴标准，按以下方法计算：

（一）在 2013 年 10 月 1 日至 2015 年 3 月 31 日期间建造完工的：

主机总功率 300kW 以下，单船补贴 85 万元；主机总功率 300kW 及以上至未满 600kW，单船补贴 105 万元；主机总功率 600kW 及以上至未满 1 000kW，单船补贴 120 万元；主机总功率 1 000kW 及以上，单船补贴 140 万元。

（二）在 2015 年 4 月 1 日至 2015 年 12 月 31 日期间建造完工的：

主机总功率 300kW 以下，单船补贴 63 万元；主机总功率 300kW 及以上至未满 600kW，单船补贴 78 万元；主机总功率 600kW 及以上至未满 1 000kW，单船补贴 90 万元；主机总功率 1 000kW 及以上，单船补贴 100 万元。

第二十条 新建高能效示范船，同时符合下列条件的，可按第二十一条规定标准申请补贴：

（一）申请人具有本办法适用范围内的内河水路运输经营资质，与建造完工示范船所有人、经营人一致；

（二）新建船舶应当满足《内河运输船舶标准船型指标体系》要求，船舶能效设计指数（EEDI）满足《内河高能效示范船 EEDI 基线要求》（附 3）的要求，船舶吨位不低于 400 总吨；

（三）取得有效的船舶登记证书、船舶检验证书和船舶营运证书。

第二十一条　新建高能效示范船的补贴标准，按以下方法计算：

单船补贴金额 = 单位吨位补贴额 × 船舶总吨 × 船舶类型系数。

其中：单位吨位补贴额为 0.03 万元／总吨；船舶总吨按船舶检验证书核定为准；船舶类型系数，干散货船为 1，集装箱船、滚装船、客船、液货危险品船为 1.5。

第三章　补贴资金的申请和审核

第二十二条　新建示范船同时符合本办法第十六条、第十八条和第二十条补贴条件的，申请人只得选择一种类型申报，不得重复申报，不重复享受补贴。

第二十三条　申请补贴的船舶所有人或者水路运输经营者应填写《船舶拆解改造政府补贴申请表》（附 4）或《新建内河示范船申请表》（附 5），并持水路运输经营许可证、工商营业执照（船舶所有人为自然人的，提供身份证）、拆解改造船舶的证书或者新建船舶的技术方案等材料，向其所在市（设区的市，下同）级交通运输主管部门、财政部门提出申请。

申请新建 LNG 动力示范船和高能效示范船补贴的水路运输经营者，还应按照交通运输部《内河示范船技术评估和认定办法》的要求进行技术评估，评估合格后方可申请，并同时提交评估意见。

市级交通运输主管部门、财政部门依照本办法，对申请者的资格条件进行审核，符合条件的，应在 10 个工作日内报送省级交通运输主管部门、财政部门核准。

第二十四条　补贴资金申请经省级交通运输主管部门和财政部门核准后，由市级交通运输主管部门、财政部门与申请人签订船舶拆解改造或新建示范船协议书（示范文本见附 6、附 7）。协议书应当载明船舶拆解、改造、建造的方式、时间与地点、补贴标准、补贴的支付方式和期限、违约责任等内容。

市级交通运输主管部门应将签订完协议书的船舶名单、船舶所有人（即申请人）和船舶拟拆解、改造或建造的时间、地点等信息及时通知船籍港所在地海事管理机构。

第二十五条　有关省级交通运输主管部门应当会同省级财政部门通过公开竞争，择优确定拆解、改造、建造的定点船舶修造厂向社会公布。

第二十六条　对船舶进行拆解或改造前，有关市级交通运输主管部门应当会同当地海事管理部门各指派 1 ～ 2 名工作人员现场监督拆解或改造，对实船进行测量，拍摄照片；并通知相关管理部门按规定办理有关注销手续。

船舶的新建按照船检部门现有操作流程实施，并拍摄照片。拆解、改造和新建船舶的资料、证件、照片等，相关管理部门应建档留存。

第二十七条　船舶拆解、改造或新建完工后，有关市级交通运输主管部门应当会同当地海事管理部门各指派 1 ～ 2 名工作人员进行现场验收，并编制《船舶拆解改造完工报告书》（附 8）或《船舶新建完工报告书》（附 9）。船舶属于改造的，应重新核发有关船舶检验、登记证书和营运证件。

第二十八条 船舶拆解、改造或新建完工后，有关市级交通运输主管部门、财政部门应当审查申请人提交的相关材料。

新建示范船的，还应提供经核准的《新建内河示范船申请表》（附 5）、船舶检验证书、船舶所有权证书、船舶营运证书原件及复印件和《新建内河示范船政府补贴申请表》（附 10）。新建 LNG 动力示范船和高能效示范船的，还应提供《内河示范船技术评估和认定办法》中要求的技术认定意见。

第二十九条 有关省级交通运输主管部门会同同级财政部门根据本办法规定的补贴范围及标准，结合本年度船舶拆解、改造、新建补贴资金支出情况，于每年 11 月 30 日前向交通运输部报送下年度中央补贴资金申请报告和申请表（附 11）。交通运输部审核汇总后报财政部审批。

第四章 中央补贴资金的下达和拨付

第三十条 财政部根据各地上报的补贴资金申请情况向有关省级财政部门预拨中央补贴资金。地方负担的补贴资金来源由省级人民政府确定。有关省级财政部门应当根据对各地市补贴资金的核准情况，将补贴资金以专项转移支付方式下达市级财政部门。市级财政部门应会同同级交通运输主管部门及时发放补贴资金。

补贴资金的支付，按照财政国库管理制度有关规定执行。

第三十一条 市级财政部门应会同同级交通运输主管部门将资金发放情况报省级财政部门、交通运输主管部门备案。有关省级交通运输主管部门会同同级财政部门于每年 4 月 10 日前向交通运输部报送上年度中央补贴资金发放情况，交通运输部汇总后报送财政部。

第三十二条 当年下达的中央补贴资金年终如有结余，可结转下年度继续使用。

内河船型标准化补贴政策实施到期后，由财政部、交通运输部对该项资金统一进行清算。对于确已开工但在 2015 年 12 月 31 日前未完成船舶建造的，经省级交通运输主管部门和船舶检验机构核查后，由交通运输部汇总后报财政部，资金清算日可延长至 2017 年 12 月 31 日。

第三十三条 相关市级交通运输主管部门应建档留存船舶所有人和水路运输经营者提交的补贴资金申请材料。

第五章 监 督 管 理

第三十四条 有关省级交通运输主管部门和财政部门应当加强对定点船舶修造厂拆解、改造、建造船舶的监督管理，对于借机抬高价格、质量达不到规定要求或者不能按照规定的要求提供服务者，可根据情节，取消其定点资格。

第三十五条 各相关管理部门要按照职责分工，明确相关责任，切实加强对补贴资金使用的监督管理。财政部会同交通运输部对补贴资金的安排和使用情况组织不定期重点抽查。

对申报情况不真实的地区和单位，中央财政将相应扣减或收回补贴资金。对违反规定，截留、挪用、骗取补贴资金的单位及个人，依照《财政违法行为处罚处分条例》等国家有关法律法规追究法律责任。

第三十六条　补贴资金的发放情况应当接受群众和社会监督。

第六章　附　　则

第三十七条　有关省级交通运输主管部门应将符合本办法补贴范围内船舶的相关信息进行登记造册，并报交通运输部水系派出机构，送交通运输部备案。对于无水系派出机构的，直接报交通运输部。

第三十八条　自本办法公布之日起，符合本办法规定补贴条件的船舶改变船籍港，船舶所有人应到其船舶检验证书、船舶登记证书和船舶营运证原发证机关办理注销手续后，到其所在地市级交通运输主管部门办理船舶迁移证明。

所在地市级交通运输主管部门核对有关注销手续后，向船舶转入地市级交通运输主管部门出具船舶迁移证明，并将有关变动情况逐级报交通运输部备案。

船舶转让后，新的船舶所有人应凭相关变更登记手续和船舶迁移证明到转入地市级交通运输主管部门办理迁入手续。未能提供船舶迁移证明并办理迁入手续的,不得享受补贴。

第三十九条　乡镇客渡船不适用本办法。

第四十条　有关省级财政部门可会同同级交通运输主管部门依据本办法、结合各地实际情况制定具体实施办法，并报财政部、交通运输部备案。

第四十一条　本办法由财政部商交通运输部负责解释。

第四十二条　本办法自印发之日起施行。

附1　过闸小吨位拆解船舶船龄系数表

附2　老旧运输船舶船龄系数表

附3　内河高能效示范船 EEDI 基线要求

附4　船舶拆解改造政府补贴申请表

附5　新建内河示范船申请表

附6　内河船型标准化船舶拆解改造协议书（示范文本）

附7　新建内河示范船协议书（示范文本）

附8　船舶拆解改造完工报告书

附9　船舶新建完工报告书

附10　新建内河示范船补贴申请表

附11　（20××）年内河船型标准化中央补贴资金申请表

附 1

过闸小吨位拆解船舶船龄系数表

船龄（年）	船 龄 系 数	船龄（年）	船 龄 系 数
1	2.708	16	0.790
2	2.094	17	0.770
3	1.797	18	0.753
4	1.612	19	0.736
5	1.480	20	0.721
6	1.307	21	0.707
7	1.231	22	0.694
8	1.169	23	0.681
9	1.116	24	0.669
10	1.071	25	0.658
11	0.974	26	0.647
12	0.941	27	0.638
13	0.911	28	0.628
14	0.885	29	0.618
15	0.861	30	0.610

说明：根据实际船龄对应上表确定船龄系数。实际船龄为船舶自建造完工之日起至现今的时间，并取整数（尾数不计）。实际船龄不足 1 年的，按 1 年计算。

附 2

老旧运输船舶船龄系数表

船舶种类	船龄 X（年）	船龄系数
客船类	$10 < X \leqslant 13$	0.72
	$13 < X \leqslant 16$	0.63
	$16 < X \leqslant 19$	0.54
	$19 < X \leqslant 22$	0.45
	$22 < X \leqslant 25$	0.36
货船类	$15 < X \leqslant 18$	0.72
	$18 < X \leqslant 21$	0.63
	$21 < X \leqslant 24$	0.54
	$24 < X \leqslant 27$	0.45
	$27 < X \leqslant 30$	0.36

说明：根据船舶种类和实际船龄对应上表确定船龄系数。实际船龄为船舶自建造完工之日起至现今的时间。

附 3

内河高能效示范船 EEDI 基线要求

1. 相关定义

Attained EEDI：是指某艘船舶实际所能达到的 EEDI 值，其计算和验证方法按照中国船级社颁布的《内河船舶能效设计指数（EEDI）评估指南》执行。

Required EEDI：是指对特定船舶类型和吨位下所允许的最大 EEDI 值，即 EEDI 基线值，用符号 RLV 表示。

2.EEDI 基线值

船舶能效设计指数基线值 RLV 由下述计算公式及下表中的相关参数确定：

$$RLV=a\times b^{(-c)}$$

船舶能效设计指数基线

船型及航区		*a*	*b*	*c*
干散货船	A 级航区	76.23	船舶 DWT	0.202 2
	B、C 级航区	359.4	船舶 DWT	0.435 2
集装箱船		2940.0	船舶 100%DWT	0.591 4
油船／化学品船		459.8	船舶 DWT	0.413 2
客船		512.3	船舶 GT	0.370 2
客滚船		479.63	船舶 GT	0.3869
滚装货船[a]		994.84	船舶 DWT	0.392 4

注：a 滚装货船仅指具有多层甲板的设计载运空的小汽车的车辆滚装船。

3. 高能效示范船的 EEDI 限值

申请政府补贴的高能效示范船所能达到的 EEDI 值，应满足：

$$\text{Attained EEDI} \leqslant 0.7RLV$$

附4

船舶拆解改造政府补贴申请表

编号：

<table>
<tr><td>船舶所有人</td><td colspan="4"></td><td colspan="2">所有人身份证或工商登记号</td><td colspan="2"></td></tr>
<tr><td>所有人地址</td><td colspan="5"></td><td>联系电话</td><td colspan="2"></td></tr>
<tr><td rowspan="5">拆解改造船舶基本情况</td><td>船名</td><td></td><td>船籍港</td><td></td><td>主机</td><td colspan="3">台　　kW</td></tr>
<tr><td>船长</td><td>m</td><td>型深</td><td>m</td><td>型宽</td><td>m</td><td>建成日期</td><td></td></tr>
<tr><td>总吨</td><td></td><td>净吨</td><td></td><td>船舶类型</td><td colspan="3"></td></tr>
<tr><td>所有权登记号</td><td colspan="3"></td><td>船检登记号</td><td colspan="3"></td></tr>
<tr><td>许可证号</td><td colspan="3"></td><td>营运证号</td><td colspan="3"></td></tr>
<tr><td rowspan="5">拆解改造类型</td><td colspan="2">通过京杭运河小吨位船舶拆解</td><td></td><td colspan="2">拟拆解改造船厂名称</td><td colspan="3"></td></tr>
<tr><td colspan="2">通过西江干线小吨位船舶拆解</td><td></td><td colspan="2">拟进入船厂时间</td><td colspan="3"></td></tr>
<tr><td colspan="2">单壳油船、化学品船拆解</td><td></td><td colspan="2" rowspan="3">申请人</td><td colspan="3" rowspan="2">（盖章）</td></tr>
<tr><td colspan="2">船舶生活污水防污染改造</td><td></td></tr>
<tr><td colspan="2">老旧运输船舶拆解</td><td></td><td colspan="3">年　月　日</td></tr>
<tr><td colspan="9">以下由管理部门填写</td></tr>
<tr><td colspan="4">市级交通运输、财政主管部门意见</td><td colspan="5">省级交通运输、财政主管部门意见</td></tr>
<tr><td colspan="4"></td><td colspan="5" rowspan="2">单位（公章）：　　单位（公章）：
年　月　日　　年　月　日</td></tr>
<tr><td colspan="4">单位（公章）：　　单位（公章）：
年　月　日　　年　月　日</td></tr>
</table>

注：1. 申请表一式四份，省、市交通运输、财政主管部门各存一份。

2. 拆解改造船舶基本情况按船舶登记证书、船舶检验证书和船舶营运证书内容填写。

3. 拆解改造类型一栏在五种选择中选一打钩。

4. 编号由市级交通运输主管部门编制，由地级市名称、年份代码和4位数字流水号组成。如：武汉（2014）0001。

附 5

新建内河示范船申请表

编号：

<table>
<tr><td>示范船申请人</td><td colspan="2"></td><td>建造艘数</td><td></td></tr>
<tr><td>示范船申请人地址</td><td colspan="3"></td><td>联系电话</td></tr>
<tr><td>水路运输许可证编号</td><td></td><td>水路运输经营范围</td><td colspan="2"></td></tr>
<tr><td>示范船船舶总长</td><td>米</td><td rowspan="5">申请人</td><td colspan="2" rowspan="4">（盖章）</td></tr>
<tr><td>示范船船舶总宽</td><td>米</td></tr>
<tr><td rowspan="3">示范船类型</td><td>川江及三峡库区大长宽比示范船 □</td></tr>
<tr><td>LNG 动力示范船 □</td></tr>
<tr><td>高能效示范船 □</td><td colspan="2">年 月 日</td></tr>
<tr><td colspan="5">以下由管理部门填写</td></tr>
<tr><td colspan="2">市级交通运输主管部门、财政部门意见</td><td colspan="3">省级交通运输主管部门、财政部门意见</td></tr>
<tr><td colspan="2">单位（公章）：
年 月 日
单位（公章）：
年 月 日</td><td colspan="3">单位（公章）：
年 月 日
单位（公章）：
年 月 日</td></tr>
</table>

注：1. 申请表一式六份，申请人、省、市交通运输主管部门、财政部门和交通运输部水系派出机构各存一份。

2. 示范船类型一栏在三种选择中选一打钩。

3. 编号由省级交通运输主管部门编制，由省级名称、年份代码和4位数字流水号组成，并按受理日期先后进行排序。如：湖北（2013）0001。

附 6

编号：

内河船型标准化船舶拆解改造协议书

（示范文本）

甲方（交通运输主管部门、财政部门）：

乙方（船舶所有人）：

为落实《"十二五"期推进全国内河船型标准化工作实施方案》，加快落后船型拆解、改造，促进全国内河船型标准化，经双方商定，特订立本协议书。

一、乙方现有内河船舶，船名为：　　　　，船舶登记号为　　　　，建成日期为　年　月　日，船舶总吨为　　　，船舶类型为　　　　。

二、乙方定于　年　月　日至　年　月　日，按以下方式对上述船舶进行拆解／改造。

1．在省级交通运输主管部门和财政部门认可的定点船舶修造厂　　　　　　，将船舶拆解；

2．按照现行规范的要求，在省级交通运输主管部门和财政部门认可的定点船舶修造厂　　　　　　将船舶改造，加装生活污水处理装置／生活污水贮存舱（柜）；

3．在省级交通运输主管部门和财政部门认可的定点船舶修造厂　　　　　　，将单壳油轮（单壳化学品船）改造为双壳船。

三、甲方为支持和鼓励乙方拆解／改造船舶，根据国家有关规定，对乙方拆解／改造的船舶给予政府资金补贴，政府资金补贴额按《内河船型标准化补贴资金管理办法》有关规定计算。

四、乙方如有下列行为之一的，甲方有权取消乙方享受补贴资格，收回已发放全部补贴，并按国家有关规定处罚：

1. 乙方提供虚假材料；

2. 因乙方自身原因未能在协议书签订后 6 个月内完成拆解或改造；

3. 未按国家规定的要求改造或改造船舶未达到国家规定的技术规范；

4. 船舶拆解后仍保留船体整体结构的。

五、本协议书一式四份，甲、乙双方各执一份，报上级主管部门备案二份。

甲方（签章）：　　　　　　　　　　乙方（签章）：

年　月　日　　　　　　　　　　年　月　日

附 7

编号：

新建内河示范船协议书

（示范文本）

甲方（交通运输主管部门、财政部门）：
乙方（水路运输经营者）：

为落实《"十二五"期推进全国内河船型标准化工作实施方案》，引导新建示范船，促进全国内河船型标准化，经双方商定，特订立本协议书。

一、乙方拟建内河船舶，船名为：　　　，船舶总吨为　　　，船舶类型为　　　。

二、乙方拟定于　　年　　月　　日至　　年　　月　　日，在船舶修造厂　　　　　，新建　　　　　　　　（川江及三峡库区大长宽比示范船／LNG 动力示范船／高能效示范船）。

三、甲方为支持和鼓励乙方新建船舶，根据国家有关规定，对乙方新建符合要求的船舶给予政府资金补贴，政府资金补贴额按《内河船型标准化补贴资金管理办法》有关规定计算。

四、乙方应当在协议书签订后 6 个月内向甲方提交设计图纸、新建示范船审图批文、造船合同、开工确认书。完工后，向甲方提交《船舶建造完工报告书》。新建 LNG 动力示范船和高能效示范船的，还应提交符合《内河示范船技术评估和认定办法》要求的认定意见。

五、乙方享受政府补贴后，甲方有权向社会公开示范船的技术方案和设计图纸。

六、乙方如有下列行为之一的，甲方有权取消乙方享受补贴资格，收回已发放全部补贴，并按国家有关规定处罚：

1．未能提供下列全套材料：经核准的《新建内河示范船申请表》、船舶检验证书、船舶所有权证书、船舶营运证书、《新建内河示范船政府补贴申请表》、技术认定意见（仅限 LNG 动力示范船和高能效示范船）；

2．提供虚假材料；

3．未能在协议书签订后 6 个月内提交设计图纸、新建示范船审图批准文件、造船合同、开工确认书。

七、本协议书一式四份，甲、乙双方各执一份，报上级主管部门备案两份。

甲方（签章）：　　　　　　　　　　乙方（签章）：

年　　月　　日　　　　　　　　　　年　　月　　日

附 8

船舶拆解改造完工报告书

编号：

船舶所有人				所有人身份证或工商登记号			
所有人地址					联系电话		
原（现）船名		船长	m	型　宽	m	型　深	m
总吨		建成日期			船舶类型		
补贴申请表编号				拆解改造承诺书编号			
拆解改造地点				拆解改造方式			
实际拆解改造开工日期				实际拆解改造完工日期			
收回证照名称							

改造后船舶（拆解不用填）

单壳油轮、单壳化学品船改造	船名		总吨		净吨	
	船长	m	型深	m	型宽	m
	船舶类型			主机	台　kW	
	船舶登记号			船检登记号		
	许可证号			营运证号		
船舶加装生活污水处理装置改造	已完成加装生活污水处理装置改造，并取得《船舶防止生活污水污染证书》（证书编号：　　　）。					

现场监督人员意见	市级交通主管部门意见	省级交通主管部门意见
监督人（签字）： 年　月　日	单位（公章）： 年　月　日	单位（公章）： 年　月　日

注：1. 此表一式四份，省、市交通运输主管部门、财政部门各存一份。

2. 此表由现场监督人员编制。

3. 编号由市级交通运输主管部门编制，由地级市名称、年份代码和 4 位数字流水号组成。如：武汉（2014）0001。

附 9

船舶新建完工报告书

编号：

<table>
<tr><td>船舶所有人</td><td colspan="3"></td><td colspan="2">所有人身份证或
工商登记号</td><td colspan="2"></td></tr>
<tr><td>所有人地址</td><td colspan="4"></td><td>联系电话</td><td colspan="2"></td></tr>
<tr><td>船名</td><td></td><td>船长</td><td>m</td><td>型宽</td><td>m</td><td>型深</td><td>m</td></tr>
<tr><td>总吨</td><td></td><td>拟建日期</td><td colspan="2"></td><td colspan="2">船舶种类</td><td></td></tr>
<tr><td>补贴申请表编号</td><td colspan="3"></td><td>新建承诺书编号</td><td colspan="3"></td></tr>
<tr><td>新建地点</td><td colspan="3"></td><td>新建示范船类型</td><td colspan="3"></td></tr>
<tr><td>实际新建开工日期</td><td colspan="3"></td><td>实际新建完工日期</td><td colspan="3"></td></tr>
<tr><td colspan="2">现场监督人员意见</td><td colspan="3">市级交通主管部门意见</td><td colspan="3">省级交通主管部门意见</td></tr>
<tr><td colspan="2">监督人（签字）：
年　月　日</td><td colspan="3">单位（公章）：
年　月　日</td><td colspan="3">单位（公章）：
年　月　日</td></tr>
<tr><td colspan="8">备注栏</td></tr>
<tr><td colspan="8"></td></tr>
</table>

注：1. 此表一式四份，省、市交通运输主管部门、财政部门各存一份。
2. 此表由现场监督人员编制。
3. 编号由市级交通运输主管部门编制，由地级市名称、年份代码和 4 位数字流水号组成。如：武汉（2014）0001。

附 10

新建内河示范船补贴申请表

编号：

<table>
<tr><td>船舶所有人</td><td></td><td></td><td>联系电话</td><td></td><td colspan="2">船舶经营人</td><td colspan="3"></td></tr>
<tr><td>所有人地址</td><td colspan="4"></td><td colspan="2">申请补贴金额</td><td colspan="3">万元</td></tr>
<tr><td colspan="2">申请补贴示范船类型</td><td colspan="8">□川江及三峡库区大长宽比示范船　□LNG 动力示范船　□高能效示范船</td></tr>
<tr><td colspan="2">水路运输许可证号</td><td colspan="2"></td><td colspan="2">水路运输经营范围</td><td colspan="4"></td></tr>
<tr><td rowspan="6">新建示范船船舶基本情况</td><td>船　名</td><td></td><td>船籍港</td><td></td><td colspan="4">是否满足标准船型指标体系要求</td><td></td></tr>
<tr><td>船舶总长</td><td>m</td><td>船舶总宽</td><td>m</td><td rowspan="5">申请人</td><td colspan="4" rowspan="5">盖章

年　月　日</td></tr>
<tr><td>所有权登记号</td><td></td><td>船舶识别号</td><td></td></tr>
<tr><td>开工日期</td><td></td><td>建造完工日期</td><td></td></tr>
<tr><td>船检登记号</td><td></td><td>船舶类型</td><td></td></tr>
<tr><td>总吨位</td><td></td><td>主机总功率</td><td>kW</td></tr>
<tr><td colspan="10">以下由管理部门填写</td></tr>
<tr><td colspan="3">省级交通运输主管部门意见</td><td colspan="3">交通运输部水系派出机构意见</td><td colspan="4">省级财政主管部门意见</td></tr>
<tr><td colspan="2">核准补贴金额</td><td>万元</td><td colspan="2">核准补贴金额</td><td>万元</td><td colspan="2">核准补贴金额</td><td>万元</td><td></td></tr>
<tr><td colspan="3">单位（公章）：
年　月　日</td><td colspan="3">单位（公章）：
年　月　日</td><td colspan="4">单位（公章）：
年　月　日</td></tr>
</table>

注：1. 申请表一式四份，申请人、交通运输部水系派出机构、省交通运输主管部门和财政部门各存一份。

2. 新建示范船船舶基本情况按船舶登记证书、船舶检验证书内容填写。

3. 编号由市级交通运输主管部门编制，由地级市名称、年份代码和 4 位数字流水号组成。如：武汉（2014）0001。

附 11

(20××)年内河船型标准化中央补贴资金申请表

省(自治区、直辖市):　　　　　　　　　　　　单位:万元、艘、吨、客位

<table>
<tr><td rowspan="2">补贴项目</td><td colspan="4">拟拆解、改造或新建船舶情况</td><td colspan="4">申请补贴资金情况</td></tr>
<tr><td colspan="2">艘数</td><td colspan="2">总吨位(客位)</td><td colspan="2">总补贴资金</td><td colspan="2">申请中央补贴资金</td></tr>
<tr><td></td><td>合计</td><td>其中:中央企业</td><td>合计</td><td>其中:中央企业</td><td>合计</td><td>其中:中央企业</td><td>合计</td><td>其中:中央企业</td></tr>
<tr><td>京杭运河过闸小吨位船舶拆解</td><td></td><td></td><td></td><td></td><td></td><td></td><td></td><td></td></tr>
<tr><td>西江干线过闸小吨位船舶拆解</td><td></td><td></td><td></td><td></td><td></td><td></td><td></td><td></td></tr>
<tr><td>单壳油船单壳化学品船拆解改造</td><td></td><td></td><td></td><td></td><td></td><td></td><td></td><td></td></tr>
<tr><td>现有船舶生活污水防污染改造</td><td></td><td></td><td></td><td></td><td></td><td></td><td></td><td></td></tr>
<tr><td>老旧运输船舶拆解</td><td></td><td></td><td></td><td></td><td></td><td></td><td></td><td></td></tr>
<tr><td>新建川江及三峡库区大长宽比船</td><td></td><td></td><td></td><td></td><td></td><td></td><td></td><td></td></tr>
<tr><td>新建 LNG 动力船</td><td></td><td></td><td></td><td></td><td></td><td></td><td></td><td></td></tr>
<tr><td>新建高能效示范船</td><td></td><td></td><td></td><td></td><td></td><td></td><td></td><td></td></tr>
<tr><td>合计</td><td></td><td></td><td></td><td></td><td></td><td></td><td></td><td></td></tr>
</table>

注:中央企业是指根据《全国内河船型标准化政府补贴资金管理办法》的规定,由中央财政全额承担补贴资金的企业。

附　录　4

内河运输船舶标准船型指标体系

交通运输部公告 2012 年第 13 号

1　通则

1.1　目的和意义

内河运输船舶标准船型指标体系（以下简称本指标体系）的建立旨在按《全面推进全国内河船型标准化工作指导意见》中提出的建设现代化内河运输船队的要求，从“安全、高效、绿色、先进”四个方面入手，在安全（包括环保）上，以现行船舶建造规范法规的要求为基础；在高效上，通过船舶主尺度系列标准，提高船舶与船闸、升船机等通航设施的适应性和通过能力，通过能源强度指标，提高船舶的能效性能；在绿色上，通过 CO_2 排放强度指标，实现船舶减排的目标；在先进性上，通过鼓励新材料、新技术、新方法、新设备、新工艺和新能源等在船舶上的应用，鼓励技术进步。

1.2　适用范围

1.2.1　新建船舶除满足适用的规范和法规的技术要求外，尚应符合本指标体系 2.1 的要求。

1.2.2　现有船舶除满足适用的规范和法规的技术要求外，尚应符合本指标体系 2.2 的要求。

1.2.3　本指标体系所指内河水域为《全国内河航道与港口布局规划》确定的“两横一纵两网十八线”即长江干线、西江干线、京杭运河、长江三角洲和珠江三角洲高等级航道网，以及岷江、嘉陵江、乌江、湘江、沅水、汉江、江汉运河、赣江、信江、合裕线、右江、北盘江—红水河、柳江—黔江、淮河、沙颍河、黑龙江、松花江和闽江等主要干支流高等级航道。

1.2.4　本指标体系所指内河运输船舶是指航行于内河的干散货船、化学品船、油船、液化气船、集装箱船、客滚船、滚装货船、客船、驳船、推拖船等运输船舶。

1.2.5　除另有规定外，《内河船舶法定检验技术规则》的相关定义适用于本指标体系。

1.3 一般要求

1.3.1 本指标体系的指标分为强制性指标和引导性指标。对现有船，按本指标体系2.2进行重新评估，合格者为标准船型；对新建船，满足强制性指标的为标准船型，同时为了推进节能环保绿色船型发展，鼓励自愿选择引导性指标，自愿选择的指标可作为示范标准船的推荐条件。引导性指标为动态的，随着技术逐步成熟，引导性指标可转化为基础性指标，同时随着技术进步引导性指标也可增加。

1.3.2 航行不同水域的船舶，指标应选择航经水域的最高要求。

1.3.3 船舶检验机构应结合对设计图纸的审查、新造船的建造检验和营运船舶的定期检验确认船舶满足“本指标体系”的各项要求。

1.3.4 新建船在满足基础性指标的同时，船东可自愿选择引导性指标，同时检验机构对船东所选择的引导性指标应予以标识。

2 指标要求

2.1 新建船舶指标要求

新建船舶指标由强制性指标和引导性指标组成。

2.1.1 强制性指标

2.1.1.1 船舶主尺度系列标准：

对航行于已建或在建船闸、升船机等通航设施的内河限制性航道的新建内河运输船舶应满足交通运输部公布的船舶主尺度系列标准。

2.1.1.2 燃料消耗指标：

以柴油机作为主推进动力的适用船舶，其燃料消耗指数应满足交通运输部公布的《营运船舶燃料消耗限值及验证方法》中的燃料消耗量限值要求，燃料消耗指数的计算和验证按《营运船舶燃料消耗限值及验证方法》执行。

2.1.1.3 CO_2 排放指标：

(1) 以柴油机、气体燃料发动机作为主推进动力的适用船舶，其 CO_2 排放指标应满足交通运输部公布的《营运船舶 CO_2 排放限值及验证方法》中的 CO_2 排放指标限值要求，船舶 CO_2 排放指标的计算和验证按中国船级社《内河船舶能效设计指数(EEDI)评估指南》执行。

(2) 船舶应配有能效管理手册 SEEMP。

2.1.2 引导性指标

2.1.2.1 船舶高效：

通过对船舶进行优化设计，使下列系数更优，从而提高船舶的节能水平。

(1) 载重量系数 $= \dfrac{\text{载重量 (t)}}{\text{满载排水量 (t)}}$

(2) 海军系数 $= \dfrac{\text{服务航速 (km)}^3 \times \text{满载排水量 (t)}^{3/2}}{\text{主机总功充 (kW)}}$

(3) 阻力系数 $= \dfrac{\text{实际总阻力 (N)}}{0.5\times \text{水密度 (t/m}^3) \times \text{服务航速 (kn)}^2 \times \text{湿表面积 (m}^2)}$

(4) 钢料系数 $= \dfrac{\text{船体钢料重量 (t)}}{\text{两柱间长 (m)} \times \text{般宽 (m)} \times \text{型深 (m)}}$

(5) 容积利用率 $= \dfrac{\text{货舱容积 (m}^3)}{\text{两柱间长 (m)} \times \text{般宽 (m)} \times \text{型深 (m)}}$

2.1.2.2　船舶先进：

先进技术具体包括新材料、新技术、新方法、新设备、新工艺、新能源等在船上的应用。

(1) 新材料的应用包括绿色材料，如舱室高效、环保的绝缘材料、涂装材料—水性涂料、粉末涂料等；钢铝混合结构、纤维增强塑料等。

(2) 新技术的应用包括船尾附加水动力装置——前置导管、桨前反映鳍桨后叶轮装置、尾端球；船舶动力系统优化；采用球鼻首、直壁式船首、双艉鳍船型、不对称船尾、涡尾船型、球尾船型等优化船舶线型，有效地降低了船舶航行阻力，提高了推进性能；应用船型节能、附体节能以及专用技术节能（如气膜减阻等）、船尾附加水动力节能装置等关键技术；船舶布置优化，如集装箱船的船首驾驶室布置，解决了驾驶盲区问题；客船舱室模块化设计的理念；依据规范和直接计算相结合的船舶结构、布置优化技术，如载货汽车滚装船上层建筑置于中部，改善了船舶总纵强度等；溢油监视、鉴别、处理、生态评价技术和船舶防污染技术；通过理论分析与模型试验，优化船舶线型，推荐船舶阻力小、推进效率高、快速性优良的线型；客船的减振、降噪技术、LED 照明技术等。

(3) 新方法的应用包括运用概率论及风险分析方法（如综合安全评估方法 FSA）研究、制定船舶安全技术标准;运用回归分析法、变参数法（网络法、变值法）、逐步优化法、神经优化分析法对船型方案进行评估、优化；船型技术经济比选评估衡准技术方法及多目标技术经济船型论证技术；船体型线生成交互设计、船舶工程 CFD 综合技术及船模试验三位一体船型优化的研究方法；船舶计算流体力学（CFD）CFD 技术或 CFD 技术及其与试验结合的应用在船舶阻力性能研究中的应用等。

(4) 新设备的应用包括推广使用节能型柴油机、新型燃油添加剂、节油减烟器、主机轴带发电机、热泵技术、岸电使用；优化电子喷油控制装置，机舱自动化控制、变螺距负载自动调节装置；舵桨一体化装置、油气回收装置；采用高效推进装置如低转速大直径螺旋桨、适伴流调距桨、导管螺旋桨、无梢涡螺旋桨以及部分浸水螺旋桨、侧向推进器等，提高了船舶推进效率；设置固体垃圾接收装置、生化法污水处理装置及油水分离装置等技术措施实现达标排放，防止船舶对库区水体的污染；采用尾轴水润滑等。

(5) 新工艺的应用包括夹筋板工艺；纤维增强塑料注胶真空成型；无余量造船工艺等。

(6) 新能源的应用包括清洁能源：如气体燃料动力（CNG/LPG/LNG）、电力推进系统、燃料电池、太阳能动力装置；资源节约与循环利用技术，如主机排气和冷却水的余热利用技术等。

2.2 现有船舶指标要求

2.2.1 船舶主尺度系列标准

对航行于已建船闸、升船机等通航设施的内河限制性航道的内河运输船舶应满足交通运输部公布的船舶主尺度系列标准。

2.2.2 燃料消耗指标

现有船应根据实际营运情况提交燃料消耗指标计算值，燃料消耗指标计算值按交通运输部《营运船舶燃料消耗限值及验证方法》执行。

2.2.3 CO_2 排放指标

现有以柴油机、气体燃料发动机作为主推进动力的适用船舶，应根据实际营运情况提交 CO_2 排放指标计算值。CO_2 排放指标计算值按《内河船舶能效设计指数(EEDI)评估指南》执行。

附　录　5

内河示范船舶技术评估和认定办法

交水发〔2014〕144 号

第一章　总　　则

第一条　为确保内河示范船建造符合国家鼓励发展方向，根据财政部、交通运输部《关于印发〈内河船型标准化补贴资金管理办法〉的通知》（财建〔2014〕61 号，以下简称《办法》）有关规定，制订本办法。

第二条　本办法适用于新建内河液化天然气（LNG）动力示范船和高能效示范船的技术评估和认定工作。

第三条　各级交通运输主管部门根据职责分工，负责内河示范船技术评估和认定的监督管理工作。

交通运输部认可的技术评估认定单位具体实施技术评估和认定，出具技术评估意见和技术认定意见。

第二章　技术评估认定内容和条件

第四条　液化天然气（LNG）动力示范船技术评估和认定的主要内容包括液化天然气替代率、氮氧化物和甲烷的排放水平。经评估和认定合格的，应满足下列条件 ：

（一）液化天然气双燃料发动机在 75% 额定功率下，液化天然气替代率应不低于 65%。液化天然气替代率按以下公式计算，以发动机制造厂商提供的经船舶检验机构认可的台架试验报告为准。

$$T_d=\frac{B_c-B_o}{B_c}\times100\%$$

式中 ：T_d——液化天然气替代率，% ；

B_c——纯柴油模式下的油耗量，kg/h ；

B_o——指双燃料模式下的油耗量，kg/h。

（二）在制造厂商声明的最高替代率条件下，发动机（含后处理装置）各工况的氮氧化物排放量，按 NO_x 总加权排放量计算，应在附件 1 规定的限值标准内。

（三）具有有效的天然气供给控制系统减少甲烷排放的技术方案，包括喷射系统稳定性、蒸发气体控制技术和后处理方案等可行性。

第五条 高能效示范船技术评估和认定的主要内容是船舶能效设计指数（EEDI）值与《办法》中《内河高能效示范船 EEDI 基线要求》的符合性。经评估和认定合格的，应满足下列条件：

（一）船舶设计阶段的 EEDI 值符合《内河高能效示范船 EEDI 基线要求》的要求。

（二）船舶建造完工后的 EEDI 值符合《内河高能效示范船 EEDI 基线要求》的要求。

第三章 技术评估和认定程序

第六条 申请新建 LNG 动力示范船和高能效示范船的，在船舶设计完成后，向技术评估认定单位提交申请书（附件 2）和符合本办法要求的相关材料（附件 3）。

其中申请新建高能效示范船的，需取得中国船级社签发的船舶能效设计指数（EEDI）前期验证报告。

第七条 技术评估认定单位对申请人提供的材料进行审核，符合要求的，出具技术评估意见。对采用同一技术方案的首制船或对评估内容有重大异议的，可以要求申请人提供相关补充证明材料，确有需要的，采取专家评审等方式进行评估。

第八条 船舶建造完工后，申请人向技术评估认定单位提交以下材料：

1. 船舶检验机构签发的船舶检验证书、图纸审批批文或审图意见书；

2. 技术方案和主要设计图纸等资料；

3. 船舶检验机构对液化天然气动力系统的审批意见以及对液化天然气动力系统的专项检验报告（适用于 LNG 动力示范船）；

4. 天然气发动机的产品证书、《国际防止发动机大气污染证书》和经船舶检验机构认可的相关台架试验报告（适用于 LNG 动力示范船）；

5. 中国船级社签发的 EEDI 最终验证报告（适用于高能效船舶）。

第九条 技术评估认定单位对申请人提供的申请材料进行审核，符合要求的，出具技术认定意见。确有需要的，可组织相关单位进行现场核查。

第四章 附 则

第十条 申请人应向技术评估认定单位提交完整、真实的材料，认真配合技术评估认定单位开展相关工作，接受交通运输主管部门的管理和核查。

第十一条 技术评估认定单位应出具客观公正的技术评估意见和技术认定意见，保守申请人的技术或商业秘密，及时将技术评估和认定结果书面通知申请人所在地的省级交通运输主管部门，并按季度将汇总情况书面通知水系派出机构。

第十二条 船舶检验机构应按照通过评估的技术方案进行审图和实施船舶建造检验。

第十三条 通过评估的技术方案发生重大变更的，应按规定重新申请评估。

第十四条 依据《办法》的规定，在政府补贴资金发放后，地方交通运输主管部门应在网上向社会公开示范船的技术方案和设计图纸。示范船技术方案和设计图纸涉及知识产权的，应先征得知识产权所有人的同意。

第十五条　签发 EEDI 前期验证和最终验证报告不收取费用。

第十六条　本办法实施后，国家有关内河船舶强制技术标准高于本办法要求的，内河示范船应适用新的技术标准。

第十七条　本办法自发布之日起实施。

附件：

附件 1　NO_x 排放量限值标准

附件 2　内河示范船技术评估和认定申请书

附件 3　液化天然气（LNG）动力示范船技术评估资料清单

附件 1

NO_x 排放量限值标准

发动机转速 n (r/min)	NO_x 排放最高限值 [g/(kW · h)]
$n<130$	14.4
$130 \leqslant n<2\,000$	$44 \times n^{-0.2}$
$n \geqslant 2\,000$	7.7

附件 2

内河示范船技术评估和认定申请书

（签章）
申请人名称：________________________________
申 请 日 期：________________________________

一、基本情况

<table>
<tr><td colspan="2">申请人名称</td><td colspan="3"></td></tr>
<tr><td colspan="2">水路运输经营许可证编号</td><td colspan="3"></td></tr>
<tr><td colspan="2">联系人</td><td colspan="3"></td></tr>
<tr><td colspan="2">联系人电话</td><td colspan="3"></td></tr>
<tr><td colspan="2">传真</td><td colspan="3"></td></tr>
<tr><td colspan="5">拟新建示范船基本情况</td></tr>
<tr><td>示范船类型</td><td colspan="4">□ 液化天然气（LNG）动力示范船
□ 高能效示范船</td></tr>
<tr><td>设计单位</td><td colspan="4"></td></tr>
<tr><td>建造单位</td><td colspan="4"></td></tr>
<tr><td>主机生产厂家</td><td colspan="4"></td></tr>
<tr><td>艘数</td><td colspan="2"></td><td>拟经营航区</td><td></td></tr>
<tr><td>船舶种类</td><td colspan="2"></td><td>船舶总吨</td><td></td></tr>
<tr><td>总长</td><td colspan="2"></td><td>总宽</td><td></td></tr>
<tr><td>型深</td><td colspan="2"></td><td>主机型号</td><td></td></tr>
<tr><td>单机功率</td><td colspan="2"></td><td>额定转速</td><td></td></tr>
<tr><td>设计航速</td><td colspan="2"></td><td>主机台数</td><td></td></tr>
</table>

注：同一类型、同一技术方案船舶使用同一申请书；LNG 动力示范船技术方案说明由申请新建 LNG 动力示范船的申请人填写。

二、LNG 动力示范船技术方案说明

（一）船舶主机在 75% 额定功率下 LNG 综合替代率（适用于双燃料）

指　　标	数　　值
纯柴油模式下的油耗量 B_c（kg/h）	
双燃料模式下的油耗量 B_o（kg/h）	
替代率 T_d（%）	
是否满足要求	

注：$T_d=(B_c-B_o)/B_c\times100\%$；主机在 75% 额定功率（MCR）下，船舶 LNG 替代率应不低于 65%

情况说明：

（二）氮氧化物（NO_x）排放水平

工　况	厂家声明 LNG 最高替代率	台架试验 NO_x 排放值 [g/(kW · h)]	加权因数
25% 额定功率，63% 转速，厂家声明 LNG 最高替代率工况			0.15
50% 额定功率，80% 转速，厂家声明 LNG 最高替代率情况			0.15
75% 额定功率，91% 转速，厂家声明 LNG 最高替代率情况			0.5
100% 额定功率，100% 转速，厂家声明 LNG 最高替代率情况			0.2
适用的 NO_x 排放限值			
NO_x 实际排放值			
是否满足排放限值标准			

情况说明：

（三）液化天然气供给控制系统减少甲烷排放技术方案

评 估 项 目	技术方案（单选）	可 行	不 可 行
液化天然气（LNG）喷射系统类型	□ 单点		
	□ 多点		
蒸发气体控制技术方案介绍	（内容可附后）		
后处理技术方案介绍	（内容可附后）		

情况说明：

附件 3

液化天然气（LNG）动力示范船
技术评估资料清单

1. 拟采用的船舶主机、辅机技术参数资料（产品说明书）。
2. 储气罐、气化撬的技术参数资料（产品说明书）。
3. LNG 供气系统管线技术参数（材质、规格等）。
4. 安全报警系统技术说明书。
5. 天然气供气控制元件（ECU）技术参数。
6. 防爆灯具、机舱抽风机的技术参数。
7. 其他情况说明。

附　录　6

内河运输船舶标准化管理规定

交通运输部令 2014 年第 23 号

第一条　为加强内河运输船舶标准化管理，提高内河运输船舶技术水平，优化内河运输船舶结构，防止船舶污染环境，提高运输效能，促进水路运输事业的发展，根据《国内水路运输管理条例》，制定本规定。

第二条　本规定适用于中华人民共和国境内江河、湖泊、水库及其他内河通航水域从事运输的船舶，但在与外界不通航的封闭性水域内从事运输的船舶除外。

第三条　交通运输部主管全国内河运输船舶标准化管理工作。

县级以上地方人民政府交通运输主管部门主管本行政区域的内河运输船舶标准化管理工作。县级以上地方人民政府交通运输主管部门或者负责水路运输管理的机构（以下统称负责水路运输管理的部门）具体实施内河运输船舶标准化管理工作。

海事管理机构根据有关法律、行政法规和本规定对内河运输船舶检验、交通安全及防止污染水域实行监督管理。

第四条　交通运输部运用经济、技术政策等措施，支持和鼓励采用先进适用的水路运输船舶和技术；对正在使用的不符合新标准的船舶、不符合安全环保新规范的船舶、限制过闸船舶和限制在特定通航水域航行的船舶，可以采取资金补贴等措施，引导和鼓励进行更新、改建；需要采取限期淘汰等措施的，应当对船舶所有人给予补偿。

第五条　禁止水泥质船舶、木质船舶、挂桨机船在京杭运河、川江和三峡库区水域从事内河运输。

任何组织和个人不得新建、改建挂桨机船在长江干线、珠江干线、黑龙江干线及太湖水域从事内河运输。

任何组织和个人不得新建、改建水泥质船舶、总长 5m 以上的木质船舶、总长 20m 以上的挂桨机船舶从事内河运输。

第六条　新建、改建内河运输船舶，应当符合交通运输部制定的内河运输船舶标准船型指标体系中的强制性要求。

第七条　新建、改建内河客船、危险品船增加运力的，应当按交通运输部有关规定向设区的市级人民政府水路运输管理部门提出申请，并报具有许可权限的部门批准。

新建、改建内河普通货船增加运力的，应当在船舶开工建造15个工作日内向所在地设区的市级人民政府水路运输管理部门备案。

对符合条件的内河运输船舶，由规定的发证机关配发《船舶营业运输证》，并注明船舶营运区域和船舶符合交通运输部制定的内河运输船舶标准船型指标体系中的强制性要求。

第八条 新建、改建内河运输船舶，应当按国家有关规定向海事管理机构认可的船舶检验机构申请建造检验，取得船舶检验证书。

船舶检验机构应当按照交通运输部制定的内河运输船舶标准船型指标体系和国家其他有关规定进行建造检验，对符合有关规定的，签发船舶检验证书。不符合内河运输船舶标准船型指标体系中强制性要求的，不予签发船舶检验证书。

第九条 新建、改建内河运输船舶取得船舶检验证书后，应当按国家有关规定向海事管理机构申请船舶登记，取得法定的船舶登记证书。不符合内河运输船舶标准船型指标体系中强制性要求、未取得船舶检验证书的，应当不予登记。

第十条 对按照国家规定要求应当改建而未改建的内河运输船舶，其《船舶营业运输证》的配发机关应当对其配发的《船舶营业运输证》予以收回。

第十一条 对不符合内河运输船舶标准船型指标体系中的强制性要求的新建、改建内河运输船舶，航道管理机构应当不予办理通过船闸、升船机等通航设施的手续，海事管理机构应当依据有关规定加强对船舶的现场监管。

第十二条 内河运输船舶所有人、船舶经营人应当按照国家有关规定，向海事管理机构认可的船舶检验机构对营运中的水泥质船舶、木质船舶和挂桨机船舶申请定期检验。经检验不合格的，不得从事内河运输。

第十三条 对已经投入营运的水泥质船舶、木质船舶、挂桨机船舶实行限期淘汰制度，具体时间、航区另行公布。

任何组织和个人不得使用交通运输部明文规定已经淘汰的水泥质船舶、木质船舶、挂桨机船舶从事内河运输。

第十四条 交通运输部和负责水路运输管理的部门应当依照有关法规、规章的规定，对内河运输船舶标准化进行监督检查。

第十五条 内河运输船舶所有人、船舶经营人、船舶管理人应当接受交通运输部和负责水路运输管理的部门依法进行的监督检查，如实提交有关证书、资料或者情况，不得拒绝、隐匿或者弄虚作假。

第十六条 违反本规定，由负责水路运输管理的部门按照《国内水路运输管理条例》的相关规定给予行政处罚。

违反有关内河船舶检验管理和安全监督管理的规定，由海事管理机构按有关法规、规章给予行政处罚。

第十七条 交通运输部和负责水路运输管理的部门、海事管理机构的工作人员玩忽职守、徇私舞弊、滥用职权的，由所在单位或者上级机关依法依规追究法律责任。

第十八条 本规定自2015年4月1日起施行。2001年10月11日以交通部令2001年第8号公布的《内河运输船舶标准化管理规定》同时废止。

参考文献

[1] 交通部综合规划司 . 全国内河航道与港口布局规划 [S]. 北京 ：交通部，2006 ：3–84.

[2] 内河航道建设 [DB/OL].[2001–08–06]http://news.xinhuanet.com/zhengfu/200108061756369.htm.

[3] 蔡大富，等 . 长江航道发展阶段及特征分析 [J]. 大连海事大学学报 (社会科学版)，2013(3) ：23–27.

[4] 交通部 . 全国内河航道技术等级图集 [M]. 北京 ：人民交通出版社，2001.

[5] 交通部及山东、江苏、浙江、河南、安徽、上海市人民政府 . 京杭运河船型标准化示范工程行动方案 [S]. 2003.

[6] 湖州龙腾船舶技术服务有限公司 . 京杭运河挂桨机船落舱改造技术方案 [S]. 2003.

[7] 江苏省船舶设计研究所 . 京杭运河挂桨机船落舱改造技术方案 [S]. 2003.

[8] 中华人民共和国海事局 . 内河船舶法定检验技术规则—京杭运河型船舶检验补充规定 [S]. 2004.

[9] 浙江省船舶运输设计研究所 . 京杭运河 100/200/300 吨级标准货船研究报告 [R]. 2003.

[10] 江苏省船舶设计研究所 . 京杭运河 500/1000 吨级货船标准货船研究报告 [R]. 2003.

[11] 长江船舶设计院 . 京杭运 河 1000/1500/2000 吨级顶推船队研究报告 [R]. 2003.

[12] 上海船舶运输科学研究所 . 京杭运河 27/32/58/100TEU 集装箱标准船型 [R]. 2003.

[13] 长江船舶设计院 . 京杭运河现有优秀船型比选论证 [R]. 2004.

[14] 交通部，财政部 . 关于印发京杭运河船型标准化示范工程挂桨机船拆解改造政府补贴资金管理办法的通知（交水发〔2003〕552 号）[S]. 2003 年 12 月 8 日 .

[15] 翁孟勇 . 积极推进京杭运河船型标准化—在京杭运河船型标准化推进工作领导小组第二次会议上的讲话 [J]. 交通标准化，2003，10.

[16] 翁孟勇 . 在京杭运河船型标准化推进工作领导小组第三次会议上的讲话 . 交通部，2003 年 10 月 17 日 .

[17] 徐祖远 . 在京杭运河船型标准化推进工作领导小组第四次会议上的总结讲话 . 交通部，2006 年 11 月 20 日 .

[18] 江苏省船型标准化工程领导小组办公室，河海大学投资研究所 . 江苏省船型标准化工程的评价研究 [R]. 2006 年 10 月 .

[19] 江苏省交通厅 . 江苏省京杭运河船型标准化工程拆解改造政府补贴资金管理办法 [S].

2004 年 1 月 9 日 .

［20］交通运输部水运科学研究院，等 . 长江和西江干线标准船型及设计关键技术研究报告 [R]. 2014.

［21］交通运输部水运科学研究院 . 全国内河船型标准化经济鼓励政策研究报告 [R]. 2013.

［22］交通运输部水运科学研究院 . 全国内河船型标准化发展纲要研究报告 [R]. 2004.

［23］交通运输部水运科学研究院，等 . 京杭运河船型标准化示范工程系统研究报告 [R]. 2004.

［24］交通运输部水运科学研究院 . 长江及三峡库区船舶标准化对策研究报告 [R]. 2010.

［25］交通运输部水运科学研究院，等 . 赣江过闸运输船舶标准船型主尺度系列研究 [R]. 2012.

［26］交通运输部 .“十二五”期推进全国内河船型标准化工作实施方案（交通运输部 2013 年第 50 号公告）[Z]. 2013.

［27］交通部 . 内河运输船舶标准化管理规定（交通部令 2001 年第 8 号）[Z]. 2001.

［28］交通部 . 研究开发内河标准船型指导意见（交水发〔2004〕7 号）[Z]. 2004.

［29］交通部 . 全国内河船型标准化发展纲要 [Z]. 2006 年 2 月 .

［30］交通部水运科学研究院，中国船级社，等 .《京杭运河船型标准化示范工程系统研究》研究报告 [R]. 2005.

［31］交通部水运科学研究院，长江航务管理局，等 .《川江及三峡库区运输船舶船型研究》研究报告 [R]. 2005 年 4 月 .

［32］交通部水运科学研究院，四川省交通厅航务管理局，四川省交通勘察设计研究院 .《川江上游干支直达运输船舶船型研究》研究报告 [R]. 2007 年 7 月 .

［33］交通运输部珠江航务管理局，交通运输部水运科学研究院，长江船舶设计院，等 .《西江航运干线运输船型标准研究》研究报告 [R]. 2011.

［34］高惠君，等 . 我国内河船型标准化发展与展望 [C]. 十二届全国内河船舶与航运学术会议，2012.

［35］周富春 . 内河船舶污染研究与防治的现状 [J]. 中国水运，2009.

［36］李碧英 . 绿色船舶及其评价指标体系研究 [J]. 中国造船，2008.

［37］苏晓磊 . 美德内河航运开发比较 [J]. 交通与运输，2007.

［38］朱晓川 . 借鉴莱茵河航运经验发展江苏水运的思考 [J]. 2007.

［39］李盛霖 . 加快推进长江黄金水道建设，促进沿江经济又快又好发展 [J]. 长江航运研究，2006.

［40］交通部“十一五”期长江黄金水道建设总体推进方案 [Z]. 2006.

［41］高惠君 . 论内河船型标准化及相关政策 [J]. 北京交通管理干部学院学报，2007，1.

［42］毛健 . 中国与美国内河水运发展比较研究 [J]. 武汉理工大学学报，2005，10，713–716.

［43］高惠君 . 发挥内河航运优势，加快内河航运发展 [C]. 首届中国内河航运高端论坛，2010.

[44] 蔡薇 . 船舶绿色设计仿真评估体系结构研究 [J]. 船海工程，2004.

[45] U. S Army Corps of Engineer. WTLUS：National Summaries[R]. 2004.

[46] 徐伟 . 长江船型发展趋势分析研究 [J]. 武汉理工大学，2004.

[47] European Commission. Proposal for Directive of the European Parliament and of the Council on Harmonised River Traffic Information Services on Inland Waterways in the Community [R]. 2004.

[48] 唐冠军，等 . 长江干线船型标准化的思考 [J]. 中国水运，2004.

[49] 皮捷 . 内河船舶污染问题及对策 [J]. 中国水运，2002.

[50] 罗建中，盘秀贞 . 船舶废弃物的污染控制和管理措施研究 [J]. 船舶，2002.

[51] European Commission. White Paper–European Transport Policy for 2010：Time to Decide [R]. 2001.

索 引

L

M

Q

S

T

X

Y

Z